한국어능력시험

COOL TOPIK Ⅱ

종합서

한글파크

머리말

한국어능력시험(TOPIK)은 한국어를 모국어로 하지 않는 재외동포와 외국인들을 대상으로 한국어 사용 능력을 측정, 평가하여 학업과 취업에 활용하기 위한 시험입니다. 한국어를 배우려는 외국인들이 증가하면서 TOPIK 응시자도 1997년 첫 시행 이후 꾸준히 증가하고 있습니다.

그러나 TOPIK을 준비하는 외국인들이 증가할수록 익숙하지 않은 시험 유형과 주제로 인해 평소 본인의 실력을 모두 발휘하지 못하는 경우를 많이 보게 되었습니다. 게다가 제한된 시간과 낯선 시험 환경이라는 조건은 수험자들에게 더욱 큰 장벽으로 다가옵니다. 학습자가 본인의 한국어 능력을 최대한 발휘하여 시험에서 목표로 한 성과를 내기 위해서는 한국어 지식뿐만 아니라 TOPIK이라는 시험에 대한 이해가 선행되어야 할 것입니다.

이에 수험자들이 TOPIK에 대한 감각을 기를 수 있도록 'COOL TOPIK II 종합서'를 준비하게 되었습니다.

'COOL TOPIK II 종합서'는 TOPIK 시험의 구조와 문제 유형에 대한 이해를 돕고 실제 시험과 같은 형식의 모의고사 연습 기회를 제공하기 위해 '유형 연습'과 '실전 모의고사'를 함께 구성하였습니다.

'유형 연습' 부분에서는 문제 유형의 특성을 잘 드러내어 주는 기출문제를 선별하여 제시하고 기출문제와 유사한 형식의 실전 문제를 함께 제시함으로써 학습자들이 문제 유형에 익숙해질 수 있는 훈련 과정을 제공합니다.

'실전 모의고사' 부분에서는 유형 학습을 통해 문제의 유형에 익숙해진 학습자들이 실제 시험 환경과 동일한 조건에서 미리 시험을 치러볼 기회를 제공합니다.

또한, 'COOL TOPIK II 종합서'는 실전 문제와 모의고사 문제에 실제 시험에서 자주 활용되는 주제 영역이 반영되었고, TOPIK에 자주 나오는 단어와 문법 목록도 함께 제공하고 있어 시험 대비를 위한 효과적인 학습서라고 할 수 있습니다.

마지막으로, 교재가 출간되기까지 도움을 주신 분들께 감사의 인사를 전하고 싶습니다. 교재 제작을 위해 세심하게 챙겨주신 한글파크 편집진을 비롯하여, 조언과 격려로 함께해 주신 동료 선생님들, 그리고 학습자의 눈높이에서 소감을 진솔하게 전해주어 교재의 완성도를 높일 수 있게 도움을 준 학생들에게 진심으로 감사합니다.

이 책이 TOPIK을 준비하는 모든 학습자에게 도움이 되기를 바라며, 실전에서 좋은 성과를 낼 수 있도록 응원하겠습니다.

저자 일동

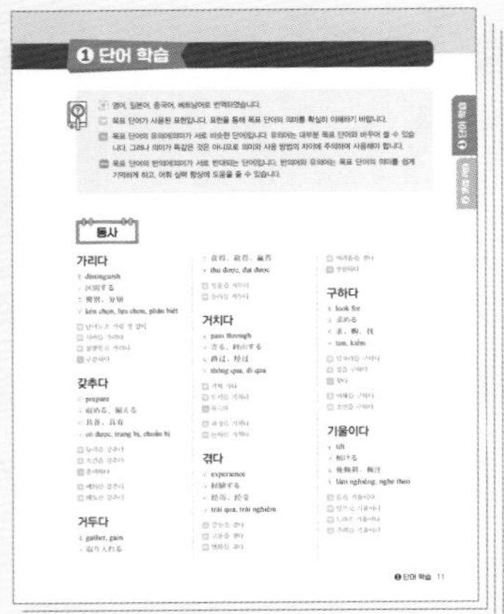
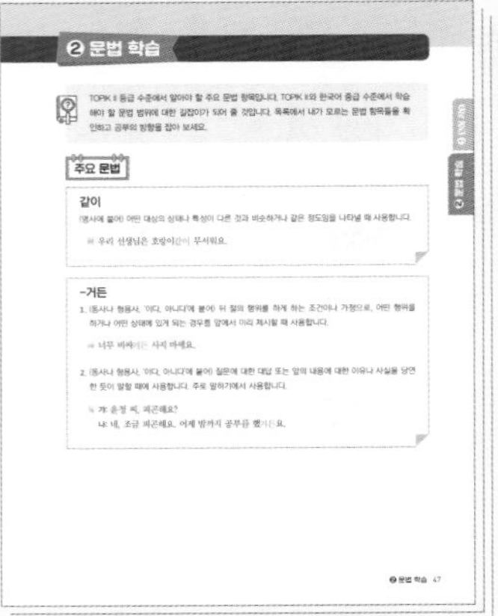

단어 및 문법

한국어능력시험(TOPIK)에 자주 나오는 단어와 문법이 제공됩니다. 주요 단어와 문법을 학습하며 시험에 대비하세요.

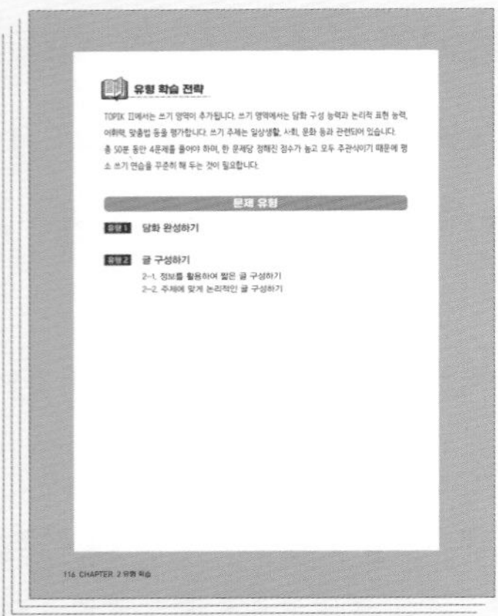
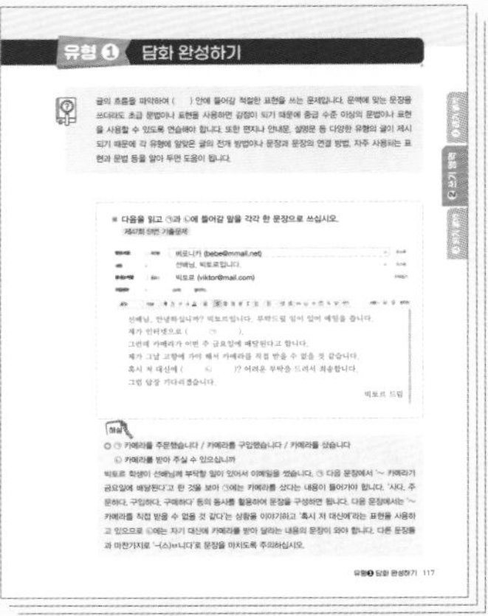

유형 학습 전략

유형학습 전략에서는 기출 문제를 분석하여 문제 유형을 나누고 유형을 설명합니다. 각 유형을 대표하는 기출 문제와 실전 문제를 통해 시험에 대한 감각을 길러 보세요.

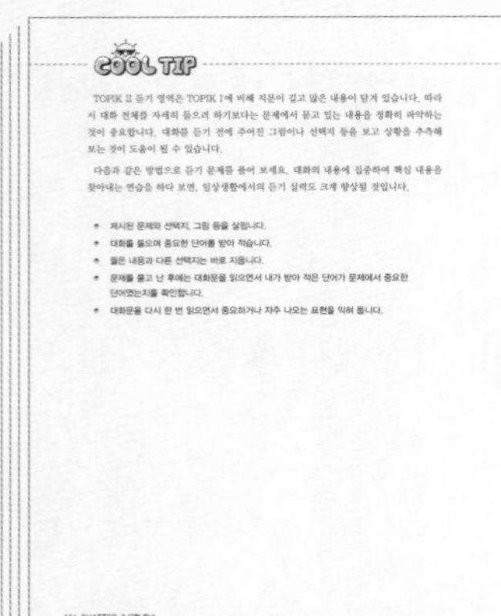
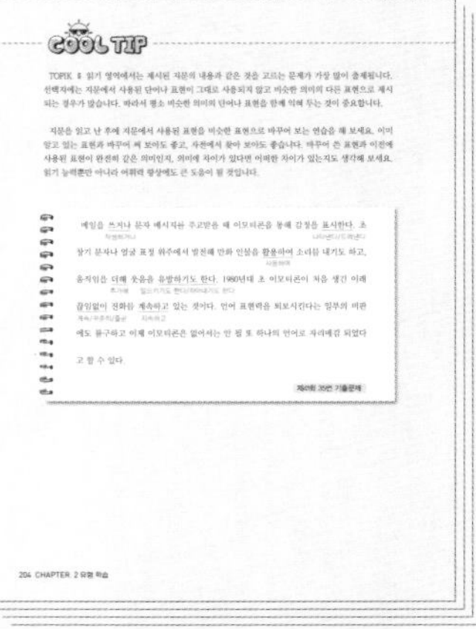

각 영역을 효과적으로 공부할 수 있는 방법이 제공됩니다. 'COOL TIP'과 함께 각 영역을 마무리해 보세요. 한국어능력시험(TOPIK) 문제 풀이뿐만 아니라 일상생활에서의 듣기와 읽기 능력도 향상될 수 있을 거예요.

일러두기

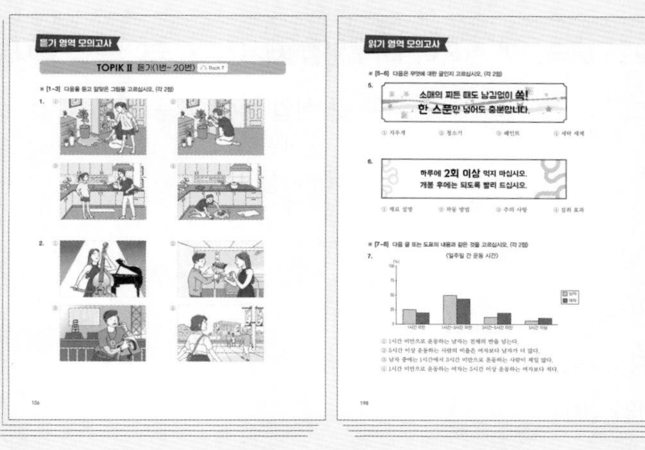

영역별 모의고사

각 영역을 대표하는 유형의 문제가 제공됩니다. '영역별 모의고사'를 풀면서 각 영역을 복습해 보세요.

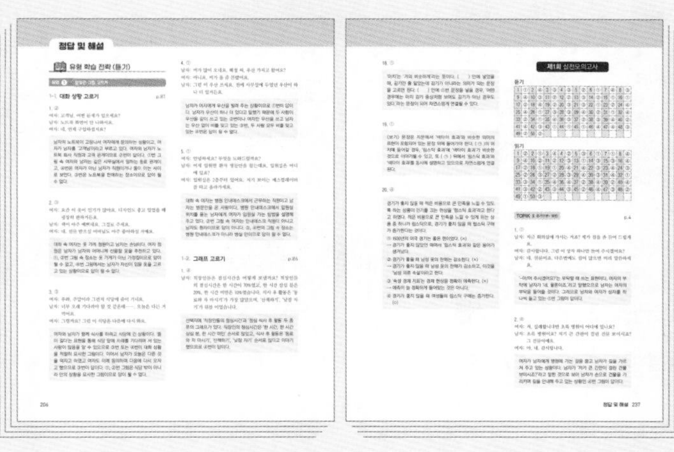

정답 및 해설

문제를 다 풀고 나서 정답을 확인해 보세요. 중요한 부분을 쏙쏙 설명해 주는 해설을 통해 틀린 문제도 쉽게 이해할 수 있을 거예요.

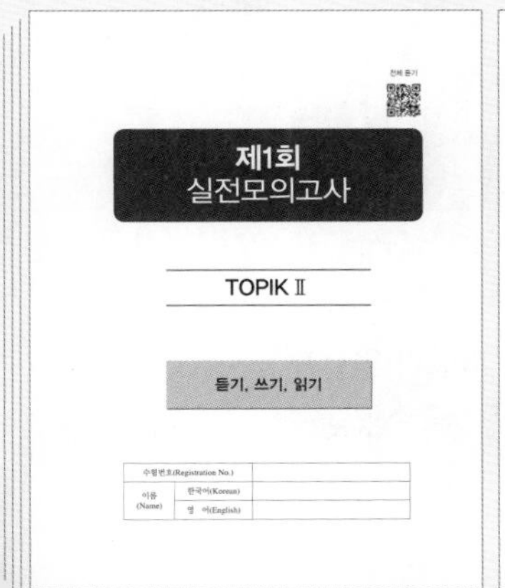

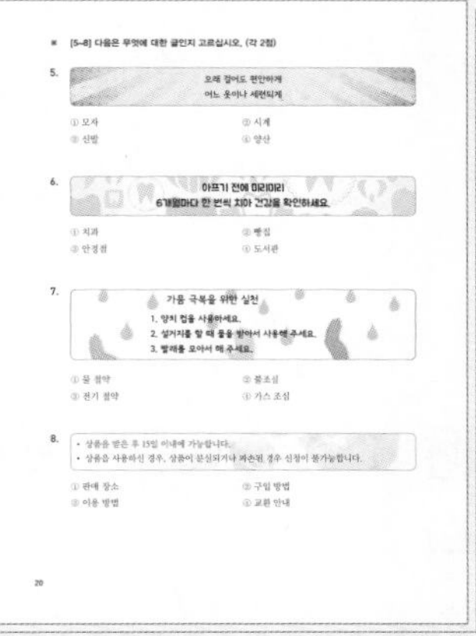

실전모의고사

실제 한국어능력시험(TOPIK)의 유형과 주제를 반영한 실전모의고사가 제공됩니다. 실제 시험 시간에 맞추어 문제를 풀면서 부족한 부분이 무엇인지 확인해 보세요.

❶ 한국어능력시험의 목적

- 한국어를 모국어로 하지 않는 재외동포 · 외국인의 한국어 학습 방향 제시 및 한국어 보급 확대
- 한국어 사용능력을 측정 · 평가하여 그 결과를 국내 대학 유학 및 취업 등에 활용

❷ 응시 대상

한국어를 모국어로 하지 않는 재외동포 및 외국인로서

- 한국어 학습자 및 국내 대학 유학 희망자
- 국내 · 외 한국 기업체 및 공공기관 취업 희망자
- 외국 학교에 재학중이거나 졸업한 재외국민

❸ 주관기관

교육부 국립국제교육원

❹ 시험의 수준 및 등급

- 시험의 수준 : TOPIK Ⅰ, TOPIK Ⅱ
- 평가 등급 : 6개 등급(1~6급)

TOPIK Ⅰ		TOPIK Ⅱ			
1급	2급	3급	4급	5급	6급
80점 이상	140점 이상	120점 이상	150점 이상	190점 이상	230점 이상

❺ 시험 시간

구분	교시	영역	시간
TOPIK Ⅰ	1교시	듣기/읽기	100분
TOPIK Ⅱ	1교시	듣기/쓰기	110분
	2교시	읽기	70분

❻ 문항구성

1) 수준별 구성

시험 수준	교시	영역/시간	유형	문항수	배점	배점총계
TOPIK Ⅰ	1교시	듣기(40분)	선택형	30	100	200
		읽기(60분)	선택형	40	100	

TOPIK Ⅱ	1교시	듣기(60분)	선택형	50	100	300
		쓰기(50분)	서답형	4	100	
	2교시	읽기(70분)	선택형	50	100	

2) 문제유형

① 선택형 문항(4지선다형)

② 서답형 문항(쓰기 영역)

- 문장완성형(단답형) : 2문항
- 작문형 : 2문항
  - 200~300자 정도의 중급 수준 설명문 1문항
  - 600~700자 정도의 고급 수준 논술문 1문항

❼ 등급별 평가 기준

시험수준	교시	평가기준
TOPIK Ⅱ	3급	- 일상생활을 영위하는 데 별 어려움을 느끼지 않으며, 다양한 공공시설의 이용과 사회적 관계 유지에 필요한 기초적 언어 기능을 수행할 수 있다. - 친숙하고 구체적인 소재는 물론, 자신에게 친숙한 사회적 소재를 문단 단위로 표현하거나 이해할 수 있다. - 문어와 구어의 기본적인 특성을 구분해서 이해하고 사용할 수 있다.
	4급	- 공공시설 이용과 사회적 관계 유지에 필요한 언어 기능을 수행할 수 있으며, 일반적인 업무 수행에 필요한 기능을 어느 정도 수행할 수 있다. - '뉴스, 신문 기사' 중 평이한 내용을 이해할 수 있다. 일반적인 사회적 · 추상적 소재를 비교적 정확하고 유창하게 이해하고, 사용할 수 있다. - 자주 사용되는 관용적 표현과 대표적인 한국 문화에 대한 이해를 바탕으로 사회 · 문화적인 내용을 이해하고 사용할 수 있다.
	5급	- 전문 분야에서의 연구나 업무 수행에 필요한 언어 기능을 어느 정도 수행할 수 있다. - '정치, 경제, 사회, 문화' 전반에 걸쳐 친숙하지 않은 소재에 관해서도 이해하고 사용할 수 있다. - 공식적, 비공식적 맥락과 구어적, 문어적 맥락에 따라 언어를 적절히 구분해 사용할 수 있다.
	6급	- 전문 분야에서의 연구나 업무 수행에 필요한 언어 기능을 비교적 정확하고 유창하게 수행할 수 있다. - '정치, 경제, 사회, 문화' 전반에 걸쳐 친숙하지 않은 주제에 관해서도 이용 하고 사용할 수 있다. 원어민 화자의 수준에는 이르지 못하나 기능 수행이나 의미 표현에는 어려움을 겪지 않는다.

목차

CHAPTER. 1

단어 및 문법

☑ ❶ 단어 학습

❷ 문법 학습

단어 학습 전략

단어는 듣기, 쓰기, 읽기 영역 모두에서 중요한 역할을 합니다. 다음에 제시하고 있는 단어들은 최근 TOPIK 시험에서 자주 출제되었던 단어들로 가장 기본적인 의미부터 정확하게 외우기를 바랍니다.

단어 학습

단어 학습

- 동사
- 형용사
- 명사

❶ 단어 학습

뜻 영어, 일본어, 중국어, 베트남어로 번역하였습니다.

★ 목표 단어가 사용된 표현입니다. 표현을 통해 목표 단어의 의미를 확실히 이해하기 바랍니다.

≒ 목표 단어의 유의어(의미가 서로 비슷한 단어)입니다. 유의어는 대부분 목표 단어와 바꾸어 쓸 수 있습니다. 그러나 의미가 똑같은 것은 아니므로 의미와 사용 방법의 차이에 주의하며 사용해야 합니다.

↔ 목표 단어의 반의어(의미가 서로 반대되는 단어)입니다. 반의어와 유의어는 목표 단어의 의미를 쉽게 기억하게 하고, 어휘 실력 향상에 도움을 줄 수 있습니다.

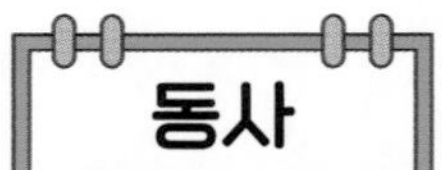

가리다

Ⓔ distinguish
Ⓙ 区別する
Ⓒ 辨别、分别
Ⓥ kén chọn, lựa chọn, phân biệt

★ 남녀노소 가릴 것 없이
★ 시비를 가리다
★ 잘잘못을 가리다
≒ 구분하다

갖추다

Ⓔ prepare
Ⓙ 収める、備える
Ⓒ 具备、具有
Ⓥ có được, trang bị, chuẩn bị

★ 능력을 갖추다
★ 조건을 갖추다
≒ 준비하다

★ 예의를 갖추다
★ 태도를 갖추다

거두다

Ⓔ gather, gain
Ⓙ 取り入れる
Ⓒ 获得、取得、赢得
Ⓥ thu được, đạt được

★ 성공을 거두다
★ 승리를 거두다

거치다

Ⓔ pass through
Ⓙ 寄る、経由する
Ⓒ 路过、经过
Ⓥ thông qua, đi qua

★ 거쳐 가다
★ 도시를 거치다
≒ 들르다

★ 과정을 거치다
★ 논의를 거치다

겪다

Ⓔ experience
Ⓙ 経験する
Ⓒ 经历、经受
Ⓥ trải qua, trải nghiệm

★ 갈등을 겪다
★ 고통을 겪다
★ 변화를 겪다
★ 어려움을 겪다
≒ 경험하다

구하다

Ⓔ look for
Ⓙ 求める
Ⓒ 求、购、找
Ⓥ tìm, kiếm

★ 일자리를 구하다
★ 집을 구하다
≒ 찾다

★ 이해를 구하다
★ 조언을 구하다

기울이다

Ⓔ tilt
Ⓙ 傾ける
Ⓒ 使倾斜、倾注
Ⓥ làm nghiêng, nghe theo

★ 몸을 기울이다
★ 앞으로 기울이다
★ 노력을 기울이다
★ 주의를 기울이다

❶ 단어 학습

깨닫다

Ⓔ realize
Ⓙ 気づく、悟る
Ⓒ 认识到、醒悟
Ⓥ nhận ra, hiểu ra

★ 가치를 깨닫다
★ 위기를 깨닫다
★ 의미를 깨닫다
★ 잘못을 깨닫다
≒ 알아차리다

꾸미다

Ⓔ decorate
Ⓙ しつらえる、装う
Ⓒ 装饰、打扮
Ⓥ trang trí, trang hoàng

★ 무대를 꾸미다
★ 방을 꾸미다
★ 외모를 꾸미다
★ 예쁘게 꾸미다
≒ 가꾸다

꿈꾸다

Ⓔ dream
Ⓙ 夢見る
Ⓒ 做梦、梦想、憧憬
Ⓥ mơ ước

★ 꿈꾸며 자다
★ 꿈꾸다가 깨다
★ 결혼을 꿈꾸다
★ 성공을 꿈꾸다
★ 취업을 꿈꾸다
≒ 바라다

끌다

Ⓔ drag
Ⓙ 惹く、ひきつける
Ⓒ 引起、吸引
Ⓥ kéo, lôi

★ 관심을 끌다
★ 눈길을 끌다
★ 인기를 끌다
★ 주의를 끌다

끼치다

Ⓔ cause
Ⓙ (迷惑を)かける、及ぼす
Ⓒ 带来、造成
Ⓥ gây (ảnh hưởng), làm phiền

★ 걱정을 끼치다
★ 불편을 끼치다
★ 악영향을 끼치다
★ 영향을 끼치다
≒ 미치다

나서다

Ⓔ come forward
Ⓙ 出る、乗り出す
Ⓒ 出来、走出来
Ⓥ đứng ra, xuất hiện

★ 거리에 나서다
★ 돈벌이에 나서다
★ 외출을 나서다
≒ 나오다

나아가다

Ⓔ progress
Ⓙ 進む
Ⓒ 前进、有进展
Ⓥ tiến lên phía trước

★ 계획대로 나아가다
★ 잘 나아가다
≒ 진행하다, 진전하다

★ 앞으로 나아가다
★ 천천히 나아가다
★ 힘차게 나아가다

나타내다

Ⓔ express
Ⓙ あらわす
Ⓒ 显现、显露、表达、出现
Ⓥ xuất hiện, thể hiện

★ 모습을 나타내다
★ 사람들에게 나타내다
≒ 보이다, 등장하다

★ 감정을 나타내다
★ 생각을 나나내다
★ 자신감을 나타내다
≒ 표현하다
↔ 감추다

★ 결과를 나타내다
★ 변화를 나타내다
★ 차이를 나타내다
★ 특징을 나타내다
≒ 드러내다, 보이다

낳다

Ⓔ give birth to, bear
Ⓙ 産む
Ⓒ 生、造成
Ⓥ sinh, đẻ

★ 아기를 낳다
≒ 출산하다

★ 결과를 낳다
★ 부작용을 낳다
≒ 가져오다, 불러오다, 초래하다

내놓다

Ⓔ put out
Ⓙ 出しておく、もてなす
Ⓒ 拿出、搬出、端出、腾出
Ⓥ đặt ra, chìa ra

★ 밖으로 내놓다
★ 현관에 내놓다
★ 셔츠를 내놓다
↔ 들여놓다

★ 음식을 내놓다
★ 커피를 내놓다
★ 손님에게 내놓다
≒ 대접하다

★ 집을 내놓다

내보내다

Ⓔ send out, export
Ⓙ 送り出す
Ⓒ 派出、刊出、播放
Ⓥ gửi đi, đưa đi

★ 밖으로 내보내다
★ 해외로 내보내다
★ 뉴스를 내보내다
★ 드라마를 내보내다
★ 인터뷰를 내보내다
≒ 방송하다

넓어지다

Ⓔ widen, broaden
Ⓙ 広くなる
Ⓒ 变宽、变广
Ⓥ trở nên rộng hơn

★ 시야가 넓어지다
★ 도로가 넓어지다
★ 마음이 넓어지다
↔ 좁아지다

넓히다

Ⓔ widen, broaden
Ⓙ 広げる
Ⓒ 拓宽、扩大
Ⓥ mở rộng, nới rộng

★ 길을 넓히다
★ 집을 넓히다
≒ 확장하다
↔ 좁히다

★ 분야를 넓히다
★ 이해를 넓히다
★ 지식을 넓히다
↔ 좁히다

넘기다

Ⓔ pass over
Ⓙ 越す、めくる、渡す
Ⓒ 过、度过、使翻过、转交
Ⓥ vượt qua, làm tràn

★ 일주일을 넘기다
★ 해를 넘기다
★ 서른을 넘기다
≒ 지나다

★ 위험을 넘기다
★ 무사히 넘기다
★ 책을 넘기다
★ 페이지를 넘기다
≒ 펼치다

★ 권한을 넘기다
★ 일을 넘기다

녹다

Ⓔ melt
Ⓙ 溶ける
Ⓒ 化、融化
Ⓥ tan, tan chảy

★ 소금이 물에 녹다
★ 가루가 녹다

★ 눈이 녹다
★ 얼음이 녹다
↔ 얼다

높아지다

Ⓔ rise
Ⓙ 高くなる
Ⓒ 变高、升高
Ⓥ trở nên cao hơn, tăng thêm

★ 높이가 높아지다
★ 파도가 높아지다

★ 관심이 높아지다
★ 수준이 높아지다
★ 불만이 높아지다

높이다

Ⓔ heighten
Ⓙ 高める、高くする
Ⓒ 提高、提升、增强
Ⓥ nâng cao, nâng lên

★ 건물을 높이다
★ 벽을 높이다

★ 온도를 높이다
★ 습도를 높이다
≒ 올리다
↔ 낮추다, 내리다

★ 경쟁력을 높이다
★ 효과를 높이다
↔ 낮추다

★ 가격을 높이다
≒ 올리다
↔ 낮추다, 내리다

★ 목소리를 높이다
≒ 올리다
↔ 낮추다

놓치다

Ⓔ miss, lose
Ⓙ 見逃す
Ⓒ 错过、放、没抓住
Ⓥ vuột, lỡ mất

★ 시간을 놓치다
★ 때를 놓치다
↔ 잡다

★ 버스를 놓치다
★ 비행기를 놓치다
★ 시기를 놓치다
★ 손을 놓치다
★ 지갑을 놓치다
↔ 잡다

① 단어 학습

늘리다

Ⓔ increase
Ⓙ 増やす
Ⓒ 增加、扩大、提高
Ⓥ tăng lên, mở rộng

★ 재산을 늘리다
★ 돈을 늘리다
≒ 증대하다
↔ 줄이다

★ 규모를 늘리다
★ 길이를 늘리다
≒ 확대하다, 확장하다
↔ 줄이다

★ 일자리를 늘리다
★ 저축을 늘리다
≒ 증대하다
↔ 줄이다

★ 기술을 늘리다
★ 실력을 늘리다
≒ 키우다

늘어나다

Ⓔ grow, increase
Ⓙ 増える
Ⓒ 增加、拉长、提高
Ⓥ dài ra, nhiều lên

★ 사람이 늘어나다
★ 시간이 늘어나다
≒ 많아지다, 증가하다
↔ 줄어들다

★ 옷이 늘어나다
★ 고무줄이 늘어나다
↔ 줄어들다

다가가다

Ⓔ approach, go near
Ⓙ 近づく
Ⓒ 走过去、走近
Ⓥ lại gần, tiến gần

★ 문 쪽으로 다가가다
★ 친구에게 다가가다
≒ 다가서다, 접근하다
↔ 다가오다

달라지다

Ⓔ change, shift
Ⓙ 変わる
Ⓒ 变化、改变
Ⓥ trở nên khác biệt

★ 계절이 달라지다
★ 얼굴이 달라지다
≒ 바뀌다, 변하다
↔ 같아지다

달려가다

Ⓔ run
Ⓙ 駆けつける、走って行く
Ⓒ 跑过去、奔跑
Ⓥ chạy đi

★ 운동장으로 달려가다
★ 빠르게 달려가다
★ 달려가는 아이들
≒ 뛰어가다
↔ 달려오다

달리다

Ⓔ run, dash
Ⓙ 走る、（壁に）かかる
Ⓒ 跑、奔跑、驰骋
Ⓥ chạy

★ 운동장을 달리다
★ 빨리 달리다
≒ 뛰다

★ 벽에 달린 액자
★ 가방에 달린 인형
≒ 부착되다

담기다

Ⓔ be filled (with)
Ⓙ こもる、盛られる
Ⓒ 盛、装、包含
Ⓥ chứa đựng

★ 그릇에 담기다
★ 물이 담기다

★ 정성이 담기다
★ 마음이 담기다

닿다

Ⓔ reach
Ⓙ 伝わる、触れる
Ⓒ 传达、触及、到达
Ⓥ chạm tới, đạt tới

★ 연락이 닿다
★ 소식이 닿다
≒ 전달되다

★ 손에 닿다
★ 피부에 닿다
≒ 접촉하다

★ 기회가 닿다
★ 시간이 닿다

대하다

Ⓔ treat
Ⓙ 対する
Ⓒ 面、朝、对待、对于
Ⓥ đối xử, đối với

★ 얼굴을 대하다
≒ 마주하다

★ 친구처럼 대하다
★ 친절하게 대하다
≒ 대우하다

★ 문제에 대하여
★ 상황에 대하여
≒ 관하다

더하다

Ⓔ add
Ⓙ 加える
Ⓒ 相加、增加
Ⓥ thêm vào

★ 숫자를 더하다
★ 금액을 더하다
★ 점수를 더하다
≒ 추가하다, 보태다
↔ 빼다

★ 의견을 더하다
★ 힘을 더하다
★ 편안함을 더하다
≒ 추가하다, 보태다

덮다

Ⓔ cover
Ⓙ おおう、かくす
Ⓒ 盖、盖上、遮盖
Ⓥ che, đậy

★ 이불을 덮다
★ 따뜻하게 덮다
≒ 씌우다

★ 뚜껑을 덮다
≒ 닫다

★ 문제를 덮다
★ 약점을 덮다
≒ 감추다

데리다

Ⓔ accompany, bring
Ⓙ 連れる
Ⓒ 带、领
Ⓥ dẫn theo

★ 데리고 가다
★ 데리고 다니다
★ 데리러 오다

데우다

Ⓔ heat, warm
Ⓙ 温める
Ⓒ 热、热热
Ⓥ hâm nóng, làm nóng

★ 국을 데우다
★ 데워 먹다
≒ 가열하다

도망치다

Ⓔ run away
Ⓙ 逃げる
Ⓒ 逃、逃亡
Ⓥ bỏ chạy, trốn chạy

★ 해외로 도망치다
★ 집으로 도망치다
★ 경찰에게서 도망치다
≒ 도망가다, 달아나다

돌보다

Ⓔ take care
Ⓙ 世話する、かえり見る
Ⓒ 照看、照顾
Ⓥ chăm sóc, trông coi

★ 건강을 돌보다
★ 아이를 돌보다
≒ 보살피다

★ 가정을 돌보다
★ 농사일을 돌보다

두려워하다

Ⓔ be afraid of
Ⓙ 恐れる
Ⓒ 害怕
Ⓥ lo sợ

★ 변화를 두려워하다
★ 실패를 두려워하다
★ 두려워하는 모습
≒ 무서워하다, 겁내다

둘러싸다

Ⓔ surround
Ⓙ 囲む
Ⓒ 包、裹、围绕、相关
Ⓥ trùm lấy, bao quanh

★ 유리병을 옷으로 둘러싸다
★ 그릇을 비닐로 둘러싸다

★ 산이 마을을 둘러싸다

★ 주차 문제를 둘러싼 갈등
★ 문제를 둘러싸고 대립하다
≒ 관련되다

드러내다

Ⓔ reveal
Ⓙ 現す
Ⓒ 露、袒露
Ⓥ làm hiện ra, phô bày, bộc lộ

★ 모습을 드러내다
★ 속마음을 드러내다
★ 어깨를 드러내다
≒ 보이다
↔ 감추다, 숨기다

들여다보다

Ⓔ look in, peep
Ⓙ のぞく
Ⓒ 往里看、仔细看
Ⓥ nhìn vào, nhìn kĩ

★ 안을 들여다보다
★ 창문을 들여다보다

★ 책을 들여다보다
★ 자세히 들여다보다
≒ 살펴보다, 관찰하다

들이다

Ⓔ let in
Ⓙ 迎える、入れる
Ⓒ 让…进、迎来、养成
Ⓥ cho vào ở, đưa vào

❶ 단어 학습

★ 방에 들이다
★ 손님을 들이다

★ 새 식구를 들이다
★ 며느리를 들이다
≒ 맞다

★ 재미를 들이다
★ 버릇을 들이다

따르다

Ⓔ pour, follow
Ⓙ 注ぐ、従う
Ⓒ 倒、跟随、追随
Ⓥ rót, theo kịp

★ 물을 따르다
★ 커피를 따르다
★ 컵에 따르다
≒ 붓다

★ 뒤를 따르다
★ 차를 따르다
≒ 쫓다

★ 선생님을 따르다
★ 선배를 따르다

★ 유행에 따르다
★ 의견에 따르다

★ 계절에 따른 변화
★ 상황에 따라 변하다

따지다

Ⓔ nitpick, calculate
Ⓙ 明らかにする、計算する
Ⓒ 追究、查明、计算
Ⓥ cân nhắc, tra hỏi, tính toán

★ 원인을 따지다
★ 이유를 따지다
≒ 밝히다

★ 관계를 따지다
★ 비용을 따지다
≒ 계산하다

떠올리다

Ⓔ recall
Ⓙ 思い浮かべる
Ⓒ 想起、浮现
Ⓥ nhớ ra, hiện lên

★ 추억을 떠올리다
★ 얼굴을 떠올리다
≒ 생각하다

떨리다

Ⓔ shake, quiver
Ⓙ 震える
Ⓒ 颤抖、发抖
Ⓥ run, run rẩy

★ 심장이 떨리다
★ 온몸이 떨리다
★ 목소리가 떨리다

떨어뜨리다

Ⓔ drop
Ⓙ 落とす
Ⓒ 使掉下、丢掉、落选
Ⓥ đánh rơi, làm rơi

★ 바닥에 떨어뜨리다
★ 물건을 떨어뜨리다
★ 아래로 떨어뜨리다

★ 오디션에서 떨어뜨리다
★ 경쟁사를 떨어뜨리다
≒ 탈락시키다
↔ 붙이다

★ 명예를 떨어뜨리다
★ 체면을 떨어뜨리다
↔ 낮추다

떼다

Ⓔ take off
Ⓙ はがす、発給する
Ⓒ 摘下、揭下、断绝、收回
Ⓥ tháo, gỡ

★ 스티커를 떼다
★ 옷에서 가격표를 떼다
↔ 붙이다

★ 영수증을 떼다
★ 진단서를 떼다
≒ 발급하다

★ 정을 떼다
★ 관심을 떼다
≒ 끊다
↔ 붙이다

뛰어내리다

Ⓔ jump down
Ⓙ 飛び降りる
Ⓒ 跳下、往下跳
Ⓥ nhảy xuống

★ 아래로 뛰어내리다
★ 바닥으로 뛰어내리다
↔ 뛰어오르다

뜨다

Ⓔ float
Ⓙ 浮かぶ、去る、注ぐ
Ⓒ 漂、浮、升、离开、舀、睁
Ⓥ mọc lên, nổi lên, múc, mở mắt, rời đi

★ 달이 뜨다
★ 해가 뜨다
★ 물에 뜨다
★ 하늘에 떠 있다
★ 요즘 뜨는 가수
≒ 떠오르다, 솟다
↔ 지다, 가라앉다

★ 직장을 뜨다
★ 자리를 뜨다
★ 동네에서 뜨다
≒ 떠나다

★ 물을 뜨다
★ 국물을 뜨다
↔ 붓다

★ 눈을 뜨다
↔ 감다

막다

Ⓔ block, protect
Ⓙ 防ぐ
Ⓒ 拦住、阻挡、遮、挡
Ⓥ ngăn, chặn

★ 길을 막다
★ 귀를 막다
= 가리다

★ 비바람을 막다
★ 햇빛을 막다
= 가리다, 차단하다

★ 공격을 막다
★ 적을 막다

많아지다

Ⓔ increase
Ⓙ 多くなる
Ⓒ 变多、增加
Ⓥ trở nên nhiều hơn

★ 생각이 많아지다
★ 사람이 많아지다
= 늘어나다, 증가하다
↔ 적어지다, 줄어들다, 감소하다

망설이다

Ⓔ hesitate
Ⓙ ためらう
Ⓒ 犹豫、迟疑
Ⓥ do dự

★ 잠시 망설이다
★ 망설이다 말하다
★ 망설이는 표정
= 머뭇거리다, 주저하다

맞다

Ⓔ be right(correct), greet
Ⓙ 合う、迎える
Ⓒ 正确、合适、迎接、迎来、被淋、得到、迎娶、招赘、挨打、打针
Ⓥ đúng, vừa, tiếp đón, nhận, bị (đòn, đánh), được (tiêm)

★ 답이 맞다
★ 맞게 풀다
↔ 틀리다

★ 계산이 맞다
★ 주소가 맞다
= 일치하다
↔ 틀리다

★ 크기가 맞다
★ 몸에 맞다

★ 손님을 맞다
★ 반갑게 맞다
= 맞이하다

★ 새해를 맞다
★ 생일을 맞다
= 맞이하다

★ 비를 맞다
★ 눈을 맞다

★ 백점을 맞다
= 받다

★ 아내로 맞다
★ 사위로 맞다
= 들이다, 맞이하다

★ 매를 맞다
★ 손바닥을 맞다
↔ 때리다

★ 주사를 맞다
★ 팔에 맞다

맡기다

Ⓔ entrust, assign
Ⓙ 任せる
Ⓒ 托付、拜托、存放、寄放
Ⓥ giao phó, phân công

★ 관리를 맡기다
★ 수리를 맡기다
= 부탁하다

★ 가방을 맡기다
★ 옷을 맡기다

맡다

Ⓔ take on/over
Ⓙ 引き受ける
Ⓒ 担负、闻味儿、担任、保管、占、得到
Ⓥ ngửi, đảm nhiệm, trông coi

★ 교육을 맡다
★ 책임을 맡다
= 담당하다

★ 냄새를 맡다

★ 역할을 맡다
★ 주인공을 맡다
= 담당하다

★ 가방을 맡다
★ 소지품을 맡다
= 보관하다

★ 자리를 맡다
★ 먼저 맡다
= 차지하다

★ 허락을 맡다
= 받다

미치다

Ⓔ go crazy, reach
Ⓙ 及ぶ、及ぼす
Ⓒ 疯狂、到达、造成、产生、着迷、痴迷
Ⓥ điên, rồ dại

★ 미친 생각
★ 미친 행동

★ 목적지에 미치다
★ 기대에 미치다
= 이르다

❶ 단어 학습

★ 영향을 미치다

★ 공부에 미치다
★ 영화에 미치다
★ 노래에 미치다
≒ 몰입하다, 열광하다

받아들이다

Ⓔ accept
Ⓙ 受け入れる
Ⓒ 接受、接纳、采纳
Ⓥ chấp nhận, tiếp thu

★ 유행을 받아들이다
★ 기술을 받아들이다
≒ 흡수하다

★ 신입 사원으로 받아들이다
★ 사위로 받아들이다
≒ 맞다

★ 현실을 받아들이다
★ 사실로 받아들이다
★ 충고를 받아들이다
★ 뜻을 받아들이다
★ 비판을 받아들이다

밝히다

Ⓔ clarify
Ⓙ 明らかにする
Ⓒ 点亮、宣布、公布
Ⓥ chiếu sáng, , làm rõ, làm sáng tỏ

★ 불을 밝히다
★ 조명을 밝히다
★ 원인을 밝히다
★ 사실을 밝히다

벗어나다

Ⓔ get out, break free
Ⓙ 抜け出す
Ⓒ 脱离、摆脱、偏离
Ⓥ cởi, bỏ, vượt ra khỏi

★ 시내를 벗어나다
★ 터널을 벗어나다
≒ 빠져나오다

★ 가난에서 벗어나다
★ 고통에서 벗어나다
≒ 탈출하다

★ 주제를 벗어나다
★ 예의에 벗어나다
★ 상식을 벗어나다

불구하다

Ⓔ disregard
Ⓙ ~にもかかわらず
Ⓒ 尽管、不管、不顾
Ⓥ bất kể, không liên quan

★ 그럼에도 불구하고
★ 어린 나이에도 불구하고
★ 많은 반대에도 불구하고

비롯하다

Ⓔ start(arise) from
Ⓙ 始まる
Ⓒ 始出、始于、出于、源于
Ⓥ bắt nguồn, bắt đầu

★ 비롯한 일
★ 비롯한 사건
★ 비롯한 행동
≒ 비롯되다

비하다

Ⓔ compare
Ⓙ 比べる
Ⓒ 比、比较、相比
Ⓥ so với

★ -에 비하면
★ 비할 만하다
★ 비할 것이 아니다
≒ 비교하다

빠져나가다

Ⓔ escape, get out
Ⓙ 抜け出す
Ⓒ 逃出去、逃走
Ⓥ thoát khỏi, thoát ra

★ 방에서 빠져나가다
★ 수업에서 빠져나가다
★ 사람이 빠져나가다
↔ 빠져나오다

빠지다

Ⓔ fall out
Ⓙ 抜ける
Ⓒ 掉、褪、缺席、不参加、变瘦、坠入
Ⓥ rơi vào, mắc vào

★ 이가 빠지다
★ 머리카락이 빠지다

★ 물이 빠지다
★ 때가 빠지다

★ 수업을 빠지다
★ 모임에 빠지다
≒ 결석하다, 불참하다

★ 살이 빠지다

★ 강에 빠지다
★ 바다에 빠지다

★ 사랑에 빠지다
★ 매력에 빠지다

뿌리다

Ⓔ scatter, spread
Ⓙ 振りまく
Ⓒ 撒、播、洒
Ⓥ phun, rắc, tưới

★ 물을 뿌리다
★ 소나기를 뿌리다
★ 뿌린 대로 거두다
≒ 붓다

사라지다

Ⓔ disappear
Ⓙ 消える
Ⓒ 消失、消逝
Ⓥ biến mất

★ 사람들이 사라지다
★ 회사가 사라지다
≒ 없어지다

사로잡다

Ⓔ capture, catch
Ⓙ 捕える
Ⓒ 活捉、擒获、吸引、迷住
Ⓥ bắt sống, lôi cuốn, thu hút

★ 고양이가 쥐를 사로잡다
≒ 잡다

★ 관객을 사로잡다
★ 마음을 사로잡다
★ 시선을 사로잡다
≒ 빼앗다

살리다

Ⓔ save, spare
Ⓙ 活かす
Ⓒ 救、恢复、救活
Ⓥ cứu sống, làm sống lại

★ 목숨을 살리다
★ 사람을 살리다
≒ 구하다, 구조하다
↔ 죽이다

★ 기억을 살리다

★ 경제를 살리다
★ 회사를 살리다

살펴보다

Ⓔ look over
Ⓙ 調べる
Ⓒ 观察、细看
Ⓥ xem xét, theo dõi

★ 주위를 살펴보다
★ 주의 깊게 살펴보다
≒ 관찰하다

삼다

Ⓔ make, assume
Ⓙ みなす
Ⓒ 当作、当成、视为、看作
Ⓥ coi như, xem như

★ 남편으로 삼다
★ 아내로 삼다
≒ 만들다, 정하다

★ 즐거움으로 삼다
★ 본보기로 삼다

생겨나다

Ⓔ emerge
Ⓙ 生まれる
Ⓒ 出现、产生
Ⓥ sinh ra, phát sinh ra

★ 모임이 생겨나다
★ 문제가 생겨나다

섞이다

Ⓔ be mixed
Ⓙ 混ぜる
Ⓒ 混合、夹带
Ⓥ bị trộn, bị lẫn

★ 재료가 섞이다
★ 냄새가 섞이다
≒ 혼합되다
↔ 분리되다

★ 걱정이 섞이다
★ 기대가 섞이다

숙이다

Ⓔ bow, incline
Ⓙ 頭を下げる
Ⓒ 低、低下、俯
Ⓥ cúi, gục đầu

★ 고개를 숙이다
★ 머리를 숙이다
★ 허리를 숙이다
★ 앞으로 숙이다

숨다

Ⓔ hide
Ⓙ 隠れる
Ⓒ 藏、隐藏
Ⓥ giấu, ẩn nấp

★ 몰래 숨다
★ 산 속으로 숨다

★ 숨은 재주
★ 숨은 뜻
★ 숨어 있는 인재

시들다

Ⓔ wither
Ⓙ しおれる
Ⓒ 凋谢、蔫、减弱、下降
Ⓥ héo, nguội lạnh

★ 꽃이 시들다

★ 관심이 시들다
★ 인기가 시들다

쌓이다

Ⓔ stack up
Ⓙ 積もる
Ⓒ 积、堆、叠
Ⓥ chất đống, chồng chất

★ 눈이 쌓이다
★ 먼지가 쌓이다
★ 책이 쌓여 있다

★ 경험이 쌓이다
★ 실력이 쌓이다

❶ 단어 학습

쏘다

Ⓔ shoot
Ⓙ 撃つ、発射する
Ⓒ 打、发射
Ⓥ bắn

★ 총을 쏘다
★ 로켓을 쏘다
★ 미사일을 쏘다
≒ 발사하다

쏟다

Ⓔ pour out
Ⓙ 降り注ぐ
Ⓒ 洒、倾注
Ⓥ đổ, dồn sức

★ 물을 쏟다
★ 설탕을 쏟다
≒ 붓다

★ 관심을 쏟다
★ 마음을 쏟다
★ 정성을 쏟다

쏟아지다

Ⓔ pour
Ⓙ こぼれる
Ⓒ 洒落、泼洒
Ⓥ bị đổ ra ngoài, tuôn trào

★ 커피가 쏟아지다
★ 바닥에 쏟아지다

★ 박수가 쏟아지다
★ 기록이 쏟아지다

쓰러지다

Ⓔ fall down
Ⓙ 倒れる
Ⓒ 倒下、病倒
Ⓥ đổ, ngã, gục

★ 나무가 쓰러지다
★ 바닥에 쓰러지다

★ 과로로 쓰러지다
★ 병으로 쓰러지다

씻기다

Ⓔ wash
Ⓙ 洗われる、洗う
Ⓒ 被洗、消除
Ⓥ được rửa, được xóa bỏ

★ 물에 씻기다
★ 바람에 씻기다

★ 손을 씻기다
★ 아이를 씻기다

★ 피곤이 씻기다

아끼다

Ⓔ save
Ⓙ 大切にする
Ⓒ 节约、珍惜
Ⓥ tiết kiệm, yêu quý

★ 돈을 아끼다
★ 시간을 아끼다
★ 아껴 쓰다
≒ 절약하다

알려지다

Ⓔ get known
Ⓙ 知られる
Ⓒ 众所周知、传遍
Ⓥ được biết đến

★ 사실이 알려지다
★ 사람들에게 알려지다
≒ 밝혀지다

앓다

Ⓔ be ill
Ⓙ 病む
Ⓒ 得病、不舒服
Ⓥ bị ốm, bị bệnh

★ 감기를 앓다
★ 몸살을 앓다
★ 병을 앓다

앞두다

Ⓔ have sth ahead
Ⓙ 控える
Ⓒ 前夕、在…之际
Ⓥ trước mắt, trước

★ 시험을 앞두다
★ 결혼을 앞두다
★ 목적지를 앞두다

애쓰다

Ⓔ strive, endeavor
Ⓙ 努力する、苦労する
Ⓒ 努力、尽力、费心
Ⓥ cố gắng, gắng sức

★ 도우려고 애쓰다
★ 이해하려고 애쓰다
★ 애쓴 보람
≒ 노력하다, 고생하다

없애다

Ⓔ remove, eliminate
Ⓙ なくす
Ⓒ 清除、消除
Ⓥ xóa bỏ, loại bỏ

★ 기억을 없애다
★ 문제를 없애다
★ 완전히 없애다

★ 쓰레기를 없애다
★ 방에서 없애다

여기다

Ⓔ regard, consider
Ⓒ 考える
Ⓒ 认为、视为、当作
Ⓥ coi như, xem là

- ★ 가족으로 여기다
- ★ 친구로 여기다
- ★ 소중하게 여기다
- ≒ 생각하다

위하다

Ⓔ take care for
Ⓙ 為にする
Ⓒ 为、为了
Ⓥ vì, để cho

- ★ 가족을 위하다
- ★ 나라를 위하다
- ★ -기 위하여

- ★ 돈을 벌기 위한 일

의하다

Ⓔ be due to, depend on
Ⓙ 依る
Ⓒ 依据、根据
Ⓥ dựa vào, theo

- ★ 조사에 의하다
- ★ 책에 의하다
- ★ 소문에 의하면

이끌다

Ⓔ lead
Ⓙ 率いる
Ⓒ 引导、领导
Ⓥ dẫn dắt, lôi cuốn

- ★ 모임을 이끌다
- ★ 가정을 이끌다

- ★ 대화를 이끌다
- ★ 분위기를 이끌다

이루다

Ⓔ accomplish
Ⓙ 成す
Ⓒ 实现、达成、构成、形成
Ⓥ thực hiện, đạt được

- ★ 꿈을 이루다
- ★ 목적을 이루다
- ★ 소원을 이루다
- ≒ 달성하다, 실현하다

- ★ 가정을 이루다
- ★ 사회를 이루다
- ★ 기초를 이루다
- ≒ 구성하다, 형성하다

이르다

Ⓔ arrive, reach
Ⓙ 至る、話す、早い
Ⓒ 到达、说、告诉、早
Ⓥ sớm, đạt đến, khuyên bảo

- ★ 목적지에 이르다
- ★ 공항에 이르다
- ★ 정상에 이르다
- ≒ 도착하다

- ★ 자세히 이르다
- ★ 간단히 이르다
- ≒ 말하다, 알리다

- ★ 시작이 이르다
- ★ 수업이 이르다
- ★ 이른 아침
- ≒ 빠르다
- ↔ 늦다

이어지다

Ⓔ be connected
Ⓙ 続く
Ⓒ 相接、持续、不断
Ⓥ được tiếp nối

- ★ 길게 이어지다
- ★ 끝없이 이어지다
- ≒ 통하다

- ★ 토론이 이어지다
- ★ 새벽까지 이어지다
- ≒ 계속되다

익히다

Ⓔ master, familiarize
Ⓙ 身につける、なれる
Ⓒ 做熟、腌好、使…熟练、使…熟悉、习惯
Ⓥ làm chín, làm cho quen thuộc

- ★ 불에 익히다
- ★ 고기를 익히다
- ★ 익힌 음식

- ★ 김치를 익히다
- ★ 술을 익히다

- ★ 기술을 익히다
- ★ 방법을 익히다
- ★ 몸에 익히다
- ≒ 배우다

- ★ 얼굴을 익히다
- ★ 이름을 익히다

인하다

Ⓔ be caused by, result from
Ⓙ ~因る
Ⓒ 因为、由于
Ⓥ do, bởi, tại

- ★ -로 인하여
- ≒ 말미암다

일으키다

Ⓔ raise
Ⓙ 起こす
Ⓒ 扶起、引起
Ⓥ nhấc lên, đỡ dậy, gây ra

- ★ 아이를 일으키다
- ★ 윗몸을 일으키다
- ★ 문제를 일으키다

입히다

Ⓔ dress, put on
Ⓙ 着せる、負わせる
Ⓒ 给…穿、使遭受损害

① 단어 학습

Ⓥ mặc cho, gây nên

★ 바지를 입히다
★ 옷을 입히다
↔ 벗기다

★ 피해를 입히다
★ 손해를 입히다

잇다

Ⓔ connect
Ⓙ つなぐ
Ⓒ 接、连接、接续
Ⓥ nối lại, nối tiếp

★ 끈을 잇다
★ 다리를 잇다
↔ 끊다

★ 말을 잇다
★ 생계를 잇다

주고받다

Ⓔ give and take
Ⓙ やり取りする
Ⓒ 授受、互相、往来
Ⓥ trao đổi

★ 인사를 주고받다
★ 선물을 주고받다
★ 이야기를 주고받다

주어지다

Ⓔ be given
Ⓙ 与えられる
Ⓒ 具有、既有
Ⓥ được quy định, được định sẵn

★ 기회가 주어지다
★ 역할이 주어지다
★ 주어진 시간

지다

Ⓔ sink, go down, carry
Ⓙ 沈む、負う
Ⓒ 落、背
Ⓥ thua, lặn, vác, gánh

★ 해가 지다
★ 꽃이 지다
★ 낙엽이 지다

★ 가방을 지다
★ 배낭을 지다
★ 등에 지다
≒ 메다

쫓다

Ⓔ chase
Ⓙ 追う
Ⓒ 追赶、赶
Ⓥ đuổi bắt, truy đuổi

★ 범인을 쫓다
★ 토끼를 쫓다

찾아내다

Ⓔ find out
Ⓙ 探し出す
Ⓒ 找出、发现
Ⓥ tìm ra

★ 보물을 찾아내다
★ 범인을 찾아내다

★ 비밀을 찾아내다
★ 방법을 찾아내다
≒ 알아내다

치다

Ⓔ hit
Ⓙ 打つ、弾く、かける
Ⓒ 打、吹打、拍、弹、演奏、划、放、撒、拉、 认定为
Ⓥ đánh, đá, gảy, chơi, rắc vào, viết, vẽ

★ 번개가 치다
★ 천둥이 치다

★ 파도가 치다
★ 비바람이 치다

★ 박수를 치다

★ 피아노를 치다
★ 기타를 치다
≒ 연주하다

★ 탁구를 치다
★ 테니스를 치다

★ 밑줄을 치다
≒ 긋다

★ 소금을 치다
★ 소스를 치다
≒ 넣다, 뿌리다

★ 커튼을 치다

★ 제일로 치다
★ 일등으로 치다
≒ 인정하다

커지다

Ⓔ grow, big
Ⓙ 大きくなる
Ⓒ 变大、增大
Ⓥ trở nên to lớn

★ 걱정이 커지다
★ 문제가 커지다
★ 소리가 커지다
★ 영향이 커지다
↔ 작아지다

터지다

Ⓔ explode
Ⓙ 破裂する
Ⓒ 破、裂、爆、爆发
Ⓥ vỡ, rách toác

★ 풍선이 터지다
★ 타이어가 터지다

★ 폭죽이 터지다
★ 폭탄이 터지다
≒ 폭발하다

- ★ 박수가 터지다
- ★ 웃음이 터지다
- ★ 울음이 터지다

통하다

Ⓔ go through, flow
Ⓙ 通じる
Ⓒ 通、通畅、通过、经过
Ⓥ thông, thông suốt

- ★ 바람이 통하다
- ★ 피가 통하다

- ★ 뜻이 통하다
- ★ 앞뒤가 통하다
- ≒ 연결되다, 이어지다, 맞다

- ★ 대화가 통하다
- ★ 생각이 통하다

- ★ 문을 통하다
- ★ 길을 통하다
- ≒ 지나다

- ★ 친구를 통하다
- ★ 학교를 통하다
- ★ -을/를 통해서

- ★ 말이 통하다
- ★ 한국어가 통하다

퍼지다

Ⓔ spread
Ⓙ 広がる
Ⓒ 传开、扩展
Ⓥ nở ra, phình ra

- ★ 소문이 퍼지다
- ★ 전염병이 퍼지다
- ★ 전세계로 퍼지다
- ≒ 돌다

펴내다

Ⓔ publish
Ⓙ 発行する
Ⓒ 出版
Ⓥ phát hành

- ★ 책을 펴내다
- ★ 잡지를 펴내다
- ★ 신문을 펴내다
- ≒ 발행하다, 발간하다

펼치다

Ⓔ unfold
Ⓙ 広げる
Ⓒ 翻开、打开、展开
Ⓥ bày ra, diễn ra

- ★ 책을 펼치다
- ★ 사전을 펼치다
- ≒ 펴다

- ★ 우산을 펼치다
- ★ 날개를 펼치다
- ≒ 펴다

풀리다

Ⓔ loosen, untie
Ⓙ 解ける
Ⓒ 开了、散开、化解、消除、缓解
Ⓥ được tháo gỡ, được mở ra

- ★ 운동화 끈이 풀리다
- ★ 넥타이가 풀리다
- ≒ 풀어지다

- ★ 마음이 풀리다
- ★ 화가 풀리다
- ≒ 풀어지다, 누그러지다

- ★ 갈등이 풀리다
- ★ 고민이 풀리다
- ★ 오해가 풀리다
- ≒ 풀어지다, 해결되다, 해소되다

- ★ 긴장이 풀리다
- ★ 분위기가 풀리다
- ≒ 풀어지다

- ★ 추위가 풀리다
- ★ 날씨가 풀리다

피하다

Ⓔ avoid
Ⓙ 避ける
Ⓒ 逃避、避免、躲开、躲避
Ⓥ tránh né

- ★ 책임을 피하다
- ★ 혼잡을 피하다

향하다

Ⓔ head towards
Ⓙ 向かう
Ⓒ 向着、朝、朝着
Ⓥ hướng đến

- ★ 눈길이 향하다

- ★ 목적지를 향하다
- ★ 학교를 향하다
- ★ 집으로 향하다

❶ 단어 학습

형용사

가득하다

Ⓔ full (of)
Ⓙ 満ちた
Ⓒ 满、充满、满满的
Ⓥ đầy, tràn đầy

★ 눈물이 가득하다
★ 물이 가득하다

★ 걱정이 가득하다
★ 실망이 가득하다
★ 정성이 가득하다

간지럽다

Ⓔ itchy
Ⓙ くすぐったい、かゆい
Ⓒ 痒、发痒
Ⓥ ngứa ngáy

★ 몸이 간지럽다
★ 눈이 간지럽다
★ 간지러운 곳
≒ 가렵다

거칠다

Ⓔ rough
Ⓙ 荒い
Ⓒ 粗、粗糙、粗暴
Ⓥ sần sùi, thô kệch, khó coi

★ 얼굴이 거칠다
★ 피부가 거칠다
↔ 부드럽다

★ 성격이 거칠다
★ 행동이 거칠다

귀하다

Ⓔ precious, valuable
Ⓙ 貴重だ、貴い
Ⓒ 高贵、珍贵、尊贵
Ⓥ quý

★ 지위가 귀하다
★ 매우 귀하다
★ 귀한 신분
★ 귀한 몸

★ 귀한 손님
★ 귀하게 자라다

까다롭다

Ⓔ particular, picky
Ⓙ やっかいだ、気難しい
Ⓒ 苛刻、棘手、挑剔、难缠
Ⓥ khó tính, cầu kì, rắc rối

★ 일이 까다롭다
★ 조건이 까다롭다

★ 성격이 까다롭다
★ 입이 까다롭다
★ 까다로운 사람

난처하다

Ⓔ embarrassing, awkward
Ⓙ 困った
Ⓒ 尴尬、为难、难办
Ⓥ khó xử

★ 입장이 난처하다
★ 질문이 난처하다
★ 난처한 상황
★ 난처한 표정
≒ 곤란하다

낯설다

Ⓔ strange
Ⓙ 見慣れない
Ⓒ 面生、陌生、生疏
Ⓥ lạ lẫm

★ 얼굴이 낯설다
★ 낯선 사람
≒ 낯익다

★ 풍경이 낯설다
★ 낯선 일
★ 낯선 경험
≒ 낯익다

넉넉하다

Ⓔ enough, sufficient
Ⓙ 豊かだ
Ⓒ 充足、充分、宽松
Ⓥ no đầy, đầy đủ

★ 시간이 넉넉하다
★ 자리가 넉넉하다
≒ 많다, 충분하다
↔ 모자라다, 부족하다

눈부시다

Ⓔ dazzling
Ⓙ まぶしい、輝かしい
Ⓒ 耀眼、华丽、光彩照人
Ⓥ hoa mắt

★ 불빛이 눈부시다
★ 눈부신 조명
≒ 빛나다, 환하다

★ 눈부시게 웃다
★ 눈부시게 아름답다
★ 눈부신 외모
≒ 빛나다, 환하다

단단하다

Ⓔ hard, solid
Ⓙ 硬い、堅い
Ⓒ 硬、坚硬、结实、强壮、坚强
Ⓥ cứng, cứng nhắc

★ 뼈가 단단하다
★ 바위가 단단하다

★ 근육이 단단하다
★ 몸이 단단하다

★ 의지가 단단하다
★ 단단하게 마음먹다
★ 단단한 성격
≒ 굳세다

독특하다

Ⓔ unusual, unique
Ⓙ 独特だ
Ⓒ 独特、特别
Ⓥ độc đáo

★ 디자인이 독특하다
★ 취향이 독특하다
★ 독특한 맛
≒ 특이하다

두렵다

Ⓔ afraid
Ⓙ 恐ろしい
Ⓒ 可怕、害怕、惧怕
Ⓥ lo sợ

★ 그 사람 눈빛이 두렵다
★ 두려운 생각
★ 두려울 것이 없다
≒ 무섭다, 겁나다

둥글다

Ⓔ round
Ⓙ 丸い
Ⓒ 圆、圆圆的
Ⓥ tròn

★ 얼굴이 둥글다
★ 지구가 둥글다
★ 둥근 해
★ 둥근 탁자

뒤늦다

Ⓔ be late
Ⓙ 遅れた
Ⓒ 很晚、太迟、迟来的
Ⓥ muộn, muộn màng

★ 뒤늦게 알다
★ 뒤늦게 밝혀지다
★ 뒤늦은 후회
★ 뒤늦은 깨달음

든든하다

Ⓔ reliable, reassured
Ⓙ しっかりした
Ⓒ 踏实、饱、厚实、壮实
Ⓥ vững chắc, đáng tin cậy

★ 마음이 든든하다
★ 든든한 기분
≒ 믿음직스럽다

★ 든든히 먹다
★ 든든히 입다
★ 배가 든든하다

딱딱하다

Ⓔ hard, stiff
Ⓙ 固い
Ⓒ 硬、结实、坚硬
Ⓥ rắn, cứng

★ 돌처럼 딱딱하다
★ 겉이 딱딱하다
★ 딱딱한 빵
★ 딱딱한 의자

뚜렷하다

Ⓔ clear, distinct
Ⓙ はっきりした
Ⓒ 清楚、明显
Ⓥ rõ ràng

★ 의식이 뚜렷하다
★ 근거가 뚜렷하다
★ 뚜렷한 모습
★ 뚜렷한 사실
≒ 분명하다

만만하다

Ⓔ easy, pushover
Ⓙ 手強くない
Ⓒ 好欺负
Ⓥ dễ dàng, nhẹ nhàng

★ 상대방이 만만하다
★ 결코 만만하지 않다
★ 만만한 사람
≒ 우습다

멋지다

Ⓔ wonderful
Ⓙ 素敵だ
Ⓒ 漂亮、优秀、出色
Ⓥ đẹp, tuyệt vời

★ 경치가 멋지다
★ 멋진 사람
≒ 멋있다

못지않다

Ⓔ be no less (than)
Ⓙ 劣らない
Ⓒ 不亚于、不次于
Ⓥ không thua kém

★ 전문가 못지않다
★ 그에 못지않다

무료하다

Ⓔ boring, dull
Ⓙ 手持ち無沙汰だ
Ⓒ 无聊、乏味
Ⓥ buồn tẻ, nhạt

★ 무료하게 보내다
★ 무료하게 지내다
★ 무료한 시간

★ 무료한 표정
≒ 심심하다, 지루하다

바람직하다

Ⓔ desirable
Ⓙ 望ましい
Ⓒ 可取、有价值、正确
Ⓥ có ý nghĩa

★ 태도가 바람직하다
★ 생각이 바람직하다
★ 바람직한 자세
★ 바람직한 사회

바르다

Ⓔ apply, spread
Ⓙ 正しい、塗る
Ⓒ 涂、抹、擦、端正、正直
Ⓥ đúng, đúng đắn, thẳng

★ 버터를 바르다
★ 립스틱을 바르다
★ 빵에 바르다

★ 의자에 바르게 앉다
★ 바른 자세
≒ 곧다

★ 예의가 바르다
★ 인사성이 바르다
★ 바르게 살다
★ 바른 생활
≒ 곧다

번거롭다

Ⓔ cumbersome, inconvenient
Ⓙ 面倒だ
Ⓒ 繁琐、麻烦、烦请
Ⓥ rắc rối, phiền hà

★ 과정이 번거롭다
★ 번거로운 작업
≒ 복잡하다

★ 번거롭게 하다
★ 움직이기가 번거롭다
≒ 귀찮다

부담스럽다

Ⓔ unconfortable, pressure
Ⓙ 重荷だ
Ⓒ 负担、压力
Ⓥ nặng nề, đầy gánh nặng

★ 마음이 부담스럽다
★ 부담스러운 자리
★ 부담스러운 상황

불과하다

Ⓔ only, just
Ⓙ 過ぎない
Ⓒ 不过、只不过
Ⓥ không quá, không hơn

★ 절반에 불과하다
★ 천 원에 불과하다
★ 한 명에 불과하다

사소하다

Ⓔ trivial, insignificant
Ⓙ ささいだ
Ⓒ 细微、琐碎、细小
Ⓥ nhỏ nhặt

★ 사소하게 생각하다
★ 사소한 일
★ 사소한 오해
≒ 시시하다
↔ 중요하다

색다르다

Ⓔ novel
Ⓙ 変わった
Ⓒ 特殊、不一般
Ⓥ khác lạ, đặc sắc

★ 느낌이 색다르다
★ 기분이 색다르다
★ 색다른 맛
★ 색다른 분위기
≒ 특이하다

서운하다

Ⓔ sad
Ⓙ 寂しい
Ⓒ 舍不得、惋惜
Ⓥ buồn, tiếc nuối

★ 헤어지기 서운하다
★ 서운한 표정
★ 서운한 마음
≒ 섭섭하다, 아쉽다, 안타깝다

서투르다

Ⓔ clumsy, unskilled
Ⓙ つたない
Ⓒ 不熟练、生疏、笨拙
Ⓥ lóng ngóng, chưa thạo

★ 운전이 서투르다
★ 한국어가 서투르다
★ 서툰 동작
≒ 미숙하다
↔ 능숙하다, 익숙하다

선하다

Ⓔ nice, good
Ⓙ 善良だ、鮮やかだ
Ⓒ 历历在目、犹新、善良
Ⓥ hiền lành

★ 선하게 보이다
★ 눈앞에 선하다
★ 모습이 선하다
≒ 생생하다
↔ 흐릿하다, 희미하다

★ 성격이 선하다
★ 선한 사람
★ 선한 일
≒ 착하다
↔ 악하다

세련되다

Ⓔ sophisticated
Ⓙ 洗練された
Ⓒ 干练、成熟
Ⓥ tinh tế

- 옷차림이 세련되다
- 분위기가 세련되다
- 세련된 느낌
- 세련된 태도
- ↔ 촌스럽다

소홀하다

Ⓔ neglectful
Ⓙ おろそかだ
Ⓒ 疏忽、不周
Ⓥ chểnh mảng, lơ là

- 일에 소홀하다
- 손님에게 소홀하다
- 소홀하게 대접하다
- ↔ 철저하다

속상하다

Ⓔ upset
Ⓙ 情けない
Ⓒ 伤心、苦恼、心痛
Ⓥ buồn phiền, buồn lòng

- 속상한 마음
- 속상한 일

신기하다

Ⓔ amazing, marvelous
Ⓙ 珍しい、不思議だ
Ⓒ 神奇、新奇
Ⓥ thần kì

- 방법이 신기하다
- 신기한 일
- 신기한 마술

심각하다

Ⓔ serious
Ⓙ 深刻だ
Ⓒ 严重、严峻
Ⓥ nghiêm trọng

- 문제가 심각하다
- 피해가 심각하다
- 심각한 상황
- 심각하게 고민하다

싱싱하다

Ⓔ fresh
Ⓙ みずみずしい
Ⓒ 新鲜、鲜艳
Ⓥ tươi, tươi ngon

- 생선이 싱싱하다
- 채소가 싱싱하다
- 싱싱한 꽃
- ≒ 신선하다
- ↔ 시들다

아깝다

Ⓔ a waste of sth
Ⓙ 惜しい
Ⓒ 可惜、珍贵、舍不得
Ⓥ tiếc, tiếc nuối

- 돈이 아깝다
- 시간이 아깝다

안타깝다

Ⓔ pitiful, regrettable
Ⓙ 気の毒だ
Ⓒ 惋惜、难过
Ⓥ đáng tiếc, xót thương

- 사정이 안타깝다
- 이별이 안타깝다
- 안타까운 소식
- 안타까운 생각
- ≒ 서운하다, 섭섭하다, 아쉽다

억울하다

Ⓔ feel unfair
Ⓙ 悔しい
Ⓒ 委屈、冤枉
Ⓥ oan ức, oan uổng

- 억울한 일
- 억울한 피해
- 억울한 심정

위대하다

Ⓔ great
Ⓙ 偉大だ
Ⓒ 伟大
Ⓥ vĩ đại

- 위대한 힘
- 위대한 업적
- 위대한 작품
- ≒ 대단하다, 뛰어나다, 훌륭하다

유리하다

Ⓔ advantageous
Ⓙ 有利だ
Ⓒ 有利
Ⓥ có lợi

- 자신에게 유리하다
- 유리하게 작용하다
- 유리한 조건
- 유리한 입장
- ≒ 유익하다
- ↔ 불리하다

자연스럽다

Ⓔ natural
Ⓙ 自然だ
Ⓒ 自然、自然而然
Ⓥ tự nhiên

- 대화가 자연스럽다
- 자연스럽게 행동하다

① 단어 학습

자유롭다

Ⓔ free
Ⓙ 自由だ
Ⓒ 自由
Ⓥ tự do

- ★ 행동이 자유롭다
- ★ 옷차림이 자유롭다
- ★ 자유로운 시간

저렴하다

Ⓔ cheap
Ⓙ 低廉だ
Ⓒ 便宜、低廉
Ⓥ giá cả phải chăng, rẻ

- ★ 가격이 저렴하다
- ★ 저렴하게 구입하다
- ★ 저렴한 물건
- ≒ 싸다
- ↔ 비싸다

적절하다

Ⓔ proper
Ⓙ 適切だ
Ⓒ 适当、合适
Ⓥ thích hợp

- ★ 상황이 적절하다
- ★ 적절하게 사용하다
- ★ 적절한 시기
- ★ 적절한 행동
- ↔ 부적절하다

지나치다

Ⓔ excessive
Ⓙ 過度だ
Ⓒ 过度、过分
Ⓥ quá, thái quá

- ★ 욕심이 지나치다
- ★ 장난이 지나치다
- ★ 지나친 운동

진정하다

Ⓔ relax
Ⓙ 本当だ
Ⓒ 真正
Ⓥ trấn tĩnh, làm dịu đi

- ★ 진정한 친구
- ★ 진정한 마음
- ★ 진정한 사랑
- ≒ 참되다

짙다

Ⓔ thick
Ⓙ 濃い
Ⓒ 浓、深、密
Ⓥ đậm, dày đặc

- ★ 화장이 짙다
- ★ 색이 짙다
- ★ 짙게 칠하다
- ★ 짙은 색깔
- ≒ 진하다
- ↔ 옅다

짜증스럽다

Ⓔ annoying
Ⓙ 苛立たしい
Ⓒ 厌烦的、生气的
Ⓥ nổi khùng, nổi giận

- ★ 말투가 짜증스럽다
- ★ 목소리가 짜증스럽다
- ★ 짜증스러운 표정

캄캄하다

Ⓔ dark
Ⓙ 真っ暗だ
Ⓒ 漆黑、黑暗
Ⓥ tối tăm, ảm đạm

- ★ 밖이 캄캄하다
- ★ 방안이 캄캄하다
- ≒ 어둡다
- ↔ 밝다

폭넓다

Ⓔ wide
Ⓙ 幅広い
Ⓒ 广泛、全面
Ⓥ rộng lớn

- ★ 관계가 폭넓다
- ★ 주제가 폭넓다
- ★ 폭넓은 영향
- ★ 폭넓은 활동

풍부하다

Ⓔ plentiful, ample
Ⓙ 豊富だ
Ⓒ 丰富、充实
Ⓥ phong phú

- ★ 경험이 풍부하다
- ★ 감정이 풍부하다
- ★ 풍부한 지식
- ≒ 많다
- ↔ 모자라다, 부족하다

해롭다

Ⓔ harmful
Ⓙ 有害だ
Ⓒ 有害、危害
Ⓥ có hại

- ★ 건강에 해롭다
- ★ 인체에 해롭다
- ★ 해로운 음식
- ↔ 이롭다

확실하다

Ⓔ certain
Ⓙ 確実だ
Ⓒ 确实、准确
Ⓥ chắc chắn

- ★ 사실이 확실하다

★ 결과가 확실하다
★ 확실한 내용
≒ 분명하다, 틀림없다
↔ 불확실하다

환하다

Ⓔ bright, light
Ⓙ 明るい
Ⓒ 亮、明亮
Ⓥ hoan hỉ, vui tươi

★ 햇빛이 환하다
★ 불빛이 환하다
≒ 밝다
↔ 어둡다

활발하다

Ⓔ active
Ⓙ 活発だ
Ⓒ 活泼、活跃
Ⓥ hoạt bát

★ 성격이 활발하다
★ 활동이 활발하다
★ 움직임이 활발하다
≒ 쾌활하다

흥미롭다

Ⓔ interesting
Ⓙ 興味深い
Ⓒ 有趣、饶有兴趣
Ⓥ có hứng thú

★ 경기가 흥미롭다
★ 흥미로운 진행
★ 흥미로운 이야기
≒ 재미있다

희다

Ⓔ white
Ⓙ 白い
Ⓒ 白、白色
Ⓥ trắng

★ 구름이 희다
★ 흰 종이
★ 흰 눈
≒ 하얗다

❶ 단어 학습

명사

가난

Ⓔ poverty
Ⓙ 貧しさ
Ⓒ 穷、贫穷
Ⓥ sự nghèo khó

- 극심한 가난
- 가난을 겪다
- 가난에서 벗어나다

가능

Ⓔ possibility
Ⓙ 可能
Ⓒ 可以、可能、能够
Ⓥ sự có khả năng, tính khả thi

- 주차 가능
- 취소 가능
- 예약 가능
- ↔ 불가능

가치

Ⓔ value
Ⓙ 価値
Ⓒ 价值、意义
Ⓥ giá trị

- 교환 가치
- 상품 가치
- 가치가 높다
- 가치가 떨어지다

갈등

Ⓔ conflict
Ⓙ 葛藤
Ⓒ 矛盾、分歧
Ⓥ sự mâu thuẫn

- 사회적 갈등
- 정신적 갈등
- 갈등을 겪다

감소

Ⓔ decrease
Ⓙ 減少
Ⓒ 减少、减缩、减轻
Ⓥ sự giảm

- 수출 감소
- 인구 감소
- 체중 감소
- ↔ 증가

감정

Ⓔ emotion
Ⓙ 感情
Ⓒ 感情、情感
Ⓥ tình cảm

- 연애 감정
- 슬픈 감정
- 감정을 표현하다
- 감정이 풍부하다

개발

Ⓔ development
Ⓙ 開発
Ⓒ 开发、培养、发展
Ⓥ sự khai phá, sự phát triển

- 능력 개발
- 창의력 개발

- 개발도상국
- 경제 개발

개인

Ⓔ individual
Ⓙ 個人
Ⓒ 个人、个体
Ⓥ cá nhân

- 개인 생활
- 개인 활동
- 개인의 자유

건조

Ⓔ dry
Ⓙ 乾燥
Ⓒ 干燥、乏味
Ⓥ sự khô ráo

- 건조 기후
- 건조 주의보

경우

Ⓔ case, circumstance
Ⓙ 場合
Ⓒ 境遇、情况
Ⓥ tình huống, trường hợp

- 많은 경우
- 대표적인 경우
- 어떤 경우

경제

Ⓔ economy
Ⓙ 経済
Ⓒ 经济
Ⓥ kinh tế

- 가정 경제
- 국가 경제
- 경제 문제
- 경제가 발전되다

경향

Ⓔ tendency
Ⓙ 傾向
Ⓒ 倾向、趋势

Ⓥ khuynh hướng

★ 새로운 경향
★ 판매 경향
★ 경향을 나타내다
★ 경향이 강하다

고려

Ⓔ consideration
Ⓙ 考慮
Ⓒ 考虑
Ⓥ sự cân nhắc, sự đắn đo

★ 고려 대상
★ 고려 사항
★ 고려 중
≒ 생각

곤란

Ⓔ difficulty
Ⓙ 困難
Ⓒ 困难、难处
Ⓥ sự khó khăn, sự trở ngại

★ 호흡 곤란
★ 곤란을 겪다
★ 곤란을 극복하다
★ 곤란에 빠지다

공간

Ⓔ space
Ⓙ 空間
Ⓒ 空间
Ⓥ không gian

★ 넓은 공간
★ 공간을 차지하다
★ 공간이 생기다

공기

Ⓔ air
Ⓙ 空気
Ⓒ 空气
Ⓥ không khí

★ 맑은 공기
★ 신선한 공기
★ 공기가 나쁘다
★ 공기가 오염되다

공연

Ⓔ performance
Ⓙ 公演
Ⓒ 公演、演出、表演
Ⓥ buổi buổi diễn

★ 연극 공연
★ 야외 공연
★ 공연 장소
★ 공연이 시작되다
★ 공연을 보다
★ 공연을 관람하다

과정

Ⓔ process
Ⓙ 過程
Ⓒ 过程、课程
Ⓥ quá trình

★ 진행 과정
★ 복잡한 과정
★ 불필요한 과정
★ 과정을 겪다

★ 교육 과정
★ 대학 과정
★ 박사 과정
★ 과정을 밟다

과학

Ⓔ science
Ⓙ 科学
Ⓒ 科学
Ⓥ khoa học

★ 과학 기술
★ 현대 과학
★ 과학의 발전
★ 과학을 연구하다

관람

Ⓔ watch
Ⓙ 観覧
Ⓒ 观览、观看
Ⓥ sự xem, việc tham quan

★ 공연 관람
★ 경기 관람
★ 단체 관람
★ 관람을 마치다
≒ 구경

관리

Ⓔ adminstration, management
Ⓙ 管理
Ⓒ 管理
Ⓥ sự quản lí

★ 고객 관리
★ 회원 관리

★ 건강 관리
★ 질병 관리

구입

Ⓔ purchasement
Ⓙ 購入
Ⓒ 购入、购买
Ⓥ việc mua

★ 물품 구입
★ 현금 구입
★ 구입 가격
≒ 구매
↔ 판매

국가

Ⓔ nation, country
Ⓙ 国家
Ⓒ 国家
Ⓥ quốc gia

① 단어 학습

★ 국가 기관
★ 국가 경쟁력
★ 국가 경제
= 나라

국민

Ⓔ people
Ⓙ 国民
Ⓒ 国民
Ⓥ nhân dân, quốc dân

★ 국민 생활
★ 국민 소득
★ 국민과의 약속

권리

Ⓔ right
Ⓙ 権利
Ⓒ 权利
Ⓥ quyền lợi

★ 국민의 권리
★ 정당한 권리
★ 권리 보장
★ 권리가 많다

근무

Ⓔ work
Ⓙ 勤務
Ⓒ 工作、上班、值班
Ⓥ sự làm việc

★ 주말 근무
★ 근무 환경
★ 근무 조건
★ 근무를 마치다

금융

Ⓔ finance
Ⓙ 金融
Ⓒ 金融
Ⓥ tài chính, tiền tệ

★ 금융 위기
★ 금융 분야
★ 금융을 통제하다

긍정적

Ⓔ positivity
Ⓙ 肯定的
Ⓒ 肯定的、正面的、积极的
Ⓥ mang tính tích cực

★ 긍정적 태도
★ 긍정적 의견
★ 긍정적으로 생각하다
↔ 부정적

기대

Ⓔ expectation, anticipation
Ⓙ 期待
Ⓒ 期待、希望
Ⓥ sự mong đợi

★ 기대가 높다
★ 기대를 받다
★ 기대를 가지다
★ 우승을 기대하다

기록

Ⓔ record, document
Ⓙ 記録
Ⓒ 记录、成绩
Ⓥ sự ghi chép, kỉ lục

★ 생활 기록
★ 기록 보관
★ 기록이 남다
★ 기록을 지우다

기술

Ⓔ skill, technique
Ⓙ 技術
Ⓒ 技术
Ⓥ kĩ thuật

★ 새로운 기술
★ 최신 기술
★ 공업 기술
★ 기술을 개발하다

기업

Ⓔ enterprise, company
Ⓙ 企業
Ⓒ 企业
Ⓥ doanh nghiệp

★ 전문 기업
★ 세계적 기업
★ 기업을 운영하다

기존

Ⓔ existing
Ⓙ 既存
Ⓒ 现存、现有
Ⓥ sự vốn có, sự sẵn có

★ 기존 방향
★ 기존 제품
★ 기존 시설

기준

Ⓔ standard
Ⓙ 基準
Ⓒ 基准、标准
Ⓥ tiêu chuẩn

★ 기준을 세우다
★ 기준을 바꾸다
★ 기준에 못 미치다

꿀

Ⓔ honey
Ⓙ はちみつ
Ⓒ 蜂蜜、蜜
Ⓥ mật ong

★ 꿀에 찍어 먹다
★ 꿀처럼 달다

뇌

Ⓔ brain
Ⓙ 脳
Ⓒ 脑、大脑
Ⓥ não

- 뇌 기능
- 뇌가 발달하다
- 뇌를 수술하다

단계

Ⓔ stage
Ⓙ 段階
Ⓒ 阶段、步骤、环节
Ⓥ giai đoạn, bước

- 개발 단계
- 발전 단계
- 단계가 높다
- 단계를 맞추다
- ≒ 과정

단체

Ⓔ organization
Ⓙ 团体
Ⓒ 团体、集体
Ⓥ tổ chức, đoàn thể

- 단체를 만들다
- 단체로 행동하다
- 단체에 가입하다
- ≒ 집단, 그룹

대상

Ⓔ object, subject, grand prize
Ⓙ 対象
Ⓒ 对象、大奖
Ⓥ đối tượng

- 조사 대상
- 연구 대상
- 대상이 되다
- 대상으로 삼다
- 대상을 받다
- 대상을 수상하다

대신

Ⓔ instead
Ⓙ 代わり
Ⓒ 替、代替
Ⓥ sự thay thế

- 나 대신 너
- 커피 대신 물
- 펜 대신 연필로 쓰다

대중문화

Ⓔ pop culture
Ⓙ 大衆文化
Ⓒ 大众文化
Ⓥ văn hóa đại chúng

- 대중문화 수준
- 대중문화가 발전하다
- 대중문화가 형성되다

대책

Ⓔ measure
Ⓙ 対策
Ⓒ 对策、办法
Ⓥ đối sách, biện pháp đối phó

- 대책 회의
- 근본적인 대책
- 대책을 마련하다
- ≒ 대비책, 방안

대처

Ⓔ measure, action
Ⓙ 対処
Ⓒ 应对、处理
Ⓥ sự đối phó, sự ứng phó

- 신속한 대처
- 대처 방안

대형

Ⓔ large size
Ⓙ 大型
Ⓒ 大型
Ⓥ loại lớn

- 대형 사고
- 대형 매장
- 대형 냉장고

독자

Ⓔ reader
Ⓙ 読者
Ⓒ 读者
Ⓥ độc giả

- 청소년 독자
- 다양한 독자
- 독자 수준
- ↔ 작가

동아리

Ⓔ club
Ⓙ サークル
Ⓒ 社团、团体
Ⓥ câu lạc bộ

- 대학생 동아리
- 동아리 후배
- 동아리 활동을 하다
- 동아리에 가입하다

동일

Ⓔ same
Ⓙ 同一
Ⓒ 同样、一样、相同
Ⓥ sự đồng nhất

- 동일 수준
- 동일 방법
- 동일 인물

❶ 단어 학습

등장

Ⓔ appearance
Ⓙ 登場
Ⓒ 登场、出场
Ⓥ sự xuất hiện

★ 주인공의 등장
★ 화려한 등장
≒ 출현

마련

Ⓔ preparation, arrangement
Ⓙ 準備
Ⓒ 准备
Ⓥ sự chuẩn bị

★ 용돈 마련
★ 음식 마련

★ -기/게 마련이다

매출

Ⓔ sales
Ⓙ 売上
Ⓒ 销售、出售
Ⓥ doanh số, doanh thu

★ 매출이 늘다
★ 매출이 발생하다
★ 매출을 올리다
≒ 판매
↔ 매입

문자

Ⓔ letter
Ⓙ 文字、携帯メール
Ⓒ 文字
Ⓥ văn tự, chữ

★ 문자 메시지
★ 문자를 쓰다
★ 문자로 기록하다
★ 문자 그대로
≒ 글자

문제점

Ⓔ problem
Ⓙ 問題点
Ⓒ 问题、问题点、症结
Ⓥ vấn đề

★ 심각한 문제점
★ 문제점이 드러나다
★ 문제점을 찾다
★ 문제점을 알아내다

물감

Ⓔ paints
Ⓙ 絵の具
Ⓒ 颜料
Ⓥ màu nước, màu mực

★ 물감으로 색칠하다
★ 물감으로 그리다
★ 물감이 묻다

물질

Ⓔ matter
Ⓙ 物質
Ⓒ 物质
Ⓥ vật chất

★ 물질과 정신
★ 물질을 중시하다
★ 오염 물질
★ 위험 물질

뮤지컬

Ⓔ musical
Ⓙ ミュージカル
Ⓒ 音乐剧
Ⓥ nhạc kịch

★ 뮤지컬 배우
★ 뮤지컬 공연
★ 뮤지컬을 관람하다

미혼

Ⓔ single, unmarried
Ⓙ 未婚
Ⓒ 未婚
Ⓥ chưa kết hôn

★ 미혼 남성
★ 미혼 여성
★ 미혼으로 지내다
↔ 기혼

밑줄

Ⓔ underline
Ⓙ 下線
Ⓒ 下划线、底线
Ⓥ gạch dưới

★ 밑줄 부분
★ 밑줄을 긋다
★ 밑줄을 치다

반면

Ⓔ on the other hand
Ⓙ 反面
Ⓒ 反面、另一方面
Ⓥ ngược lại, trái lại

★ -은/는 반면에

반영

Ⓔ reflection
Ⓙ 反映
Ⓒ 反映
Ⓥ sự phản ánh

★ 현실 반영
★ 반영 비율

발생

Ⓔ occurrence, outbreak
Ⓙ 発生
Ⓒ 发生
Ⓥ sự phát sinh

★ 사건 발생
★ 문제 발생
★ 발생 비율
★ 발생 원인

발전

Ⓔ improvement
Ⓙ 発展
Ⓒ 发展
Ⓥ sự phát triển

★ 경제 발전
★ 발전 가능성
★ 발전에 기여하다
≒ 발달, 성장

발표

Ⓔ announcement, presentation
Ⓙ 発表
Ⓒ 发表
Ⓥ sự phát biểu

★ 작품 발표
★ 결과 발표
★ 발표 내용
★ 발표 날짜
★ 발표를 준비하다
★ 발표가 나다

방식

Ⓔ way, means
Ⓙ 方式
Ⓒ 方式
Ⓥ phương thức

★ 생활 방식
★ 해결 방식
★ 잘못된 방식
≒ 방법

방안

Ⓔ measure, plan
Ⓙ 方案
Ⓒ 方案
Ⓥ phương án

★ 개선 방안
★ 현실적 방안
★ 구체적인 방안
★ 방안을 마련하다
≒ 대책, 방침

방지

Ⓔ prevention
Ⓙ 防止
Ⓒ 防止
Ⓥ sự phòng chống

★ 사고 방지
★ 홍수 방지
★ 화재 방지
≒ 예방

벌

Ⓔ bee, punishment
Ⓙ 蜂、罰
Ⓒ 蜂、蜜蜂、惩罚
Ⓥ hình phạt

★ 벌에 쏘이다
★ 벌을 잡다

★ 벌을 받다
★ 벌을 주다
≒ 처벌

법

Ⓔ law
Ⓙ 法
Ⓒ 法、法律
Ⓥ pháp luật

★ 법의 보호
★ 법을 지키다
★ 법을 어기다
≒ 규칙, 규범, 제도

변화

Ⓔ change, alteration
Ⓙ 変化
Ⓒ 变化
Ⓥ sự thay đổi

★ 계절 변화
★ 날씨 변화
★ 변화가 생기다
★ 변화를 보이다
★ 변화를 주다
≒ 변경, 변동

보완

Ⓔ supplementation
Ⓙ 補完
Ⓒ 补充、完善
Ⓥ sự bổ sung, sự hoàn thiện

★ 약점 보완
★ 체력 보완
★ 문제점 보완
≒ 보충

보호

Ⓔ protection
Ⓙ 保護
Ⓒ 保护
Ⓥ sự bảo vệ

★ 자연 보호
★ 동물 보호
★ 보호가 필요하다

부모

Ⓔ parents
Ⓙ 両親
Ⓒ 父母
Ⓥ bố mẹ

★ 부모 자식
★ 부모 형제
★ 부모를 모시다
★ 부모를 공경하다

❶ 단어 학습

부정적

Ⓔ negativity
Ⓙ 否定的
Ⓒ 否定的、负面的
Ⓥ mang tính tiêu cực

★ 부정적 시각
★ 부정적 태도
★ 부정적인 반응
↔ 긍정적

부족

Ⓔ shortage, lack, tribe
Ⓙ 不足
Ⓒ 不足、部落、部族
Ⓥ sự thiếu sót, sự thiếu

★ 시간 부족
★ 재료 부족
★ 관심 부족
↔ 충분

★ 부족 단위
★ 부족 공동체
★ 부족 갈등
★ 부족을 지배하다

분야

Ⓔ area, field
Ⓙ 分野
Ⓒ 领域
Ⓥ lĩnh vực

★ 경제 분야
★ 관심 분야
★ 전공 분야
≒ 부문, 영역

비용

Ⓔ cost, expense
Ⓙ 費用
Ⓒ 费用
Ⓥ chi phí

★ 이사 비용
★ 결혼 비용
★ 비용을 마련하다
★ 비용을 지불하다

비율

Ⓔ ratio, proportion
Ⓙ 比率、割合
Ⓒ 比率、比例
Ⓥ tỉ lệ

★ 비율이 높다
★ 비율이 감소하다
★ 비율을 계산하다

사례

Ⓔ example, instance
Ⓙ 事例
Ⓒ 事例、案例
Ⓥ ví dụ điển hình

★ 우수 사례
★ 구체적인 사례
★ 사례를 들다
≒ 예, 보기

사회

Ⓔ society
Ⓙ 社会、司会
Ⓒ 主持、社会
Ⓥ xã hội

★ 결혼식 사회
★ 사회를 부탁하다

★ 대학 사회
★ 학생 사회
★ 상류 사회
≒ 조직

★ 사회 적응
★ 사회 진출
★ 사회에 나가다

산업

Ⓔ industry
Ⓙ 産業
Ⓒ 产业、工业
Ⓥ công nghiệp

★ 기술 산업
★ 자동차 산업
★ 산업이 발달하다

삶

Ⓔ life
Ⓙ 生、人生
Ⓒ 人生、生活
Ⓥ cuộc sống

★ 삶의 의미
★ 삶의 지혜
★ 삶을 살다

상대

Ⓔ opponent
Ⓙ 相手
Ⓒ 相对、对方、对象
Ⓥ sự đối mặt, đối tượng

★ 대화 상대
★ 놀이 상대
★ 상대로 이야기하다
≒ 상대방, 상대편

상태

Ⓔ condition, state
Ⓙ 状態
Ⓒ 状态、状况
Ⓥ tình trạng, trạng thái

★ 건강 상태
★ 정신 상태
★ 상태가 좋다
★ 상태가 나쁘다
≒ 상황

상황

Ⓔ situation, circumstances
Ⓙ 状況
Ⓒ 情况
Ⓥ tình hình

- ★ 긴급 상황
- ★ 주변 상황
- ★ 상황이 좋다
- ★ 상황이 나쁘다
- ≒ 상태, 형편

생산

Ⓔ production
Ⓙ 生産
Ⓒ 生产
Ⓥ sự sản xuất

- ★ 상품 생산
- ★ 생산 활동
- ★ 생산 지역
- ↔ 소비

성장

Ⓔ growth, development
Ⓙ 成長
Ⓒ 生长、增长
Ⓥ sự tăng trưởng

- ★ 성장 과정
- ★ 성장 시기
- ★ 성장이 빠르다
- ★ 성장을 계속하다

세기

Ⓔ century
Ⓙ 世紀
Ⓒ 世纪
Ⓥ thế kỉ

- ★ 21세기
- ★ 이번 세기
- ★ 다음 세기

세대

Ⓔ generation, menage
Ⓙ 世代、世帯
Ⓒ 世代、代、辈
Ⓥ thế hệ

- ★ 부모 세대
- ★ 자식 세대
- ★ 세대 차이

- ★ 세대가 늘어나다
- ★ 세대가 이동하다
- ★ 세대를 꾸리다
- ≒ 가구

소득

Ⓔ income, profit
Ⓙ 所得
Ⓒ 所得、收入
Ⓥ thu nhập

- ★ 국민 소득
- ★ 소득이 많다
- ★ 소득이 없다
- ≒ 수입

소비

Ⓔ consumption, spend
Ⓙ 消費
Ⓒ 消费、花费、消耗
Ⓥ sự tiêu dùng

- ★ 소비 생활
- ★ 소비 수준
- ★ 체력 소비
- ★ 소비가 증가하다
- ↔ 생산

소재

Ⓔ material
Ⓙ 所在、素材
Ⓒ 所在、原材料、素材
Ⓥ chất liệu, sự có mặt

- ★ 서울 소재
- ★ 본사 소재

- ★ 소재로 삼다
- ★ 소재로 하다
- ★ 소재를 고르다

수준

Ⓔ level, standard
Ⓙ 水準
Ⓒ 水准、水平
Ⓥ trình độ, tiêu chuẩn

- ★ 교육 수준
- ★ 최고 수준
- ★ 수준이 높다
- ★ 수준을 맞추다

- ★ 수준 이상
- ★ 수준에 미치다

순간

Ⓔ moment, instant
Ⓙ 瞬間
Ⓒ 瞬间
Ⓥ thời khắc

- ★ 순간 놀라다
- ★ 순간 긴장하다
- ★ 순간 망설이다

시대

Ⓔ period, time, era
Ⓙ 時代
Ⓒ 时代
Ⓥ thời đại

- ★ 시대 변화
- ★ 새 시대
- ★ 조선 시대

시선

Ⓔ attention
Ⓙ 視線

Ⓒ 视线、目光
Ⓥ ánh mắt, cái nhìn

★ 시선을 향하다
★ 시선을 피하다
★ 시선이 마주치다
≒ 눈길
★ 따뜻한 시선
★ 불쌍한 시선
★ 시선을 받다
★ 시선이 집중되다

시청

Ⓔ city hall, watch
Ⓙ 市役所、視聴
Ⓒ 市厅、市政府、视听、收看
Ⓥ tòa thị chính, sự nghe nhìn

★ 시청 공무원
★ 시청에서 일하다

★ 텔레비전 시청
★ 드라마 시청
★ 뉴스 시청

시행

Ⓔ enforcement, implementation
Ⓙ 施行
Ⓒ 实施、施行
Ⓥ sự thi hành

★ 시행 계획
★ 시행 예정
★ 시행을 연기하다
≒ 실시

식물

Ⓔ plant
Ⓙ 植物
Ⓒ 植物
Ⓥ thực vật

★ 식물을 기르다
★ 식물을 관찰하다
★ 식물이 자라다

신속

Ⓔ quickness
Ⓙ 迅速
Ⓒ 迅速、快速
Ⓥ sự nhanh chóng

★ 신속 배달
★ 신속 처리

실시

Ⓔ implementation, enforcement
Ⓙ 実施
Ⓒ 实施
Ⓥ sự thực thi

★ 실시 계획
★ 실시 방법
★ 조사 실시
≒ 실행

심정

Ⓔ feelings
Ⓙ 心情
Ⓒ 心情
Ⓥ tâm trạng, tâm tư

★ 솔직한 심정
★ 답답한 심정
★ 심정이 상하다
≒ 마음, 심경

어려움

Ⓔ difficulty
Ⓙ 難しさ
Ⓒ 困难、难处
Ⓥ sự khó khăn

★ 큰 어려움
★ 어려움을 겪다
★ 어려움을 극복하다
★ 어려움이 있다

업계

Ⓔ business (world), industry
Ⓙ 業界
Ⓒ 业界
Ⓥ ngành, giới

★ 국내 업계
★ 서비스 업계
★ 자동차 업계
★ 업계 대표

업무

Ⓔ businees, work
Ⓙ 業務
Ⓒ 业务、工作
Ⓥ nghiệp vụ, công nghiệp

★ 업무 계획
★ 업무 내용
★ 업무 시간
★ 업무를 처리하다
★ 업무를 끝내다
≒ 일

역할

Ⓔ role, part
Ⓙ 役割
Ⓒ 角色、作用
Ⓥ vai trò

★ 역할 분담
★ 역할을 맡다
★ 역할이 크다

연구

Ⓔ study, research
Ⓙ 研究
Ⓒ 研究
Ⓥ việc nghiên cứu

★ 실험 연구
★ 연구 결과
★ 연구 방법

영향

Ⓔ influence, effect
Ⓙ 影響
Ⓒ 影响
Ⓥ sự ảnh hưởng

★ 긍정적 영향
★ 영향을 미치다
★ 영향을 받다

예

Ⓔ example, the past, manners
Ⓙ 例、昔
Ⓒ 例子、古、从前、礼节、礼仪
Ⓥ ví dụ, trước kia, lễ tiết

★ 구체적인 예
★ 대표적인 예
★ 비슷한 예
≒ 보기

★ 예로부터 내려오다
★ 예나 지금이나 똑같다

★ 예를 지키다
★ 예를 보존하다
≒ 예절

★ 예를 올리다
★ 예가 화려하다
≒ 예식

예산

Ⓔ budget
Ⓙ 予算
Ⓒ 预算
Ⓥ dự toán, ngân sách

★ 예산 낭비
★ 예산을 마련하다
★ 예산을 쓰다

예정

Ⓔ schedule
Ⓙ 予定
Ⓒ 预定、计划、打算
Ⓥ sự dự kiến

★ 예정 시간
★ 도착 예정
★ 예정대로 진행되다

오염

Ⓔ pollution
Ⓙ 汚染
Ⓒ 污染
Ⓥ sự ô nhiễm

★ 수질 오염
★ 오염 물질
★ 오염이 심각하다
★ 오염을 막다

완벽

Ⓔ perfection
Ⓙ 完璧
Ⓒ 完美、十全十美
Ⓥ sự hoàn hảo

★ 완벽을 기대하다
★ 완벽을 추구하다
★ 완벽에 가깝다

외로움

Ⓔ loneliness
Ⓙ 寂しさ、孤独
Ⓒ 孤独、寂寞
Ⓥ sự cô đơn

★ 외로움을 느끼다
★ 외로움을 달래다
★ 외로움이 쌓이다

요구

Ⓔ demand
Ⓙ 要求
Ⓒ 要求、请求
Ⓥ sự yêu cầu

★ 요구 조건
★ 요구 사항
★ 권리 요구
★ 요구를 들어주다
★ 요구를 받아들이다

요소

Ⓔ element
Ⓙ 要素
Ⓒ 要素、元素
Ⓥ yếu tố

★ 사회 요소
★ 구성 요소
★ 주요 요소

유지

Ⓔ maintainment
Ⓙ 維持
Ⓒ 维持、保持
Ⓥ sự duy trì

★ 거리 유지
★ 건강 유지
★ 평화 유지
★ 유지를 시키다
≒ 지속
↔ 중지

의견

Ⓔ opinion
Ⓙ 意見
Ⓒ 意见、主张
Ⓥ ý kiến

★ 의견 차이
★ 의견이 다르다
★ 의견을 묻다
★ 의견에 따르다
≒ 생각

의도

Ⓔ intention, purpose

❶ 단어 학습

Ⓙ 意図
Ⓒ 意图
Ⓥ ý đồ, ý định

★ 긍정적 의도
★ 상대방의 의도
★ 의도가 있다
★ 의도를 읽다

이미지

Ⓔ image
Ⓙ イメージ
Ⓒ 形象、印象
Ⓥ hình ảnh

★ 시각적 이미지
★ 청각적 이미지

★ 국가 이미지
★ 독특한 이미지
★ 이미지가 좋다
≒ 인상

이익

Ⓔ profit, gain
Ⓙ 利益
Ⓒ 利益
Ⓥ lợi ích

★ 이익이 되다
★ 이익이 남다
★ 이익을 주다
↔ 손해, 불이익

인간

Ⓔ person, human
Ⓙ 人間
Ⓒ 人、人类
Ⓥ con người

★ 인간 사회
★ 인간의 욕심
★ 인간의 본성
≒ 사람

인류

Ⓔ humanity, mankind
Ⓙ 人類
Ⓒ 人类
Ⓥ nhân loại

★ 인류 공동체
★ 인류 평화
★ 모든 인류

인물

Ⓔ person, character
Ⓙ 人物、容貌
Ⓒ 人物
Ⓥ nhân vật

★ 인물 사진
★ 인물 평가
≒ 사람

★ 인물이 나다
★ 인물이 못나다
★ 인물이 좋다
≒ 생김새

★ 작품 속 인물
★ 주요 인물
★ 인물의 성격

일정

Ⓔ regularity, schedule
Ⓙ 日程
Ⓒ 一定、日程、行程
Ⓥ lịch trình, sự nhất định

★ 일정 기간
★ 일정 수준
★ 일정 시간

★ 공사 일정
★ 여행 일정
★ 일정이 지연되다
≒ 스케줄

입장

Ⓔ entrance, stance
Ⓙ 立場、入場
Ⓒ 入场、立场
Ⓥ lập trường, sự tiến vào

★ 무료 입장
★ 입장 시간
★ 입장이 끝나다
↔ 퇴장

★ 입장 차이
★ 불리한 입장
★ 입장을 밝히다
≒ 처지

자녀

Ⓔ children
Ⓙ 子女、子供
Ⓒ 子女
Ⓥ con cái

★ 자녀 교육
★ 자녀를 두다
★ 자녀를 양육하다
≒ 자식

작가

Ⓔ author, writer
Ⓙ 作家
Ⓒ 作家
Ⓥ tác giả

★ 유명 작가
★ 국내 작가
★ 소설 작가
★ 작가의 의도

작품

Ⓔ work, piece
Ⓙ 作品
Ⓒ 作品
Ⓥ tác phẩm

- 예술 작품
- 뛰어난 작품
- 작품 감상

정보

Ⓔ information
Ⓙ 情報
Ⓒ 情报、信息、讯息
Ⓥ thông tin

- 여행 정보
- 쇼핑 정보
- 정보를 얻다
- 정보가 부족하다

정부

Ⓔ government
Ⓙ 政府
Ⓒ 政府
Ⓥ chính phủ

- 한국 정부
- 정부가 들어서다
- 정부를 세우다
- 정부 입장
- 정부 정책

정책

Ⓔ policy
Ⓙ 政策
Ⓒ 政策
Ⓥ chính sách

- 교육 정책
- 환경 정책
- 정책을 세우다
- 정책을 발표하다
- 정책을 비판하다

제공

Ⓔ offer, provision
Ⓙ 提供
Ⓒ 供、提供
Ⓥ sự cung cấp

- 자료 제공
- 정보 제공
- 무료 제공

제도

Ⓔ system, institution
Ⓙ 制度
Ⓒ 制度
Ⓥ chế độ

- 가족 제도
- 사회 제도
- 제도를 바꾸다
- 제도를 개선하다

제시

Ⓔ suggestion
Ⓙ 提示
Ⓒ 提示、出示
Ⓥ sự đưa ra

- 여권 제시
- 신분증 제시
- 서류 제시

제품

Ⓔ production
Ⓙ 製品
Ⓒ 制品、产品
Ⓥ sản phẩm

- 전자 제품
- 제품을 만들다
- 제품을 판매하다
- = 물건, 상품

조사

Ⓔ investigation, postposition
Ⓙ 調査
Ⓒ 调查、助词
Ⓥ sự điều tra

- 설문 조사
- 사고 조사
- 조사를 받다
- 조사를 실시하다

- 조사와 어미
- 조사가 생략되다

조절

Ⓔ control(ment)
Ⓙ 調節
Ⓒ 调节、调整
Ⓥ sự điều chỉnh

- 감정 조절
- 온도 조절
- 체중 조절

주민

Ⓔ resident
Ⓙ 住民
Ⓒ 居民
Ⓥ người dân địa phương

- 동네 주민
- 이웃 주민
- 아파트 주민

주장

Ⓔ opinion, argument, claim
Ⓙ 主張
Ⓒ 主张
Ⓥ chủ trương

- 의견 주장
- 정당한 주장
- 주장을 내세우다
- 주장에 동의하다

주제

Ⓔ subject, topic
Ⓙ 主題
Ⓒ 主题、主旨

❶ 단어 학습

Ⓥ chủ đề

- 대화 주제
- 발표 주제
- 글의 주제
- 주제를 정하다
- 주제를 바꾸다

증가

Ⓔ increase, growth
Ⓙ 增加
Ⓒ 增加
Ⓥ sự tăng lên

- 소득 증가
- 수입 증가
- 인구 증가
- ↔ 감소

지식

Ⓔ knowledge
Ⓙ 知識
Ⓒ 知识
Ⓥ tri thức

- 전문 지식
- 기초 지식
- 지식을 쌓다

지역

Ⓔ region, area
Ⓙ 地域
Ⓒ 地域、地区
Ⓥ địa phương, khu vực

- 서울 지역
- 지역 주민
- 지역 번호

지원

Ⓔ support, back up, apply
Ⓙ 支援、志願
Ⓒ 支援、援助、志愿、申请
Ⓥ sự viện trợ

- 생활비 지원
- 지원 물품

- 입사 지원
- 대학교 지원
- 지원 마감

지표

Ⓔ index, indictor
Ⓙ 指標
Ⓒ 指标
Ⓥ hình mẫu, kim chỉ nam

- 새로운 지표
- 주요 지표
- 지표로 삼다
- 지표를 제시하다

질

Ⓔ quality
Ⓙ 質
Ⓒ 质、质量、品质
Ⓥ chất lượng

- 물건의 질
- 질이 좋다
- 질이 떨어지다
- ↔ 양

참여

Ⓔ participation
Ⓙ 参与、参加
Ⓒ 参与、参加
Ⓥ sự tham gia

- 참여 대상
- 이벤트 참여
- 행사 참여
- 참여가 활발하다
- = 참가, 참석

처방

Ⓔ prescription
Ⓙ 処方
Ⓒ 处方、方子
Ⓥ sự kê đơn

- 의사 처방
- 약 처방
- 처방을 받다

축제

Ⓔ festival
Ⓙ 祭り
Ⓙ 庆典、节
Ⓥ lễ hội

- 학교 축제
- 불꽃 축제
- 축제 기간
- 축제를 준비하다
- 축제가 시작되다

통계

Ⓔ statistics, stats
Ⓙ 統計
Ⓒ 统计
Ⓥ thống kê

- 통계 자료
- 통계 결과
- 통계 조사
- 통계에 따르다

통신

Ⓔ communication
Ⓙ 通信
Ⓒ 通信、通讯
Ⓥ viễn thông

- 통신 수단
- 통신 상태
- 통신이 가능하다
- 통신이 발달하다

투자

Ⓔ investment
Ⓙ 投資
Ⓒ 投资
Ⓥ sự đầu tư

★ 시간 투자
★ 부동산 투자
★ 투자 금액

특징

Ⓔ characteristic, feature
Ⓙ 特徴
Ⓒ 特征
Ⓥ đặc điểm

★ 특징이 드러나다
★ 특징이 없다
★ 특징을 보이다

특허

Ⓔ patent
Ⓙ 特許
Ⓒ 特许、特别许可、专利
Ⓥ bằng phát minh sáng chế

★ 발명 특허
★ 특허를 얻다
★ 특허를 받다

파악

Ⓔ grasp, understanding
Ⓙ 把握
Ⓒ 把握
Ⓥ sự nắm bắt

★ 주제 파악
★ 의미 파악
★ 분위기 파악
★ 파악이 빠르다

판매

Ⓔ sale
Ⓙ 販売
Ⓒ 贩卖、销售
Ⓥ sự bán hàng

★ 예약 판매
★ 할인 판매
★ 판매 가격
★ 판매가 시작되다
★ 판매를 금지하다
↔ 구입

포함

Ⓔ inclusion, implication
Ⓙ 含むこと、込み
Ⓒ 包含
Ⓥ sự bao gồm

★ 세금 포함
★ 조식 포함
★ 포함을 시키다
↔ 제외

표현

Ⓔ expression
Ⓙ 表現
Ⓒ 表现
Ⓥ biểu hiện

★ 감정 표현
★ 예술적 표현
★ 표현 방식
★ 표현 능력

피부

Ⓔ skin
Ⓙ 皮膚
Ⓒ 皮肤
Ⓥ da

★ 아기 피부
★ 하얀 피부
★ 피부 관리
★ 피부가 곱다
★ 피부로 느끼다

피해

Ⓔ damage, harm
Ⓙ 被害
Ⓒ 被害、受损
Ⓥ sự thiệt hại

★ 인명 피해
★ 재산 피해
★ 피해를 입다
★ 피해가 예상되다

한

Ⓔ resentment
Ⓙ 恨み
Ⓒ 憾、怨恨
Ⓥ mối hận

★ 한이 많다
★ 한을 품다
★ 한이 맺히다
= 원한

해결

Ⓔ solution, settlement
Ⓙ 解決
Ⓒ 解决
Ⓥ sự giải quyết

★ 문제 해결
★ 원만한 해결
★ 해결 방안
★ 해결이 나다
★ 해결을 보다
★ 해결에 나서다

현대

Ⓔ today, modern times
Ⓙ 現代
Ⓒ 现代
Ⓥ hiện đại

★ 현대 과학
★ 현대 의학

❶ 단어 학습

★ 현대의 삶

현상

Ⓔ phenomenon
Ⓙ 現象
Ⓒ 现象、现况
Ⓥ hiện tượng

★ 문화 현상
★ 고령화 현상
★ 바람직한 현상
★ 현상이 계속되다
★ 현상을 이해하다

현실

Ⓔ reality
Ⓙ 現実
Ⓒ 现实
Ⓥ thực tế, thực tại

★ 현실을 받아들이다
★ 현실을 부정하다
★ 현실에 만족하다

화재

Ⓔ fire, blaze
Ⓙ 火災
Ⓒ 火灾
Ⓥ hỏa hoạn

★ 화재 신고
★ 화재 예방
★ 화재 원인
★ 화재가 발생하다

확인

Ⓔ identification, verification
Ⓙ 確認
Ⓒ 确认
Ⓥ sự xác nhận

★ 결과 확인
★ 금액 확인
★ 예약 확인

환경

Ⓔ environment
Ⓙ 環境
Ⓒ 环境
Ⓥ môi trường

★ 자연 환경
★ 환경 파괴
★ 환경을 보호하다

활동

Ⓔ activity
Ⓙ 活動
Ⓒ 活动
Ⓥ hoạt động

★ 야외 활동
★ 활동이 활발하다
★ 활동을 계속하다
= 움직임

활용

Ⓔ application
Ⓙ 活用
Ⓒ 活用、充分利用
Ⓥ sự tận dụng, sự sử dụng

★ 공간 활용
★ 컴퓨터 활용
★ 활용 목적
≒ 사용, 이용

효과

Ⓔ effect
Ⓙ 効果
Ⓒ 效果
Ⓥ hiệu quả

★ 약 효과
★ 치료 효과
★ 효과가 있다
★ 효과가 뛰어나다
★ 효과를 높이다
≒ 효능, 효용

후회

Ⓔ regret
Ⓙ 後悔
Ⓒ 后悔
Ⓥ sự hối hận

★ 늦은 후회
★ 후회가 남다
★ 후회가 없다

휴식

Ⓔ rest, break, relaxation
Ⓙ 休息
Ⓒ 休息
Ⓥ sự nghỉ ngơi

★ 휴식 공간
★ 휴식 시간
★ 휴식을 취하다
★ 휴식을 즐기다

CHAPTER. 1

단어 및 문법

❶ 단어 학습

☑ ❷ 문법 학습

문법 학습 전략

한국어는 조사와 어미에 따라 문장의 뜻이 달라집니다. 다음에 제시하고 있는 조사, 어미, 표현들은 중급 수준 이상의 한국어 학습자가 반드시 알아야 하는 것들입니다. 목표 문법에 대한 설명보다는 제시된 문장을 통해 그 의미를 이해하고 사용하기 바랍니다.

문법 학습

문법 학습 주요 문법

TOPIK Ⅱ 등급 수준에서 알아야 할 주요 문법 항목입니다. TOPIK Ⅱ와 한국어 중급 수준에서 학습해야 할 문법 범위에 대한 길잡이가 되어 줄 것입니다. 목록에서 내가 모르는 문법 항목들을 확인하고 공부의 방향을 잡아 보세요.

주요 문법

같이

(명사에 붙어) 어떤 대상의 상태나 특성이 다른 것과 비슷하거나 같은 정도임을 나타낼 때 사용합니다.

예 우리 선생님은 호랑이같이 무서워요.

–거든

1. (동사나 형용사, '이다, 아니다'에 붙어) 뒤 절의 행위를 하게 하는 조건이나 가정으로, 어떤 행위를 하거나 어떤 상태에 있게 되는 경우를 앞에서 미리 제시할 때 사용합니다.

예 너무 비싸거든 사지 마세요.

2. (동사나 형용사, '이다, 아니다'에 붙어) 질문에 대한 대답 또는 앞의 내용에 대한 이유나 사실을 당연한 듯이 말할 때에 사용합니다. 주로 말하기에서 사용합니다.

예 가: 윤정 씨, 피곤해요?
나: 네, 조금 피곤해요. 어제 밤까지 공부를 했거든요.

❷ 문법 학습

-게

1. (동사에 붙어) 말하는 사람이 듣는 사람의 의도를 물을 때에 사용합니다. '-(으)려고'와 비슷한 의미이며, 주로 말하기에서 사용합니다.

예 10시도 안 되었는데 벌써 자게?

2. (동사나 형용사, '이다, 아니다'에 붙어) 말하는 사람이 듣는 사람에게 어떤 사건이나 상황을 추정하여 물은 뒤에 그 추정의 근거를 스스로 제시할 때에 사용합니다. 주로 말하기에서 사용합니다.

예 영희가 바지가 없나 봐요? 치마를 입게요.

-게 하다

1. (동사에 붙어) 다른 사람에게 어떤 행위를 시키거나 허락할 때, 또는 어떤 사물이 어떤 작동을 하도록 만들 때 사용합니다.

예 너무 더워서 학생들에게 창문을 열게 했어요.

2. (형용사에 붙어) 어떤 사물이 어떤 상태가 되도록 만드는 것을 나타냅니다.

예 잠을 잘 때에는 방을 어둡게 하세요.

-고

(동사나 형용사, '이다, 아니다'에 붙어) 상대방의 말에 어떤 내용을 추가적으로 덧붙여 서술하거나 질문할 때에 사용합니다. 주로 말하기에서 사용합니다.

예 일본은 초밥으로 유명해요. 한국은 김치로 유명하고요.

–고 나다

(동사에 붙어) 앞의 행위를 끝내고 뒤의 행위를 하거나 어떤 상황이 이루어짐을 나타냅니다. 주로 '–고 나서, –고 나니, –고 나면' 등과 같은 형태로 문장에서 사용됩니다.

예 먼저 영화를 보고 나서 쇼핑을 합시다.

–고 말다

(동사에 붙어) 어떤 일이 의도하지 않은 상태에서 결과적으로 일어났음을 나타내며, 기대와 다르게 일이 진행되어 안타깝거나 만족스러운 느낌, 어떤 일을 힘들게 이루어냈다는 의미를 표현할 때 사용합니다.

예 선물 받은 화분의 꽃이 결국 죽고 말았어요.

–고 보다

1. (동사에 붙어) '–고 보자/봅시다' 등의 구성으로 쓰여 앞으로의 일은 나중에 생각하고 어떤 일을 먼저 할 것을 제안함을 나타냅니다.

예 배고픈데 일단 밥부터 먹고 봅시다.

2. (동사에 붙어) '–고 보니, –고 보면'의 구성으로 쓰여 앞말이 뜻하는 행동을 한 후 뒤의 내용을 받아들이거나 새롭게 깨닫게 되는 것을 나타낼 때 사용합니다.

예 도서관에 도착하고 보니 휴관일이었다.

–고 싶어 하다

(동사에 붙어) 말하는 사람이 아닌 다른 사람이 하기를 원하거나 바라는 것을 나타냅니다. 주로 다른 사람의 계획이나 취향 또는 선호하는 것을 전달할 때 사용합니다.

예 손님이 이 물건을 바꾸고 싶어 합니다.

❷ 문법 학습

–고 해서

(동사나 형용사, '이다, 아니다'에 붙어) 앞 내용이 뒤의 이유 가운데 하나가 됨을 나타냅니다. 어떤 상태나 결과의 이유를 말할 때 사용하며, 이 경우 다른 이유가 더 있을 수 있음을 짐작할 수 있습니다.

예 잠도 안 오고 해서 책을 읽었다.

–고도

(동사나 형용사, '이다, 아니다'에 붙어) 앞의 사실이나 내용과 반대가 되는 말이 오거나, 반대가 아니라도 앞의 사실이나 내용과는 다른 특성이 있음을 나타낼 때 사용합니다.

예 나는 영화감독이 돼서 슬프고도 아름다운 사랑이야기를 만들고 싶다.

–고서

(동사에 붙어) 앞의 동작과 뒤의 동작이 시간의 순서대로 일어난 것임을 나타냅니다. 앞의 동작이 뒤의 동작보다 먼저 일어났음을 강조할 때 사용합니다.

예 그는 전화를 받고서 밖으로 나갔다.

–고자

(동사나 '이다, 아니다'에 붙어) 말하는 이가 어떤 행위를 하는 목적이나 의도를 드러내기 위해 사용합니다. 주로 글 또는 격식적인 말하기에서 쓰입니다.

예 저희는 앞으로 좋은 학생이 되고자 노력하겠습니다.

–기 위해

(동사에 붙어) 앞의 행위가 뒤의 상황이나 행동이 발생하게 된 목적이나 의도임을 나타냅니다.

예 수업 시간에 발표하기 위해 자료를 만들고 있습니다.

-기에

(동사나 형용사, '이다, 아니다'에 붙어) 앞이 뒤의 원인이나 이유, 근거를 나타낼 때 사용합니다. 주로 글로 쓸 때 많이 쓰입니다.

예 꽃이 정말 싸고 예쁘기에 한 송이 샀다.

-나 보다

(동사나 '있다, 없다'에 붙어) 어떤 사실이나 상황으로 미루어 보아 그런 것 같다는 추측을 나타낼 때 사용합니다.

예 사람들이 우산을 쓴 것을 보니 밖에 비가 오나 봐요.

-나 싶다

(동사나 '있다, 없다'에 붙어) 말하는 사람의 주관적인 생각이나 확실하지 않은 추측, 회의나 의심을 단정적이지 않은 태도로 나타낼 때 사용합니다.

예 이번 시험에도 떨어졌나 싶어서 결과도 확인하지 않았어요.

-나요

(동사에 붙어) 격식을 차리지 않아도 되는 환경이거나 친한 사이에서 윗사람인 상대방에게 질문할 때에 사용합니다. 부드럽고 친절한 느낌을 주며, 주로 말하기에서 사용합니다.

예 내일 어디서 모이나요?

❷ 문법 학습

-느라고

(동사에 붙어) 앞의 어떤 행위가 뒤의 행위를 하지 못했거나 혹은 뒤에 발생한 부정적인 결과에 대한 원인이나 이유를 나타내는 데에 사용합니다. '-느라고'는 말할 때 '-느라'로 더 많이 쓰입니다.

예 책을 읽느라고 지하철에서 못 내렸어요.

-는 김에

(동사에 붙어) 앞의 행위를 함에 더하여 그 기회에 뒤의 다른 행위를 함께 함을 나타냅니다. 앞의 행동이 원래의 목적이지만 앞의 행동을 하면서 동시에 할 수 있는 다른 행동도 같이 할 때 사용합니다.

예 스파게티를 만드는 김에 샐러드도 만들어 줄게요.

-(느)ㄴ구나

(동사나 형용사, '이다, 아니다'에 붙어) 말하는 사람이 새로운 사실을 보거나 들은 것을 주목할 때에 사용합니다. 말하는 사람이 혼자 말하거나 아랫사람이나 친한 친구에게 말할 때 사용하며, 흔히 감탄의 뜻을 갖습니다.

예 이 강의실은 다른 곳보다 춥구나.

-(느)ㄴ다/-다

(동사나 형용사, '이다, 아니다'에 붙어) 주로 현재의 사실이나 행위를 나타내면서 문장을 끝맺을 때에 사용합니다. 신문, 서적 등 객관적인 글에 사용하며, 구어적 상황에서는 듣는 사람이 말하는 사람보다 아랫사람이거나 친한 친구 사이에 사용할 수 있습니다.

예 나는 매일 아침 빵을 먹는다.

-(느)ㄴ다거나/-다거나/-라거나

1. (동사, 형용사, '이다, 아니다'에 붙어) '-는다거나 -는다거나'의 구성으로 쓰여 두 가지 이상의 사실을 나열하는 데에 사용합니다. 발생할 수 있는 사건을 가정하여 나열하거나 실제 존재하는 명제의 내용을 나열하는 데에 사용합니다.

예 책을 읽는다거나 영화를 본다거나 하면서 주말을 보내요.

2. (동사나 형용사, '있다, 없다, 계시다'에 붙어) 반대되는 사실들 중 하나를 선택함을 나타냅니다.

예 오늘 저녁에 시간이 있다거나 없다고 먼저 얘기해 주세요.

-(느)ㄴ다고/-다고/-라고

(동사나 형용사, '이다, 아니다'에 붙어) 앞이 뒤에 대해서 어떤 상황의 이유, 근거, 원인을 나타내거나 어떤 행위의 목적, 의도를 나타내는 데 사용합니다.

예 민준이는 책을 읽는다고 늦은 밤인데도 환히 불을 켰다.

-(느)ㄴ다니/-다니/-라니

(동사나 형용사, '이다, 아니다'에 붙어) 다른 사람에게 들은 말을 듣는 사람에게 물어서 확인하고자 할 때에 사용합니다. 듣는 사람이 말하는 사람보다 아랫사람이거나 서로 친한 사이일 때에 사용하며, 주로 말하기에서 사용합니다.

예 수지가 라면을 먹는다니?

-(느)ㄴ다면/-다면/-라면

(동사나 형용사, '이다, 아니다'에 붙어) 어떤 상황을 가정한다는 뜻으로, 그 조건에 따라 다른 어떤 행위를 하거나 다른 어떤 상태에 있음을 나타낼 때 사용합니다.

예 어머니께서 가신다면 저도 가겠습니다.

❷ 문법 학습

-(느)ㄴ다면서/-다면서/-라면서

(동사나 형용사, '이다, 아니다'에 붙어) 다른 사람에게 들은 내용을 듣는 사람에게 물어서 확인할 때에 사용합니다. '-는다면서'는 '-는다며'로 줄여서 사용할 수 있으며, 주로 말하기에서 사용합니다.

예 어제 아침에 지각했다면서요?

-는 바람에

(동사에 붙어) 앞 내용의 어떤 원인이나 까닭에 의한 부정적인 결과 또는 예상치 못한 결과가 뒤에 나올 때 사용합니다. 주로 부정적인 결과의 원인이나 이유를 나타냅니다.

예 갑자기 비가 내리는 바람에 등산을 하지 못했어요.

-는 사이에

(동사나 '있다, 없다'에 붙어) 앞의 행위가 이루어지는 동안에 뒤의 행위가 이루어짐을 나타낼 때 사용합니다.

예 내가 낮잠을 자는 사이에 친구가 왔다 갔어요.

-는 한

(동사나 '있다, 없다'에 붙어) 앞이 뒤의 상태나 행위의 전제, 또는 조건임을 나타낼 때 사용합니다.

예 열심히 공부하는 한 시험에 떨어지는 일은 없을 거예요.

-니

(동사나 형용사, '이다, 아니다'에 붙어) 친한 친구나 아랫사람에게 어떠한 사실이나 상황에 대해 물어볼 때 사용합니다. 주로 말하기에서 사용합니다.

예 저녁은 어디서 먹니?

-다가

(동사나 형용사, '이다'에 붙어) 앞의 어떤 행위나 상태가 뒤의 다른 행위나 상태에 의해 중단되고 바뀌게 됨을 나타냅니다. 말로 할 때 '-다'가 '-다가'보다 더 많이 사용됩니다.

예 아까는 눈이 내리다가 이제 비가 내려요.

-다시피

(동사, '있다, 없다'에 붙어) 앞의 내용이 듣는 사람이 이미 알고 있는 것임을 나타내거나 앞의 동작에 가까움을 나타냅니다.

예 수지는 게임을 좋아해서 PC방에서 거의 살다시피 해요.

대로

1. 어떤 모양이나 상태와 똑같이 한다는 것을 나타낼 때 사용합니다.

예 친구에게 사실대로 이야기했어요.

2. 각각 구별되는 것을 나타낼 때 사용합니다.

예 너는 너대로 나는 나대로 각자 계획을 세우자.

❷ 문법 학습

-더군

(동사나 형용사, '이다, 아니다'에 붙어) 말하는 사람이 과거에 직접 경험하여 새롭게 알게 된 사실을 지금 상대방에게 말하면서 그 사실에 주목함을 나타낼 때 사용합니다. '-더구나'의 줄임말이며, 주로 말하기에서 사용합니다.

예 KTX는 정말 빠르더군요.

-더니

1. (동사나 형용사, '이다, 아니다'에 붙어) 말하는 사람이 과거에 관찰하여 알게 된 사실에 뒤이어 일어난 행위나 상황을 나타낼 때 사용합니다.

   예 영철이는 냉장고 문을 열더니 물을 꺼내 마셨다.

2. (동사나 형용사, '이다, 아니다'에 붙어) 말하는 사람이 과거에 관찰하여 알게 된 사실과 대조적인 사실이나 상황이 있음을 나타냅니다.

   예 어제는 덥더니 오늘은 꽤 쌀쌀하네.

3. (동사나 형용사, '이다, 아니다'에 붙어) 말하는 사람이 과거에 관찰하여 알게 된 사실에 대해 어떤 결과가 나타났는지 말할 때 사용합니다.

   예 분티앙이 밤을 새서 보고서를 쓰더니 지친 것 같아요.

-더라

(동사나 형용사, '이다, 아니다'에 붙어) 말하는 사람이 과거에 직접 경험하여 새롭게 알게 된 사실을 지금 상대방에게 말하면서 그 사실에 주목함을 나타낼 때 사용합니다. 듣는 사람이 말하는 사람보다 아랫사람이거나 친한 사이에서 사용하고 흔히 감탄의 뜻을 나타냅니다. 주로 말하기에서 사용합니다.

예 앤디 씨가 김치찌개를 잘 먹더라.

–더라도

(동사나 형용사, '이다, 아니다'에 붙어) 앞의 내용을 인정하거나 가정한다고 해도 앞의 내용으로 기대하는 바가 뒤에서 부정됨을 나타냅니다.

예 바쁘더라도 식사는 꼭 챙겨 드세요.

–던

(동사나 형용사, '이다, 아니다'에 붙어) 여러 번 또는 한동안 계속된 과거의 사건이나 행위, 상태를 다시 떠올림을 나타내거나 과거의 사건, 행위, 상태가 끝나지 않고 중단되었음을 나타냅니다. '–던' 앞에 오는 말과 결합하여 뒤에 오는 명사를 수식하는 관형사형을 만드는 데 사용합니다.

예 어제 읽던 책을 어디에 뒀는지 안 보이네요.

–던데

1. (동사나 형용사, '이다, 아니다'에 붙어) 뒤에서 어떤 일을 설명하거나 묻거나 시키거나 제안하기 위하여, 그와 상관있는 과거에 경험하거나 관찰한 사실을 나타냅니다. 주로 말할 때 사용합니다.

예 불고기가 정말 맛있던데 어떻게 만드신 거예요?

2. (동사나 형용사, '이다, 아니다'에 붙어) 말하는 사람이 과거의 어떤 사실을 직접 경험하여 새롭게 알게 된 사실을 지금 상대방에게 말하면서 듣는 사람의 반응을 기대할 때에 사용합니다. 주로 말하기에서 사용합니다.

예 버스가 정말 천천히 가던데요.

② 문법 학습

–도록

1. (동사나 일부 형용사에 붙어) 뒤에 나오는 행위에 대한 목적을 나타낼 때 사용합니다.

예 실수하지 않도록 꾸준히 연습해야 해요.

2. 뒤에 나오는 동작이나 작용의 정도나 한계를 나타낸다.

예 시험 보기 전날에 잠을 안 자고 아침까지 공부했어요. 밤새도록 공부를 했어요.

–든지

(동사나 형용사에 붙어) 선택할 수 있는 여러 가지를 나열하여 그중 어느 것을 선택하거나 그 어느 것을 선택해도 상관이 없음을 나타냅니다.

예 음악을 듣든지 영화를 보든지 책을 읽든지 하루에 2시간은 혼자만의 시간을 갖는 것이 좋다.

–듯이

(동사나 형용사, '이다, 아니다'에 붙어) 앞의 내용이 뒤의 내용과 거의 같음을 나타냅니다. 비유적으로 나타낼 때 주로 사용합니다.

예 반신욕을 하면 피로가 눈 녹듯이 사라져요.

만 같아도

(명사에 붙어) 어떤 상태나 상황이 그러하다고 가정함을 나타냅니다. 앞의 상황과 비교하여 가정할 때 사용합니다.

예 내 방 크기가 여기만 같아도 훨씬 넓고 좋을 것 같아요.

만 아니면

(명사에 붙어) 앞의 명사가 가리키는 내용이 피할 수 없는 이유나 조건임을 나타냅니다. 앞의 명사가 나타내는 상황 때문에 뒤의 행위를 못하거나 상태가 충족되지 않을 때 사용합니다.

예 내일 시험만 아니면 저도 줄리아 씨의 생일 파티에 가고 싶어요.

만큼

(명사에 붙어) 뒤에 나오는 행동이나 상태가 앞에서 말한 것과 비슷한 정도임을 나타낼 때 사용합니다.

예 동생이 형만큼 키가 크다.

보고

(명사에 붙어) 행위의 영향을 받는 대상임을 나타낼 때 사용합니다. 주로 말할 때 사용합니다.

예 친구가 나보고 자기 생일에 오라고 했어요.

뿐

(명사나 부사에 붙어) 앞말 외에는 다른 것이 없음을 나타낼 때 사용합니다.

예 제가 할 수 있는 외국어는 한국어뿐이에요.

아/야

(사람이나 동물을 나타내는 말 뒤에 붙어) 손아랫사람이나 친구, 동물을 부를 때 사용합니다. 보통 반말에 사용합니다.

예 새롬아, 주말에 시간이 있으면 같이 공부하자.

② 문법 학습

-아/어/여 가다

(동사에 붙어) 어떤 동작이나 행위의 상태가 계속 변화하거나 진행되어 감을 나타냅니다.

예 마이클 씨가 한국에 산 지도 벌써 5년이 되어 가요.

-아/어/여야지

(동사에 붙어) 말하는 사람이 의지를 가지고 어떠한 행위를 하려고 할 때에 사용합니다. 주로 말하기에서 사용합니다.

예 오늘 저녁에 이 책을 읽어야지.

-아/어/여 가지고

1. (동사에 붙어) 앞의 행위가 먼저 일어난 후에 뒤의 행위가 일어나는 순차적 선후 관계를 나타냅니다. 주로 말하기에서 사용합니다.

   예 수지 씨는 선물을 사 가지고 고향에 돌아가려고 해요.

2. (동사나 형용사에 붙어) 앞의 행위나 상태가 뒤 내용의 이유나 원인이 됨을 나타냅니다. 어떤 상태나 상황이 왜 일어나는지에 대해 말할 때 사용하며, 주로 말하기에서 사용합니다.

   예 침대가 너무 편안해 가지고 금방 잠이 들었어요.

-아/어/여 놓다

(동사에 붙어) 어떤 행위를 완료한 상태가 변하지 않고 그대로 유지되고 있음을 나타냅니다. 또한 이전의 어떤 상태가 지속되고 있음을 강조할 때 사용합니다.

예 저는 어젯밤에 숙제를 다 해 놓아서 마음이 편해요.

–아/어/여 대다

(동사에 붙어) 어떤 동작이나 행위를 계속하여 지나치게 반복함을 나타냅니다. 말하는 사람이 특정 행위에 대해 부정적인 시각을 가지고 있을 때 주로 사용합니다.

예 어젯밤부터 마이클 씨가 노래를 불러 대요.

–아/어/여 두다

(동사에 붙어) 어떤 행위의 결과가 그대로 유지되고 있음을 나타냅니다. 또한 다른 행위를 대비하기 위해 어떤 행위를 할 때 사용합니다.

예 다음 주가 부모님 생신이어서 미리 선물을 준비해 두려고요.

–아/어/여 드리다

(동사에 붙어) 다른 사람을 이롭게 하기 위해 도움이 되는 어떤 행위를 함을 나타냅니다. 주로 상대방을 높이거나 윗사람에게 말할 때 사용합니다.

예 경치가 멋있는데 제가 사진을 찍어 드릴까요?

–아/어/여 버리다

(동사에 붙어) 어떤 행위를 완전히 끝내서 아무것도 남지 않음을 나타냅니다. 그 결과 심리적으로 부담이 없거나 또는 아쉽다는 의미를 나타낼 때 사용합니다.

예 배가 너무 고파서 밥솥의 밥을 먹어 버렸다.

❷ 문법 학습

-아/어/여지다

1. (동사에 붙어) 어떤 행위가 저절로 또는 외부에 의해 일어나게 되거나 이미 그러한 상태가 됨을 나타냅니다.

예 폭우로 정전이 되어서 아직도 불이 켜지지 않습니다.

2. (형용사에 붙어) 시간이 지남에 따라 조금씩 변화하여 어떤 상태가 되어가는 과정을 나타냅니다.

예 한국에서 오래 살다 보니 이제 한국이 더 좋아졌어요.

-아/어/여 오다

(동사나 일부 형용사에 붙어) 어떤 동작이나 행위의 상태가 지금까지 계속 변화하는 것을 나타내거나 진행되고 있음을 나타낼 때 사용합니다.

예 서울 지하철 2호선은 1984년부터 운행되어 왔습니다.

-아/어/여야겠-

1. (동사에 붙어) 말하는 사람이 어떠한 행위를 할 것이라는 강한 의지를 나타낼 때 사용합니다. 주로 말할 때 사용합니다.

예 이번 여름에는 꼭 가족들과 함께 휴가를 가야겠어요.

2. (동사나 형용사에 붙어) 자신의 의견이나 근거를 바탕으로 그러한 상황이 되어야 할 것이라고 추측할 때 사용합니다.

예 기차가 방금 떠났으니 다음 기차가 올 때까지 적어도 한 시간은 기다려야겠어요.

-아/어/여다가

(동사에 붙어) 앞에서 어떤 행위를 하고 난 뒤에 그 행위의 대상을 가지고 뒤의 행위를 하는 것을 나타냅니다. 앞의 행위와 뒤의 행위가 일어난 장소가 다를 때 사용합니다.

예 들꽃을 꺾어다가 꽃병에 꽂아 내 방 창가에 두었다.

-아/어/여도

(동사나 형용사, '이다, 아니다'에 붙어) 앞에서 말하는 사실이나 가정에 대해 기대하는 것이 뒤에서 어긋남을 나타냅니다.

예 그는 키가 작아도 농구를 잘해요.

-아/어/여라

(동사에 붙어) 말하는 사람이 듣는 사람에게 어떤 행동을 할 것을 명령할 때에 사용합니다.

예 건강을 위해 천천히 먹어라.

-아/어/여서인지

(동사나 형용사, '이다, 아니다'에 붙어) 앞의 행위나 상태가 뒤의 원인이나 이유라고 추측함을 나타냅니다. 그러한 원인이나 이유를 단정적으로 말하기 어려울 때 사용합니다.

예 퇴근 시간이어서인지 지하철에 사람이 많아서 매우 복잡해요.

② 문법 학습

–아/어/여야

1. (동사나 형용사, '이다, 아니다'에 붙어) 앞의 내용이 뒤에 오는 내용의 필수 조건임을 나타냅니다.

예 한국어능력시험에서 4급을 따야 졸업할 수 있어요.

2. (동사나 형용사, '이다, 아니다'에 붙어) 아무리 가정해도 뒤의 내용에 효과나 영향이 없다는 의미를 나타냅니다.

예 밤새 울어야 소용없어.

–아/어/여야지

(동사나 형용사, '이다, 아니다'에 붙어) 앞의 내용이 뒤에 오는 내용의 필수 조건임을 나타냅니다. 주로 말할 때 사용합니다.

예 한국에서 식사할 때는 어른이 먼저 수저를 들어야지 먹을 수 있어요.

–았/었/였더니

1. (동사에 붙어) 과거에 직접 관찰하거나 경험한 행위에 대한 반응을 나타냅니다.

예 머리를 짧게 잘랐더니 사람들이 무슨 일 있냐고 물어보았다.

2. (동사에 붙어) 과거에 직접 경험한 것에 이어 알게 된 사실을 나타냅니다.

예 유명한 맛집을 찾아갔더니 정기 휴일이었다.

3. (동사에 붙어) 과거에 직접 관찰하거나 경험한 사실에 대한 결과를 나타냅니다.

예 커피를 많이 마셨더니 잠이 안 오네요.

-았/었었-

(동사나 형용사, '이다, 아니다'에 붙어) 어떤 동작이나 작용이 과거의 어느 시점에 완료되었음을 나타냅니다. 과거의 사건 내용이 현재와 다르거나 단절되어 있을 때 사용합니다.

예 2년 전까지 부산에 살았었어요.

에 대하여

(명사에 붙어) 앞의 내용을 대상으로 하여 뒤의 상황이나 행동이 이루어짐을 나타냅니다. '에 관하여'와 바꾸어 쓸 수 있습니다.

예 오늘 숙제는 한국의 식사 예절에 대하여 조사해 오는 것이에요.

에 따라

(명사에 붙어) 어떤 상황이나 사실, 기준에 의거함을 나타냅니다.

예 서울은 지역에 따라 집값의 차이가 크다.

에 비하여

(명사에 붙어) 앞의 명사가 비교의 대상 또는 기준이 되어 뒤 내용과 같은 평가가 있음을 나타낼 때 사용합니다.

예 그 물건은 값에 비하여 품질이 좋다.

② 문법 학습

에 의하면

(명사에 붙어) 어떤 상황이나 사실, 기준을 근거로 정보의 출처를 밝히거나 인용할 때 사용합니다. '에 따르면'과 바꾸어 쓸 수 있습니다.

예 선배들 말에 의하면 그 시험이 아주 어렵대요.

요

(문장의 종결어미나 명사, 부사, 연결어미 등의 뒤에 붙어) 듣는 사람에 대한 존대의 뜻을 나타냅니다.

예 **가:** 왕밍 씨는 한국 음식 중에서 제일 좋아하는 음식이 뭐예요?
나: 불고기요. 아키라 씨는요?
가: 저도 불고기를 제일 좋아해요.

-(으)ㄴ 결과

(동사에 붙어) 어떤 행위를 함으로써 생긴 일을 나타냅니다. 어떤 원인에 의해 발생한 결말임을 명시적으로 나타낼 때 사용합니다. 주로 공식적인 상황에서 사용되는 문어적 표현입니다.

예 추위가 계속된 결과 감기 환자가 많아졌다.

-(으)ㄴ 다음에

(동사에 붙어) 어떤 행위를 먼저 한 후에 뒤의 행위를 함을 나타낼 때 사용합니다. 시간 순서에 따라 행위를 나열하거나, 특정 시점이 지난 후에 일어날 행위에 대해 강조할 때 사용합니다.

예 숙제를 끝낸 다음에 게임을 할 거예요.

-(으)ㄴ/는 대로

1. (동사나 형용사, '이다, 아니다'에 붙어) '어떤 동작이나 상태와 같은 모양으로'라는 의미를 나타냅니다. 앞의 동작이나 상태와 같은 모양으로 뒤의 동작이나 상태를 나타낼 때 사용합니다.

예 선생님이 만드는 대로 따라하세요.

2. (동사에 붙어) '앞의 행위가 끝나고 곧바로'라는 의미를 나타냅니다.

예 한국어 시험에 합격하는 대로 대학 입학 준비를 할 거예요.

-(으)ㄴ/는 대신에

1. (동사에 붙어) 앞의 행위를 하지 않고 뒤의 행위로 대체함을 나타낼 때 사용합니다. 말하기에서는 '에'를 생략한 '-는 대신'을 더 많이 사용합니다.

예 신문이 없어서 신문을 읽는 대신에 잡지를 읽었어요.

2. (동사나 형용사, '있다, 없다, 계시다'에 붙어) 앞의 행위에 대한 보상을 나타냅니다. 앞의 행위를 하고 그것을 뒤의 행위로 보상함을 나타낼 때 사용합니다. 말하기에서는 '에'를 생략한 '-는 대신'을 더 많이 사용합니다.

예 이 식당은 음식의 양이 적은 대신에 가격이 싸다.

-(으)ㄴ/는 만큼

1. (동사나 형용사, '이다, 아니다'에 붙어) 뒤의 것이 앞의 것과 비슷한 정도나 수량임을 나타냅니다.

예 손님이 오는 만큼 음식을 준비하세요.

2. (동사나 형용사, '이다, 아니다'에 붙어) 앞이 뒤에 대한 근거를 나타냅니다.

예 오늘은 약속이 없는 만큼 집에 일찍 돌아가야겠어요.

❷ 문법 학습

–(으)ㄴ/는 반면에

(동사나 형용사, '있다, 없다, 계시다'에 붙어) 앞의 내용이 뒤의 내용과 서로 상반됨을 나타냅니다.

예 여름에는 날씨가 더운 반면에 겨울에는 날씨가 춥다.

–(으)ㄴ/는 줄

(동사나 형용사, '이다, 아니다'에 붙어) 어떤 사실이나 방법에 대해 알거나 모른다는 의미를 나타냅니다. 주로 뒤에 '알다, 모르다'가 결합되어 사용됩니다.

예 저는 방학이 다음 주에 시작인 줄 모르고 있었습니다.

–(으)ㄴ/는 탓에

(동사나 형용사, '이다, 아니다'에 붙어) 앞이 뒤의 부정적인 내용에 대한 원인이나 이유가 됨을 나타낼 때 사용합니다.

예 요즘 일이 바쁜 탓에 운동을 못 했어요.

–(으)나

(동사나 형용사, '이다, 아니다'에 붙어) 앞의 내용과 반대되는 내용을 뒤에서 말할 때 사용합니다. 주로 글로 쓸 때 더 많이 사용합니다.

예 동생은 노래를 잘 부르나 저는 잘 부르지 못합니다.

-(으)니

1. (동사나 형용사, '이다, 아니다'에 붙어) 앞의 내용이 뒤의 내용에 대한 이유나 원인, 판단의 근거임을 나타냅니다. 앞에 나타난 이유나 원인으로 인해 뒤에 그에 따른 결과나 판단이 나오게 될 때 사용합니다.

예 친구와 약속이 있으니 다음에 같이 식사합시다.

2. (동사에 붙어) 앞의 내용이 진행된 결과 뒤의 내용처럼 되거나 그런 일이 일어남을 나타냅니다. 앞 행위 후에 뒤에서 새롭게 알게 된 내용, 즉 발견의 의미로 사용됩니다.

예 봄이 되니 예쁜 꽃이 많이 피었어요.

3. (동사나 형용사, '이다, 아니다'에 붙어) 앞의 내용에 뒤에서 부가적인 설명을 덧붙일 때 사용합니다. 말할 때 보다는 글로 쓸 때, 혹은 강연, 방송의 내레이션 등의 격식적인 말하기에 자주 사용됩니다.

예 총명하고 활을 잘 쏘는 사람이 있으니 사람들은 그를 주몽이라 불렀다.

-(으)ㄹ 따름이다

(동사나 형용사, '이다, 아니다'에 붙어) 다른 선택의 가능성이 없음을 나타냅니다. 오직 한 가지만 선택할 수밖에 없는 상황에서 사용합니다.

예 저는 제 일만 할 따름입니다.

❷ 문법 학습

-(으)ㄹ 테니

1. (동사에 붙어) 말하는 사람의 의지를 나타냅니다. 말하는 사람의 의지를 나타내는 앞의 내용에 근거하여 듣는 사람에게 뒤의 내용을 요청할 때 사용합니다.

예 약속을 지킬 테니 이번 한 번만 용서해 주세요.

2. (동사나 형용사에 붙어) 말하는 사람의 추측을 나타냅니다. 말하는 사람의 추측을 나타내는 앞의 내용에 근거하여 듣는 사람에게 뒤의 내용을 요청할 때 사용합니다.

예 날씨가 추울 테니 따뜻하게 입으세요.

-(으)ㄹ 텐데

(동사나 형용사, '이다, 아니다'에 붙어) 어떤 내용에 대한 말하는 사람의 추측을 나타냅니다. 뒤에는 추측한 내용과 관련되거나 반대되는 내용을 제시합니다.

예 한국어가 어려울 텐데 어떻게 그렇게 한국어를 잘해요?

-(으)ㄹ걸

(동사나 형용사, '이다, 아니다'에 붙어) 어떤 사실에 대한 추측의 뜻을 나타냅니다. 주로 말하기에서 사용합니다.

예 영수는 이번 주말 할머니 댁에 갈걸요.

-(으)ㄹ래야

(동사에 붙어) 어떤 행위를 하고자 하는 의도가 있음을 나타냅니다. 그런데 뒤에서 그 의도와는 반대되는 내용이 와서 어떤 의도를 가지고 어떤 행위를 하려고 아무리 노력해도 그렇게 되지 않을 때 사용합니다. 주로 말하기에서 사용합니다.

예 여행을 갈래야 갈 시간이 있어야 말이죠.

-(으)라니

1. (동사나 '이다, 아니다'에 붙어) 듣는 사람이 다른 사람에게 명령 받거나 요청 받은 것을 듣는 사람에게 다시 확인하거나 물어봄을 나타냅니다. 다른 사람에게 들었을 것이라고 여기는 명령이나 요청의 내용에 대해 확인하거나 물어볼 때 사용합니다.

예 의사 선생님이 이 약을 다 먹으라니?

2. (동사나 '이다, 아니다'에 붙어) 다른 사람에게 명령 또는 요청 받은 것을 판단의 근거로 삼음을 나타냅니다.

예 이곳에서 기다리라니 기다리고 있을게.

-(으)려고 들다

(동사에 붙어) 어떤 행위를 적극적으로 하고자 함을 나타냅니다. 행위를 거침없이 지나치게 또는 집요하게 한다는 의미를 나타낼 때 사용합니다.

예 두 차가 서로 먼저 가려고 들다가 사고가 났다.

(으)로 부터

(명사에 붙어) 어떤 행동이나 일이 시작되는 출발점이나 대상임을 나타낼 때 사용합니다.

예 고향에 간 친구로부터 편지가 왔어요.

(으)로 인하여

(명사에 붙어) 어떤 행위나 상태를 발생시키는 원인이나 이유가 되어 뒤의 결과가 이루어짐을 나타냅니다. 주로 격식적인 상황에서 사용합니다.

예 지구 온난화로 인해서 날씨가 점점 따뜻해지고 있어요.

❷ 문법 학습

-(으)면 안 되다

1. (동사나 형용사, '이다, 아니다'에 붙어) 어떤 행위를 하지 못하게 하거나 어떤 상태가 되는 것을 금지함을 나타냅니다.

   예 수업시간에 친구하고 이야기하면 안 돼요.

2. (동사나 형용사, '이다, 아니다'에 붙어) 허락을 구할 때나 요청할 때 사용합니다.

   예 선생님, 궁금한 게 있는데 물어보면 안 돼요?

-(으)면 좋겠다

(동사나 형용사, '이다, 아니다'에 붙어) 앞으로 어떤 일이 일어나거나 어떤 상황이 되기를 바랄 때, 또는 현실과 반대되는 상황을 소망하거나 불가능한 상황의 가정을 표현할 때 사용합니다.

예 한국어능력시험에서 좋은 점수를 받으면 좋겠어요.

-(으)므로

(동사나 형용사, '이다, 아니다'에 붙어) 앞의 내용이 뒤에 오는 내용의 이유나 근거임을 나타냅니다. 주로 글로 쓸 때 사용합니다.

예 아이들은 어른들의 행동을 그대로 따라하므로 어른들은 아이들에게 모범을 보여야 한다.

이고

(명사 뒤에 붙어) 둘 이상의 사물을 같은 자격으로 나열하여 모두 선택함을 나타낼 때 사용합니다.

예 물을 쏟아서 책이고, 공책이고, 필통이고 다 젖었어요.

(이)나마

(명사나 부사에 붙어) 마음에 들지 않거나 부족하다고 생각하지만 할 수 없이 받아들임을 나타낼 때 사용합니다.

예 시험공부를 많이 못했는데 80점이나마 받아서 다행이에요.

(이)든

(명사나 부사 뒤에 붙어) 어떤 것을 선택하여도 차이가 없는 둘 이상을 나열하여 연결할 때 사용합니다.

예 밥이든 빵이든 먹을 거 있으면 좀 주세요.

(이)든가

(명사나 부사 뒤에 붙어) 어떤 것을 선택하여도 차이가 없는 둘 이상을 나열하여 연결할 때 사용한다.

예 낮이든가 밤이든가 아무 때나 편한 시간에 오세요.

(이)라고

어떤 말을 직접 인용함을 나타내는 표현입니다. 특정한 글귀나 다른 사람이 한 말을 그대로 옮길 때 사용합니다.

예 선생님께서 "내일은 여덟 시까지 학교에 와야 함"이라고 칠판에 쓰셨다.

(이)란

(명사에 붙어) 설명하고자 하는 어떤 대상을 화제로 삼아 이야기할 때 사용합니다.

예 생신이란 생일의 높임말이다.

❷ 문법 학습

(이)며

(명사 뒤에 붙어) 여러 사물을 같은 자격으로 대등하게 이어주는 조사로, 주로 나열하거나 예를 들 때 사용합니다. 주로 말할 때 사용합니다.

예 수학이며, 영어며, 과학이며 공부할 게 정말 많아요.

(이)면

(명사 뒤에 붙어) 둘 이상의 사물을 이어서 예로 들 때 사용합니다.

예 외국어 공부는 쓰기, 듣기, 읽기, 말하기 모두 어려워요. 외국어 공부는 쓰기면 쓰기, 말하기면 말하기 어느 것 하나 쉬운 게 없어요.

(이)야

(명사나 부사어, 어미 뒤에 붙어) 당연히 그렇고 더 말할 나위가 없다는 뜻으로 강조할 때 사용합니다.

예 라면이야 잘 끓이지. 다른 요리를 못해서 문제지.

–자

(동사에 붙어) 말하는 사람이 듣는 사람에게 어떤 행동을 같이 할 것을 권유, 제안, 요청할 때 사용합니다. 듣는 사람이 말하는 사람보다 아랫사람이거나 친한 사이에서 사용하며, 주로 말하기에서 사용합니다.

예 밥을 먹은 뒤에 아이스크림을 먹자.

–자마자

(동사에 붙어) 앞의 동작이 이루어진 후, 바로 뒤이어 다음 사건이나 동작이 일어남을 나타냅니다.

예 지하철을 타자마자 문이 닫혔어요.

–잖아

(동사나 형용사, '이다, 아니다'에 붙어) 말하는 사람이 듣는 사람에게 어떤 상황을 확인시키거나 그 상황을 고쳐 주려는 듯한 의도를 가질 때 사용합니다. '–지 않다'가 줄어든 표현이었지만 그 의미가 변해서 독립된 종결어미로 쓰이며, 주로 말하기에서 쓰입니다.

예 그 사람이 범인이잖아요.

치고

1. (명사에 붙어) 말하려는 대상 전체가 예외 없이 모두 뒤의 내용과 같음을 나타냅니다.

   예 학생치고 공부 좋아하는 사람 없다.

2. (명사에 붙어) 앞 명사에 대해 일반적으로 가지고 있는 생각과 뒤의 내용이 좀 다른 것임을 나타낼 때 사용합니다.

   예 그 사람은 가수치고 노래를 너무 못하는 것 같아요.

커녕

(명사나 부사 뒤에 붙어) 앞의 것은 말할 것도 없이 그보다 덜한 것이나 못한 것까지도 부정할 때 사용합니다.

예 점심커녕 아침도 못 먹었어요.

CHAPTER. 2

유형 학습

☑ ❶ 들기 영역

❷ 쓰기 영역

❸ 읽기 영역

유형 학습 전략

TOPIK II 듣기 영역에서는 이야기를 듣고 이야기의 상황을 파악할 수 있는지 평가합니다. 이야기는 대화와 강연, 다큐멘터리, 대담 등 다양한 유형으로 제시되며, 대화의 내용은 일상생활, 예술, 과학, 문화 등의 분야와 관련되어 있습니다. 총 60분 동안 50문제를 풀어야 합니다.

문제 유형

유형 1 알맞은 그림 고르기

1-1. 대화 상황 고르기
1-2. 그래프 고르기

유형 2 대화 완성하기

유형 3 이야기의 흐름 파악하기

3-1. 이어질 행동 고르기
3-2. 대화 앞의 내용 고르기

유형 4 세부 내용 파악하기

유형 5 중심 내용 파악하기

5-1. 화자의 의도 고르기
5-2. 이야기의 주제 고르기
5-3. 화자의 중심 생각 고르기

유형 6 화자의 태도 파악하기

유형 ❶ 알맞은 그림 고르기

'알맞은 그림 고르기' 유형은 들은 내용을 종합적으로 이해하여 답하는 문제입니다. 남자와 여자의 대화를 듣고 상황에 맞는 그림을 고르는 문제와 설명문을 듣고 내용에 알맞은 그래프를 고르는 문제가 출제됩니다.

1-1 대화 상황 고르기

대화의 상황을 가장 잘 나타낸 그림을 고르는 문제입니다. 남자와 여자의 짧은 대화가 세 번 오고 갑니다. 그림을 보고 대화의 내용을 추측한 후 문제를 들으면, 더욱 쉽게 정답을 고를 수 있습니다. 대화를 들을 때에는 다음의 내용을 주의하며 듣습니다.

* 대화 속 남자와 여자는 누구인가?
* 대화가 진행되는 장소는 어디인가?
* 대화의 소재는 무엇인가?
* 대화 소재의 상태는 어떠한가?

유형 ❶

※ 다음을 듣고 알맞은 그림을 고르십시오. 제41회 1번 기출문제 Track 1-1

여자: 어, 왜 밥이 안 됐지?
남자: 어디 봐. 밥솥 버튼을 안 눌렀나 보네.
여자: 이상하다. 분명히 눌렀는데…….

① 

② 

③ 

④ 

②

'밥이 안 되다'라는 표현은 밥이 먹을 수 있는 상태로 만들어지지 않았다는 의미입니다. 주방에서 나누는 대화이므로 ③, ④번은 답이 될 수 없습니다. ①번과 ②번 중 남자와 여자가 밥솥을 보며 밥이 되지 않아 당황하고 있는 그림을 고르면 됩니다.

유형 연습

Track 1-2

※ 다음을 듣고 알맞은 그림을 고르십시오.

1 제64회 1번 기출문제

①

②

③

④

2

①

②

③

④

3

① 

② 

③ 

④ 

4

① 

② 

③ 

④ 

5

①

②

③

④

유형 ❶

1-2 그래프 고르기

설명하고 있는 내용과 일치하는 그래프를 고르는 문제입니다. 한 문제당 두 종류의 그래프가 나오므로 그래프의 제목과 그래프가 변화되는 모습을 함께 확인하는 것이 중요합니다. 일반적으로 연도나 비율의 순서대로 이야기하므로, 내용의 언급 순서에 집중하는 것이 문제를 푸는 데 도움이 됩니다.

※ 다음을 듣고 알맞은 그림을 고르십시오. 제41회 3번 기출문제 Track **1-3**

남자: 여러분, 혹시 비행기를 이용하면서 짐이 없어지거나 늦게 도착한 적이 있으십니까? 한 보고서에 따르면 2006년부터 2014년까지 비행기 수하물 사고 수는 2010년에 최고였다가 감소하고 있습니다. 사고 종류로는 짐이 늦게 도착하는 지연 사고가 가장 많았고 가방 안의 물건이 깨지는 파손 그리고 분실이 각각 그 뒤를 이었습니다.

①
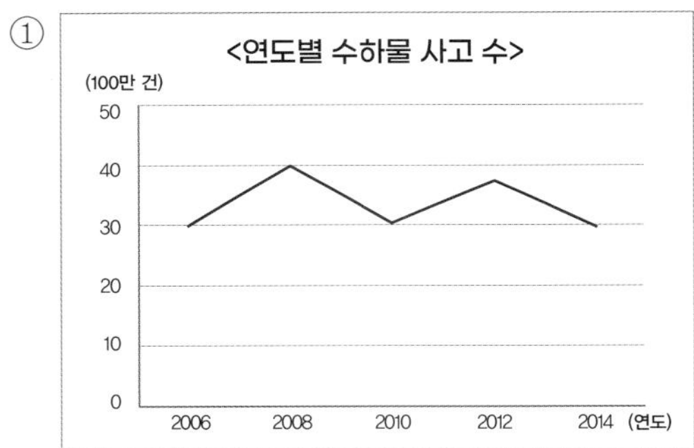

②
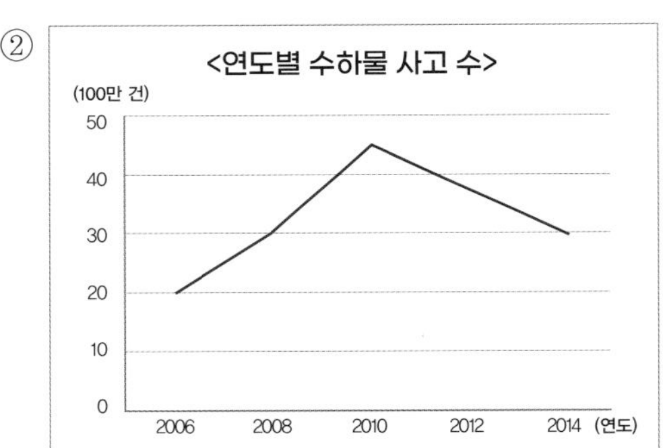

③
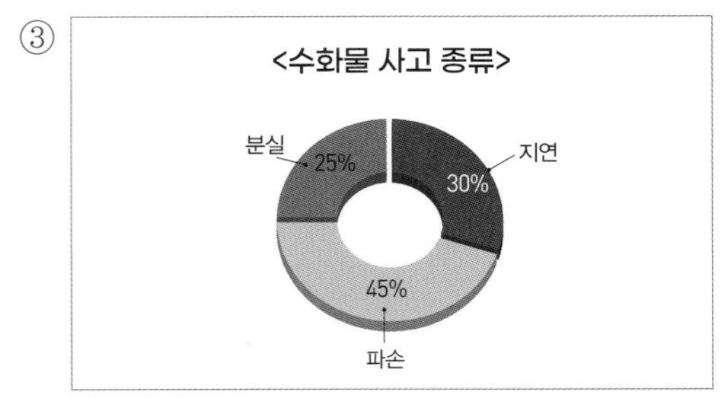

④
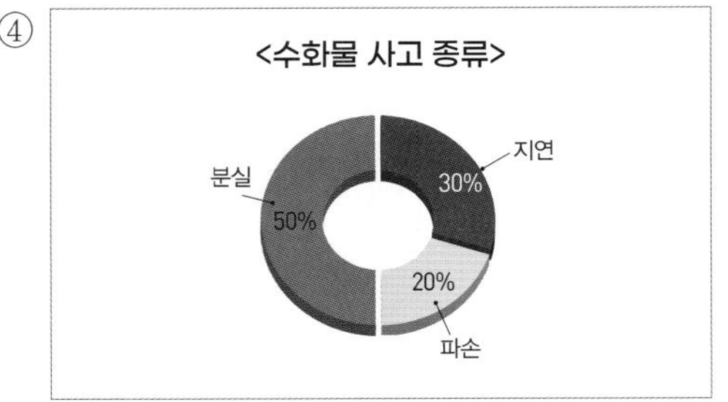

➲ ②

수하물 사고 수가 2010년에 최고였다가 감소하고 있다고 했으므로, 꺾은선 그래프 중 2010년이 가장 높게 표시된 ②번이 답입니다. ①번은 2008년이 가장 높게 표시되어 있으므로 답이 아닙니다. 사고의 종류는 '지연〉파손〉분실' 순서로 많다고 했으므로 ③번과 ④번은 답이 될 수 없습니다.

- 사고 – 생각하지 못했던 불행한 일
- 수하물 – 비행기나 기차 등을 이용할 때 부칠 수 있는 작고 가벼운 짐
- 지연 – 시간이 계획보다 늦추어지는 것
- 파손 – 물건이 깨져 못 쓰게 되는 것
- 분실 – 물건을 잃어버리는 것

유형 연습

Track 1-4

※ 다음을 듣고 알맞은 그림을 고르십시오.

1 60회 3번 기출문제

①
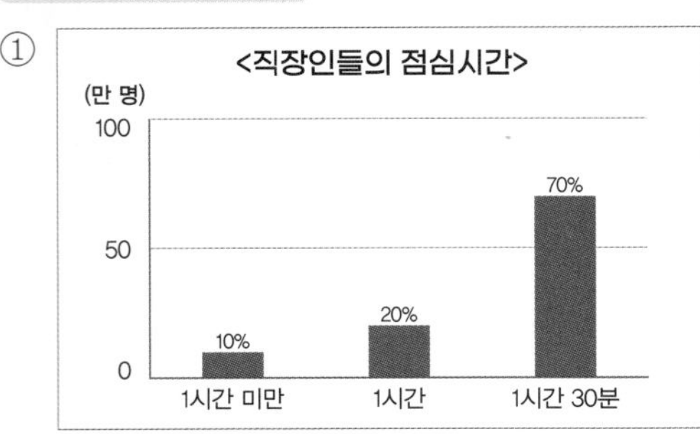

②
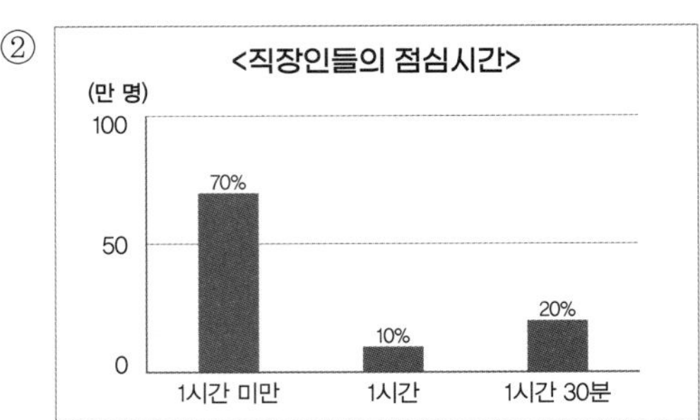

③
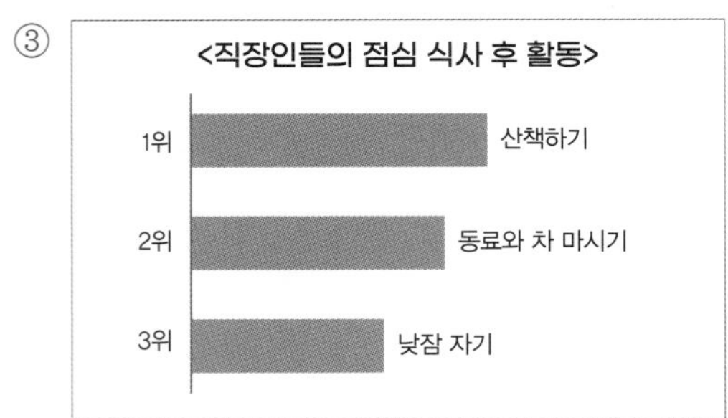

④
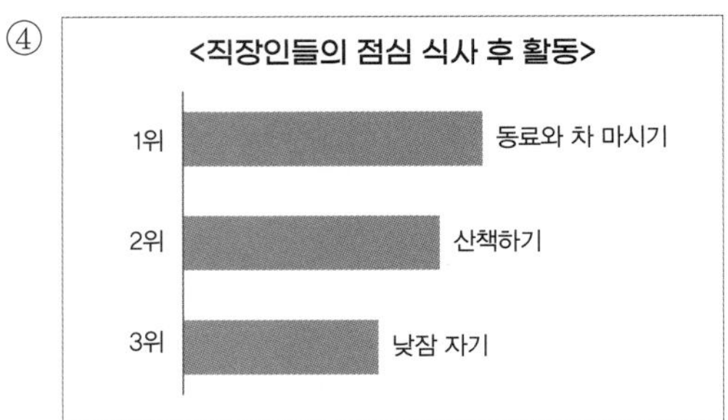

2

①
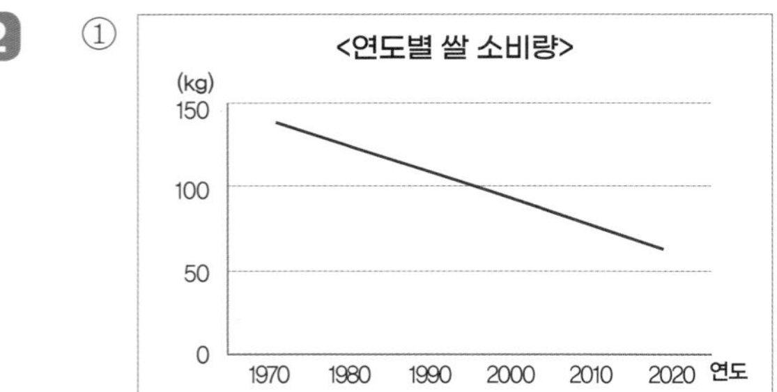

②
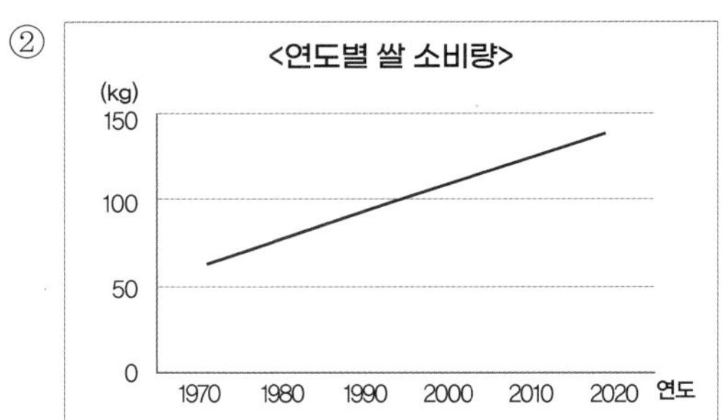

③
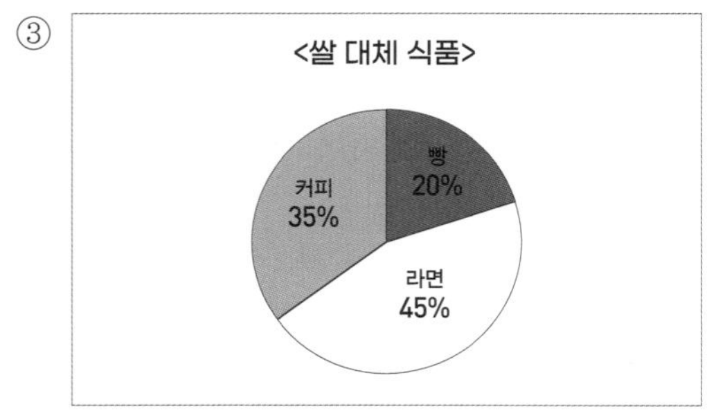

④
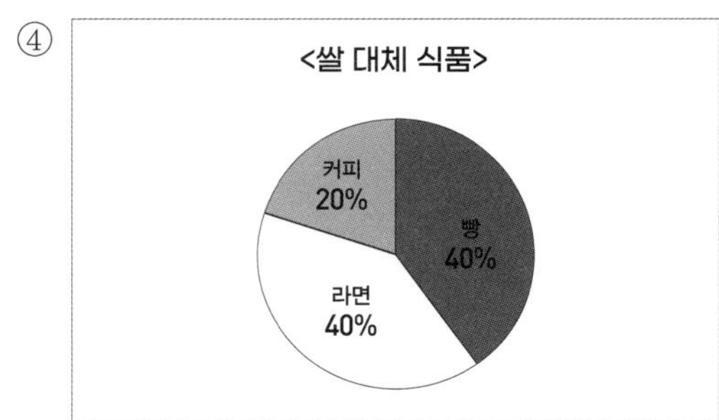

3

①

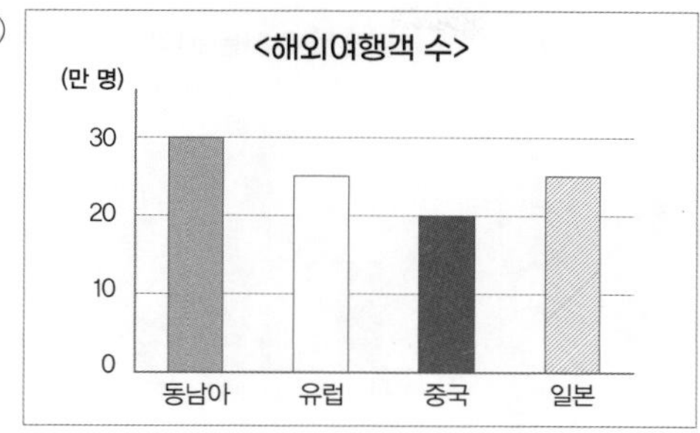

②

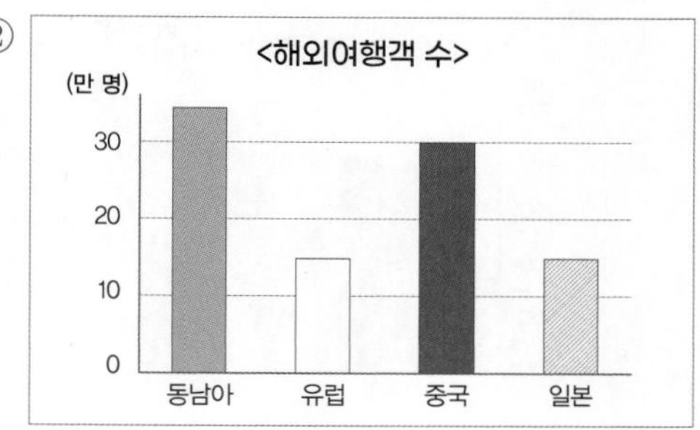

③

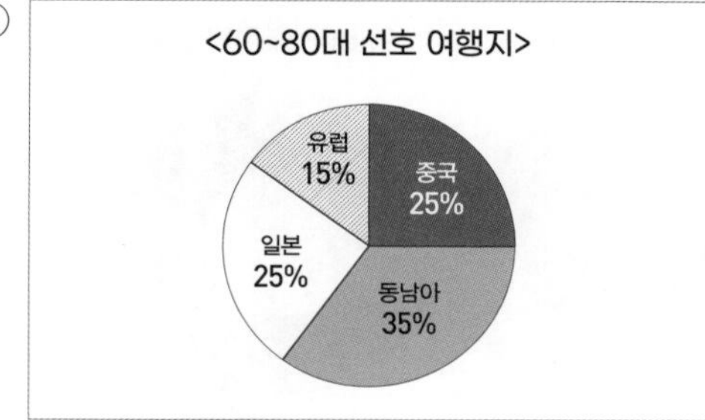

④

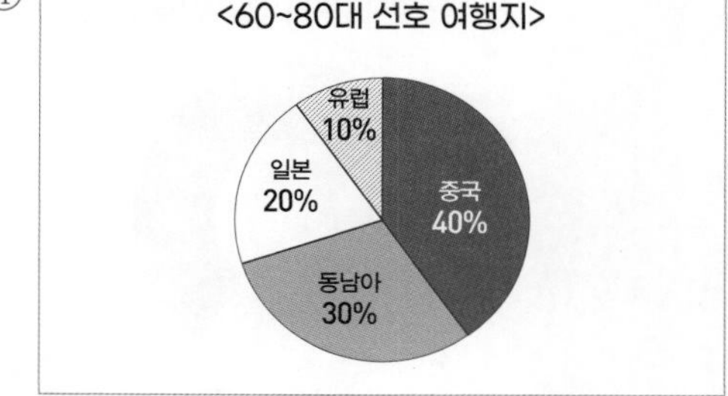

4

①

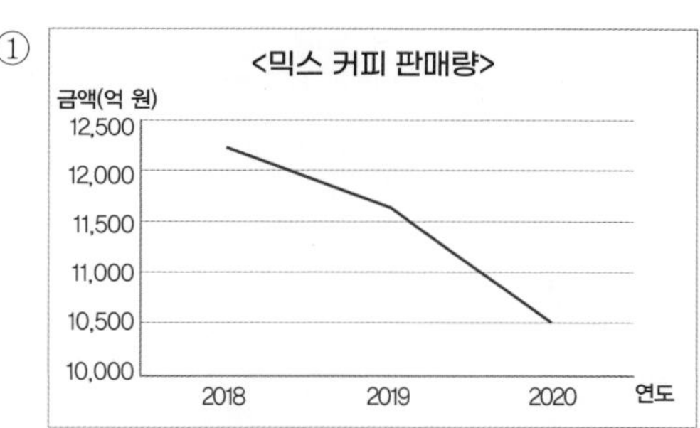

②

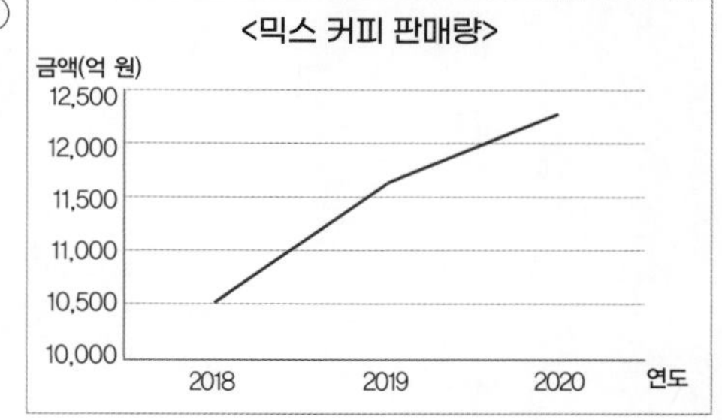

③

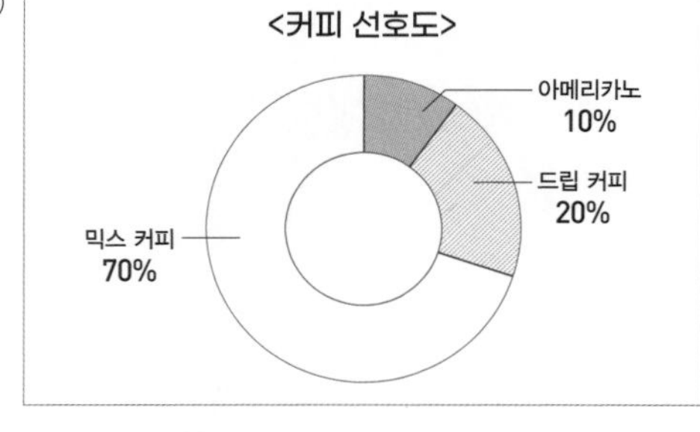

④

<커피 선호도>

아메리카노 20%

믹스 커피 60%

드립 커피 20%

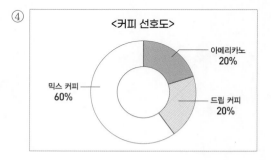

유형 ❶

5 ①

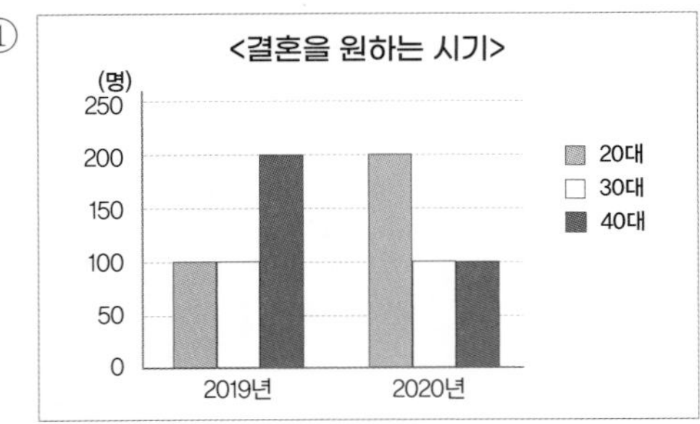

②

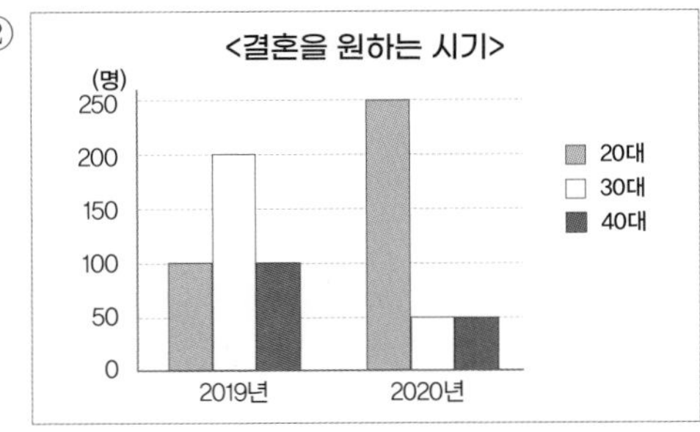

③

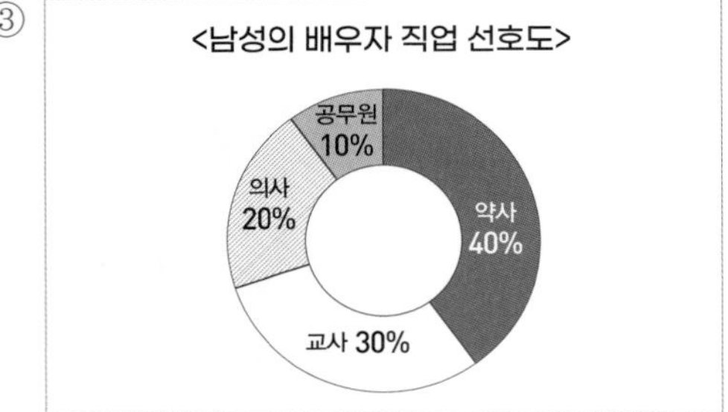

④

<남성의 배우자 직업 선호도>

약사 20%
교사 10%
의사 20%
공무원 10%

유형 ❷ 대화 완성하기

앞 사람의 이야기에 이어질 수 있는 말을 고르는 문제입니다. 대화의 전체 상황을 이해하고 답을 선택해야 합니다. 선택지를 먼저 확인하여 대화의 내용을 추측해 보는 것도 문제를 푸는 데 도움이 됩니다.

※ 다음 대화를 잘 듣고 이어질 수 있는 말을 고르십시오. 제64회 4번 기출문제

Track 2-1

여자: 저는 내일 모임에 못 갈 것 같아요.
남자: 왜요? 무슨 일이 있어요?
여자: ______________________

① 모임 장소로 오세요.
② 내일은 갈 수 있어요.
③ 고향에서 친구가 와서요.
④ 못 만날까 봐 걱정했어요.

➲ ③

남자가 여자에게 내일 모임에 못 가는 이유를 물었습니다. 따라서 '–아/어서'를 사용해 모임에 못 가는 이유를 말하고 있는 ③번이 답입니다. ①, ②, ④번은 모두 모임에 갈 수 있는 상황에서 할 수 있는 이야기이고, 이유를 묻는 남자의 마지막 말에 대한 대답으로도 맞지 않으므로 답이 될 수 없습니다.

유형 연습

Track 2-2

※ 다음 대화를 잘 듣고 이어질 수 있는 말을 고르십시오.

1 제52회 5번 기출문제

① 점심 먹으러 갈래요?
② 점심시간이 언제예요?
③ 식사 맛있게 하셨어요?
④ 다른 데 가서 먹을까요?

2

① 주사 맞는 건 무서워.
② 응. 감기에 걸린 것 같아.
③ 아니. 기운이 펄펄 나는 걸.
④ 어제 잠을 너무 많이 잤나 봐.

3

① 나는 정말 과제하기가 싫어.
② 같이 만날 시간을 정해 놓자.
③ 너는 어떤 주제에 관심이 있는데?
④ 관심사 찾기가 제일 쉬운 일이야.

4

① 성인 연극 표 두 장 주세요.
② 다음 연극은 언제 시작하나요?
③ 이번 연극은 아주 재미있었어요.
④ 남자 주인공 연기가 특히 멋있었어요.

5

① 카드로 계산할게요.
② 저 혼자 사용할 거예요.
③ 일주일 동안 있을 거예요.
④ 방이 생기면 연락해 주세요.

유형 ❸ 이야기의 흐름 파악하기

대화를 듣고 대화 앞, 뒤의 내용과 상황을 추측해 보는 문제입니다. 상대방의 반응에 따라 이야기의 흐름이 바뀔 수 있기 때문에 남자와 여자 모두의 이야기를 잘 들어야 합니다.

3-1 이어질 행동 고르기

대화의 내용을 듣고 이어질 행동을 고르는 문제입니다. 대화의 전체 상황과 남자와 여자의 관계를 파악하며 주의 깊게 듣고 답을 고릅니다.

※ 다음 대화를 잘 듣고 여자가 이어서 할 행동으로 알맞은 것을 고르십시오.

제41회 10번 기출문제

Track 3-1

여자: 너무 졸리다. 아직 읽어야 될 책도 많은데…….

남자: 졸리면 기숙사에 들어가서 일찍 자고 아침에 일어나서 하든지…….

여자: 전 아침잠이 많아서 일찍 못 일어나요. 잠 좀 깨게 잠깐 나가서 산책해야겠어요. 들어올 때 커피라도 사 올까요, 선배?

남자: 아니야, 됐어. 좀 전에 마셨어.

① 책을 읽는다. ② 커피를 산다.

③ 산책을 한다. ④ 기숙사에 간다.

➡ ③

여자가 "잠 좀 깨게 잠깐 나가서 산책해야겠어요."라고 말한 것으로 보아 여자는 대화를 끝내고 산책을 할 것입니다. "산책해야겠어요."에서의 '–아야/어야/여야겠–'은 말하는 사람이 앞으로 무엇을 할 것이라는 강한 의도나 의지를 나타냅니다.

유형 ③

Track 3-2

※ 다음 대화를 잘 듣고 여자가 이어서 할 행동으로 알맞은 것을 고르십시오.

1 제52회 12번 기출문제

① 현황을 확인한다.
② 부장님께 보고한다.
③ 인사과에 연락한다.
④ 지원자 명단을 본다.

2 ① 주문한 옷을 반품한다.
② 택배 회사에 전화를 건다.
③ 인터넷 쇼핑몰에 문의한다.
④ 인터넷에서 배송 정보를 확인한다.

3 ① 창문을 열어 환기를 한다.
② 설비팀에 전화를 걸어 항의한다.
③ 공사가 서둘러 끝나도록 재촉한다.
④ 설비팀에 공사가 끝나는 시간을 확인한다.

4 ① 교재를 사러 서점에 간다.
② 수강료를 계산하고 등록한다.
③ 수강증을 복사해서 제출한다.
④ 여자에게 수강증을 보여 준다.

5 ① 남자의 이사 준비를 도와준다.
② 봉사활동을 위한 준비를 한다.
③ 남자와 함께 운전 연습을 한다.
④ 친구에게 전화를 걸어 물어본다.

3-2 대화 앞의 내용 고르기

대화의 뒷부분을 듣고 이전의 대화 내용을 고르는 문제입니다. 이전의 내용은 '이밖에', '그렇게', '앞에서 이야기한 것처럼' 등과 같은 표현과 함께 이야기되는 경우가 많기 때문에 이러한 표현이 나오면 더욱 집중하여 듣는 것이 좋습니다.

※ 다음은 대담입니다. 잘 듣고 물음에 답하십시오. 제41회 39번 기출문제 Track 3-3

이 대화 앞의 내용으로 알맞은 것을 고르십시오.

> 여자: 다리를 어깨 너비로 벌리고 가슴을 활짝 편 자세가 척추 건강에 많은 도움이 되고 있는 것 같은데요. 박사님, 이밖에 어떤 효과가 있습니까?
>
> 남자: 네, 웅크린 자세와 달리 가슴을 편 자세는 스트레스 호르몬의 분비량을 줄이고 남성 호르몬의 분비량을 늘립니다. 이러한 남성 호르몬의 변화로 우리 신체는 위험을 감수하려는 특성을 보이는데요. 이 때문에 적극적이고 자신감이 넘치는 사람으로 보이게 된다는 겁니다. 당당하고 힘을 느낄 수 있는 사람이 되는 거죠. 실제로 이런 자세가 업무의 성과를 높이거나 면접시험의 합격률에도 영향을 미치는 것으로 나타났습니다. 자세는 많은 투자를 하지 않고도 쉽게 자신을 변화시킬 수 있는 비법인 거죠.

① 가슴을 편 자세는 업무 실적을 올린다.
② 가슴을 편 자세는 신체 건강에 도움이 된다.
③ 가슴을 편 자세는 능동적인 행동을 유발한다.
④ 가슴을 편 자세는 호르몬의 분비량을 변화시킨다.

➲ ②

대화 '앞'의 내용을 고르는 문제이므로, 대화의 시작 부분을 주의 깊게 살펴봐야 합니다. 위의 대화에서 여자가 처음에 말하는 내용은 바로 앞의 대화 내용을 요약해서 정리한 것입니다. 앞 대화에서 여자와 남자는 좋은 자세가 척추 건강에 도움이 된다는 내용의 이야기를 나누었을 것입니다. ①, ③, ④번은 이전 대화의 내용이 아닌 현재 대화의 내용이므로 답이 될 수 없습니다.

유형 연습

Track 3-4

※ 다음은 대담입니다. 잘 듣고 물음에 답하십시오.

이 담화 앞의 내용으로 알맞은 것을 고르십시오.

1 제60회 39번 기출문제

① 원작자들이 야구단을 상대로 소송을 걸었다.
② 응원가에 대한 관중들의 선호도를 조사했다.
③ 원작자들이 더 이상 곡을 바꾸지 않기로 결정했다.
④ 야구단에서 작곡가들에게 응원가 제작을 요청했다.

2

① 회사에서 근무하였다.
② 교육 봉사를 꾸준히 해 왔다.
③ 역경을 딛고 사업가가 되었다.
④ 전문 경영인이 될 준비를 했다.

3

① 걷기 운동은 건강에 도움이 된다.
② 계단 오르기는 건강에 도움이 된다.
③ 올바른 자세가 무엇보다 중요하다.
④ 무리해서 운동하는 것은 오히려 좋지 않다.

4

① 식사 시간이 불규칙하면 체중이 증가한다.
② 식사 시간에 책을 읽으면 과식을 하게 된다.
③ 식사 중에 텔레비전을 보면 체중이 증가한다.
④ 식사 중에 다른 일을 하면 식사에 집중하지 못한다.

5

① 서울의 집값이 크게 하락하고 있다.
② 서울의 유입 인구가 감소하고 있다.
③ 서울과 수도권 인구가 증가하고 있다.
④ 서울의 교통 환경이 크게 개선되고 있다.

유형 ❹ 세부 내용 파악하기

대화에 제시된 내용과 일치하는 것을 고르는 문제로 대화, 대담, 강연 등 다양한 유형의 듣기가 제공됩니다. 대화와 유사한 내용의 선택지가 제시되지만 대화 내용과 정확히 일치하는 것이 아니면 답이 될 수 없기 때문에 대화를 자세히 들어야 합니다. 들은 내용과 다른 선택지를 하나씩 지워 가며 문제를 푸는 것도 좋은 방법입니다.

※ 다음을 듣고 내용과 일치하는 것을 고르십시오. 제41회 16번 기출문제 Track 4-1

남자: 선생님께서는 퇴직하신 후에 지역 문화재를 알리는 일을 하고 계시는데요. 특별히 이 일을 하게 된 계기가 있으신가요?

여자: 저는 30년 동안 교직에 있으면서 역사를 가르쳤습니다. 퇴직하고 어떻게 노후를 보낼까 고민하고 있었어요. 그런데 아들이 제 경험을 살려 보라며 이 일을 적극 권했습니다. 그래서 지난달부터 일요일마다 문화센터에서 우리 지역 문화재를 소개하는 강의를 하고 있죠.

① 여자의 아들은 이 일을 하는 것에 반대했다.
② 여자는 30년 동안 문화재 알리는 일을 했다.
③ 여자는 퇴직하기 전부터 이 일을 하고 있었다.
④ 여자는 지역 문화 센터에서 매주 강의를 한다.

➲ ④

여자는 매주 일요일에 문화센터에서 지역의 문화재를 소개하는 강의를 하고 있다고 했습니다. '~마다'는 '하나하나 빠짐없이 모두'를 의미하는 표현으로, '일요일마다'는 '매주 일요일'과 같은 의미입니다. ①번은 대화 내용과 반대 내용이고, 여자가 문화재를 알리는 일을 한 것은 퇴직 이후이므로 ②, ③번은 답이 될 수 없습니다.

유형 4

유형 연습

Track 4-2

※ 다음을 듣고 내용과 일치하는 것을 고르십시오.

1 제41회 45번 기출문제

① 지진은 드물게 발생하는 자연재해이다.
② 대지진 이후에 인간은 무기력에 빠졌다.
③ 지진에 대한 사람들의 인식은 바뀌지 않았다.
④ 대지진 이전에는 과학적 조사를 하지 않았다.

2

① 여자는 초등학교에 다닌다.
② 남자는 새 의자를 사고 싶어한다.
③ 여자와 남자는 의자를 팔 것이다.
④ 여자와 남자는 새 집에 이사를 왔다.

3

① 엘리베이터는 한 시간 정도 운행하지 않는다.
② 오후 열 시부터 엘리베이터 점검이 이루어진다.
③ 불편 사항이나 문의 사항은 총무과로 연락하면 된다.
④ 엘리베이터 점검 전에 안내 방송이 다시 나올 것이다.

4

① 여자는 유명한 한류 스타의 가족이다.
② 여자는 남성과 여성 모두에게 인기가 있다.
③ 여자는 인기 드라마에 출연한 신인 배우이다.
④ 여자는 드라마 주제곡을 불러 인기를 얻었다.

5

① 의사 전달은 말을 통해서만 가능하다.
② 말을 잘하면 언제나 의사소통에 성공한다.
③ 대화를 할 때에는 몸짓보다 표정이 중요하다.
④ 행동만으로도 상대방에게 의사를 전달할 수 있다.

유형 ❺ 중심 내용 파악하기

이야기 전체의 내용을 이해해야 풀 수 있는 문제입니다. TOPIK II에서는 대부분 '유형 4. 세부 내용 파악하기' 문제와 같이 나오기 때문에 이야기를 자세히 들어야 합니다. 문제를 듣기 전 선택지를 미리 읽어 이야기의 내용을 추측해 보는 것이 문제를 푸는 데 도움이 될 수 있습니다.

5-1 화자의 의도 고르기

말하는 사람이 '왜, 무엇을 위해' 이 이야기를 하는지를 고르는 문제입니다. 세부적인 내용보다는 전체적인 내용을 파악하는 것이 문제 풀이에 도움이 됩니다. 의도를 나타내는 표현을 미리 익혀 두면 답을 쉽게 고를 수 있습니다.

※ 다음을 듣고 물음에 답하십시오. 제41회 27번 기출문제 Track 5-1

남자가 여자에게 말하는 의도를 고르십시오.

남자: 정장을 기증받는 단체가 있다고 해서 어제 한 벌 보냈어.
여자: 그런 데가 있어? 나도 안 입는 옷이 있는데 보내 볼까? 근데 유행이 좀 지나서 괜찮을지 모르겠네.
남자: 괜찮아. 사람들이 보내 준 옷을 유행에 맞게 고친다고 하니까 정장이면 어떤 것이든 다 기증해도 된대. 우리가 보내면 수선과 세탁을 해서 필요한 사람들에게 저렴하게 대여해 주는 거지.
여자: 무료로 대여해 주면 좋을 텐데 왜 돈을 받는 거지?
남자: 그 돈으로 형편이 어려운 학생들에게 장학금을 준다고 들었어. 좋은 일이니까 너도 한번 해 보면 어때?

① 정장 기증의 중요성을 알리기 위해
② 정장 기증 단체의 활동을 홍보하기 위해
③ 정장 기증에 참여할 것을 권유하기 위해
④ 정장 기증이 필요한 이유를 설명하기 위해

유형 ❺

➲ ③

남자는 여자에게 정장 기증과 기증한 정장이 사용되는 방식에 대해 설명하고 있습니다. 남자가 여자에게 정장 기증에 대해 설명하는 가장 큰 이유는 정장 기증을 하도록 하기 위해서입니다. 남자의 마지막 말 중에서 '~ 한번 해 보면 어때?'라는 표현은 무엇을 해 볼 것을 권유하는 표현입니다.

Track 5-2

※ 다음을 듣고 물음에 답하십시오.

1 여자가 남자에게 말하는 의도를 고르십시오. 제42회 27번 기출문제

① 기부에 동참한 것에 감사하려고
② 가족의 소중함을 일깨워 주려고
③ 신발 구매의 의미를 알려 주려고
④ 자부심을 높이는 방법에 대해 조언하려고

2 남자가 여자에게 말하는 의도를 고르십시오.

① 피아노 학원을 소개하기 위해
② 피아노 연습 자제를 부탁하기 위해
③ 피아노 학원 수강을 권유하기 위해
④ 피아노 연습의 필요성을 설명하기 위해

3 여자가 남자에게 말하는 의도를 고르십시오.

① 진료 예약을 하기 위해
② 진료 예약을 확인하기 위해
③ 진료 예약을 취소하기 위해
④ 진료 예약을 변경하기 위해

4 남자가 여자에게 말하는 의도를 고르십시오.

① 상품 주문에 대해 감사하기 위해
② 새로 나온 상품을 홍보하기 위해
③ 배송 지연에 대해 사과하기 위해
④ 배송 지연의 원인을 확인하기 위해

5 여자가 남자에게 말하는 의도를 고르십시오.

① 교환학생으로 선발된 선배를 응원하기 위해
② 교환학생 파견지에서의 생활을 안내하기 위해
③ 교환학생 프로그램의 문제점을 비판하기 위해
④ 교환학생 선발 프로그램 신청을 권유하기 위해

유형 ❺

5-2 이야기의 주제 고르기

이야기의 주제를 찾는 문제입니다. 이야기의 제목을 정한다는 생각으로 접근하여 중심 내용을 파악합니다.

※ 다음을 듣고 물음에 답하십시오. 제41회 33번 기출문제 Track 5-3

무엇에 대한 내용인지 맞는 것을 고르십시오.

여자: 여러분은 어떤 태도로 남의 이야기를 들으세요? 하던 일을 멈추지 않고 건성으로 들은 적은 없으신가요? 여기 듣는 사람의 태도가 얼마나 중요한지 보여 주는 실험이 하나 있습니다. 어느 학교에 수업이 재미없기로 유명한 교사가 있었는데요. 한 심리학자가 그 교사에게 알리지 않고 수업을 듣는 학생들에게만 몇 가지 행동을 하도록 지시했습니다. 첫째, 교사의 말에 주의를 집중하면서 경청할 것. 둘째, 얼굴에 미소를 띠면서 고개를 끄덕여 줄 것. 셋째, 가끔 수업 내용과 관계있는 질문을 할 것 등이었습니다. 여러분, 한 학기 후에 어떤 변화가 일어났을까요? (잠시 후) 교사의 수업 태도는 눈에 띄게 달라졌습니다. 다양한 교수 방법을 활용하여 재미있는 수업을 만들기 시작한 겁니다.

① 올바른 수업 태도
② 교수법과 수업의 관계
③ 적극적인 반응의 효과
④ 교사와 학생의 대화 방식

➲ ③

듣는 사람의 태도가 말하는 사람에게 미치는 영향에 대한 이야기입니다. 학생들이 적극적인 태도를 보이자 교사가 더욱 재미있게 수업을 하기 시작했다는 실험 결과를 예로 들고 있으므로 ③번이 답입니다.

Track 5-4

※ 다음을 듣고 물음에 답하십시오.

무엇에 대한 내용인지 맞는 것을 고르십시오.

1 제52회 33번 기출문제

① 지명이 만들어진 배경
② 지명을 연구하는 이유
③ 지명을 분류하는 방법
④ 지명이 변천하는 과정

2 ① 피로의 원인
② 식생활 개선 방법
③ 아침 식사의 중요성
④ 두뇌 운동의 필요성

3 ① 부츠의 소재
② 부츠의 인기
③ 부츠의 장점
④ 부츠 관리법

4 ① 고양이 자세의 장점
② 고양이를 쓰다듬는 방법
③ 고양이와 소통을 잘하는 방법
④ 고양이가 공격성을 보이는 이유

5 ① 부가가치세의 정의
② 부가가치세의 단점
③ 부가가치세의 필요성
④ 부가가치세의 중요성

유형 ⑤

5-3 화자의 중심 생각 고르기

말하는 사람이 어떤 생각을 가지고 있는지를 고르는 문제입니다. 이야기를 듣기 전에 남자의 중심 생각을 찾는 문제인지, 여자의 중심 생각을 찾는 문제인지 먼저 확인해야 합니다. 대화 내용의 한 부분과 일치하는 선택지를 고르는 것이 아니라 말하는 사람의 전체 이야기와 일치하는 것을 골라야 합니다.

※ 다음을 듣고 남자의 중심 생각을 고르십시오. 제47회 18번 기출문제 Track 5-5

남자: 요즘 부모들은 아이들이 잘못해도 왜 아무 말도 안 하지? 무조건 예뻐만 하는 건 문제인 것 같아.

여자: 아이들이 어려서 그러는 건데 그때마다 뭐라고 하는 건 안 좋은 거 아니야?

남자: 아무리 어려도 자기가 무엇을 잘못했는지는 바로 알려 줘야지. 그래야 다음에 같은 실수를 반복하지 않지.

① 어릴 때는 여러 번 실수해도 괜찮다.
② 아이들이 잘못을 해도 예뻐해야 한다.
③ 아이들에게 심하게 말을 하면 안 된다.
④ 아이들에게 자기 잘못을 알게 해야 한다.

④

남자는 아이들을 무조건 예뻐만 하는 것에 대해 부정적입니다. 아이가 같은 실수를 반복하지 않도록 잘못을 알려 줘야 한다고 생각하기 때문입니다. 따라서 ④번이 답입니다.

Track 5-6

※ 다음을 듣고 물음에 답하십시오.

1 남자의 중심 생각으로 맞는 것을 고르십시오. 제41회 20번 기출문제

① 번역할 때는 한국의 정서를 반영해야 한다.
② 번역은 원작의 표현을 그대로 옮겨야 한다.
③ 주인공의 성격에 중점을 두고 번역해야 한다.
④ 번역가는 높은 수준의 어휘력을 갖춰야 한다.

2 남자의 중심 생각으로 맞는 것을 고르십시오.

① 컴퓨터를 수리하는 데 비용이 많이 든다.
② 컴퓨터가 자주 고장 나는 것은 사용자 탓이다.
③ 이번에 또 컴퓨터가 고장나면 더 이상 고칠 수 없다.
④ 같은 고장이 반복되면 새것으로 바꾸어 주어야 한다.

3 여자의 중심 생각으로 맞는 것을 고르십시오.

① 주말마다 사람들을 많이 만날 수 있어서 좋다.
② 동네가 유명해지려면 방송에 많이 나와야 한다.
③ 유명한 식당들이 가까운 곳에 있어서 편리하다.
④ 유명한 식당들 때문에 동네가 복잡해서 좋지 않다.

4 남자의 중심 생각으로 맞는 것을 고르십시오.

① 아름다워지려면 사랑을 해야 한다.
② 성형 수술은 하면 할수록 더 예뻐진다.
③ 성형 수술을 통해 자신감을 얻을 수는 없다.
④ 외모가 별로 예쁘지 않으면 수술을 해야 한다.

5 여자의 중심 생각으로 맞는 것을 고르십시오.

① 클래식 공연이 더 많아져야 한다.
② 클래식에 대한 대중의 태도에 문제가 있다.
③ 클래식을 편곡한 가요는 음악 장르를 파괴한다.
④ 클래식에 대한 정보를 알면 더 잘 즐길 수 있다.

유형 ❻ 화자의 태도 파악하기

말하는 사람의 태도를 파악하는 문제입니다. 태도를 나타내는 표현을 미리 익혀 두어 모르는 표현으로 인해 답을 틀리는 일이 없도록 해야 합니다.

※ 다음을 듣고 물음에 답하십시오. 제60회 32번 기출문제 Track **6-1**

남자의 태도로 맞는 것을 고르십시오.

여자: 이번 사건은 배가 고파서 식료품을 훔치다가 잡힌 경우입니다. 이 경우를 일반 범죄들과 동일하게 볼 수는 없죠.

남자: 안타까운 일이기는 하지만 생계형 범죄도 분명히 범죄입니다. 피해자도 존재하고요. 다른 범죄와 처벌을 달리할 필요가 없습니다.

여자: 처벌을 엄격하게 하는 것보다는 경제적 어려움을 해소하고 열심히 살 수 있도록 기회를 주는 것이 더 필요하지 않을까요?

남자: 처벌이 약해지면 분명 이를 악용하는 사람들이 나타날 것이고 그러면 비슷한 범죄가 계속 늘어나게 될 것입니다.

① 상대방 의견에 반대하고 있다.
② 제도의 문제점을 지적하고 있다.
③ 문제 해결 방안에 공감하고 있다.
④ 상대가 제시한 근거를 의심하고 있다.

➲ ①

배가 고파서 먹을 것을 훔친 사건에 대한 이야기입니다. 남자는 이 사건이 안타깝다는 여자의 의견에는 동의하지만 처벌을 달리해야 한다는 의견에는 동의하지 않으므로 ①번이 답입니다.

※ 다음을 듣고 물음에 답하십시오.

1 여자의 태도로 가장 알맞은 것을 고르십시오. 제41회 50번 기출문제

① 이번 선거 운동의 결과를 낙관하고 있다.
② 선거 운동의 긍정적 변화를 기대하고 있다.
③ 선거를 대하는 유권자의 태도에 실망하고 있다.
④ 새로운 선거 전략의 부작용에 대해 우려하고 있다.

2 여자의 태도로 맞는 것을 고르십시오.

① 일회용품 사용을 권장하고 있다.
② 일회용품 사용 방법을 제시하고 있다.
③ 일회용품 사용의 필요성을 반박하고 있다.
④ 일회용품 사용의 문제점을 설명하고 있다.

3 남자의 태도로 맞는 것을 고르십시오.

① 점수를 위한 봉사활동을 비판하고 있다.
② 봉사활동의 교육적 효과에 대해 설명하고 있다.
③ 학생들의 자발적인 봉사활동에 대해 기대하고 있다.
④ 점수를 위한 봉사활동의 긍정적인 면을 강조하고 있다.

4 남자의 태도로 맞는 것을 고르십시오.

① 앱 사용을 권장하고 있다.
② 아이들의 입장을 대변하고 있다.
③ 상대방의 의견에 동의하지 않는다.
④ 내용을 파악하지 못해 질문을 하고 있다.

5 남자의 태도로 맞는 것을 고르십시오.

① 경제 효과를 증명하고 있다.
② 시민의 참여를 유도하고 있다.
③ 박람회 홍보를 촉구하고 있다.
④ 박람회 개최에 대해 우려하고 있다.

듣기 영역 모의고사

TOPIK Ⅱ 듣기(1번~ 20번) Track 7

※ [1~3] 다음을 듣고 알맞은 그림을 고르십시오. (각 2점)

1. ① 

② 

③ 

④ 

2. ① 

② 

③ 

④ 

3. ①

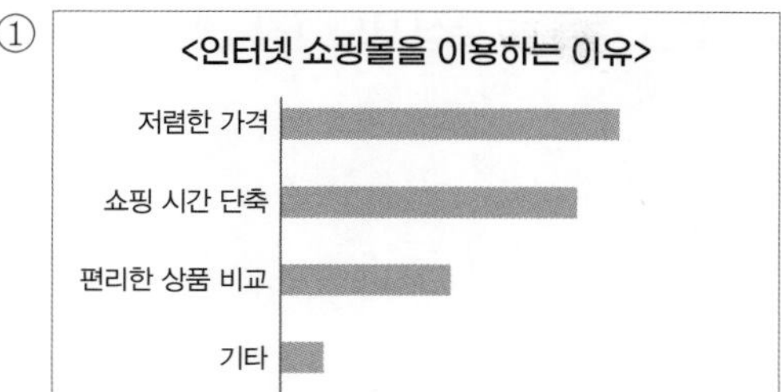

②

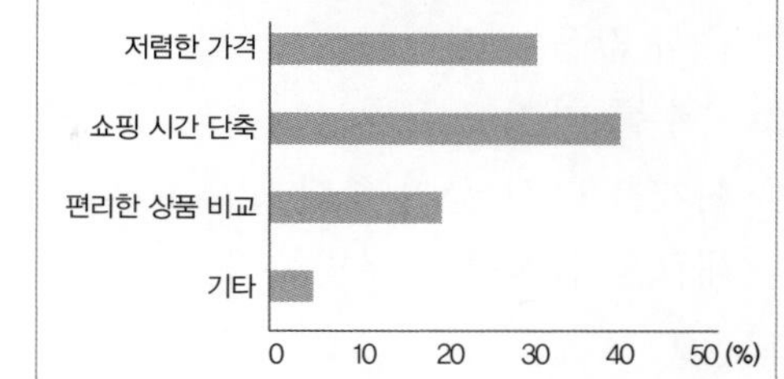

③

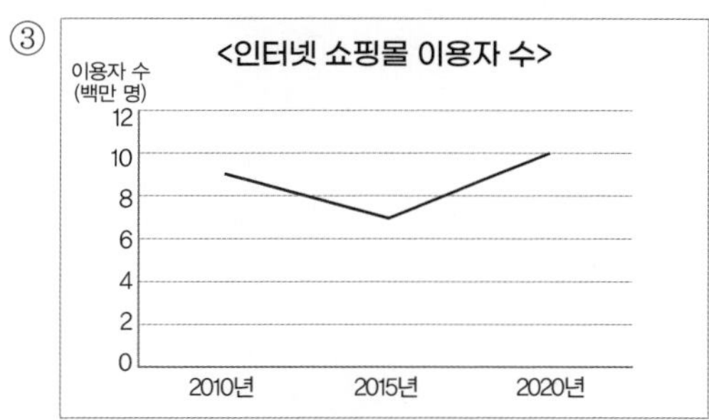

④

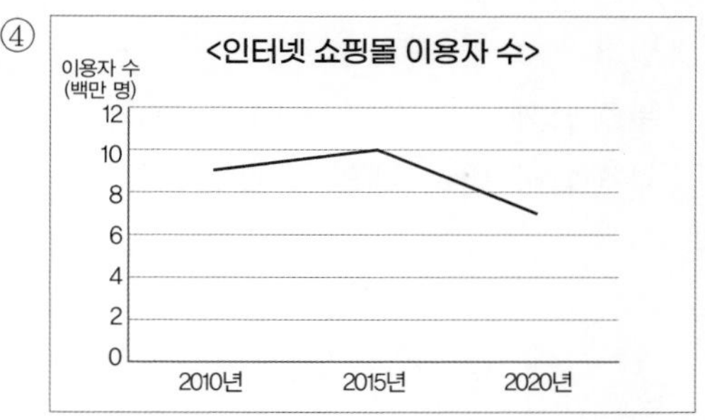

※ [4~6] 다음 대화를 잘 듣고 이어질 수 있는 말을 고르십시오. (각 2점)

4. ① 시험이 어렵지 않으면 좋겠어.
② 걱정 마. 좋은 결과 있을 거야.
③ 긴장 풀지 말고 끝까지 집중해야 해.
④ 긴장을 하면 시험을 잘 못 볼 수 있어.

5. ① 굉장히 유명한 작가가 특강을 해.
② 창의성 개발이 우리 공통의 관심사지.
③ 미안해. 난 다음 주에 바빠서 같이 못 가겠어.
④ 다음 주 목요일이었나? 내가 다시 확인하고 연락 줄게.

6. ① 밥을 너무 많이 먹었는지 배가 불러요.
② 역시 살을 빼는 건 쉬운 일이 아니에요.
③ 빵만 먹으면 영양 부족에 빠지기 쉬워요.
④ 고마워요. 아침을 안 먹었더니 배가 고프네요.

※ [7~8] 다음 대화를 잘 듣고 여자가 이어서 할 행동으로 알맞은 것을 고르십시오. (각 2점)

7. ① 음식 값을 계산한다.
② 육수를 가지고 온다.
③ 찌개를 다시 끓여 준다.
④ 새로운 음식을 주문받는다.

8. ① 보고서를 검토한다.
② 발표 자료를 확인한다.
③ 부장님께 보고서를 보내 드린다.
④ 부장님께 받은 메일을 확인한다.

※ [9~10] 다음을 듣고 남자의 중심 생각을 고르십시오. (각 2점)

9. ① 내용이 어려울수록 좋은 글이다.
② 간결한 글의 내용이 더 잘 파악된다.
③ 작가의 문체는 개성이 있을수록 좋다.
④ 화려한 문체는 대중에게 인기가 많다.

10. ① 아파트에서는 밤늦게 뛰면 안 된다.
② 아이들은 활발하게 뛰며 자라야 한다.
③ 아이들이 뛰는 것은 부모에게 책임이 없다.
④ 이웃끼리 오해할 일은 하지 않는 것이 좋다.

※ [11~12] 다음을 듣고 물음에 답하십시오. (각 2점)

11. 남자는 무엇을 하고 있는지 맞는 것을 고르십시오.

① 강의를 부탁하고 있다.
② 강의 내용을 계획하고 있다.
③ 강의 주제를 추천하고 있다.
④ 강의 장소를 확인하고 있다.

12. 들은 내용으로 맞는 것을 고르십시오.

① 여자가 강의 주제를 정할 것이다.
② 여자는 남자의 제안을 거절하였다.
③ 강의 일정은 아직 정해지지 않았다.
④ 대기업 근무자도 강의를 들을 수 있다.

※ [13~14] 다음을 듣고 물음에 답하십시오. (각 2점)

13. 여자가 남자에게 말하는 의도를 고르십시오.

① 여행 상품을 판매하기 위해
② 가족과의 휴가를 권유하기 위해
③ 시간의 중요성을 설명하기 위해
④ 회사 근무의 필요성을 알리기 위해

14. 들은 내용으로 맞는 것을 고르십시오.

① 남자는 회사에서 하는 일이 많다.
② 여자는 회사에서 보내는 시간이 즐겁다.
③ 남자는 휴가 기간 동안 여행을 갈 것이다.
④ 여자는 가족과의 시간이 중요하다고 생각한다.

※ [15~16] 다음을 듣고 물음에 답하십시오. (각 2점)

15. 무엇에 대한 내용인지 맞는 것을 고르십시오.

① 친환경 차의 혜택
② 공기 오염의 원인
③ 환경 보호 운동 방법
④ 정부 보조금의 중요성

16. 들은 내용으로 맞는 것을 고르십시오.

① 친환경 차는 가격이 저렴하다.
② 친환경 차는 공해를 많이 일으킨다.
③ 정부는 친환경 차의 구매를 장려하고 있다.
④ 친환경 차는 기존 차보다 연비가 많이 든다.

※ [17~18] 다음은 대담입니다. 잘 듣고 물음에 답하십시오. (각 2점)

17. 이 대화 앞의 내용으로 알맞은 것을 고르십시오.

① 버섯의 종류와 효능은 다양하다.
② 독버섯 구분 방법을 알아야 한다.
③ 산에서 직접 딴 버섯이 몸에 더 좋다.
④ 버섯의 섭취 방법은 버섯마다 다르다.

18. 들은 내용과 일치하는 것을 고르십시오.

① 독버섯의 효능이 더 뛰어나다.
② 독버섯으로 인한 환자가 증가하고 있다.
③ 독버섯은 식용 버섯과 쉽게 구분할 수 있다.
④ 독버섯을 먹었을 경우 물을 많이 마시면 좋다.

※ [19~20] 다음은 강연입니다. 잘 듣고 물음에 답하십시오. (각 2점)

19. 들은 내용과 일치하는 것을 고르십시오.

① 빅 데이터는 정보의 분석 결과를 뜻한다.
② 포장되지 않은 상품이 소비자에게 배송된다.
③ 인터넷에서 상품을 주문하면 당일에 받아볼 수 없다.
④ 빅 데이터를 분석하여 상품을 빨리 배송할 수 있게 되었다.

20. 남자의 태도로 가장 알맞은 것을 고르십시오.

① 빅 데이터 활용 사례를 비판하며 결과에 실망하고 있다.
② 빅 데이터 활용 사례를 제시하며 긍정적 변화를 기대하고 있다.
③ 빅 데이터 활용 사례를 분석하며 소비자 반응에 동의하고 있다.
④ 빅 데이터 활용 사례를 평가하며 소비자의 판단을 요구하고 있다.

COOL Secret

TOPIK Ⅱ에서는 듣기, 쓰기, 읽기 전 영역에 걸쳐 그래프 문제가 출제됩니다. 시험에 자주 출제되는 그래프의 종류와 관련 표현을 익혀 그래프를 바르게 해석할 수 있도록 합니다.

1 그래프의 종류

<막대 그래프>

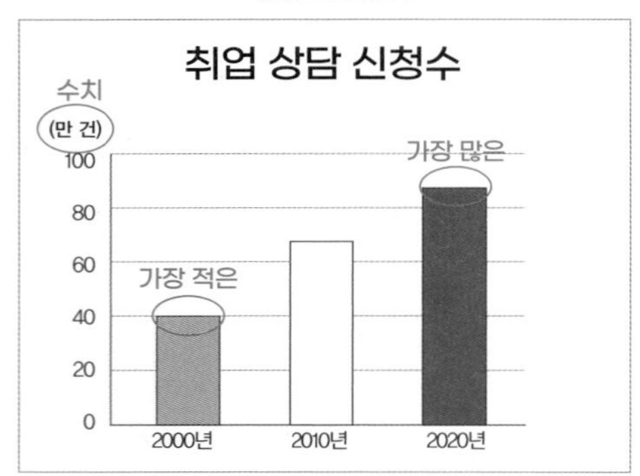

<꺾은선 그래프>

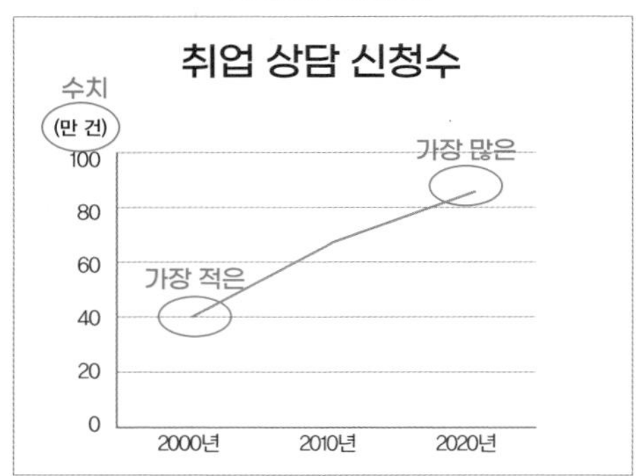

- 막대 그래프나 꺾은선 그래프는 주로 시간이 지남에 따라 변화하는 수치(값)를 나타내기 위해 사용됩니다.
- 일반적으로 가로축은 시간의 흐름을, 세로축은 수치(값)를 표시합니다.
- 막대와 점의 위치가 높을수록 가장 많은 수치(값)를 나타냅니다.

<원 그래프>

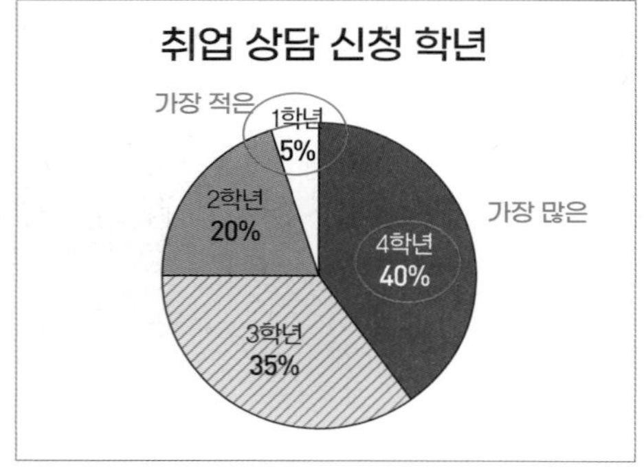

<도넛 그래프>

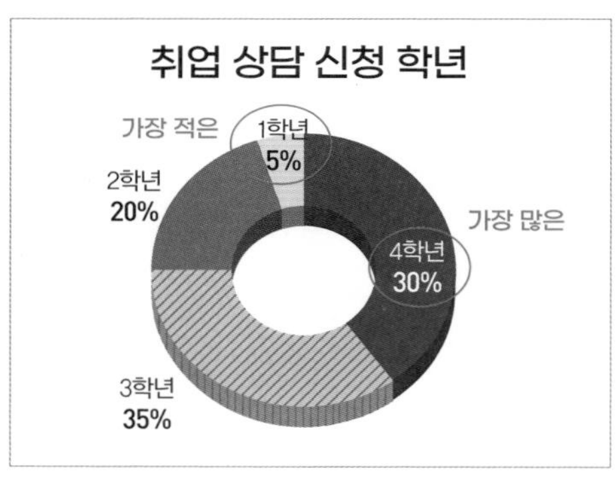

- 원 그래프와 도넛 그래프는 주로 전체에 대한 각 항목의 비율을 나타낼 때 사용됩니다.
- 전체에서 차지하는 면적이 넓을수록 높은 비율을 나타냅니다.

2 그래프 관련 표현

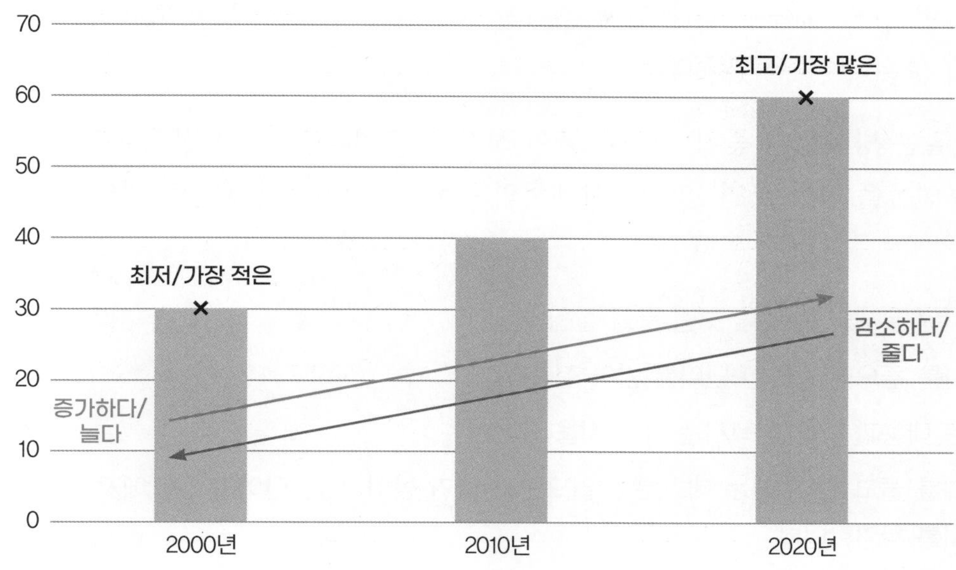
70
60
50
40
30
20
10
0
최고/가장 많은
최저/가장 적은
감소하다/
줄다
증가하다/
늘다
2000년
2010년
2020년

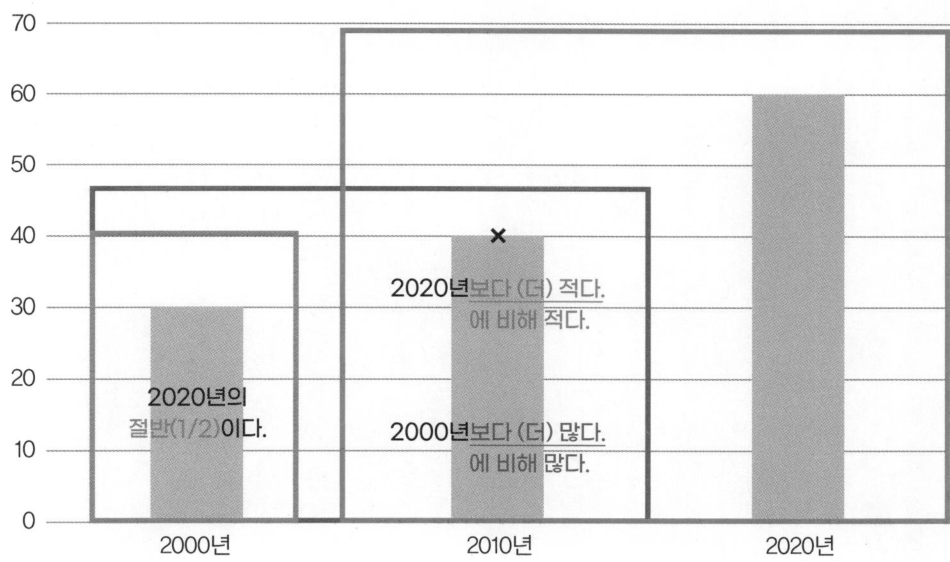
70
60
50
40
30
20
10
0
2020년보다 (더) 적다.
에 비해 적다.
2020년의
절반(1/2)이다.
2000년보다 (더) 많다.
에 비해 많다.
2000년
2010년
2020년

TOPIK II 듣기 영역은 TOPIK I에 비해 지문이 길고 많은 내용이 담겨 있습니다. 따라서 대화 전체를 자세히 들으려 하기보다는 문제에서 묻고 있는 내용을 정확히 파악하는 것이 중요합니다. 대화를 듣기 전에 주어진 그림이나 선택지 등을 보고 상황을 추측해 보는 것이 도움이 될 수 있습니다.

다음과 같은 방법으로 듣기 문제를 풀어 보세요. 대화의 내용에 집중하여 핵심 내용을 찾아내는 연습을 하다 보면, 일상생활에서의 듣기 실력도 크게 향상될 것입니다.

- 제시된 문제와 선택지, 그림 등을 살핍니다.
- 대화를 들으며 중요한 단어를 받아 적습니다.
- 들은 내용과 다른 선택지는 바로 지웁니다.
- 문제를 풀고 난 후에는 대화문을 읽으면서 내가 받아 적은 단어가 문제에서 중요한 단어였는지를 확인합니다.
- 대화문을 다시 한 번 읽으면서 중요하거나 자주 나오는 표현을 익혀 둡니다.

CHAPTER. 2
유형 학습

유형 학습 전략

TOPIK II에서는 쓰기 영역이 추가됩니다. 쓰기 영역에서는 담화 구성 능력과 논리적 표현 능력, 어휘력, 맞춤법 등을 평가합니다. 쓰기 주제는 일상생활, 사회, 문화 등과 관련되어 있습니다. 총 50분 동안 4문제를 풀어야 하며, 한 문제당 정해진 점수가 높고 모두 주관식이기 때문에 평소 쓰기 연습을 꾸준히 해 두는 것이 필요합니다.

문제 유형

유형 1 담화 완성하기

유형 2 글 구성하기

2-1. 정보를 활용하여 짧은 글 구성하기
2-2. 주제에 맞게 논리적인 글 구성하기

유형 ❶ 담화 완성하기

글의 흐름을 파악하여 (   ) 안에 들어갈 적절한 표현을 쓰는 문제입니다. 문맥에 맞는 문장을 쓰더라도 초급 문법이나 표현을 사용하면 감점이 되기 때문에 중급 수준 이상의 문법이나 표현을 사용할 수 있도록 연습해야 합니다. 또한 편지나 안내문, 설명문 등 다양한 유형의 글이 제시되기 때문에 각 유형에 알맞은 글의 전개 방법이나 문장과 문장의 연결 방법, 자주 사용되는 표현과 문법 등을 알아 두면 도움이 됩니다.

※ 다음을 읽고 ㉠과 ㉡에 들어갈 말을 각각 한 문장으로 쓰십시오.

제47회 51번 기출문제

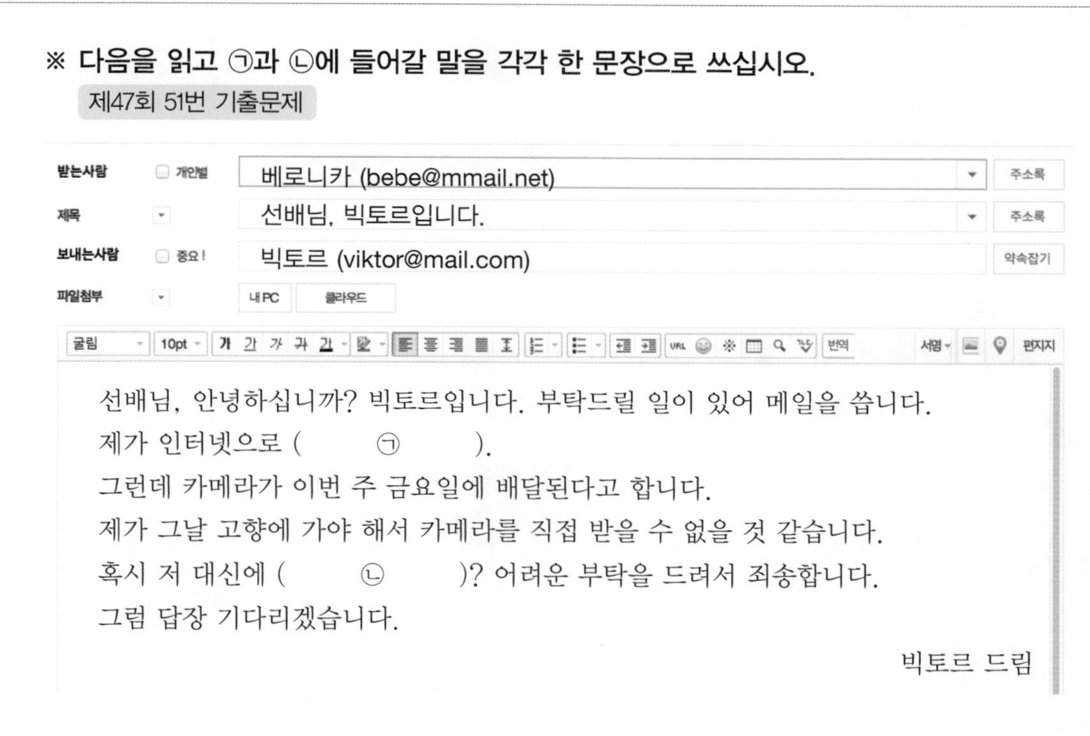

받는사람 개인별 베로니카 (bebe@mmail.net) 주소록

제목 선배님, 빅토르입니다. 주소록

보내는사람 중요! 빅토르 (viktor@mail.com) 약속잡기

파일첨부 내 PC 클라우드

선배님, 안녕하십니까? 빅토르입니다. 부탁드릴 일이 있어 메일을 씁니다.
제가 인터넷으로 (㉠   ).
그런데 카메라가 이번 주 금요일에 배달된다고 합니다.
제가 그날 고향에 가야 해서 카메라를 직접 받을 수 없을 것 같습니다.
혹시 저 대신에 (㉡   )? 어려운 부탁을 드려서 죄송합니다.
그럼 답장 기다리겠습니다.

빅토르 드림

해설

㉠ 카메라를 주문했습니다 / 카메라를 구입했습니다 / 카메라를 샀습니다
㉡ 카메라를 받아 주실 수 있으십니까

빅토르 학생이 선배님께 부탁할 일이 있어서 이메일을 썼습니다. ㉠ 다음 문장에서 '~ 카메라가 금요일에 배달된다'고 한 것을 보아 ㉠에는 카메라를 샀다는 내용이 들어가야 합니다. '사다, 주문하다, 구입하다, 구매하다' 등의 동사를 활용하여 문장을 구성하면 됩니다. 다음 문장에서는 '~ 카메라를 직접 받을 수 없을 것 같다'는 상황을 이야기하고 '혹시 저 대신에'라는 표현을 사용하고 있으므로 ㉡에는 자기 대신에 카메라를 받아 달라는 내용의 문장이 와야 합니다. 다른 문장들과 마찬가지로 '-(스)ㅂ니다'로 문장을 마치도록 주의하십시오.

유형연습

※ 다음을 읽고 ㉠과 ㉡에 들어갈 말을 각각 한 문장으로 쓰십시오. (각 10점)

1 제60회 51번 기출문제

제목: 도서관을 이용하고 싶습니다. 작성자: 타넷(2018-10-20)

한국대학교를 졸업한 학생인데 도서관을 이용하고 싶습니다.
선배에게 물어보니 졸업생이 도서관을 이용하려면 출입증이 (㉠).
출입증을 만들려면 (㉡)?
방법을 알려 주시면 감사하겠습니다.

㉠ :

㉡ :

2

한국어 책을 나누어 드립니다.

한국에서 공부를 마치고 고향으로 돌아가는 유학생입니다. 제가 한국어 공부를 하며 사용한 책들을 무료로 (㉠). 한국어 교재도 있고, 소설책과 만화책도 있습니다.
(㉡) 연락 주세요. 제 전화번호는 010-9876-5432입니다.

㉠ :

㉡ :

3

충분한 양의 물을 섭취해야 한다는 것은 잘 알려진 사실이다. (㉠) 위나 뇌와 같은 우리 몸의 모든 기관의 활동이 느려지기 때문이다. 또 몸속에 노폐물이 쌓여 피로를 쉽게 느끼게 된다. 그러나 특정 질환이 있는 경우 물을 많이 마시는 것이 (㉡). 이유 없이 물을 자꾸 먹고 싶은 경우에는 다른 질병을 의심해 봐야 한다.

㉠ :

㉡ :

4

수면 시간과 기억력의 상관관계가 과학적 근거를 통해 밝혀졌다. 영국의 한 신경과학자의 실험에 의하면, 하루 8시간 충분히 잠을 잔 뒤 일어났을 때 사람의 이름이나 얼굴을 기억하는 능력이 (㉠) 밝혀졌다. 연구진은 수면은 우리가 새로운 (㉡) 매우 중요하다면서 나이가 들면서 수면 장애 등이 더 자주 나타날 수 있는데, 잠을 충분히 자지 못하는 상황은 기억력 저하에 영향을 미친다고 분석했다.

㉠ :

㉡ :

5

날이 더워지면 차가운 음식을 많이 먹게 된다. 그러나 찬 음식을 자주 먹으면 소화기가 약한 사람들은 (㉠). 음식을 소화하고 흡수하기 위해서는 장에 따뜻한 기운이 있어야 하는데, 찬 음식은 장을 차갑게 하기 때문이다. 찬 음식을 먹어 배탈이 났다면, 따뜻한 음식으로 속을 달래는 것이 좋다. 또, 장을 자극할 수 있는 음식은 (㉡). 매운 음식, 커피, 과일 등이 장을 자극하는 음식들이다.

㉠ :

㉡ :

유형 ❷ 글 구성하기

문제에 제시된 정보와 주제를 이해하고 글을 쓰는 문제입니다. 제시된 내용을 모두 포함하여 글을 구성해야 합니다. 또한, 문제에서 요구하는 것이 무엇인지 잘 파악할 수 있어야 알맞은 내용의 글을 쓸 수 있습니다.

글의 형식도 중요합니다. '글 구성하기' 유형은 앞의 '유형 ① 담화 완성하기'와는 다르게 하나의 완성된 글을 써야 하므로 '도입–전개–마무리' 구조를 갖추어 써야 합니다. 이때에는 말할 때 사용하는 구어체가 아니라 글을 쓸 때 사용하는 문어체로 써야 합니다. 또한, 틀리지 않고 정확하게 쓰는 것도 중요하지만, 등급에 맞는 어휘와 문법을 사용하는 것도 중요하므로 TOPIK Ⅱ 수준의 어휘와 문법을 적절히 사용해야 합니다.

TOPIK Ⅱ의 작문 문항을 채점할 때에는 아래의 표에 적힌 내용을 기준으로 채점합니다. 표의 내용을 잘 기억하고 작문 문제를 풀어 보세요. 글을 쓴 후에는 채점 기준에 맞게 잘 작성했는지 점검해 보세요.

● 한국어능력시험 작문 채점 기준

구분	채점 기준
내용 및 과제 수행	1) 주제에 맞게 글을 완성하였는가? 2) 제시된 내용을 모두 포함하고 있는가? 3) 내용을 풍부하고 다양하게 표현하였는가?
글의 전개 구조	1) 시작과 마무리를 적절하게 구성하였는가? 2) 내용의 전환에 따라 문단을 적절히 구성하였는가? 3) 단락 간의 연결이 긴밀하며 자연스러운가?
언어 사용	초/중/고급 수준의 어휘와 문법을 다양하게 사용하였는가?
	초/중/고급 수준의 어휘와 문법을 정확하게 사용하였는가?
사회언어학적 기능	문어적 특징이 드러나는 어휘나 문법(종결형, 어미, 조사 등)을 사용해 문어의 특성을 살려 글을 썼는가?

2-1 정보를 활용하여 짧은 글 구성하기

제시된 표나 그래프를 보고 주제에 맞게 글을 쓰는 문제입니다. 주로 사회 변화나 시장 현황, 성별 또는 나이에 따라 선호하는 것 등에 대한 통계 조사 결과가 그래프로 제시됩니다. 보통 그래프와 함께 조사 결과가 나오게 된 배경(원인 또는 이유)이 제시되고 미래 전망이나 기대와 같은 정보가 추가로 제시되기도 합니다. 문제에 제시된 그래프와 표의 내용을 모두 사용하여 200~300자 분량의 글을 작성하면 됩니다.

이 유형의 문제를 풀기 위해서는 도형과 수치로 표시된 그래프를 해석할 수 있는 능력과 그것을 한국어로 표현할 수 있는 능력이 필요합니다. 또한, 주어진 정보를 논리적으로 연결하여 글을 구성할 수 있어야 합니다.

글을 쓰기 전에 아래의 질문을 중심으로 생각을 정리해 보세요.

- 무엇에 대한 조사입니까?
- 구체적인 조사 결과가 어떻습니까?
- 조사 결과가 그렇게 나온 배경(이유 또는 원인)은 무엇입니까?
- 조사 결과를 볼 때, 앞으로의 상황은 어떻게 될 것 같습니까?

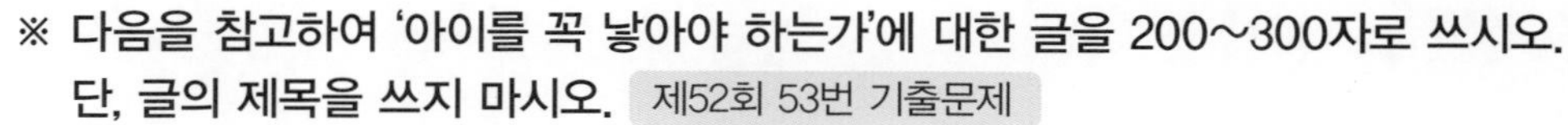

※ 다음을 참고하여 '아이를 꼭 낳아야 하는가'에 대한 글을 200~300자로 쓰시오. 단, 글의 제목을 쓰지 마시오. 제52회 53번 기출문제

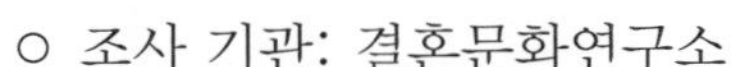

○ 조사 기관: 결혼문화연구소

○ 조사 대상: 20대 이상 성인 남녀 3,000명

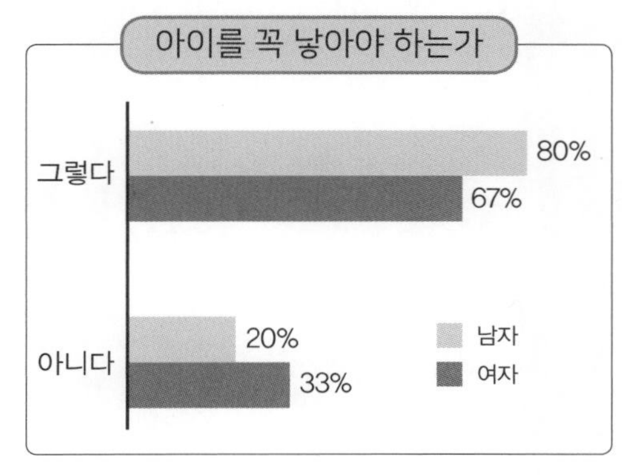

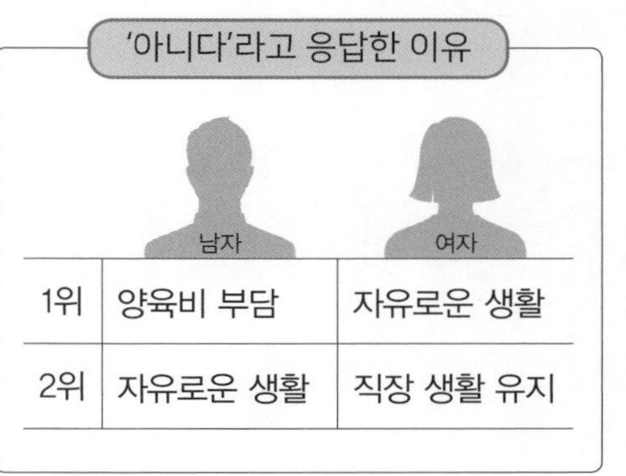

	남자	여자
1위	양육비 부담	자유로운 생활
2위	자유로운 생활	직장 생활 유지

'아이를 꼭 낳아야 하는가'에 대해 성인 남녀를 대상으로 조사한 결과를 막대 그래프로 제시하였습니다. 또한 '아니다'라고 응답한 이유를 성별에 따라 표로 제시하였습니다. 따라서 비교 표현을 사용하여 표의 내용을 설명해야 합니다. 글을 완성한 후에는 아래의 질문을 중심으로 부족한 부분이 없는지 점검해 보고 [모범답안]과 자신의 답을 비교해 보며 부족한 부분을 찾아봅시다.

- 무엇에 대한 조사입니까?
- 구체적인 조사 결과가 어떻습니까?
- 조사 결과가 그렇게 나온 배경(이유 또는 원인)은 무엇입니까?

[모범답안]

결혼문화연구소에서 20대 이상 성인 남녀 3,000명을 대상으로 '아이를 꼭 낳아야 하는가'에 대해 조사하였다. 그 결과 '그렇다'라고 응답한 남자는 80%, 여자는 67%였고, '아니다'라고 응답한 남자는 20%, 여자는 33%였다. 이들이 '아니다'라고 응답한 이유에 대해 남자는 양육비가 부담스러워서, 여자는 자유로운 생활을 원해서라고 응답한 경우가 가장 많았다. 이어 남자는 자유로운 생활을 원해서 여자는 직장 생활을 유지하고 싶어서라고 응답하였다.

(제52회 정답 및 배점표 참고)

유형 연습

1 다음을 참고하여 '국내 외국인 유학생 현황'에 대한 글을 200~300자로 쓰십시오. 단, 글의 제목을 쓰지 마십시오. 제47회 53번 기출문제

외국인 유학생 현황

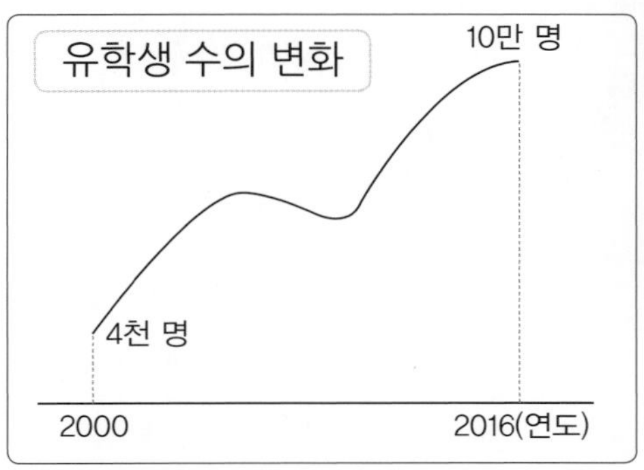

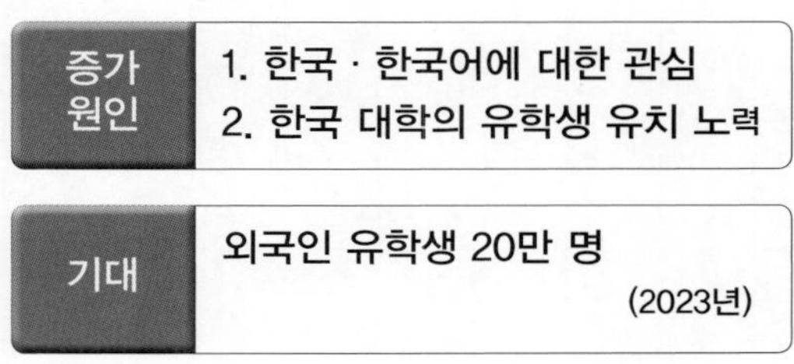

증가 원인
1. 한국 · 한국어에 대한 관심
2. 한국 대학의 유학생 유치 노력
기대
외국인 유학생 20만 명
(2023년)

연습 노트

- 무엇에 대한 조사입니까?

- 구체적인 조사 결과가 어떻습니까?

- 조사 결과가 그렇게 나온 배경(이유 또는 원인)은 무엇입니까?

- 조사 결과를 볼 때, 앞으로의 상황은 어떻게 될 것 같습니까?

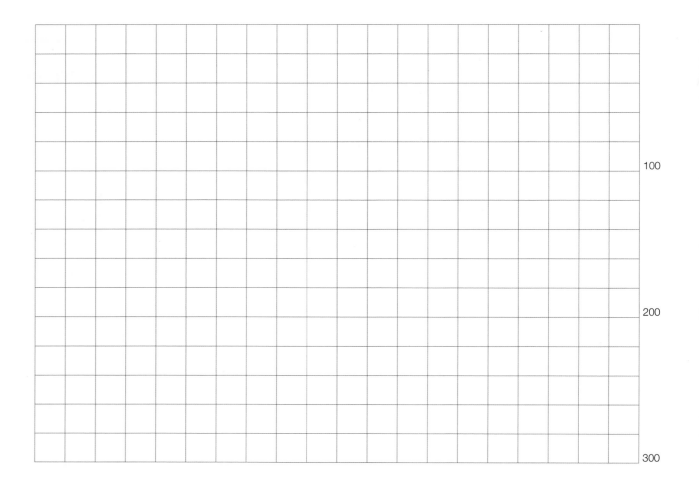

2 다음을 참고하여 '한국의 출산율 변화'에 대한 글을 200~300자로 쓰시오. 단, 글의 제목을 쓰지 마시오.

출산율 변화

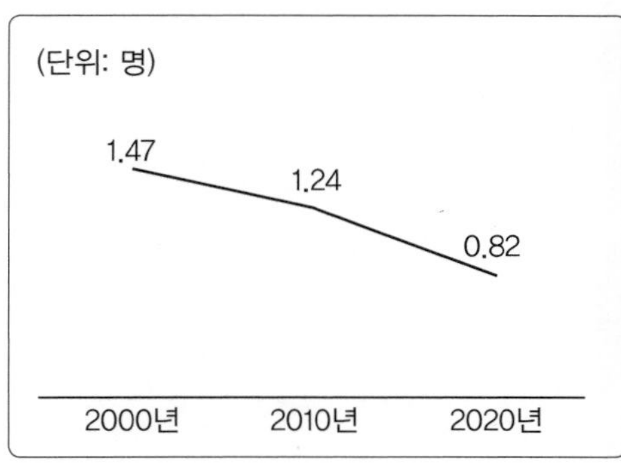

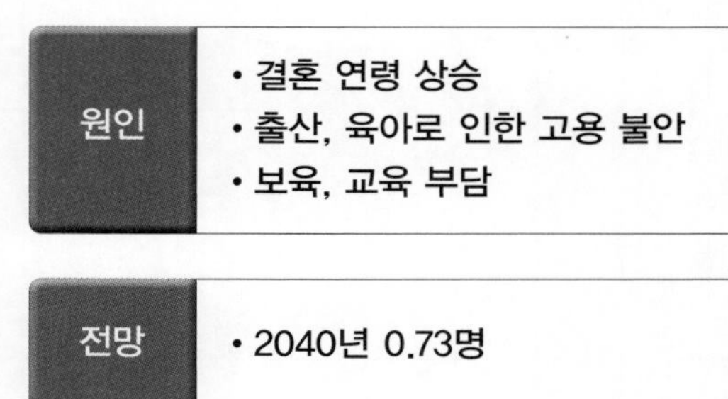

전망	• 2040년 0.73명

연습 노트

- 무엇에 대한 조사입니까?

- 구체적인 조사 결과가 어떻습니까?

- 조사 결과가 그렇게 나온 배경(이유 또는 원인)은 무엇입니까?

- 조사 결과를 볼 때, 앞으로의 상황은 어떻게 될 것 같습니까?

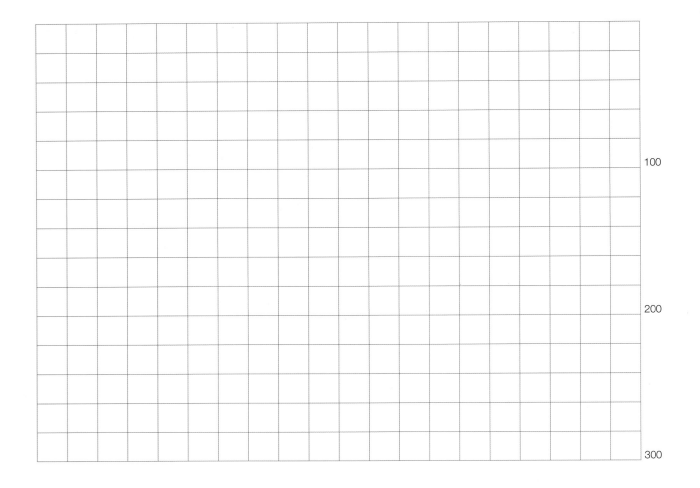

3 다음을 참고하여 '전자책 시장 현황'에 대한 글을 200~300자로 쓰시오. 단, 글의 제목을 쓰지 마시오.

전자책 시장 현황

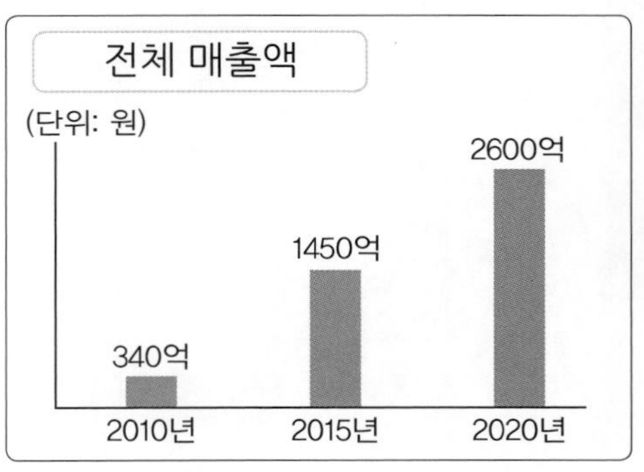

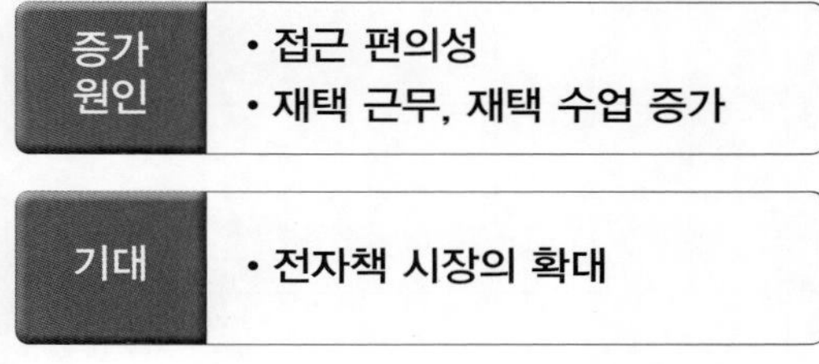

증가 원인
• 접근 편의성
• 재택 근무, 재택 수업 증가
기대
• 전자책 시장의 확대

연습 노트

- 무엇에 대한 조사입니까?

- 구체적인 조사 결과가 어떻습니까?

- 조사 결과가 그렇게 나온 배경(이유 또는 원인)은 무엇입니까?

- 조사 결과를 볼 때, 앞으로의 상황은 어떻게 될 것 같습니까?

100

200

300

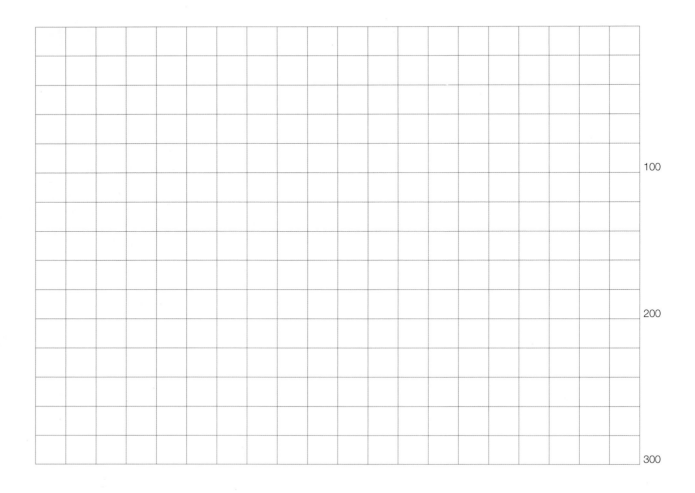

4 다음을 참고하여 '공공장소에서 흡연을 금지해야 하는가'에 대한 글을 200~300자로 쓰시오. 단, 글의 제목을 쓰지 마시오.

- 조사 기관: 한국건강연구소
- 조사 대상: 20대 이상 성인 남녀 2,000명

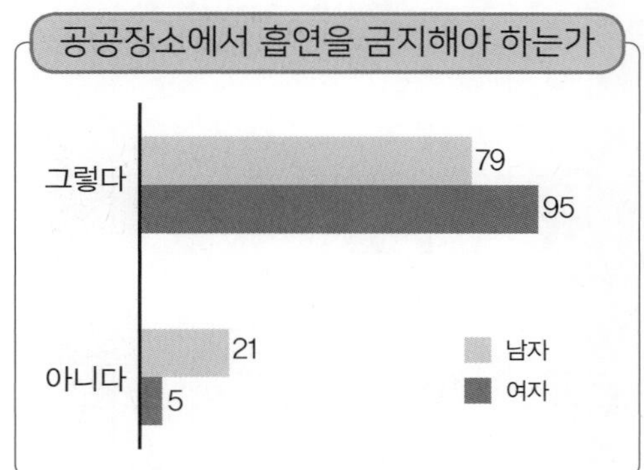

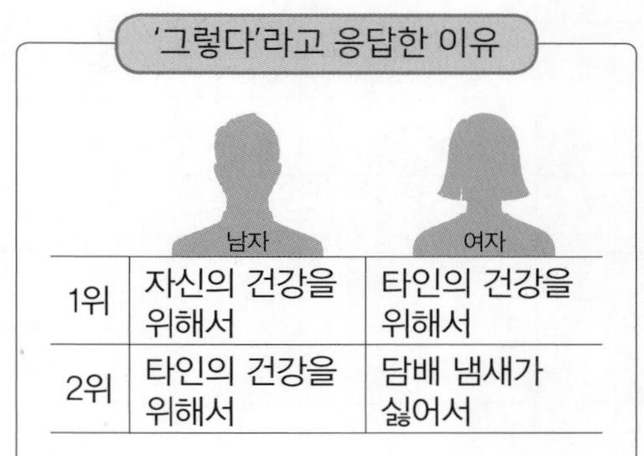

	남자	여자
1위	자신의 건강을 위해서	타인의 건강을 위해서
2위	타인의 건강을 위해서	담배 냄새가 싫어서

연습 노트

- 무엇에 대한 조사입니까?

- 구체적인 조사 결과가 어떻습니까?

- 조사 결과가 그렇게 나온 배경(이유 또는 원인)은 무엇입니까?

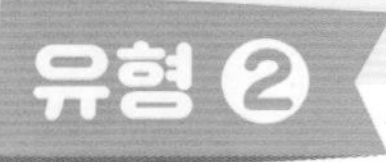
유형 ❷

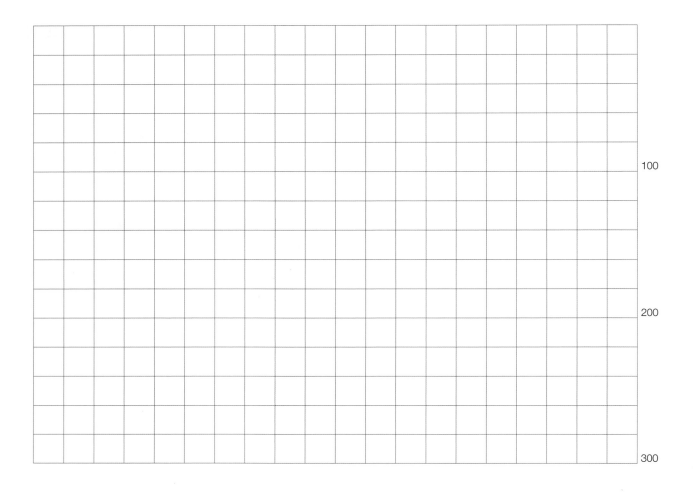

5 다음을 참고하여 '온라인 동영상 수업 선호'에 대한 글을 200~300자로 쓰시오. 단, 글의 제목을 쓰지 마시오.

- 조사 기관: 한국교육연구원
- 조사 대상: 전국 남녀 대학생 700명

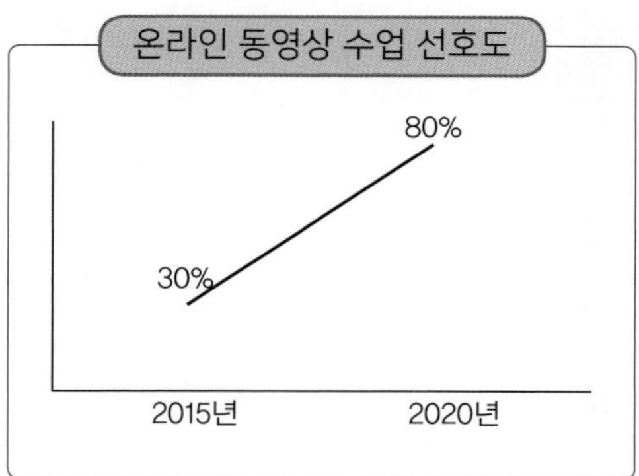

온라인 동영상 수업 선호 이유

- 1위: 시간이나 장소에 상관없이 수업을 들을 수 있어서
- 2위: 같은 내용을 여러 번 들을 수 있어서
- 3위: 필요한 부분만 들을 수 있어서

연습 노트

- 무엇에 대한 조사입니까?

- 구체적인 조사 결과가 어떻습니까?

- 조사 결과가 그렇게 나온 배경(이유 또는 원인)은 무엇입니까?

유형 2

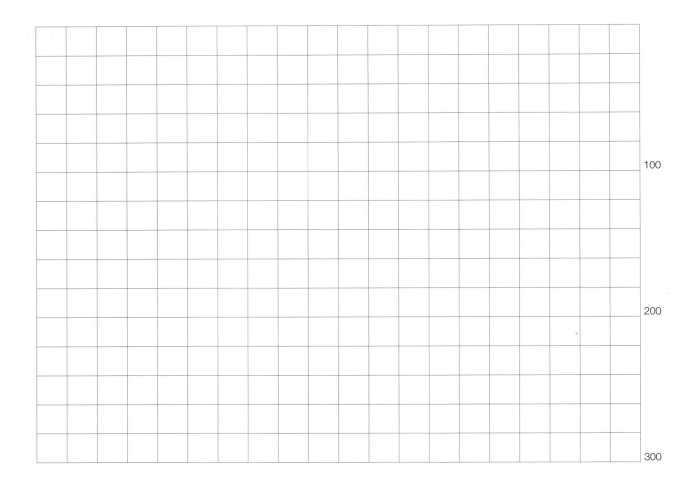

2-2 주제에 맞게 논리적인 글 구성하기

제시된 주제에 맞게 자신의 생각을 논리적으로 쓰는 유형의 문제입니다. 제시된 주제를 정확히 이해하고 자신의 입장을 명확히 하여 600~700자의 글을 써야 합니다. 글의 길이가 길어지는 만큼, 내용이 바뀌는 부분에서는 반드시 문단을 바꾸어 완성된 글의 구조를 갖출 수 있어야 합니다.
평소에 사회적 주제에 대해 자신의 생각이나 주장을 정리해 보고 이를 논리적으로 구성하는 연습을 하는 것이 필요합니다.

※ 다음을 주제로 하여 600~700자로 글을 쓰십시오. 제47회 54번 기출문제

'칭찬은 고래도 춤추게 한다'는 말처럼 칭찬에는 강한 힘이 있습니다. 그러나 칭찬이 항상 긍정적인 영향을 주는 것은 아닙니다. 아래의 내용을 중심으로 칭찬에 대한 자신의 생각을 쓰십시오.

- 칭찬이 미치는 긍정적인 영향은 무엇입니까?
- 부정적인 영향은 무엇입니까?
- 효과적인 칭찬의 방법은 무엇입니까?

칭찬에 대한 자신의 생각을 쓰는 문제입니다. 문제에서는 칭찬의 긍정적인 영향과 부정적인 영향을 모두 제시하고, 효과적인 칭찬의 방법에 대해 서술할 것을 제시하고 있습니다. 따라서 먼저 칭찬의 긍정적인 영향에 대해 서술하고, 잘못된 방법으로 칭찬을 했을 때에 부정적인 영향을 줄 수 있다는 것을 구체적인 사례를 들어 서술해야 합니다. 마지막으로 효과적인 칭찬을 위한 바람직한 방법에 대해 자신의 의견을 제시하며 마무리합니다.

[모범답안]

우리는 칭찬을 들으면 일을 더 잘하고 싶어질 뿐만 아니라 좀 더 나은 사람이 되고 싶은 마음이 든다. 그리고 자신감이 생겨 공부나 일의 성과에도 긍정적인 영향을 미친다. 그래서 자신이 가진 능력 이상을 발휘하고 싶어지는 도전 정신이 생기기도 하는 것이다. 한마디로 말해 칭찬은 사람을 한 단계 더 발전시키는 힘을 가지고 있다.

그런데 이러한 칭찬이 독이 되는 경우가 있다. 바로 칭찬이 상대에게 기쁨을 주는 것이 아니라

유형 ❷

부담을 안겨 주는 경우이다. 칭찬을 들으면 그 기대에 부응해야 한다는 압박감 때문에 자신의 실력을 제대로 발휘하지 못하게 되는 일이 생기게 된다. 칭찬의 또 다른 부정적인 면은 칭찬 받고 싶다는 생각에 결과만을 중시하게 되는 점이다. 일반적으로 칭찬이 일의 과정보다 결과에 중점을 두고 행해지는 경우가 많기 때문이다.

그래서 우리가 상대를 칭찬할 때에는 그 사람이 해낸 일의 결과가 아닌, 그 일을 해내기까지의 과정과 노력에 초점을 맞추는 것이 중요하다. 그래야 칭찬을 듣는 사람도 일 자체를 즐길 수 있다. 또한 칭찬을 듣고 잘 해내야 한다는 부담에서도 벗어날 수 있을 것이다. 우리는 보통 칭찬을 많이 해 주는 것이 중요하다고 생각하는데 칭찬은 그 방법 역시 중요하다는 것을 잊지 말아야 할 것이다.

(제47회 정답 및 배점표 참조)

유형 연습

※ 다음을 주제로 하여 자신의 생각을 600~700자로 글을 쓰시오. 단, 문제를 그대로 옮겨 쓰지 마시오. (50점)

1 제64회 54번 기출문제

사람은 누구나 청소년기를 거쳐 어른이 된다. 아동에서 어른으로 넘어 가는 이 시기에 많은 청소년들은 혼란과 방황을 겪으며 성장한다. 아래의 내용을 중심으로 '청소년기의 중요성에 대한 자신의 생각을 쓰라.

- 청소년기가 중요한 이유는 무엇인가?
- 청소년들은 이 시기에 주로 어떤 특징을 보이는가?
- 청소년의 올바른 성장을 돕기 위해 어떤 노력이 필요한가?

연습 노트

- 서론

- 본론

- 결론

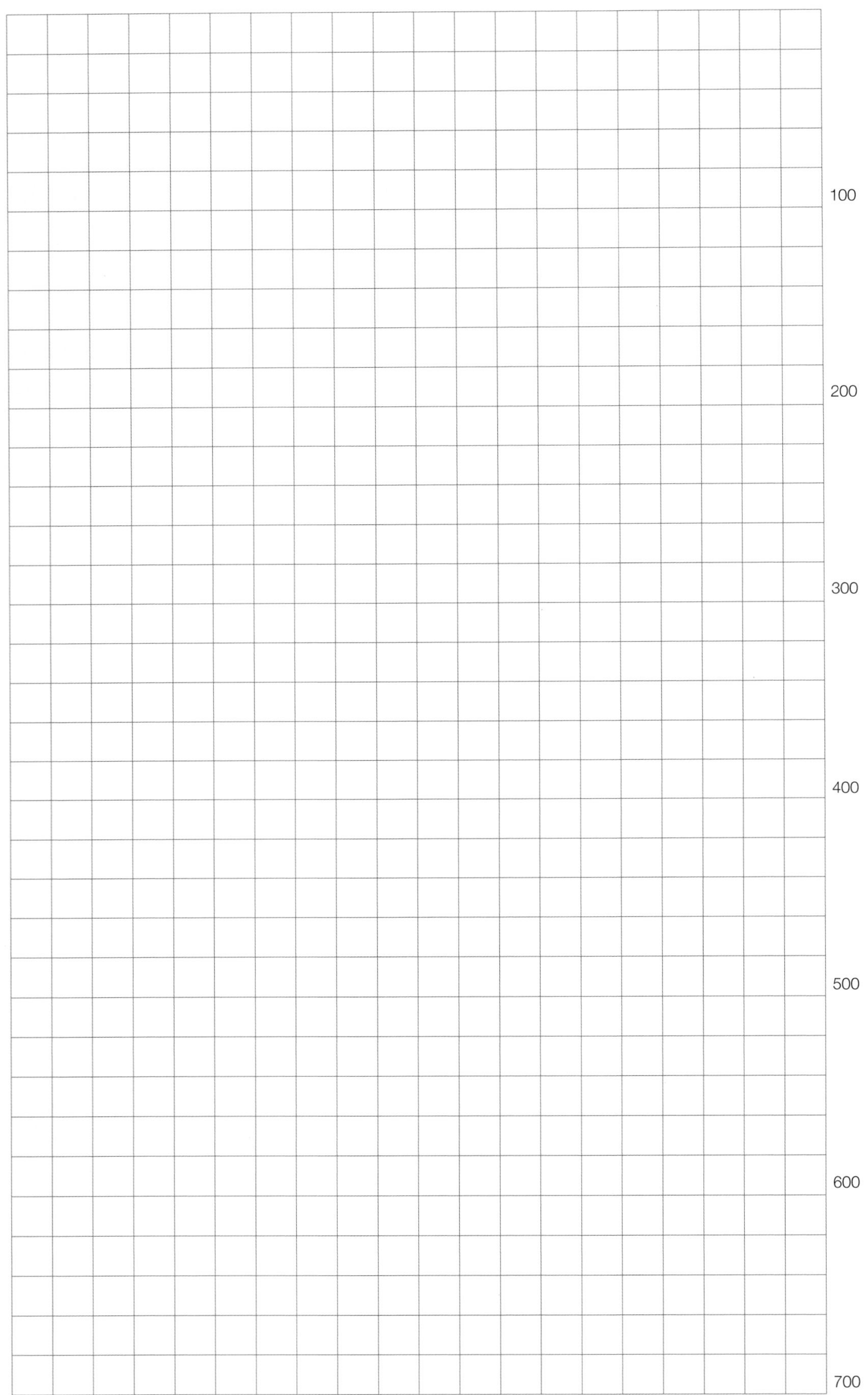

유형 ❷

※ 다음을 주제로 하여 자신의 생각을 600~700자로 글을 쓰시오. 단, 문제를 그대로 옮겨 쓰지 마시오. (50점)

2

환경 보호는 세계 각국의 중요한 문제이다. 오염된 환경은 우리의 건강을 위협하는 것은 물론, 후대에도 안 좋은 영향을 미치기 때문이다. 일부 국가에서는 강력한 처벌과 벌금 등의 규제를 통해 환경을 보호하고자 한다. 아래의 내용을 중심으로 '환경 보호 규제'에 대한 자신의 의견을 쓰라.

- 환경 보호 규제에 찬성하는가, 반대하는가?
- 찬성 혹은 반대하는 이유는 무엇인가? 근거를 들어 자신의 의견을 쓰라.

연습 노트

- 서론

- 본론

- 결론

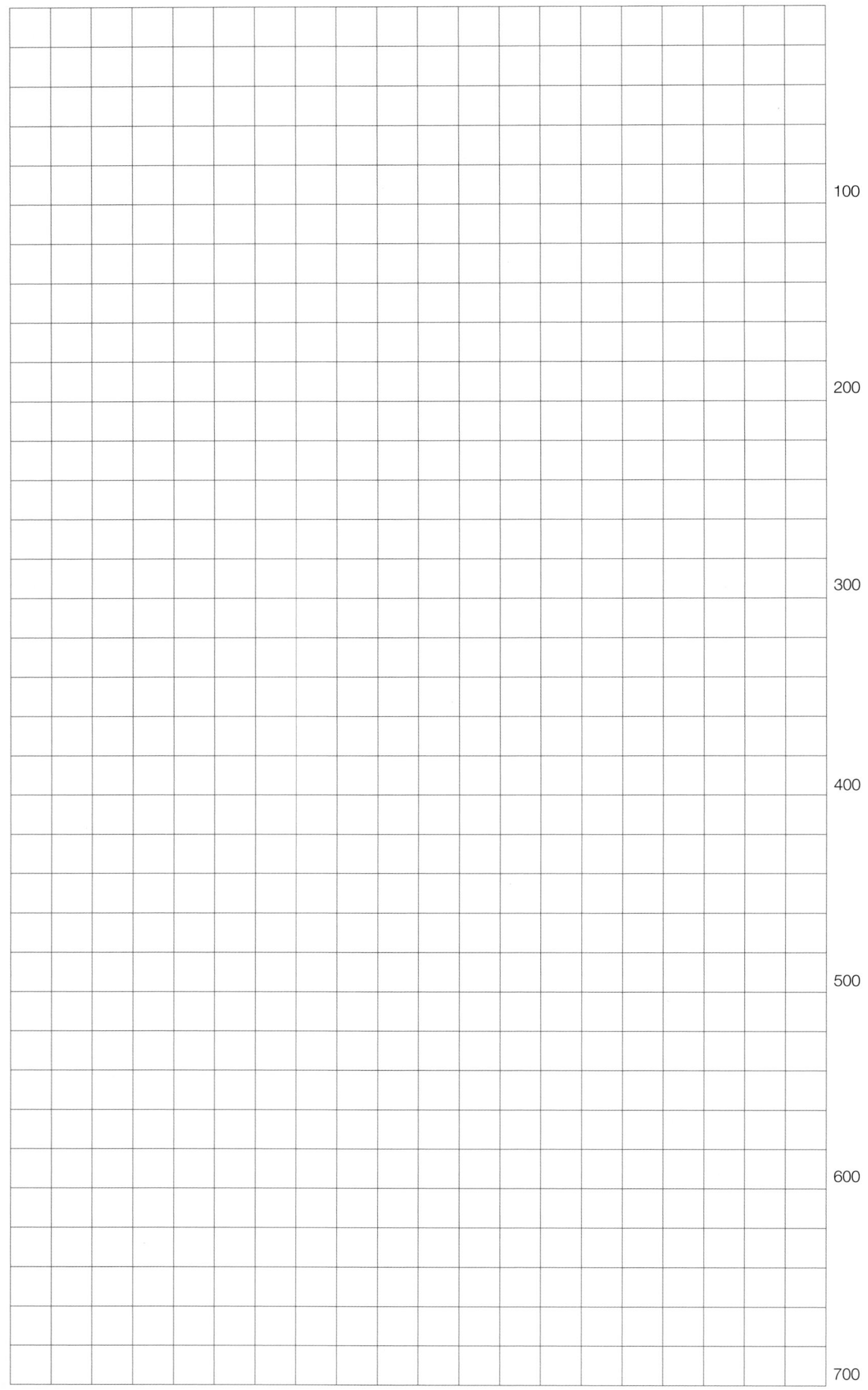
100
200
300
400
500
600
700

※ 다음을 주제로 하여 자신의 생각을 600~700자로 글을 쓰시오. 단, 문제를 그대로 옮겨 쓰지 마시오. (50점)

3

현대 사회에서는 1인 가구가 계속 증가하고 있다. 이러한 현대 사회의 특징을 참고하여 아래의 내용을 중심으로 '현대 사회에서 가족의 의미'에 대한 자신의 생각을 쓰라.

- 현대 사회에서 가족은 어떠한 의미인가?
- 그렇게 생각한 이유는 무엇인가?

연습 노트

- 서론

- 본론

- 결론

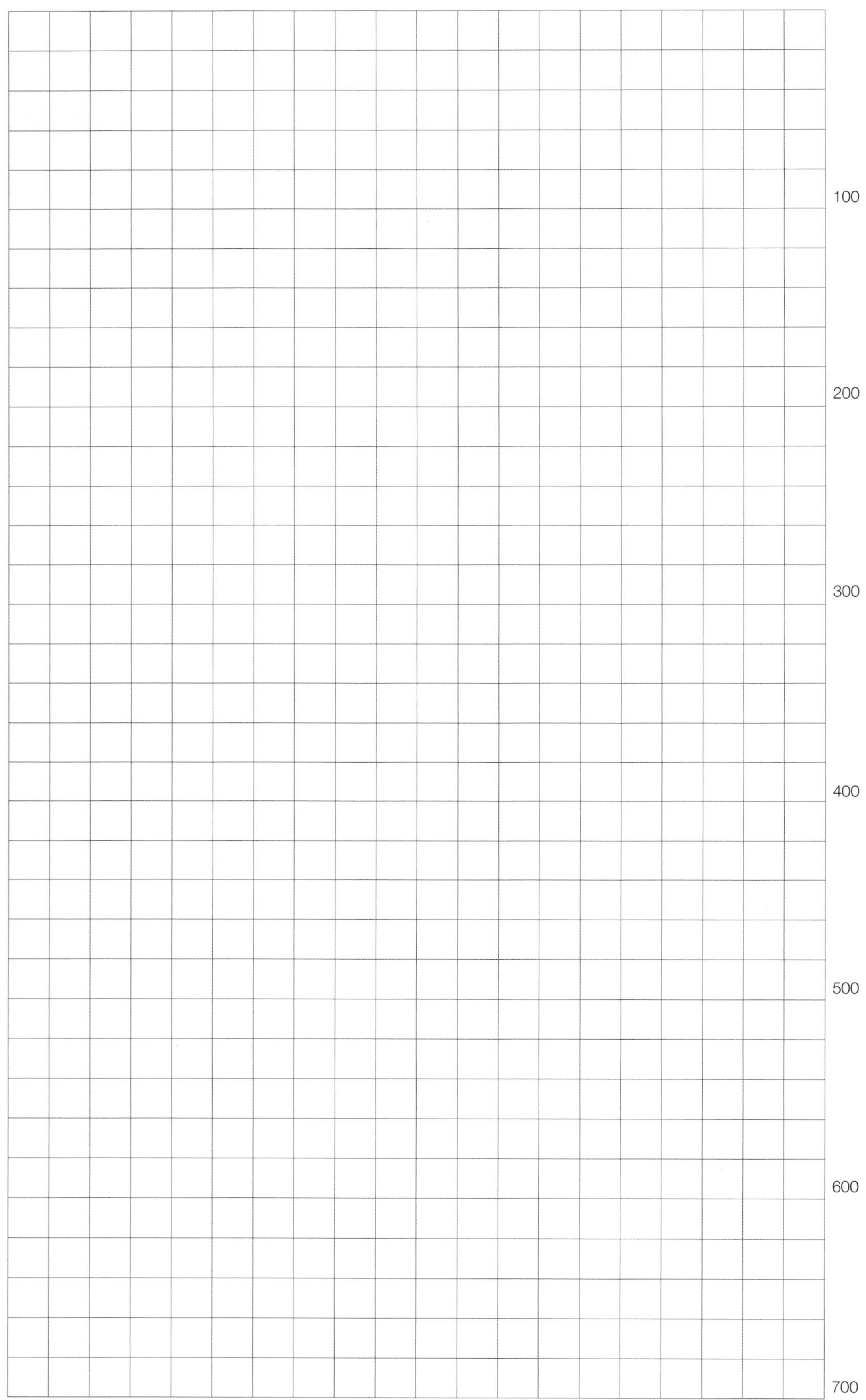
100
200
300
400
500
600
700

※ 다음을 주제로 하여 자신의 생각을 600~700자로 글을 쓰시오. 단, 문제를 그대로 옮겨 쓰지 마시오. (50점)

4

근로자들의 여가와 가정생활 등을 위해 근무 시간을 자율적으로 정하는 기업들이 늘고 있다. 이러한 탄력 근무제는 좋은 점도 있지만 문제점도 있다. 아래의 내용을 중심으로 '탄력 근무제'에 대한 자신의 의견을 쓰라.

- 탄력 근무제에 찬성하는가, 반대하는가?
- 찬성 혹은 반대하는 이유는 무엇인가? 근거를 들어 자신의 의견을 쓰라.

연습 노트

- 서론

- 본론

- 결론

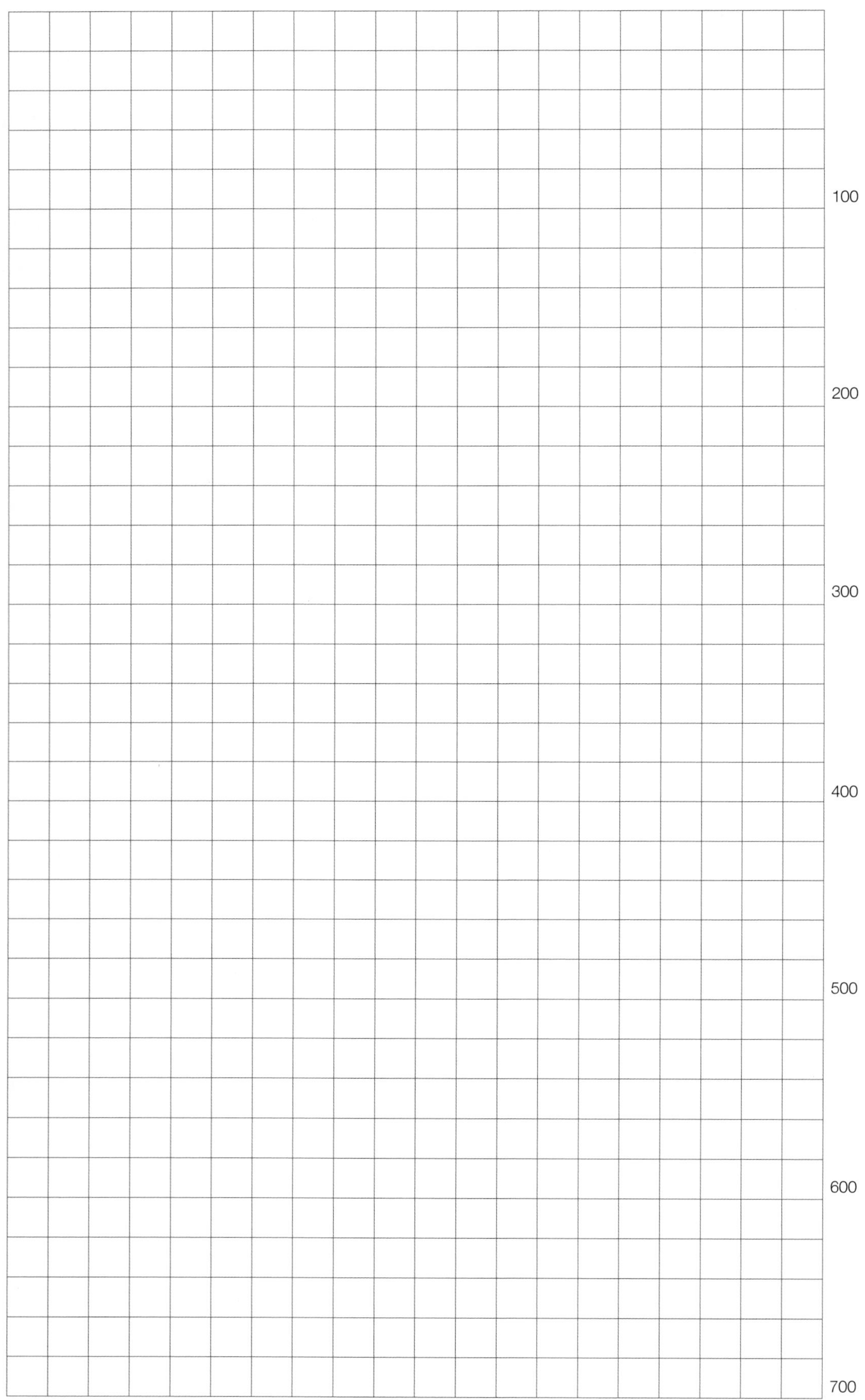

유형 ❷

※ 다음을 주제로 하여 자신의 생각을 600~700자로 글을 쓰시오. 단, 문제를 그대로 옮겨 쓰지 마시오. (50점)

5

현대 사회에서는 '창의적 인재'에 대한 필요성이 강조되고 있다. 아래의 내용을 중심으로 '창의적 인재'에 대한 자신의 생각을 쓰라.

- 현대 사회의 특성은 무엇인가?
- 현대 사회에서 '창의적 인재'가 필요한 이유는 무엇인가?
- 현대 사화에서 필요한 '창의적 인재'는 어떤 사람인가?

연습 노트

- 서론

- 본론

- 결론

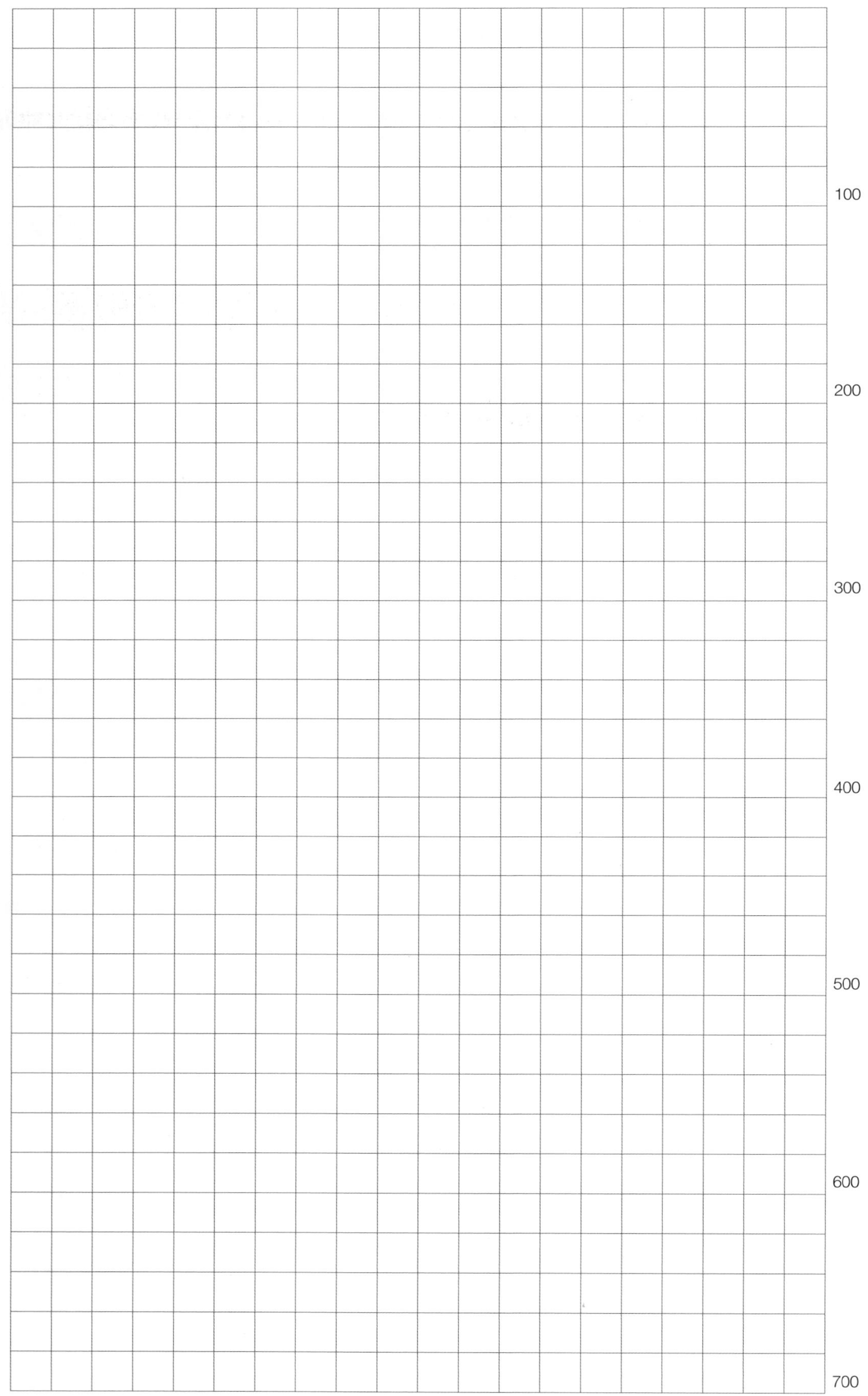

TOPIK Ⅱ 쓰기(51번~ 54번)

※ [51~52] 다음을 읽고 ㉠과 ㉡에 들어갈 말을 각각 한 문장으로 쓰십시오. (각 10점)

51.

저희 한국기업이 창립 10주년을 (㉠).
한국기업이 오늘날에 이르기까지는 여러분들의 많은 도움과 응원이 큰 힘이 되었습니다.
한국기업과 함께 해 주신 여러분들을 모시고 감사 인사를 드리고자 하오니 바쁘시더라도 참석하셔서 기쁜 날을 함께 (㉡).

㉠ :

㉡ :

52.

우리는 대부분 좋은 꿈보다는 나쁜 꿈을 더 많이 기억한다. 그래서 잠에서 깨고 난 후에도 기분이 (㉠). 그러나 나쁜 꿈은 고통을 감소시켜 주고 스트레스도 (㉡). 꿈을 통해서 좋지 않은 상황을 반복적으로 겪게 되면, 실제 상황에서의 고통이 줄어든다는 것이다.

㉠ :

㉡ :

53. 다음을 참고하여 '배달 음식 시장 현황'에 대한 글을 200~300자로 쓰시오. 단, 글의 제목을 쓰지 마시오. (30점)

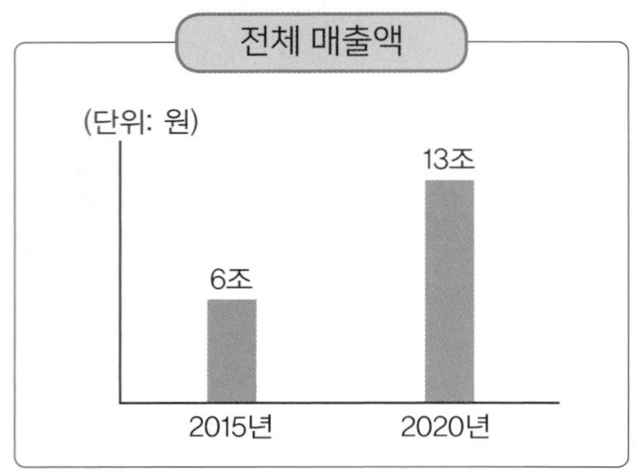

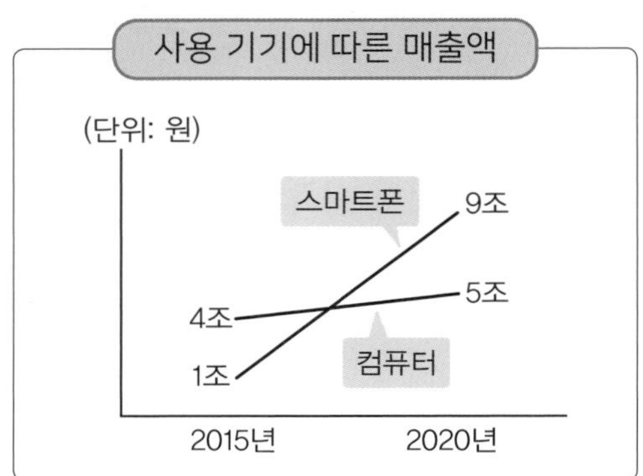

변화 원인	• 1인 가구 증가 • 다양한 배달 앱 등장

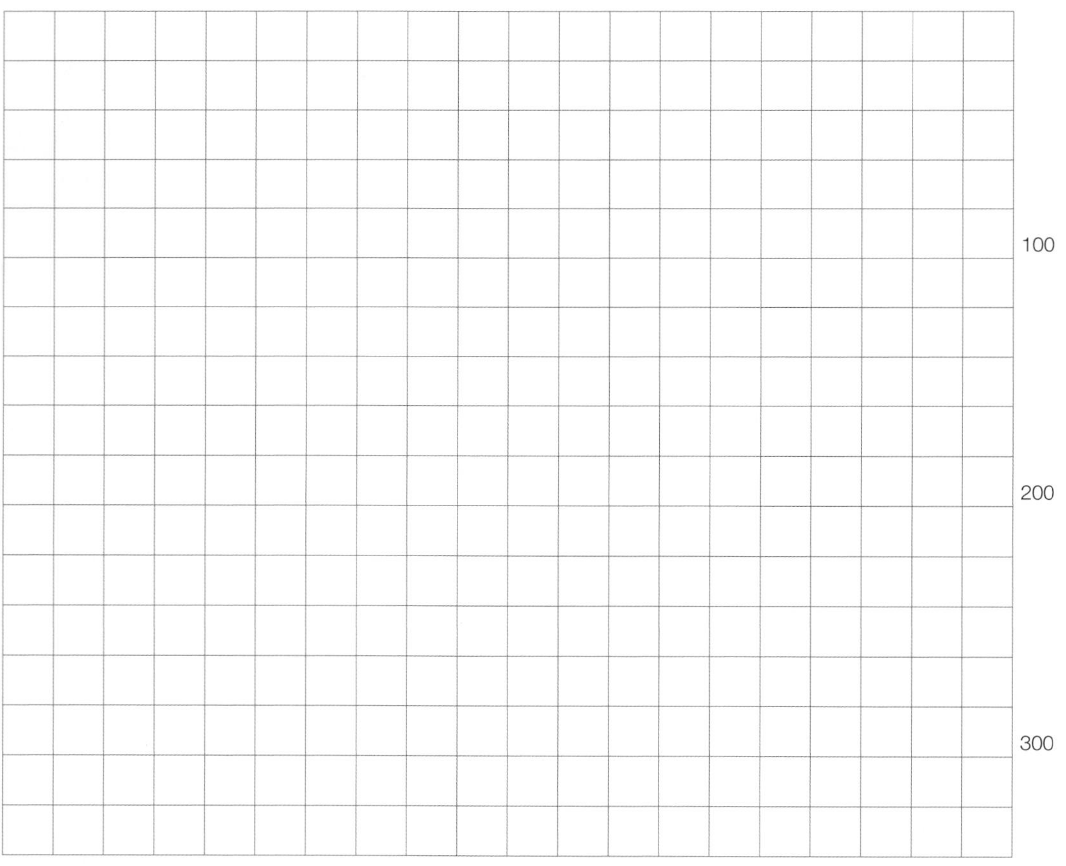

54. 다음을 주제로 하여 자신의 생각을 600~700자로 글을 쓰시오. 단, 문제를 그대로 옮겨 쓰지 마시오. (50점)

개나 고양이와 같은 동물을 키우는 인구가 증가하면서 아파트와 같은 공공 주택에서 애완동물을 키우는 가정이 늘고 있다. 이렇게 공공 주택에서 애완동물을 키우는 것은 좋은 점도 있지만 문제점도 있다. 공공 주택에서 애완동물을 기르는 것에 대해 자신의 의견을 쓰라.

- 공공 주택에서 애완동물을 기르는 것에 찬성하는가, 반대하는가?
- 찬성 혹은 반대하는 이유는 무엇인가? 근거를 들어 자신의 의견을 쓰라.

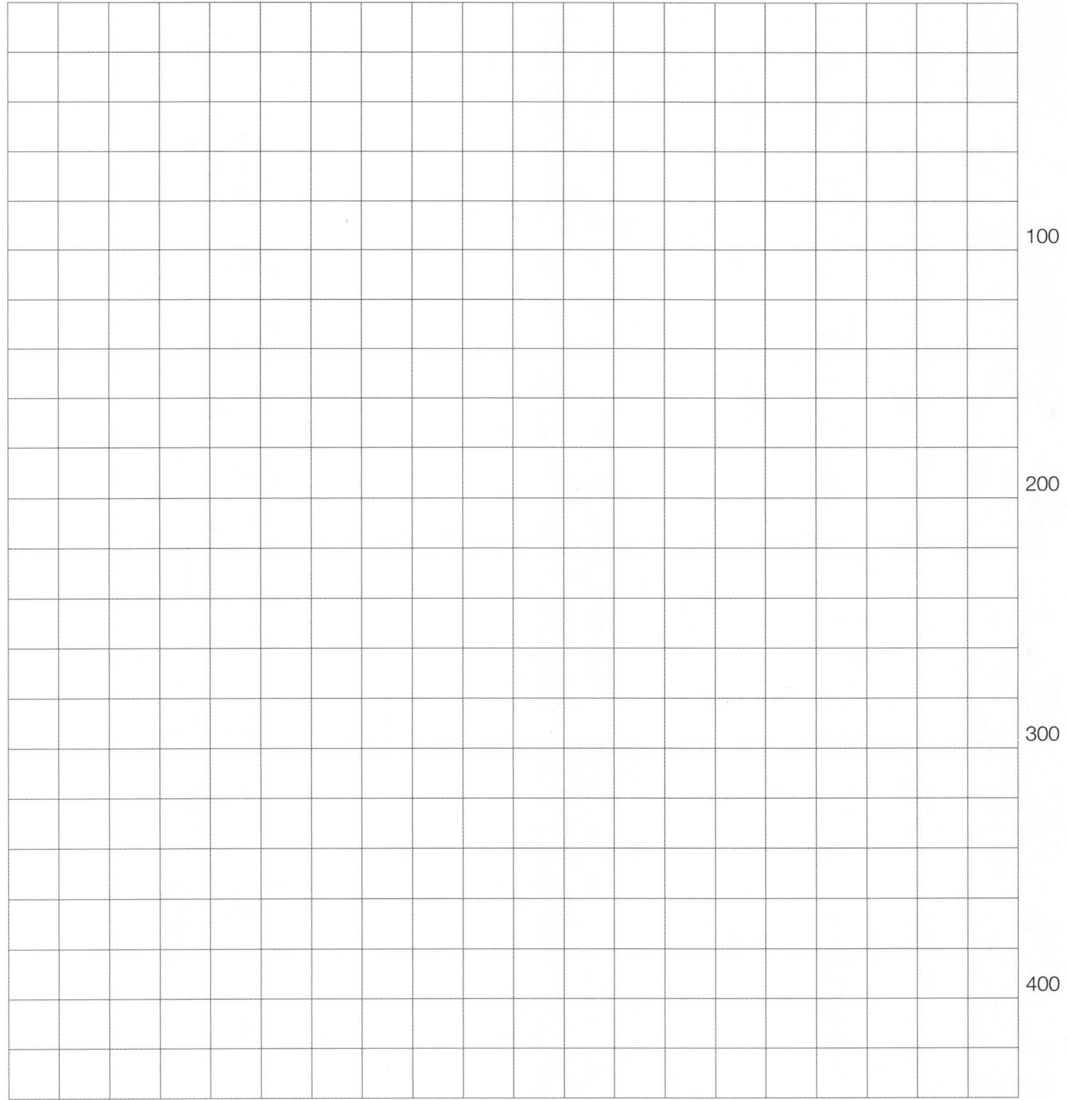

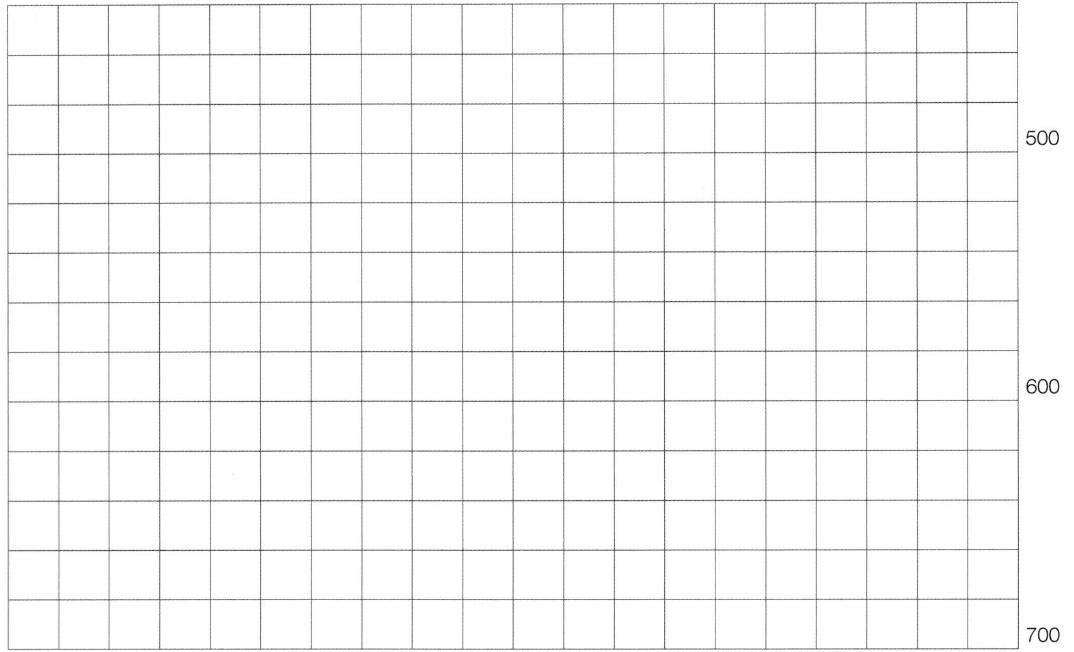
500
600
700

'문장 구성하기' 유형과 '글 구성하기' 유형은 원고지에 답을 작성하여야 합니다. 원고지에 글을 쓸 때에는 띄어쓰기와 문장 부호가 더욱 확실하게 보이기 때문에 원고지 사용법을 잘 익혀 두는 것이 중요합니다.

1 글자 쓰기

① 한글과 영어 대문자는 한 칸에 한 글자씩 작성합니다.

	이	쪽	은		T	O	N	Y		씨	입	니	다	.					

② 숫자와 영어 소문자는 한 칸에 두 글자씩 작성합니다.

	15	st	ud	en	ts		an	d		5	te	ac	he	rs					

③ 원고지의 줄 끝에서 끊어지는 숫자나 영어 단어가 한두 글자인 경우 줄을 바꾸지 않고 원고지 칸 오른쪽에 작성합니다.

	다	음		달	부	터		전	국	의		버	스		요	금	이		10	0
원	씩		인	상	된	다	.													

④ 긴 숫자를 써야 하나 원고지의 칸이 적게 남아 있는 경우에는 줄 끝에 남은 칸을 비워 두고 다음 줄에 숫자를 작성합니다.

	전		세	계		인	구	는		20	20	년		현	재		약		
7,	30	0,	00	0,	00	0	명		정	도	이	다	.						

2 문장 부호 쓰기

① 말줄임표(……)는 두 칸을 사용하여 작성합니다.

	나	는		잘		모	르	겠	는	데	…	…	.						

② 말줄임표 이외의 문장 부호는 한 칸에 한 자씩 작성합니다.

- 쉼표(,)나 마침표(.) 뒤에 이어지는 문장은 띄어쓰기를 하지 않고 바로 이어 작성합니다.
- 물음표(?)나 느낌표(!) 뒤에 이어지는 문장은 한 칸을 띄어쓰기 하고 작성합니다.

	감	기	를		예	방	하	기		위	해	서	는		어	떻	게		해
야		할	까	?		우	선	,	손	을		깨	끗	이		씻	는		것
이		제	일		중	요	하	다	.	또	,	물	을		많	이		마	시
는		것	이		좋	다	.												

3 띄어쓰기

① 글을 새로 시작하거나 문단이 바뀔 때에는 줄의 첫 칸을 비우고 글을 씁니다. 문단이 바뀌지 않을 때에는 문장이 새로 시작하더라도 첫 칸을 비우지 않습니다.

② 한 문장이 끝나지 않은 경우에는 첫 칸을 비우지 않고 작성하여 문장이 이어지고 있음을 나타냅니다.

	가	게	에	서		사	과	와		우	유	,	라	면	을		샀	다	.
그	런	데		계	산	을		하	려	고		보	니		지	갑	이		가
방	에		들	어		있	지		않	았	다	.							

CHAPTER. 2

유형 학습

① 듣기 영역

② 쓰기 영역

☑ ③ 읽기 영역

유형 학습 전략

TOPIK II 읽기 영역에서는 지문을 읽고 내용을 파악할 수 있는지 평가합니다. 지문은 설명문, 광고문, 소설, 신문 제목 등 다양한 유형으로 제시되며, 지문의 주제 역시 교육, 직업, 건강 등의 일상생활과 경제, 과학, 예술 등 다양한 분야와 관련되어 있습니다. 총 70분 동안 50문제를 풀어야 하며, 한 개의 지문에 두 개 또는 세 개의 문제가 나오기도 합니다.

문제 유형

유형 1 알맞은 문법 고르기

유형 2 의미가 비슷한 표현 고르기

유형 3 제목 이해하기

유형 4 세부 내용 파악하기

4-1. 실용문의 내용 파악하기
4-2. 서술문의 내용 파악하기

유형 5 중심 내용 파악하기

5-1. 글의 목적 파악하기
5-2. 이야기의 주제 파악하기
(1) 실용문의 주제 파악하기
(2) 서술문의 주제 파악하기
5-3. 화자의 중심 생각 고르기

유형 6 글의 관계 찾기

6-1. 문장 순서 정하기
6-2. 문장이 들어갈 곳 찾기

유형 7 문맥에 알맞은 표현 찾기

유형 8 필자/등장인물의 태도, 심정 파악하기

유형 ❶ 알맞은 문법 고르기

(　　)에 들어갈 알맞은 표현을 고르는 문제입니다. 글의 맥락에 알맞은 어미와 조사를 골라야 하기 때문에 어미와 조사를 미리 익혀 두는 것이 필요합니다.

※ (　　)에 들어갈 가장 알맞은 것을 고르십시오. 제52회 1번 기출문제

해가 뜨는 것을 (　　　　) 아침 일찍 일어났다.

① 보아야　　② 보려고
③ 보거나　　④ 보는데

➡ ②

'-(으)려고'는 말하는 사람의 계획이나 의도를 나타낼 때 사용하는 표현입니다. 해가 뜨는 것을 보기 위해서 일찍 일어났다는 의미가 되어야 하므로 ②번이 답입니다.

유형 ❶

유형 연습

※ (   )에 들어갈 가장 알맞은 것을 고르십시오.

1 제60회 2번 기출문제

한국 친구 덕분에 한국 문화를 많이 (   ).

① 알게 되었다
② 알도록 했다
③ 알아도 된다
④ 알아야 한다

2

배가 계속 고프면 빵을 더 (   ) 해야겠다.

① 먹든지
② 먹더니
③ 먹느라
④ 먹는지

3

오늘 모임에는 (   ) 꼭 가야 한다

① 늦거나
② 늦도록
③ 늦더라도
④ 늦다 보면

4

경은 씨가 책상에 (   ) 공부를 하기 시작했다.

① 앉아야
② 앉더니
③ 앉아도
④ 앉다가는

5

비행기를 놓치지 (   ) 일찍 공항에 갔다.

① 않다가
② 않거나
③ 않거든
④ 않도록

유형 ❷ 의미가 비슷한 표현 고르기

밑줄 친 부분과 바꾸어 써도 의미가 그대로 전달되는 표현을 고르는 문제입니다. 비슷한 의미의 표현을 함께 기억해 두면 문제 풀이에 도움이 됩니다.

※ 다음 밑줄 친 부분과 의미가 비슷한 것을 고르십시오. 제64회 3번 기출문제

정부는 일자리를 늘리고자 새로운 정책을 수립했다.

① 늘리자마자 ② 늘리더라도

③ 늘리는 대신 ④ 늘리기 위해

➲ ④

'-고자'는 어떤 행동을 하는 목적이나 이유를 나타낼 때 사용하는 표현입니다. 따라서 목적을 나타내는 표현이 사용된 ④번이 답입니다. '-고자'와 '-기 위해'는 비슷한 의미이지만 '-고자'가 청유문이나 명령문과는 사용되지 않는 반면, '-기 위해'는 청유문이나 명령문과 함께 사용할 수 있습니다.

※ 다음 밑줄 친 부분과 의미가 비슷한 것을 고르십시오.

1 제52회 3번 기출문제

계속 웃고 다니는 걸 보니 좋은 일이 있나 보다.

① 있는 척한다 ② 있을 뿐이다
③ 있을 지경이다 ④ 있는 모양이다

2 어젯밤 늦게까지 텔레비전을 본 탓에 잠을 자지 못했다.

① 보는 김에 ② 보기 무섭게
③ 보려던 참에 ④ 보는 바람에

3 오늘은 연습을 그만하려나 보다.

① 그만할 듯싶다 ② 그만할 수가 없다
③ 그만하기 나름이다 ④ 그만하기 마련이다

4 늦잠을 자는 바람에 학교에 지각했다.

① 늦잠을 자서 ② 늦잠을 자면
③ 늦잠을 자고 ④ 늦잠을 자더니

5 이 일은 민영 씨에게 부탁하나마나 거절할 것이다.

① 부탁하거든 ② 부탁해 봤자
③ 부탁하다가는 ④ 부탁하고 보면

유형 ❸ 제목 이해하기

신문 기사의 제목을 보고 기사의 내용을 유추하는 문제입니다. 신문 기사의 제목은 기사의 내용을 짧게 표현해야 하기 때문에 어미와 조사의 사용이 적고, 의성어나 의태어가 자주 사용되는 경향이 있습니다.

※ 다음은 신문 기사의 제목입니다. 가장 잘 설명한 것을 고르십시오.

제52회 27번 기출문제

시청자 사로잡는 드라마 음악, 시청률 상승 효과 '톡톡'

① 시청자에게 익숙한 음악을 활용해 드라마의 시청률을 높이려고 했다.
② 시청자들은 시청률이 높은 드라마에 더 많은 음악이 나오기를 원했다.
③ 드라마 음악을 시청자와 함께 만들어 시청률에 긍정적인 영향을 주었다.
④ 드라마 음악이 시청자에게 사랑을 받으며 시청률을 높이는 역할을 했다.

④

'톡톡'의 의미를 이해할 수 있어야 합니다. '톡톡'은 '톡톡하다'는 단어에서 비롯된 것으로 역할을 충분히 한다는 뜻입니다. 따라서 드라마 음악이 시청률을 상승시키는 역할을 충분히 하였다는 내용의 ④번이 답입니다.

유형 연습

※ 다음 신문 기사의 제목을 가장 잘 설명한 것을 고르십시오.

1 제47회 27번 기출문제

배추 생산 과잉, 농민들 한숨

① 배추의 생산량이 부족하여 농민들이 실망했다.
② 배추 농사가 잘 되어 농민들이 희망에 차 있다.
③ 배추가 적게 생산되어 농민들의 기대감이 낮아졌다.
④ 배추가 필요 이상으로 생산되어 농민들이 힘들어한다.

2

이른 더위에 아이스크림 업계 활짝 웃었다

① 날씨가 일찍 더워져 아이스크림 판매가 증가하였다.
② 날씨가 늦게 더워져 아이스크림 판매가 증가하였다.
③ 날씨가 일찍 추워져 아이스크림 판매가 감소하였다.
④ 날씨가 늦게 추워져 아이스크림 판매가 감소하였다.

3

개표 마지막까지 안갯속 결과, 누가 웃을 것인가

① 선거에서 누가 당선될지 이미 확실시 되었다.
② 어떤 후보가 웃으며 투표를 할지 이미 알고 있다.
③ 어떤 후보가 웃으며 선거 유세를 할지 알 수 없다.
④ 선거에서 누가 당선될지 끝까지 결과를 예측할 수 없다.

4

이사 철에도 부동산 거래 '뚝'

① 이사를 많이 하는 시기임에도 부동산 거래가 줄었다.
② 이사를 적게 하는 시기임에도 부동산 거래가 늘었다.
③ 이사를 많이 하는 시기이기 때문에 부동산 거래가 늘었다.
④ 이사를 적게 하는 시기이기 때문에 부동산 거래가 줄었다.

5

"불량 식품 꼼짝 마!", 내일부터 본격 단속 시작

① 내일부터 불량 식품 공급이 증가한다.
② 내일부터 불량 식품 소비가 감소한다.
③ 내일부터 불량 식품 업체의 경쟁이 본격적으로 시작된다.
④ 내일부터 불량 식품 업체에 대한 감독이 본격적으로 시작된다.

유형 ④ 세부 내용 파악하기

지문에 제시된 내용과 일치하는 것을 고르는 문제입니다. 도표, 설명문, 소설 등 다양한 유형의 지문이 제시됩니다. 지문을 읽으면서 지문 내용과 다른 선택지를 하나씩 지워 가며 문제를 푸는 것도 좋은 방법입니다.

4-1 실용문의 내용 파악하기

표나 그래프에 제시된 내용과 일치하는 것을 고르는 문제입니다. 표나 그래프의 제목과 연도, 대상, 기간 등의 내용을 꼼꼼히 살펴야 합니다. 선택지의 내용을 지문에서 확인하며 답을 찾아 가는 것이 좋습니다.

※ 다음 글 또는 도표의 내용과 같은 것을 고르십시오. 제60회 9번 기출문제

인주시 캠핑장 이용 안내

- 이용 기간: 3월 ~ 11월
- 이용 방법: 홈페이지(www.injucamp.com)에서 예약
  ※ 당일 예약 불가
- 이용 요금

기준	평일	주말
1박 2일	30,000원	35,000원
	주차장, 샤워장 이용료 포함	

- 문의: 캠핑장 관리 사무소 031)234-1234

① 주말에는 이용 요금을 더 받는다.
② 캠핑장은 1년 내내 이용할 수 있다.
③ 예약은 이용 당일 홈페이지에서 하면 된다.
④ 주차장을 이용하려면 돈을 따로 내야 한다.

➡ ①

캠핑장 이용 안내문입니다. 평일에는 1박 2일에 30,000원, 주말에는 35,000원이므로 ①번이 답입니다. ② 캠핑장은 3월부터 11월까지만 이용할 수 있습니다. ③ 당일 예약은 할 수 없습니다. ④ 이용 요금에 주차장 이용료가 포함되어 있습니다.

유형 연습

※ 다음 글 또는 도표의 내용과 같은 것을 고르십시오.

1 제41회 10번 기출문제

<면세점에서 많이 팔리는 상품은?>

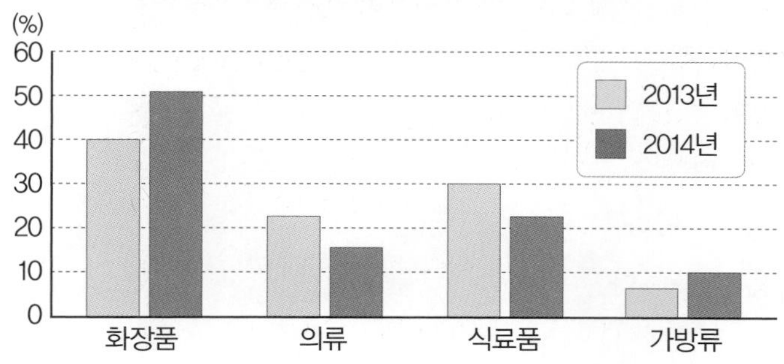

① 식료품 구입이 2013년보다 늘었다.
② 가방류 판매가 2013년에 비해 줄었다.
③ 두 해 모두 화장품이 가장 많이 판매되었다.
④ 2014년에는 의류가 먹을 것보다 많이 팔렸다.

2

서울-대구 기차표 가격

구분	가격
특실	80,000원
일반실	55,000원
입석	45,000원
어린이	40,000원

※만 4세 미만 유아는 표를 구매하지 않아도 됩니다.
※어린이 표는 만 4세~만 12세만 구입 가능합니다.
※장애인은 50% 할인된 금액이 적용됩니다.

① 만 3세의 유아는 어린이 표를 구매해야 한다.
② 만 11세인 경우 어린이 표를 구매할 수 없다.
③ 입석 표의 가격이 일반실 표의 가격보다 비싸다.
④ 장애인은 할인된 가격으로 표를 구매할 수 있다.

유형 ④

3

부산 해수욕장 개장 안내

- 기간: 2021년 7월 1일 ~ 8월 31일
- 이용 시간: 06:00 ~ 24:00
- 입장료: 무료
- 주차: 가능
- 기타: 튜브, 파라솔 유료 대여 가능

① 튜브는 돈을 내고 빌릴 수 있다.
② 부산 해수욕장은 입장료를 받는다.
③ 일 년 내내 해수욕장을 이용할 수 있다.
④ 부산 해수욕장은 24시간 이용 가능하다.

4

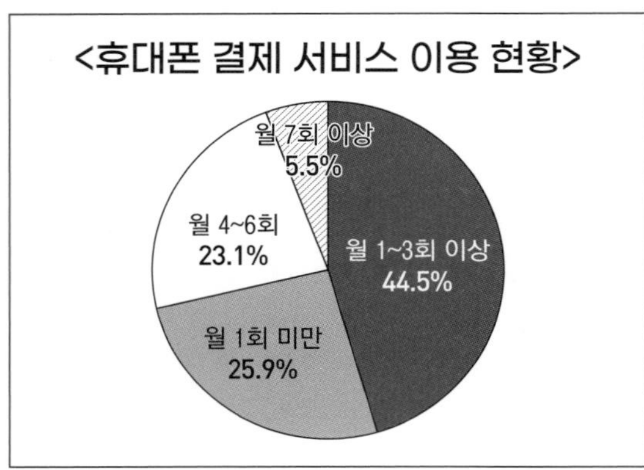

① 월 1~3회 사용하는 사람이 절반이 넘는다.
② 한 달에 한 번도 사용하지 않는 사람이 제일 많다.
③ 월 7회 이상 사용하는 사람은 월 4~6회 사용하는 사람보다 적다.
④ 월 1회 미만 사용하는 사람이 월 1~3회 사용하는 사람보다 많다.

5

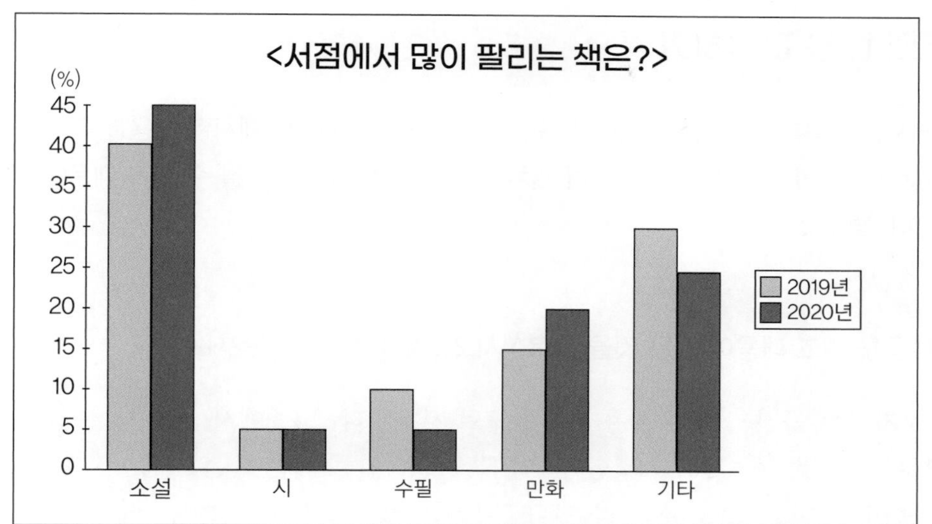

① 2020년에는 만화책이 가장 많이 판매되었다.

② 2020년에는 시집과 수필집의 판매 비율이 같다.

③ 2019년에는 수필집보다 시집이 더 많이 판매되었다.

④ 2020년에는 소설책 판매가 2019년에 비해 감소했다.

4-2 서술문의 내용 파악하기

지문에 제시된 내용과 일치하는 것을 고르는 문제입니다. 지문에서 제시된 내용과 유사한 내용의 선택지가 제시되지만 지문 내용과 정확히 일치하는 것이 아니면 답이 될 수 없기 때문에 주의해서 답을 골라야 합니다.

※ 다음을 읽고 내용이 같은 것을 고르십시오. 제41회 32번 기출문제

보자기는 물건을 싸는 실용적인 용도로 사용된다. 그중에서 쓰고 남은 천 조각으로 만든 것을 조각보라고 한다. 이 조각보를 만들 때는 쓰는 사람이 복을 받기를 바라는 마음으로 바느질을 한다. 이러한 조각보가 오늘날에는 예술적으로도 인정을 받고 있다. 색도, 모양도, 크기도 서로 다른 조각들을 이어 만든 조각보에는 자유분방한 아름다움과 조화로움이 살아 있기 때문이다.

① 조각보는 실용성보다 예술성이 강조되어 있다.
② 조각보는 큰 천을 여러 조각으로 잘라서 만들었다.
③ 조각보는 색이 같고 모양이 다른 조각이 이어져 있다.
④ 조각보에는 복을 기원하는 정성스러운 마음이 담겨 있다.

④

'복'은 사람이 살면서 누리는 좋고 만족할 만한 일을 말하고, '기원하다'는 바라는 일이 이루어지도록 기도하고 기대한다는 의미입니다. 즉, '복을 기원하다'는 복을 받을 수 있도록 기도하고 기대한다는 뜻입니다. 조각보를 만들 때에는 조각보를 쓰는 사람이 복을 받기를 바라며 바느질을 한다고 했으므로 ④번이 답입니다.

① 실용성과 예술성을 모두 갖추고 있다.
② 쓰고 남은 천 조각을 모아서 만들었다.
③ 색과 모양이 모두 다른 조각이 이어져 있다.

※ 이 글의 내용과 같은 것을 고르십시오.

1 제41회 24번 기출문제

할머니를 시골에 두고 혼자 서울로 올라오는 발걸음은 가볍지 않았다. 하지만 무거웠던 마음은 며칠 가지 않았다. 할머니는 날마다 전화를 하더니 급기야 서울로 올라오시고 말았다. 할머니의 손자 사랑은 어쩔 수 없나 보다. 할머니는 청소며 빨래며 나에게는 안 보이던 온갖 집안일들을 찾아서 하기 시작했다. 그냥 쉬다가 내려가시라고 아무리 말해도 들은 척도 하지 않았다. 서른이 넘은 나는 할머니가 보기엔 여전히 아이에 불과했다. 서울 살이 몇 주 만에 낯선 동네에서 친구까지 사귄 할머니는 친구를 따라 시장에 갔다가 넘어지시고 말았다. 병원에서 온 연락을 받고 걱정이 되어 정신없이 달려갔더니 할머니는 같은 병실 사람들을 모아 놓고 환하게 웃으며 이야기하고 있었다. 다리에 붕대를 감고서 말이다. 그 광경을 보고 난 할 말을 잃었다.

① 할머니께서는 내 말에 자주 귀를 기울이셨다.
② 할머니께서는 시장에 갔다가 다리를 다치셨다.
③ 할머니께서는 나에게 온갖 집안일을 시키셨다.
④ 할머니께서는 친구를 만나려고 서울에 올라오셨다.

2

음주 운전이 위험하다는 사실은 누구나 다 알고 있다. 그런데 음주 운전만큼이나 운전 중 위험한 행동이 있다. 바로 운전 중 휴대폰 사용이다. 운전 중에 휴대폰을 사용하면 주의력이 분산되어 반응 속도가 느려진다. 이 때문에 돌발 상황에 대한 대응이 늦어져 사고의 위험이 높아진다.

① 음주 운전이 위험하다는 것을 널리 알려야 한다.
② 운전 중에 휴대폰을 사용하면 집중력이 떨어진다.
③ 음주 운전보다 운전 중 휴대폰 사용이 더 위험하다.
④ 운전 중에 휴대폰을 사용하면 음주 운전과 같은 처벌을 받는다.

유형 ④

3

인간의 언어에는 다양한 종류가 있고, 한 언어에도 지역마다의 방언이 있다. 돌고래의 언어도 인간의 언어만큼 다양하다. 그래서 다른 지역에 사는 돌고래들은 서로 의사소통을 하지 못한다는 연구 결과가 있다. 더욱 재미있는 것은 언어가 서로 다른 돌고래들의 의사소통을 돕는 통역 돌고래도 있다는 사실이다. 이에 많은 연구자들은 돌고래의 언어와 의사소통 방법을 밝히고자 연구 중이다.

① 돌고래는 한 가지 언어를 사용한다.
② 인간의 언어와 돌고래의 언어는 비슷하다.
③ 돌고래의 언어에 대해서는 모두 밝혀졌다.
④ 서로 다른 언어를 통역해 주는 돌고래가 있다.

4

음식을 먹을 때 '꼭꼭 씹어 먹어라.'라는 말을 자주 한다. 이 말은 과학적으로도 근거가 있는 말이다. 무언가를 '꼭꼭' 씹어 먹으면 건강에도 긍정적인 효과를 주기 때문이다. 음식물을 씹는 것은 뇌를 자극시켜 판단력과 기억력을 증진시킬 수 있다. 또 씹는 활동을 통해 분비되는 침의 성분으로 인해 면역력이 강화되고 노화를 천천히 오게 한다.

① 침은 뇌 발달에 도움을 준다.
② 음식을 씹는 활동은 건강에 도움을 준다.
③ 씹는 활동을 많이 하면 노화가 빨리 온다.
④ 면역력 강화에 도움을 주는 음식을 먹어야 한다.

5

어렸을 적 나는 엄마가 늘 곁에 있기를 바랐다. 다른 아이들처럼 엄마와 소풍을 가고 싶었고, 갑자기 비가 오는 날 엄마가 가져다 준 우산을 쓰고 집에 가고 싶었다. 그러나 선생님이신 엄마는 입학식, 졸업식을 비롯한 각종 학교 행사에 참여하지 못하셨으며, 심지어 내가 병원에 입원했을 때조차 나를 자원봉사자의 손에 맡기고 출근하셔야 했다. 엄마도 아픈 딸을 두고 가는 출근길에 발이 떨어졌을 리 없었겠지만, 하루 종일 누워서 천장만 보아야 했던 나는 그때부터 사람들을 관찰하는 습관이 생겼다.

① 나는 엄마와 소풍을 함께 갔다.
② 엄마는 학교 행사에 누구보다 열심이셨다.
③ 나는 입원했을 때 새로운 습관을 갖게 되었다.
④ 내가 입원했을 때 엄마가 항상 간호해 주셨다.

유형 ⑤ 중심 내용 파악하기

5-1 글의 목적 파악하기

필자가 글을 쓴 이유를 찾는 문제입니다. 세부적인 내용보다는 전체적인 내용을 파악하는 것이 문제 풀이에 도움이 됩니다. 목적을 나타내는 표현을 미리 익혀 두면 답을 쉽게 고를 수 있습니다.

※ 필자가 이 글을 쓴 목적을 고르십시오. 제41회 48번 기출문제

현대 사회는 다양한 이익 집단의 관계가 복잡하게 얽혀 있기 때문에 많은 사회적 갈등이 존재한다. 사회 문화적 요소가 포함된 갈등에서부터 경제적 요인이 포함된 갈등, 일상생활과 관련된 갈등까지 사회적 갈등은 여러 요인에 의해 끊임없이 발생한다. 그런데 이러한 사회적 갈등이 타협을 통해 합리적으로 조정된다면 사회를 통합하는 동력으로 작용할 수 있을 것이다. 따라서 사회적 갈등을 합리적으로 해결하기 위해 사회 구성원 모두가 합의할 수 있는 해결 원칙을 세울 필요가 있다. 먼저 자율적으로 해결하는 것이 중요하다. 즉 당사자 간의 자유로운 대화와 협상을 통해 쟁점을 해결하려는 노력이 우선되어야 한다. 다음으로 갈등의 당사자 모두에게 이익이 되는 방향으로 해결해야 한다. 갈등 해결에 따른 이익이 한 쪽에만 돌아가면 쟁점을 둘러싼 갈등이 계속 이어지기 때문이다. 또한 국민 전체의 이익과 부합되는 방향으로 해결되어야 그 해결 방안이 국민의 지지를 받을 수 있다는 점도 잊지 말아야 한다.

① 공통된 갈등 해결의 원칙이 필요함을 주장하기 위해
② 국가의 지지를 받는 갈등 해결 방안을 요청하기 위해
③ 현대 사회의 다양한 사회적 갈등에 대해 설명하기 위해
④ 갈등 당사자 모두에게 이익이 돌아가도록 촉구하기 위해

유형 ❺

➡ ①

글의 논리적 흐름을 다음과 같이 정리해 볼 수 있습니다.

현대 사회에는 여러 사회적 갈등이 존재한다.

⇓

이러한 사회적 갈등이 합리적으로 조정되면 사회를 통합하는 힘이 된다.

⇓

따라서 사회적 갈등을 합리적으로 해결하기 위한 원칙이 필요하다.

필자는 사회적 갈등의 합리적 해결을 위한 원칙이 필요함을 주장하고 있으므로 ①번이 답입니다.

유형 연습

※ 필자가 이 글을 쓴 목적을 고르십시오.

1 제52회 48번 기출문제

특허법은 독창적인 기술을 최초로 발명한 사람에게 기술에 대한 독점적 사용권을 부여하는 대신 그 기술을 사회에 공개할 의무를 부과한다. 공개된 기술 공유를 통해 사회 전체의 기술력을 높이는 것은 특허의 취지이다. 이런 취지에 부합하여 실제로 특허 제도는 기술 혁신과 산업 발전에 크게 이바지해 왔다. 그런데 최근 들어 특허의 본래 취지가 변질되어 기술 개발보다 독점권 확보를 우선하는 현상이 두드러지게 나타나고 있다. 기술이 완벽하게 개발되지 않은 상태에서 마구잡이 특허 출원으로 권리부터 선점해 놓고 기술을 개발하려는 경우가 비일비재한 것이다. 이 때문에 정작 신기술 개발에 힘들게 성공한 사람들이 권리를 확보하지 못하는 경우가 자주 발생하곤 한다. 특허는 발명의 대가로 당연히 보호받을 가치가 있다. 하지만 그것은 기술 개발에 성공해 사회 발전에 공헌하는 경우에 한해서이다. 무분별한 특허 출원으로 기술 발전을 저해한다면 이는 특허가 가진 본래의 취지를 훼손하는 것이다.

① 특허 심사 절차를 설명하기 위해서
② 특허권의 필요성을 역설하기 위해서
③ 특허의 실질적 가치를 분석하기 위해서
④ 특허 출원 남용의 문제를 제기하기 위해서

유형 ⑤

2

한국의 전통 소반 중에 재미있는 이름을 가진 소반이 있다. 바로 '개다리소반'이다. 소반은 음식을 옮길 때 쟁반처럼 사용하거나 전통 가옥에서 방에 놓고 식탁처럼 사용하던 상을 말한다. 소반의 한 종류인 개다리소반은 다리의 모양이 실제 개의 다리와 비슷해서 개다리소반이라는 이름이 붙여졌다. 전통 한국 가옥에서는 식구들이 식탁이 있는 곳으로 모여 함께 식사를 하지 않고 부엌에서 음식을 만들어 방이나 마루로 옮겨가서 식사를 했다. 그런데 전통 가옥에서 사용했던 그릇은 대부분 무거운 소재의 놋그릇이나 사기그릇이었다. 개다리소반은 이러한 무거운 그릇의 무게를 견딜 수 있고, 들고 옮기기도 쉽도록 튼튼하고 가벼운 나무로 만들어졌기 때문에 한국의 전통 생활 방식에 있어서 매우 유용한 물건이었던 것이다.

① 개다리소반의 예술성을 분석하기 위하여
② 개다리소반의 독창성을 주장하기 위하여
③ 개다리소반의 장점과 단점을 비교하기 위하여
④ 개다리소반의 유래와 실용성을 설명하기 위하여

3

과자 봉지의 부피에 비해 봉지 안에 담긴 내용물의 양이 적어 실망한 적 있을 것이다. 이처럼 외형을 부풀리거나 지나치게 많은 비용을 들인 포장을 과대 포장이라고 한다. 포장은 제품의 운송이나 보관 과정에서 발생할 수 있는 파손을 줄이고 소비자들의 구매를 유도하기 위한 것이다. 그러나 과대 포장은 재료비를 증가시키고 불필요한 비용을 발생시켜 소비자에게 부담을 준다. 또한, 자원 낭비와 환경 문제를 일으킨다. 최근에는 이러한 과대 포장이 오히려 소비자의 구매를 포기하게 만든다는 연구 결과도 있다. 내용물이 포장에 못 미쳐 소비자를 실망시키기 때문이다. 따라서 지나친 포장은 오히려 '독'이라는 인식을 통해 과대 포장을 줄이려는 기업의 노력과 함께 지속적인 단속의 필요성이 제기된다.

① 과대 포장의 효과를 제시하기 위해
② 과대 포장의 문제점을 지적하기 위해
③ 과대 포장에 대한 인식을 확인하기 위해
④ 과대 포장의 상품에 불만을 토로하기 위해

4

흔히 한옥은 예술적 측면에서는 훌륭하지만 실용적인 측면에서는 그 장점이 과소평가되어 왔다. 많은 사람들이 한옥은 살기에 불편하다고 생각한다. 그러나 자세히 살펴보면 한옥에는 사람이 살기에 매우 편리한 장점들이 있다. 예를 들어, 한옥은 문을 일부러 열어 놓지 않아도 저절로 환기가 된다. 문과 창문의 소재인 한지는 유리 같은 소재와는 달리 공기가 통하기 때문이다. 또한 한지는 실내에 습기가 많으면 그것을 흡수했다가 건조할 때 습기를 다시 증발시켜 습도 조절을 한다. 한지는 실내에 있는 먼지를 머금어 공기를 맑게 해 준다는 설도 있다. 이렇듯 풍부한 장점이 있는 한지는 한옥의 문뿐만 아니라 벽과 바닥, 지붕 등에도 사용된다. 이렇듯 친자연적인 소재로 지어진 한옥은 환기, 습도 조절 등이 자연적으로 이루어져 편리할 뿐만 아니라 사는 사람의 건강에도 좋은 영향을 준다.

① 한옥의 구매를 홍보하기 위해
② 한옥의 실용성을 설명하기 위해
③ 한옥에 대한 과소평가를 비판하기 위해
④ 한옥이 인기 있는 이유를 분석하기 위해

5

최근 단독 주택보다는 다세대 주택 혹은 아파트 등의 공동 주거 공간에서 거주하는 사람들이 많아지다 보니 층간 소음이 이웃들 간의 다툼거리가 되고 있다. 아이들 뛰는 소리, 발걸음 소리, 화장실 물소리, 피아노 소리, TV 소리 등의 층간 소음은 우리가 일상생활에서 가장 자주 노출되는 환경 오염 중의 하나가 되었다. 그런데 층간 소음을 피하거나 통제할 수 없는 상황에 처하면 사람들은 심한 스트레스를 받게 되고 결국 큰 다툼으로 이어지게 된다. 이러한 층간 소음으로 인한 다툼을 방지하기 위해서는 이웃 간에 소통할 수 있는 기회를 자주 마련하는 것이 중요하다. 이웃끼리 자주 만나고 인사하면 소음이 발생되지 않도록 노력하게 되고, 폭언이나 폭행 등은 발생하지 않을 것이다. 또한 이웃에 대한 배려가 필요하다. 아이가 집에서 뛰는 것을 통제하기 어렵다면 소음을 차단할 수 있는 매트를 깔거나 슬리퍼를 신고 생활하는 게 필요하다.

① 소통의 중요성을 주장하기 위해
② 현대인의 스트레스 원인을 밝히기 위해
③ 공동 주거 방식의 문제점을 비판하기 위해
④ 층간 소음 문제의 해결 방안을 제시하기 위해

유형 ⑤

5-2 이야기의 주제 파악하기

(1) 실용문의 주제 파악하기

광고문이나 안내문을 읽고 무엇에 대한 글인지를 고르는 문제입니다. 비교적 쉬운 단어들이 사용되지만 제품이나 상황을 묘사하거나 비유하는 표현들이 사용되기 때문에 전체 문장을 잘 읽고 연상되는 답을 골라야 합니다.

※ 다음은 무엇에 대한 글인지 고르십시오. 제60회 5번 기출문제

몸에 좋은 영양소가 가득~
매일 아침 신선함을 마셔요!

① 과자　　② 안경
③ 우유　　④ 신발

➲ ③

'영양소', '마시다'라는 단어를 통해 답을 찾을 수 있다. 영양소가 많이 담긴 신선한 우유를 광고하는 글이다.

유형 연습

※ 다음은 무엇에 대한 글인지 고르십시오.

1 제64회 5번 기출문제

더위를 싹~
자연 바람을 선물합니다.

① 에어컨　② 청소기　③ 냉장고　④ 세탁기

2

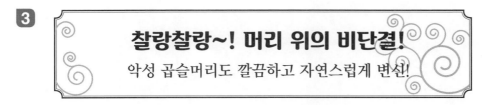

기초부터 차근차근!
성적을 확실히 올려 드립니다.

① 은행　② 학원　③ 병원　④ 우체국

3

찰랑찰랑~! 머리 위의 비단결!
악성 곱슬머리도 깔끔하고 자연스럽게 변신!

① 가면　② 사진관　③ 옷가게　④ 미용실

유형 ⑤

4

가지고 온 **쓰레기**는 모두 되가져가 주세요.
쓰레기통은 **등산로 입구**에 마련되어 있습니다.

① 환경 문제 ② 환경 보호 ③ 등산 정보 ④ 등산로 안내

5

계절의 변화를 산에서 느껴 보세요.
라온산악회와 함께 할 여러분을 기다립니다.

① 문의 방법 ② 상품 설명 ③ 주의 사항 ④ 회원 모집

(2) 서술문의 주제 파악하기

제시된 글의 주제를 찾는 문제입니다. 주제는 글의 중심이 되는 문제, 또는 글쓴이가 글을 통해서 나타내고자 하는 가장 기본적이고 핵심적인 내용을 말합니다. 문장 하나하나에 집중하기보다는 글의 전체를 파악하는 노력이 필요합니다.

오답 선택지 중에는 글의 주제가 아니라 글 속의 문장과 의미가 같은 세부 내용이 종종 제시됩니다. 글 속의 문장과 의미가 같은 비슷한 문장이라고 해서 글의 주제가 되는 것은 아니므로 주의해야 합니다.

※ 다음 글의 주제로 가장 알맞은 것을 고르십시오. 제41회 35번 기출문제

메일을 쓰거나 문자 메시지를 주고받을 때 이모티콘을 통해 감정을 표시한다. 초창기 문자나 얼굴 표정 위주에서 발전해 만화 인물을 활용하여 소리를 내기도 하고, 움직임을 더해 웃음을 유발하기도 한다. 1980년대 초 이모티콘이 처음 생긴 이래 끊임없이 진화를 계속하고 있는 것이다. 언어 표현력을 퇴보시킨다는 일부의 비판에도 불구하고 이제 이모티콘은 없어서는 안 될 또 하나의 언어로 자리매김 되었다고 할 수 있다.

① 초창기 이모티콘은 대부분 얼굴 표정을 나타내는 것이었다.
② 이모티콘은 감정을 표현하는 또 하나의 언어로 자리 잡았다.
③ 이모티콘의 지속적인 사용은 언어 표현력을 떨어뜨릴 수 있다.
④ 이제는 이모티콘이 없으면 메시지를 주고받기 어려울 정도이다.

➲ ②

이모티콘이 초창기의 단순한 형태에서부터 소리나 움직임까지 표현하는 다양한 형태로 발전해 왔고, 현재는 또 하나의 언어로서 자리 잡았다는 내용의 글이므로 ②번이 답입니다. ①, ④번은 글에서 제시되었던 문장들과 같은 내용이지만 글의 주제는 아니므로 답이 될 수 없습니다. 이모티콘이 언어 표현력을 떨어뜨릴 수 있다는 비판이 언급되기는 했지만 주제 문장은 아니므로 ③번도 답이 될 수 없습니다.

※ 다음 글의 주제로 가장 알맞은 것을 고르십시오.

1 제60회 35번 기출문제

초소형 카메라는 의료용 및 산업용으로 만들어져 각 현장에서 유용하게 사용되고 있다. 그러나 원래의 목적에 맞지 않게 타인의 신체를 몰래 촬영하는 용도로 악용되는 사례가 늘고 있다. 이러한 악용을 원천적으로 방지하기 위해서는 신상 정보를 등록해야만 카메라의 판매 및 유통이 가능하도록 법적 규제를 강화할 필요가 있다.

① 의료용 및 산업용 초소형 카메라의 사용처를 확대해야 한다.
② 초소형 카메라가 더 유용하게 사용될 수 있도록 개발해야 한다.
③ 초소형 카메라가 악용되는 것을 막기 위한 대책이 마련되어야 한다.
④ 원활한 판매 및 유통을 위해 초소형 카메라의 등록 과정을 간소화해야 한다.

2

'나비효과'는 브라질에 있는 나비의 날갯짓이 미국의 토네이도를 발생시킬 수도 있다는 과학 이론이다. 오늘날에는 어떤 일을 시작할 때의 아주 작은 차이가 결과에 큰 영향을 미칠 수 있다는 것을 비유할 때 자주 사용된다. 우리는 흔히 무언가를 이루기 위해서 뛰어난 재능이나 많은 돈 등이 있어야 한다고 생각하지만, 조금씩이라도 꾸준히 실천하는 노력만으로도 큰 변화를 이끌어 낼 수 있다.

① '나비효과'는 유명한 과학 이론이다.
② 브라질의 나비가 미국까지 날아갈 수 있다.
③ 작은 차이도 결과에 변화를 가져올 수 있다.
④ 성공하기 위해서는 반드시 재능이 필요하다.

3

한 대학의 연구 결과, 뇌에서 나오는 비만 억제 호르몬이 여성에게는 식욕을 차단하지만, 남성에게는 식욕 차단뿐만 아니라 운동까지 촉진하는 것으로 나타났다. 여성이 남성보다 음식 양을 쉽게 줄일 수 있지만, 운동량을 늘리는 것은 더 어렵다는 것이다. 이처럼 남성과 여성의 뇌기능은 서로 다르기 때문에 각각에게 맞는 운동 조절과 식단 조절을 해야만 효과적으로 건강을 관리할 수 있다.

① 운동과 음식 조절을 같이 해야만 한다.
② 여성은 남성에 비해 운동을 더 많이 할 수 있다.
③ 남성은 여성에 비해 더 쉽게 몸무게를 조절할 수 있다.
④ 남녀의 뇌기능이 달라서 알맞은 건강 관리법에도 차이가 있다.

4

약을 복용할 때는 반드시 물과 함께 섭취해야 한다. 그렇지 않은 경우, 약의 효능을 떨어뜨리거나 심한 경우 부작용까지 일으키기 때문이다. 예를 들어, 감기약을 커피나 콜라와 함께 복용할 경우, 카페인을 과다 섭취하게 되어 심장이 두근거리고 잠을 잘 자지 못할 수도 있다. 또, 항생제를 우유와 함께 먹으면 우유가 약의 보호막을 녹여 약효가 떨어지고, 복통을 일으킬 수도 있다. 따라서 약을 복용할 때에는 약 복용 전후 두 시간 정도의 시간을 두고 음료를 섭취하는 것이 좋다.

① 카페인을 너무 많이 섭취하면 건강에 좋지 않다.
② 약의 부작용을 막기 위해서는 물과 함께 복용해야 한다.
③ 우유는 항생제의 효과를 감소시키고, 배에 통증을 일으킬 수 있다.
④ 약의 효능을 높이기 위해서는 몸에 좋은 음료와 함께 섭취해야 한다.

유형 ⑤

5

행인의 옷을 누가 먼저 벗길지 내기를 하던 해님이 따뜻하게 빛을 비추어 바람을 이겼다는 이야기가 있다. 해님과 달리 바람의 차가움은 행인의 옷을 더 꼭 여미게 하였다. 이는 어떠한 일을 함에 있어 무조건 강한 것만이 좋은 방법이 아니라는 것을 이야기해 준다. 상대가 그 일을 해야 할 필요성을 느끼게 하는 것이 중요한 것이다. 스스로 일의 필요성을 깨달아 움직이면 어떠한 일을 할 때 만족감과 성취감도 더 클 것이다.

① 혼자서 일을 하면 만족이 커진다.
② 때에 따라 강한 방법이 필요한 경우도 있다.
③ 이야기를 통해 해님과 바람의 지혜를 배울 수 있다.
④ 상대가 일의 필요성을 스스로 깨닫게 하는 것이 중요하다.

5-3 화자의 중심 생각 고르기

필자(글쓴이)가 어떤 생각을 가지고 있는지를 고르는 문제입니다. 지문 내용의 한 부분과 일치하는 선택지를 고르는 것이 아니라 글쓴이가 글 전체를 통해 말하고자 하는 생각과 일치하는 것을 골라야 합니다.

※ 이 글의 중심 생각을 고르십시오. 제41회 22번 기출문제

최근 한 할아버지가 거리를 청소하면서 모은 돈 100여만 원을 장학금으로 내놓았다. 티끌 모아 태산이라고 지난 5년 동안 바닥에 버려진 10원짜리 동전을 하나 하나씩 주워 모은 것이다. 사람들은 큰돈이 있어야만 다른 사람을 도와줄 수 있다고 생각한다. 하지만 참된 기부란 돈의 액수가 중요한 것이 아니라 다른 사람을 향한 사랑의 마음이다.

① 생활 속에서 동전의 활용성을 높여야 한다.
② 다른 사람을 도와주려면 큰돈을 모아야 한다.
③ 참된 기부는 자신보다 남을 먼저 생각해야 한다.
④ 큰돈을 모으려면 아끼고 절약하는 습관을 길러야 한다.

③

위의 글에서는 한 할아버지의 기부 이야기를 예로 들며 참된 기부에 대해 설명하고 있습니다. 참된 기부란 돈의 액수가 아니라 다른 사람을 향한 마음이 중요하다는 이야기를 하고 있으므로 ③번이 답입니다. ②번은 중심 생각과 반대의 내용이고, ①, ④번은 글의 중심 생각과 거리가 먼 내용이므로 답이 될 수 없습니다.

유형 ⑤

유형 연습

※ 이 글의 중심 생각을 고르십시오.

1 제64회 22번 기출문제

내비게이션은 목적지까지 길을 안내해 주는 기기이다. 내비게이션이 없이 낯선 곳에 갔다가 길을 못 찾아 진땀을 흘려 본 적이 있는 사람이라면 내비게이션이 얼마나 편리한지 느꼈을 것이다. 그러나 우리의 뇌는 스스로 정보를 찾았을 때 그 정보를 오래 기억하는 특징이 있다. 따라서 지나치게 디지털 기기에만 의존하다 보면 정보를 찾고 기억하는 능력이 점점 줄어들어 결국 그 능력을 사용할 수 없게 될지도 모른다.

① 디지털 기기는 편리한 생활을 위해 필요하다.
② 운전자에게 내비게이션은 활용도가 매우 높다.
③ 스스로 정보를 찾고 기억하려는 노력을 해야 한다.
④ 내비게이션을 잘 활용하면 기억력 향상에 도움이 된다.

2

물가가 오르고, 카드 사용이 증가한 탓에 화폐로서 동전의 기능이 약해졌다. 그래서 사용되지 못하고 지갑이나 저금통 등에서 잠자고 있는 동전들이 늘어나고 있다. 그러나 일부 동전은 동전의 원가보다 제작비가 더 많이 들기 때문에 동전을 적극적으로 사용하는 것이 경제에도 도움이 된다. 동전을 모아 기부를 하는 것은 이웃도 돕고, 경제도 살리는 좋은 방법이다.

① 경제를 활성화해야 한다.
② 기부를 더 많이 해야 한다.
③ 동전 유통을 확대해야 한다.
④ 카드 사용을 금지해야 한다.

3

한 연구 결과에 따르면, 일하는 엄마를 보고 자란 자녀들은 더 성공적으로 사회생활을 하였으며, 가족과도 많은 시간을 보내는 것으로 나타났다. 반대로 집안일을 많이 하는 아빠를 보고 자란 자녀들은 성별에 대한 고정관념이 적은 것으로 나타났다. 즉, 일하는 엄마와 집안일을 하는 아빠가 자녀들의 삶에 대한 태도에 긍정적인 영향을 미치는 것이다.

① 일하는 엄마도 가족들과 보내는 시간이 많다.
② 성별에 대한 고정관념은 남자가 여자보다 더 강하다.
③ 여자가 사회생활을 성공적으로 하기 위해서는 가족의 도움이 필요하다.
④ 부모가 성역할에 대한 고정관념을 깨면, 자녀들은 긍정적인 영향을 받는다.

4

텔레비전을 보면서 식사를 하면, 텔레비전을 끄고 식사를 할 때보다 더 많은 양을 먹게 된다. 또, 식사를 하고 난 후에도 간식을 더 많이 먹을 우려가 있다. 식사보다는 텔레비전 화면에 집중하여 내가 얼마나 먹었는지를 기억하지 못하기 때문이다. 또, 내가 음식을 씹고 있는 소리를 듣지 못하는 것도 과식을 하게 되는 이유가 된다.

① 음식을 씹는 소리를 들으면 음식을 덜 먹게 된다.
② 식사 후에 간식을 많이 먹는 것은 건강에 좋지 않다.
③ 텔레비전 시청은 맛있게 식사를 할 수 있도록 도와준다.
④ 과식을 하지 않기 위해서는 텔레비전을 끄고 식사해야 한다.

5

긴 여행을 떠날 때에 최대의 적은 무거운 배낭이다. 무거운 짐으로 인해 여행을 망치고 싶지 않으면 미리 가져갈 물품의 목록을 작성한 후 짐을 챙기는 것이 좋다. 미리 가져갈 물건을 계획하지 않으면 출발 날짜에 임박해서 급하게 짐을 꾸리게 되므로 필요한 것 이상으로 많은 짐을 챙기게 된다. 또한 꼭 필요한 물건인데도 챙겨 가지 않는 일이 발생하기도 한다. 미리 계획해서 일찍 짐을 챙긴다면 보다 효율적으로 짐을 꾸릴 수 있고, 더욱 즐거운 여행을 즐길 수 있을 것이다.

① 여행을 갈 때는 좋은 배낭을 가지고 가야 한다.
② 여행을 갈 때는 미리 계획적으로 짐을 꾸려야 한다.
③ 여행을 갈 때는 평소 쓰는 물건을 많이 가져가야 한다.
④ 여행을 갈 때는 필요한 물건을 사서 챙겨 가는 것이 좋다.

유형 ⑥ 글의 관계 찾기

문장과 문장의 관계를 이해해야 하는 문제입니다. 주로 글의 중심 생각을 나타내는 문장이 제일 먼저 나오고, 그에 대한 근거나 예시, 이유 등의 순서로 제시됩니다. '하지만, 그러므로, 그래서' 등의 접속 부사(conjunctive adverb)나 '그중, 이러한, 이렇게' 등과 같이 앞서 나온 내용을 받는 표현을 이용하여 문장의 순서를 유추해 볼 수 있습니다.

6-1 문장 순서 정하기

제시된 네 문장을 글의 흐름에 알맞게 정하는 문제입니다. 문장과 문장 간의 관계를 이해할 수 있어야 합니다. 네 문장을 알맞게 연결하면 보통 시간의 순서 또는 원인과 결과 등의 관계로 이야기가 구성됩니다.

아래의 단계를 따라 문장의 순서를 맞춰 나가는 연습을 해 두어야 합니다. 단계마다 문장 순서 파악에 도움이 되는 표현을 확인하며 순서를 정하면 됩니다.

A. 1번 문장 후보 확인하기

선택지를 통해 시작 문장의 범위를 좁힐 수 있으므로, 먼저 선택지를 확인합니다.

B. 1번 문장 정하기

선택지에서 확인한 1번 문장 후보 두 문장을 살펴보고 이야기의 시작으로 적절한 문장을 고릅니다.

〈1번 문장에서 사용하지 않는 표현〉

'이', '그' 등은 앞에서 한 번 이상 언급한 명사를 다시 언급할 때 명사 앞에 사용하는 단어이므로 보통 이야기의 시작 문장에서는 사용하지 않습니다.

'그리고', '그래서', '그러나', '하지만' 등은 앞 문장과의 관계를 표현하는 어휘이므로 이야기의 시작 문장에서 사용하지 않습니다. 이러한 단어는 뒤 문장의 맨 앞에 사용되어 앞 문장과 뒤 문장의 논리적 흐름을 연결해 주는 역할을 합니다.

C. 2번 문장 후보 확인하기

선택지를 통해 1번 문장 다음으로 올 수 있는 두 개의 문장을 확인합니다.

D. 2번 문장 정하기

2번 문장 후보 두 문장을 살펴보고 1번 문장 뒤에 연결하였을 때 자연스러운 것을 고릅니다.

E. 답 고르기

선택지에서 앞에서 고른 1번, 2번 문장 순서와 동일하게 배열된 것을 답으로 고릅니다.

F. 정답이 맞는지 확인하기

답으로 고른 선택지에 제시된 문장 순서대로 읽어 보며 이야기의 연결이 자연스러운지 확인합니다. 특히, 앞에서 말한 것을 다시 언급할 때 사용하는 표현이나 앞뒤 문장의 시간적 순서, 인과 관계 등을 나타내는 표현을 주의 깊게 살펴보며 이야기의 논리적 흐름이 맞는지 확인합니다.

※ 다음을 순서대로 맞게 배열한 것을 고르십시오. 제36회 13번 기출문제

(가) 그 때문에 어머니는 지금도 미역국을 별로 좋아하지 않으신다.
(나) 생일날 미역국을 먹을 때면 어머니 생각이 난다.
(다) 한국에서는 생일날뿐 아니라 아이를 낳은 후에도 미역국을 먹는다.
(라) 그래서 어머니는 우리 형제 다섯을 낳을 때마다 미역국을 드셔야 했다.

① (나)-(다)-(라)-(가)　② (나)-(가)-(라)-(다)
③ (다)-(가)-(라)-(나)　④ (다)-(라)-(나)-(가)

①

A. 첫 문장은 (나) 또는 (다)입니다.
B. 1번 문장 정하기: (다)의 '생일날뿐 아니라 아이를 낳은 후에도' 부분으로 보아, (다) 문장 앞에 생일날 미역국을 먹는다는 이야기가 먼저 나오는 것이 자연스럽습니다. 즉, (나) 문장이 첫 문장입니다.
C. 2번 문장 후보 확인하기: 2번 문장 후보는 (다) 또는 (가)입니다.
D. 2번 문장 정하기: 앞에서 이미 (나) 다음에 (다)가 자연스럽게 연결되는 것을 확인했습니다.
E. 답 고르기: 선택지 중 (나)-(다) 순서가 맞게 배열된 것은 ①번입니다.
F. 정답이 맞는지 확인하기:
- (라) 문장의 맨 앞에 있는 '그래서'는 (다)와 (라) 문장을 연결해 주는 역할을 합니다. '그래서'의 앞에 오는 문장이 이유가 되어 '그래서'의 뒤에 오는 문장의 결과가 발생합니다. 즉, (다)가 (라)의 이유입니다.
- (가) 문장의 '그 때문에'는 (라) 문장과 (가) 문장을 원인과 결과 관계로 연결해 줍니다. 즉, (라) 문장이 원인이 되어 (가) 문장의 결과가 발생합니다. 어머님이 미역국을 좋아하지 않으시게 된 원인은 어머니가 다섯 형제를 낳을 때마다 미역국을 드셨기 때문입니다.
- (나)-(다)-(라)-(가)의 연결이 논리적으로 자연스럽습니다.

유형 연습

※ 다음을 순서대로 맞게 배열한 것을 고르십시오.

1 제60회 15번 기출문제

(가) 쉬어도 떨림이 계속된다면 마그네슘이 부족해서일 수도 있다.
(나) 눈 밑 떨림의 주된 원인은 피로이므로 푹 쉬면 증상은 완화된다.
(다) 이런 사람들은 마그네슘이 풍부한 견과류나 바나나를 먹으면 된다.
(라) 누구나 한 번쯤은 눈 밑이 떨리는 경험을 해 본 적이 있을 것이다.

① (나)-(다)-(라)-(가)　② (나)-(라)-(다)-(가)
③ (라)-(가)-(다)-(나)　④ (라)-(나)-(가)-(다)

2

(가) 나는 동호회 모임을 좋아한다.
(나) 그래서 모임은 삶의 활력이 된다.
(다) 새로운 사람들을 만나는 것이 즐겁기 때문이다.
(라) 그들을 만나면, 그들의 다양한 경험을 들을 수 있다.

① (가)-(나)-(다)-(라)　② (가)-(다)-(라)-(나)
③ (라)-(다)-(나)-(가)　④ (라)-(가)-(나)-(다)

3

(가) 그래서 몸이 찬 사람에게 도움이 된다.
(나) 하지만 한 번에 많은 양을 먹기는 힘들다.
(다) 생강은 몸을 따뜻하게 하여 면역력을 높여 준다.
(라) 이때는 생강을 차로 만들어 자주 마시는 것도 좋다.

① (나)-(가)-(다)-(라)　② (나)-(다)-(가)-(라)
③ (다)-(가)-(나)-(라)　④ (다)-(라)-(나)-(가)

4

(가) 그런데 우리는 잘못을 지적받으면 기분 나빠하거나 부끄러워한다.
(나) 남에게 잘못을 지적당하는 것은 부끄러운 일이 아니다.
(다) 심지어 잘못을 지적한 사람을 미워하는 마음까지 갖는다.
(라) 그러나 부끄러워하거나 남을 미워하는 대신에 잘못을 반성하고 고치기 위해 노력하는 것이 더욱 중요하다.

① (가)-(나)-(라)-(다)
② (가)-(라)-(나)-(다)
③ (나)-(다)-(가)-(라)
④ (나)-(가)-(다)-(라)

5

(가) 사람은 누구나 어려운 사람을 보면 돕고 싶은 마음이 생기기 마련이다.
(나) 이러한 정신에서 비롯하여 대가를 바라지 않고 자발적으로 참여하는 자원봉사는 사회에 큰 도움을 준다.
(다) 그뿐만 아니라 자원봉사는 봉사자의 자아실현에도 도움이 되는 활동이다.
(라) 또한 문제가 생겼을 때 직접 참여하여 해결하고 싶어 하는 마음이 있다.

① (가)-(나)-(라)-(다)
② (가)-(라)-(나)-(다)
③ (나)-(다)-(가)-(라)
④ (나)-(가)-(다)-(라)

유형 ❻

6-2 문장이 들어갈 곳 찾기

〈보기〉의 문장이 지문의 어느 위치에 들어가야 하는지를 찾는 문제입니다. 〈보기〉 문장을 먼저 읽어 내용을 파악한 후, 지문을 읽으며 지문에 제시된 네 곳의 위치 중 글이 가장 자연스럽게 이어질 수 있는 위치를 찾으면 됩니다.

※ 다음 글에서 〈보기〉의 문장이 들어가기에 가장 알맞은 곳을 고르십시오.

제41회 40번 기출문제

(㉠) '메디치 효과'는 서로 관련 없는 분야가 결합해 전에 없던 창의적인 결과를 창출하는 현상을 말한다. (㉡) 당시 메디치 가문은 서로 다른 역량을 가진 예술가와 학자들의 공동 작업을 후원했다. 그 결과로 피렌체 지역의 문화 수준이 한층 높아졌다. (㉢) 혁신적인 기술과 예술가의 품격 있는 디자인이 만나는 사례는 국내에서도 찾아볼 수 있다. (㉣) 그 예로 인주전자의 최첨단 기술과 유럽의 명품 디자인사가 공동 출시한 '엔젤폰'이 있다.

〈 보기 〉

이 용어는 르네상스의 탄생과 발전에 큰 역할을 했던 메디치라는 가문의 이름에서 유래되었다.

① ㉠　② ㉡　③ ㉢　④ ㉣

②

〈보기〉 문장의 '이 용어'가 가리키는 것은 글의 맨 첫 문장의 '메디치 효과'입니다. 〈보기〉 문장은 '메디치 효과'라는 용어가 언급된 다음 순서로 올 수 있으므로 ㉡이 적절한 위치입니다. 〈보기〉 문장을 ㉡에 넣어 앞 문장과 함께 읽어 보면, '메디치 효과'라는 용어의 정의를 설명하고, 용어가 만들어지게 된 배경을 설명하는 것으로 자연스럽게 이어집니다.

유형 연습

※ 다음 글에서 〈보기〉의 문장이 들어가기에 가장 알맞은 곳을 고르십시오.

1 제60회 39번 기출문제

도시의 거리는 온통 상점으로 가득 차 있다. (㉠) 하지만 상점은 거리에 활력을 불어넣고 걷고 싶은 거리를 만드는 데 중요한 역할을 한다. (㉡) 상점은 단순히 물건을 파는 공간이 아니라 보행자들에게 볼거리와 잔재미를 끊임없이 제공하는 거대한 미술관이 되어준다. (㉢) 또 밤거리를 밝히는 가로등이며 보안등이자 거리의 청결함과 쾌적함을 지켜주는 파수꾼이 되기도 한다. (㉣)

〈 보기 〉

상업적 공간으로 채워진 거리를 보며 눈살을 찌푸리는 이들도 많다.

① ㉠ ② ㉡ ③ ㉢ ④ ㉣

2

뜨거운 음료가 식도암의 위험을 높인다는 연구 결과가 발표되었다. (㉠) 어떠한 음료라도 온도가 75도 이상인 음료를 마실 경우 식도암의 위험도가 8배 이상 증가한다는 것이다. (㉡) 65도 이상인 음료를 마실 경우에도 식도암의 위험도는 2배나 높아진다. (㉢) 일반적으로 차는 80도, 커피는 90도 이상에서 가장 좋은 맛을 낸다고 알려져 있다. (㉣)

〈 보기 〉

그러나 건강을 위해서라면 미지근한 느낌이 들 때 차나 커피를 마시는 것이 좋다.

① ㉠ ② ㉡ ③ ㉢ ④ ㉣

유형 ⑥

3 과일이 건강에 좋다는 사실은 누구나 다 알고 있다. (㉠) 그런데 이러한 과일을 말리면 생과일보다 더 좋은 맛과 영양을 얻을 수 있다. (㉡) 또 오랫동안 보관이 가능하기 때문에 가격이 저렴할 때 구입해 말렸다가 두고두고 먹어도 좋다. (㉢) 물에 우려내어 차로 마셔도 좋다. (㉣) 그러나 말린 과일은 단맛도 강해지기 때문에 당뇨와 같은 질병이 있는 환자라면 주의해서 섭취해야 한다.

〈 보기 〉

수분이 줄어드는 만큼 비타민과 무기질 같은 영양분의 비율이 높아지고 말린 과일 특유의 식감을 제공하기 때문이다.

① ㉠ ② ㉡ ③ ㉢ ④ ㉣

4 투표 참여를 마케팅 수단으로 활용하는 기업이 증가하였다. (㉠) 투표 참여를 확인할 수 있는 사진이나 확인증을 제시하면 제품을 할인해 주거나 경품을 제공하는 것이다. (㉡) 이에 따라 투표 인증 사진을 찍는 이들이 증가하였다. 그러나 특정 후보를 지지하는 듯한 자세를 취하거나 투표 용지를 촬영하는 것은 불법으로 처벌받을 수 있으니 촬영 시 주의해야 한다. (㉢) 사진 촬영이 어렵다면 투표소에서 확인증을 요청하여 받을 수도 있다. (㉣)

〈 보기 〉

기업들은 이러한 투표 독려 마케팅이 젊은 층의 투표 참여를 높이는 동시에 기업의 이미지 홍보와 매출 증가 효과가 있다고 판단한다.

① ㉠ ② ㉡ ③ ㉢ ④ ㉣

5 요리 연구가 김영숙 씨가 새로운 요리책을 출간했다. (㉠) 요리에 사용되는 재료도 모두 우리가 쉽게 접할 수 있는 것들이다. (㉡) "바쁘다는 이유로 끼니를 소홀히 하는 현대인들이 안타까웠어요." (㉢) 인스턴트 음식만큼 간단한 조리법으로도 영양가 높고 맛 좋은 음식을 해 먹을 수 있다는 것을 알려 주고 싶었다는 김영숙 씨. (㉣) 건강하고 맛있는 요리법과 함께 요리 관련 상식들을 전달하고 있는 이 책은 요리의 즐거움을 깨닫게 해 주는 특별한 책이 될 것이다.

〈 보기 〉

그동안 출간되었던 그녀의 책들이 전통적인 한식 조리법을 담고 있었던 반면, 이번 신간은 집에서 간편하게 해 먹을 수 있는 요리들을 주로 소개하고 있다.

① ㉠ ② ㉡ ③ ㉢ ④ ㉣

유형 ❼ 문맥에 알맞은 표현 찾기

주어진 문장의 (　　)에 알맞은 표현을 찾아 문장을 완성하는 문제입니다. (　　)의 앞, 뒤 부분을 자세히 읽으면 대부분 답을 찾을 수 있습니다. (　　)에 들어갈 구(phrase)나 절(clause)을 찾는 문제뿐만 아니라 부사(adverb)나 관용 표현(idiomatic expression)을 찾는 문제도 항상 출제되기 때문에 자주 쓰이는 부사와 관용 표현을 미리 익혀 두는 것도 필요합니다.

※ (　　　)에 들어갈 알맞은 것을 고르십시오. 제47회 28번 기출문제

아이에게 맞는 색이 있다. 그래서 색을 (　　　　　) 활용하는 것이 좋다. 예를 들어 소극적인 아이에게는 밝고 따뜻한 색으로 방을 꾸며 주는 것이 좋다. 빨간 꽃그림이 있는 책장으로 아이 방을 장식하면 경쾌한 느낌을 주어 아이의 감정을 밝게 해 줄 수 있기 때문이다. 반대로 아이의 성격이 공격적이라면 초록색이 잘 맞는다. 초록색은 편안한 분위기를 연출하여 마음을 차분하게 가라앉혀 줄 수 있다.

① 방의 구조에 맞게
② 장식에 따라 다르게
③ 아이의 성향에 맞게
④ 그림의 특성이 나타나게

➲ ③

아이의 성격에 따라 어울리는 색이 있다는 내용의 글이다. (　)가 포함되어 있는 문장이 '그래서'로 시작되고 있는 것으로 보아 앞의 문장은 (　)가 포함된 문장의 이유이다. 아이에게 맞는 색이 있기 때문에 아이에게 맞는 색을 활용해야 한다는 내용으로 연결되어야 한다.

유형 연습

※ (   )에 들어갈 알맞은 것을 고르십시오.

1 제52회 19번 기출문제

인터넷으로 회원 가입을 할 때 설정하는 비밀번호는 초기에는 숫자 네 개면 충분했다. 하지만 최근에는 보안 강화를 위해 특수 문자까지 넣어 만들어야 한다. (   ) 비밀번호 변경도 주기적으로 해야 한다. 이 때문에 가입자는 번거로운 것은 물론이고 자주 바뀌는 비밀번호를 기억하지 못해 스트레스를 받는다. 개인 정보 보호를 가입자에게만 요구하지 말고 기업도 보안 기술 개발에 적극 투자해야 한다.

① 그러면　　② 게다가
③ 반면에　　④ 이처럼

2

줄넘기는 줄만 있으면 언제 어디서든 할 수 있는 간단한 운동이다. 그러나 그 효과는 매우 크다. 전신 운동으로 온몸의 근력을 강화하며, 군살을 제거해 준다. (   ) 줄넘기는 유산소 운동으로 심장과 폐의 기능을 향상시키며, 아이들의 키 성장과 성인의 골다공증 예방에도 도움이 된다. 그러나 몸무게가 너무 많이 나가거나 관절이 좋지 않은 사람들은 의사와 상의 후 운동을 시작해야 한다.

① 또한　　② 과연
③ 또는　　④ 하필

3

얼마 전 한 상가 건물에서 화재가 발생했다. 건물 안에서는 한 아이 엄마가 창밖으로 소리를 지르며 도움을 요청하고 있었다. 이 모습을 본 동네 사람들이 각자 집에서 이불을 들고 나와 바닥에 두툼하게 깔고, 아이와 엄마를 안전하게 받아 내었다. 다행히 아이와 엄마는 아무런 부상 없이 건물 밖으로 빠져나올 수 있었다. 위급한 순간이었지만 위험한 일에도 (   ) 시민들이 있어 귀중한 생명을 구할 수 있었던 것이다.

① 손이 큰　　② 발이 넓은
③ 발 벗고 나선　　④ 허리띠를 졸라맨

유형 ⑦

4

한의학에서는 몸의 기운이 모이는 자리를 '혈'이라고 부르며, 이 혈자리가 막히면 건강에 좋지 않다고 생각한다. 그래서 혈을 막히지 않게 하여 몸의 기운을 ( ) 중요하게 여긴다. 몸에 기운이 없거나 아플 때 혈자리를 눌러 자극하는 것만으로도 많은 도움을 받을 수 있다.

① 막히게 하는 것을 ② 확인하게 하는 것을
③ 원활하게 하는 것을 ④ 진찰하게 하는 것을

5

과거에는 교실에서만 수업을 들을 수 있었다. 그러나 오늘날에는 집에서도 다른 나라의 수업을 들을 수 있다. 바로 개방형 온라인 공개 강좌를 통해서이다. 이 온라인 강좌는 무료로 진행이 되어, 누구나 자신의 관심사에 대해 쉽게 공부할 수 있다. 또, 온라인 강좌의 특성상 ( ) 사람들과 상호 작용을 하며 수업에 참여할 수도 있다.

① 개방적인 ② 관심사를 찾는
③ 무료 진행을 하는 ④ 함께 수업을 듣는

유형 ❽ 필자/등장인물의 태도, 심정 파악하기

제시된 글의 밑줄 친 부분에 나타난 필자(글쓴이)/등장인물의 태도나 심정을 찾는 문제입니다. TOPIK II에는 문학작품 지문도 등장하는데, 문학작품에 등장하는 인물의 심정을 묻는 문제에는 다소 어려운 어휘가 사용되기 때문에 태도나 심정을 나타내는 어휘들을 미리 익혀 두면 문제를 푸는 데 도움이 됩니다.

※ 밑줄 친 부분에 나타난 '나'의 심정으로 알맞은 것을 고르십시오. 제52회 23번 기출문제

친정아버지가 손자들이 보고 싶다며 오랜만에 우리 집에 오셨다. 내가 집안일을 하는 사이에 아버지는 큰애를 데리고 놀이터에 다녀온다며 나가셨다. 한 시간쯤 지났는데 아버지가 다급한 목소리로 전화를 하셨다. 아이가 다쳐서 병원 응급실로 데리고 가신다는 것이었다. 나는 너무 놀라 허둥지둥 응급실로 달려갔다. 아이는 이마가 찢어져 치료를 받고 있었다. 나도 모르게 "아버지, 애 좀 잘 보고 계시지 그러셨어요?" 라며 퉁명스럽게 말했다. 아버지는 아무 말씀 없이 치료받는 아이의 손만 꼭 잡고 계셨다. 집에 와서 아이를 재우고 나서야 아버지 손등의 상처가 눈에 들어왔다. 아이의 상처에는 그렇게 가슴 아파하면서 아버지의 상처는 미처 살피지 못했다. 나는 아버지에게 홧김에 내뱉은 말을 생각하며 약을 발라 드렸다.

① 억울하다　　② 허전하다
③ 후회스럽다　　④ 부담스럽다

③

'후회스럽다'는 스스로 자기의 잘못을 깨닫고 마음속으로 반성하고 뉘우치는 감정입니다. 글에서 '나'는 자신의 아이가 걱정되어 아버지가 다친 것은 살펴보지 못하고 화를 냈습니다. 글의 후반부와 밑줄 친 부분에서 '나'가 아버지도 다치신 것을 발견한 뒤 잘못을 반성하고 후회하는 마음을 표현하고 있으므로 ③번이 답입니다.

- 억울하다: 잘못한 것도 없이 피해를 입어서 속상하고 답답한 기분
- 허전하다: 무엇을 잃거나 의지할 곳이 없어서 서운하고 쓸쓸한 느낌
- 부담스럽다: 어떤 일이나 상황이 감당하기 어려운 느낌

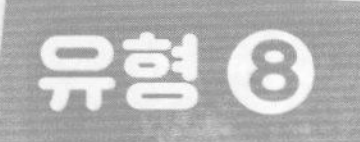

1 **밑줄 친 부분에 나타난 필자의 태도로 알맞은 것을 고르십시오.** 제37회 50번 기출문제

인류의 지난 문명은 동질성이 지배해 왔다. 동질성 위주의 사고방식은 씨족사회 시절부터 오늘에 이르기까지 공동체의 힘을 결집시켜 주었고 그것은 곧 인류 발전의 원동력이 되었다. 그러나 지금도 곳곳에서 발생하고 있는 무력 충돌이라는 부작용을 초래하기도 한다. 동질성이 강조될수록 차이에 대한 적대감이 커지기 때문이다. 교통 통신의 발달로 변방과 국경이 사라진 지구촌의 인류에게 필요한 덕목은 더 이상 동질성이 아니다. <u>그것은 자칫 다름을 철저히 배격함으로써 지구촌 차원의 불행을 야기할 수도 있다</u>. 이 시대 인류 전체의 화두는 '다름'이 되어야 한다. 다른 것은 또 다른 것을 보완하고 완성시키며 성장케 하는 조력자이다. 또한 서로 다른 것의 결합은 기존의 것과 구별되는 창조의 원천이다. 도래하는 신문명 시대의 가치는 동질성이 아닌 다름에서 찾아야 한다. 이제 새로운 사고의 틀로 인류의 역사를 새롭게 쓸 때이다.

① 이질성이 없어진 후 발생할 문제점을 염려한다.
② 서로 다른 것의 공존이 가져올 혼란을 걱정한다.
③ 획일성이 지배하는 어두운 현실에 대해 고민한다.
④ 동질성을 강조할 때 나타날 부정적 결과를 우려한다.

2 **밑줄 친 부분에 나타난 '나'의 심정으로 알맞은 것을 고르십시오.**

나는 요즘 지하철을 자주 이용한다. 오르내리는 계단이 좀 불편하기는 하지만 차츰 편의 시설이 늘어나면서 버스나 택시보다 더 선호하게 되었다. 특히 약속 시간을 지켜야 할 경우에는 이보다 더 편리한 것이 없는 것 같다. 그런데 문제는 이용객이 많은 아침 출근 시간이다. 열차 안에 가득한 사람들로 앉을 자리가 없는 것은 물론이고 제대로 서 있는 것도 힘들기 때문이다. 특히 서로 몸이 부딪히거나 발을 밟힐 때에도 사과를 듣지 못할 때가 많다. <u>그럴 때면 마음이 여간 불편한 것이 아니다</u>. 답답한 지하철에서 얼른 탈출하고 싶어진다.

① 불쾌하다　　② 민망하다
③ 서운하다　　④ 번거롭다

3 밑줄 친 부분에 나타난 '나'의 심정으로 알맞은 것을 고르십시오.

마트에서 진열대 위에 놓인 탐스러운 딸기를 보니 문득 아이들이 어렸을 때가 생각난다. 내가 셋째 아이를 임신한 때였는데, 우리 집 사정이 좋지 않아서 딸기 같은 과일은 사 먹을 엄두도 내지 못할 때였다. 입덧 때문에 아무것도 먹지 못한 내가 안쓰러웠는지 남편이 퇴근길에 딸기를 조금 사 왔기에 식탁 위에 올려 두고는 잠깐 전화를 받으러 다녀왔다. <u>그런데 두 아이가 눈 깜짝할 사이에 딸기를 모두 먹어 버렸던 것이다</u>. 그 순간 먹고 싶던 딸기를 먹지 못한 속상함보다는 평소에 아이들에게 좋은 과일을 많이 사 주지 못한 것에 대한 미안함과 속상한 마음에 나는 아이들을 안고 울어 버렸다.

① 답답하다　　② 창피하다
③ 만족스럽다　　④ 당황스럽다

4 밑줄 친 부분에 나타난 필자의 태도로 알맞은 것을 고르십시오.

'스몸비'가 증가하고 있다. '스몸비'란 스마트폰과 좀비의 합성어로 스마트폰 화면에 집중하느라 주변의 상황을 인지하지 못하는 사람들을 뜻한다. 이들은 주변의 위험 상황을 의식하지 못하기 때문에 사고 위험도가 높다. 세계 각국에서는 '스몸비'에 의한 사고가 증가하자 대책 마련에 나섰다. 한국과 홍콩에는 바닥에 경고 문구를 부착하였으며, 미국과 중국에서는 이들을 위한 전용 도로를 만들었다. <u>그러나 이러한 대책보다도 중요한 것은 이용자들의 의식이다</u>. 과도한 스마트폰 사용은 자신뿐만 아니라 타인의 안전과 건강에도 위협이 될 수 있다는 사실을 스스로 깨달아야 한다.

① 스마트폰의 필요성을 인정하고 있다.
② 사고 증가 원인에 대해 비판하고 있다.
③ '스몸비'에 대한 대책에 대해 회의적이다.
④ 대책 마련 단계에서의 문제점을 지적하고 있다.

유형 ❽

5 **밑줄 친 부분에 나타난 필자의 태도로 알맞은 것을 고르십시오.**

현대 사회에서는 SNS와 문자 메시지 등을 통한 소통이 활발히 이루어지고 있다. SNS와 문자 메시지는 빠르고 간편하게 자신의 의사를 전달할 수 있다는 장점이 있지만, 이에 길들여진 젊은 세대들은 긴 문장을 이용한 의사 표현에 어려움을 겪는다. 평소에 글을 쓸 일이 별로 없기 때문에 긴 글을 쓰는 것에 부담을 느낀다는 것이다. 이 때문에 긴 글을 써야 할 때는 돈을 받고 글을 대신 써 주는 대필 업체에 맡기는 사례가 증가하고 있다. 취업을 위한 자기소개서나 보고서 등은 물론이고 연애편지나 사과문도 이러한 업체에 부탁한다. <u>그러나 남이 써 주는 글은 진정성이 떨어진다</u>. '글은 마음의 창'이라는 말이 있다. 글은 자신의 생각을 전달하는 수단인 만큼 깊이 생각하는 습관을 통해 자신의 생각을 온전히 전달하는 연습을 할 필요가 있다.

① 업체의 마케팅 방법에 대해 회의적이다.
② 대필의 긍정적인 측면을 인정하고 있다.
③ 대필에 대해 부정적 입장을 나타내고 있다.
④ 업체를 이용한 사람들에 대해 동정하고 있다.

TOPIK Ⅱ 읽기(1번~ 20번)

※ [1~2] ( )에 들어갈 가장 알맞은 것을 고르십시오. (각 2점)

1. 어제는 날씨가 ( ) 오늘은 좀 시원한 것 같네요.

① 더우니 ② 더워서
③ 덥더니 ④ 덥거나

2. 아침에 버스를 ( ) 수업에 늦었어요.

① 놓치다시피 ② 놓치려던 참에
③ 놓치는 대신에 ④ 놓치는 바람에

※ [3~4] 다음 밑줄 친 부분과 의미가 비슷한 것을 고르십시오. (각 2점)

3. 동생한테서 연락이 없는 것을 보니 많이 <u>바쁜 모양이다</u>.

① 바쁜가 보다 ② 바쁠 리가 없다
③ 바쁘기 마련이다 ④ 바쁘기 나름이다

4. 노래도 잘 <u>부르는 데다가</u> 춤도 잘 춘다.

① 부르는 김에 ② 부르는 사이에
③ 부르기보다는 ④ 부를 뿐만 아니라

※ [5~6] 다음은 무엇에 대한 글인지 고르십시오. (각 2점)

5.

소매의 찌든 때도 남김없이 쏙!
한 스푼만 넣어도 충분합니다.

① 지우개 ② 청소기 ③ 페인트 ④ 세탁 세제

6.

하루에 2회 이상 먹지 마십시오.
개봉 후에는 되도록 빨리 드십시오.

① 재료 설명 ② 작동 방법 ③ 주의 사항 ④ 섭취 효과

※ [7~8] 다음 글 또는 도표의 내용과 같은 것을 고르십시오. (각 2점)

7.

〈일주일 간 운동 시간〉

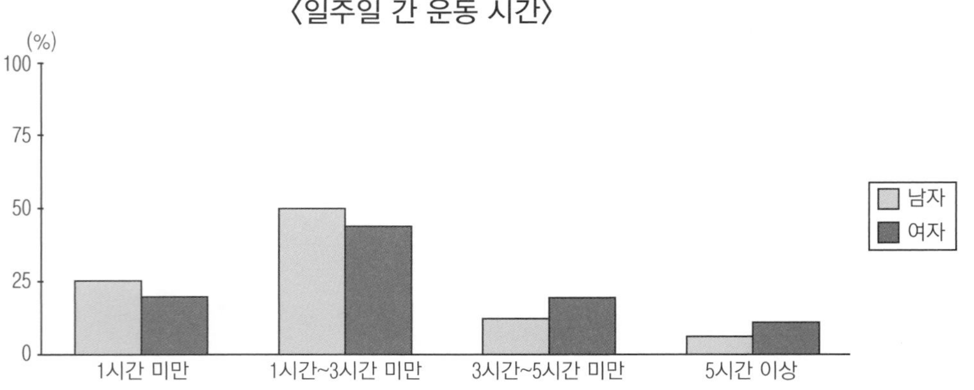

① 1시간 미만으로 운동하는 남자는 전체의 반을 넘는다.
② 5시간 이상 운동하는 사람의 비율은 여자보다 남자가 더 많다.
③ 남자 중에는 1시간에서 3시간 미만으로 운동하는 사람이 제일 많다.
④ 1시간 미만으로 운동하는 여자는 5시간 이상 운동하는 여자보다 적다.

8.

최근 채식 열풍이 불고 있다. 채소와 과일에는 비타민과 무기질 등의 영양소가 풍부해 건강에 좋고, 일부 유명 연예인들이 채식으로 몸매 관리를 하고 있다는 사실이 알려졌기 때문이다. 그러나 채식만을 하다 보면 상대적으로 단백질 섭취가 부족하게 된다. 그래서 콩처럼 단백질이 많은 식물성 재료로 고기를 만들기도 한다. 콩고기는 채식을 하는 사람들도 많은 단백질을 맛있게 먹을 수 있도록 도와준다.

① 모든 연예인들이 채식을 하고 있다.
② 콩에는 많은 단백질이 포함되어 있다.
③ 채식을 하면 단백질을 많이 섭취할 수 있다.
④ 채식을 하는 사람은 콩고기를 먹을 수 없다.

※ [9~10] 다음을 순서대로 맞게 배열한 것을 고르십시오. (각 2점)

9.

(가) 그래서 일본축구협회에서는 까마귀를 협회 상징으로 삼고 있다.
(나) 예로부터 한국에서는 까마귀를 불길한 새로 여기고 두려워해 왔다.
(다) 이는 옛날 어른들이 까마귀를 죽음을 상징하는 새로 생각했기 때문이다.
(라) 반면에 일본에서는 까마귀가 행운을 가져다주는 새로 대접받는다.

① (나)-(가)-(다)-(라)　　② (나)-(다)-(라)-(가)
③ (다)-(나)-(라)-(가)　　④ (다)-(라)-(가)-(나)

10.

(가) 요즘 직장인들 사이에서 도시락을 싸가지고 다니는 사람들이 늘고 있다.
(나) 이는 돈을 절약할 수 있을 뿐만 아니라 시간도 절약할 수 있다는 장점이 있다.
(다) 경제적으로 어려운 직장인들이 점심 값을 아끼려고 그러한 노력을 하게 된 것이다.
(라) 또한 이렇게 남은 시간에는 동료들과 함께 이야기하며 산책도 할 수 있어서 일석이조이다.

① (가)-(다)-(나)-(라)　　② (가)-(나)-(다)-(라)
③ (다)-(가)-(나)-(라)　　④ (다)-(가)-(라)-(나)

11. 다음을 읽고 ( )에 들어갈 내용으로 가장 알맞은 것을 고르십시오. (2점)

> 한 번 쓴 글씨를 지우기 위해서는 지우개를 사용해야 한다. 그런데 최근에는 열만으로 흔적 없이 지울 수 있는 펜이 출시되어 인기를 끌고 있다. 이 펜은 글씨에 열을 가해 주면 글씨가 사라지고 영하의 기온에 차갑게 두면 글씨가 다시 살아나는 원리이다. 그래서 드라이기나 온풍기의 바람을 이용하면 ( ) 글씨를 지울 수 있다.

① 잘 써지지 않는
② 차가운 바람으로
③ 많은 인기를 얻고 있는
④ 지우개를 사용하지 않고도

12. 다음은 신문 기사의 제목입니다. 가장 잘 설명한 것을 고르십시오. (2점)

> 신생아 꾸준히 감소, 아기 울음소리 점점 작아진다

① 아기들의 체력이 예전만 못하다.
② 아기들의 영양상태가 좋지 못하다.
③ 새로 태어나는 아기의 수가 점점 줄어든다.
④ 새로 태어나는 아기의 체격이 점점 작아진다.

13. 다음을 읽고 내용이 같은 것을 고르십시오. (2점)

> 온돌은 한국의 전통적인 난방 방법이다. 재래식 부엌의 아궁이에서 불을 떼면, 그 열이 방바닥 밑의 넓적한 돌을 데워 방바닥이 따뜻해지는 원리이다. 온돌은 연료의 효율이 좋고, 자주 고장 나지 않는다는 장점이 있다. 또 불을 꺼도 한동안 열이 유지된다.

① 온돌은 많은 연료가 필요하다.
② 온돌은 불을 끄면 바로 열이 식는다.
③ 온돌은 부엌을 따뜻하게 하는 방법이다.
④ 온돌은 예전부터 전해 내려온 난방법이다.

14. 다음 글의 주제로 가장 알맞은 것을 고르십시오. (2점)

우리 뇌는 포도당을 주원료로 사용하기 때문에 뇌가 피곤하면 단 음식이 먹고 싶어진다. 스트레스를 받으면 아이스크림이나 초콜릿 등이 생각나는 이유도 바로 그 때문이다. 그러나 단 음식을 너무 많이 먹으면 건강에 여러 문제가 발생할 수 있다. 가장 흔한 문제는 충치이다. 단 음식을 분해하는 과정에서 나온 산이 치아를 썩게 만들기 때문이다. 또 비만과 당뇨, 고혈압 등을 일으켜 지속적인 관리를 요구하기도 한다.

① 단 음식은 이를 썩게 한다.
② 스트레스는 비만의 원인이다.
③ 단 음식을 많이 섭취하면 건강에 해롭다.
④ 뇌가 피곤할 때는 단 음식을 먹어야 한다.

※ [15~16] 다음 글을 읽고 물음에 답하십시오. (각 2점)

아침에 눈뜨자마자 마당에 나갔다가 이제야 집 안에 들어 왔다. 열 시 넘은 시간이다. <u>지치고 배도 고파서 들어온 것이지 일이 끝난 건 아니다</u>. 마당 일은 한도 끝도 없다. 집이 교외에 있어 작은 마당을 가꾸고 있는데 꽃나무 몇 그루 심고 나머지 땅은 텃밭을 만들까 하다가 농사에 자신이 없어 잔디를 심었다. 채소를 가꾸는 것보다 잔디가 훨씬 손이 덜 갈 줄 알았다. 또 이왕 단독 주택에 살 바에는 잔디밭 정도는 딸린 집에 살아야 할 것 같은, 양옥집과 푸른 잔디라는 소녀 적부터의 꿈도 한몫을 했을 것이다.

15. 밑줄 친 부분에 나타난 나의 심정으로 알맞은 것을 고르십시오.
① 막막하다 ② 어이없다
③ 후련하다 ④ 황당하다

16. 이 글의 내용과 같은 것을 고르십시오.
① 나는 시골에서 농사를 짓고 있다.
② 나는 도시에서 꽃을 키우며 살고 있다.
③ 나는 일을 다 끝내고 밥을 먹으러 들어왔다.
④ 나는 어려서부터 단독 주택에 사는 것이 꿈이었다.

※ [17~18] 다음 글을 읽고 물음에 답하십시오. (각 2점)

감기는 성인의 경우 일 년에 두세 번 걸리는 것이 일반적일 정도로 흔한 질병이다. 감기에 걸리면 기침이나 두통 등의 증상이 나타나기는 하지만 특별한 치료를 하지 않아도 충분한 휴식과 영양을 섭취하면 자연스럽게 치유가 된다. 이 때문에 감기의 증상이 나타나도 대수롭지 않게 생각하는 경우가 많다. 그러나 간혹 면역이 약한 어린이나 노인의 경우에는 중이염이나 폐렴과 같은 질병으로 악화될 수 있다. 또한, 어떤 경우에는 마치 (   ) 감기가 아닌 경우도 있다. 따라서 감기 증상이 오래 지속되는 경우에는 가까운 병원을 찾아 질병을 악화시키는 일이 없도록 해야 한다.

17. 이 글의 주제로 알맞은 것을 고르십시오.

① 기침과 두통은 감기의 대표적인 증상이다.
② 면역이 약한 사람들은 감기 치료가 어렵다.
③ 감기는 별다른 치료 없이도 나을 수 있는 질병이다.
④ 감기 증세가 계속되면 반드시 병원 진료를 받아야 한다.

18. (   )에 들어갈 내용으로 가장 알맞은 것을 고르십시오.

① 감기 증상처럼 보여도
② 흔한 질환인 듯 여겨도
③ 치료하는 방법을 깨달아도
④ 심한 증상인 것처럼 느껴져도

※ **[19~20] 다음을 읽고 물음에 답하십시오. (각 2점)**

'립스틱 효과'는 1930년 미국 대공황 시기에 생겨난 용어로 '경기가 좋지 않을 때 적은 비용으로 큰 만족을 느낄 수 있도록 하는 상품이 인기를 끄는 현상'을 일컫는다. (㉠) 여성들이 립스틱을 살 때, 남성들은 넥타이를 산다는 것이다. (㉡) 반대로 '남성 의류 속설'은 '경기가 좋지 않을 때 주부들이 남편들 옷은 구매 우선순위에서 제외하여 판매가 둔화되는 현상'을 뜻한다. (㉢) 이처럼 사람들이 행동하는 방식에 주목하여 경제를 예측하는 것을 '속설 경제 지표'라고 한다. (㉣) 그러나 이것은 늘 정확하게 들어맞는 사실이 아니라 속설이므로 이에 휘둘리지 않고 현명한 경제생활을 하는 것이 필요하다.

19. 다음 문장이 들어가기에 가장 알맞은 곳을 고르십시오.

이와 비슷한 것으로 '넥타이 효과'가 있다.

① ㉠ ② ㉡ ③ ㉢ ④ ㉣

20. 이 글의 내용과 같은 것을 고르십시오.

① 1930년의 미국 경기는 좋은 편이었다.
② 경기가 좋을 때 남성 옷의 판매는 감소한다.
③ '속설 경제 지표'는 경제 현상을 정확히 예측한다.
④ 경기가 좋지 않을 때 여성들의 립스틱 구매는 증가한다.

TOPIK Ⅱ 읽기 영역에서는 제시된 지문의 내용과 같은 것을 고르는 문제가 가장 많이 출제됩니다. 선택지에는 지문에서 사용된 단어나 표현이 그대로 사용되지 않고 비슷한 의미의 다른 표현으로 제시되는 경우가 많습니다. 따라서 평소 비슷한 의미의 단어나 표현을 함께 익혀 두는 것이 중요합니다.

지문을 읽고 난 후에 지문에서 사용된 표현을 비슷한 표현으로 바꾸어 보는 연습을 해 보세요. 이미 알고 있는 표현과 바꾸어 써 보아도 좋고, 사전에서 찾아 보아도 좋습니다. 바꾸어 쓴 표현과 이전에 사용된 표현이 완전히 같은 의미인지, 의미에 차이가 있다면 어떠한 차이가 있는지도 생각해 보세요. 읽기 능력뿐만 아니라 어휘력 향상에도 큰 도움이 될 것입니다.

메일을 쓰거나 문자 메시지를 주고받을 때 이모티콘을 통해 감정을 표시한다. 초
작성하거나 나타낸다/드러낸다

창기 문자나 얼굴 표정 위주에서 발전해 만화 인물을 활용하여 소리를 내기도 하고,
사용하여

움직임을 더해 웃음을 유발하기도 한다. 1980년대 초 이모티콘이 처음 생긴 이래
추가해 일으키기도 한다/자아내기도 한다

끊임없이 진화를 계속하고 있는 것이다. 언어 표현력을 퇴보시킨다는 일부의 비판
계속/꾸준히/줄곧 지속하고

에도 불구하고 이제 이모티콘은 없어서는 안 될 또 하나의 언어로 자리매김 되었다

고 할 수 있다.

제41회 35번 기출문제

정답 및 해설

 유형 학습 (듣기)

유형 ❶ 알맞은 그림 고르기

1-1. 대화 상황 고르기 p.81

1. ②

여자: 고객님, 어떤 문제가 있으세요?
남자: 노트북 화면이 안 나와서요.
여자: 네, 언제 구입하셨지요?

남자의 노트북이 고장나서 여자에게 문의하는 상황이고, 여자가 남자를 '고객님'이라고 부르고 있다. 여자와 남자가 노트북 회사 직원과 고객 관계이므로 ②번이 답이다. ①번 그림 속 여자와 남자는 같은 사무실에서 일하는 동료 관계이고, ④번은 여자가 아닌 남자가 직원이거나 둘이 아는 사이로 보인다. ③번은 노트북을 판매하는 장소이므로 답이 될 수 없다.

2. ③

여자: 요즘 이 옷이 인기가 많아요. 디자인도 좋고 입었을 때 굉장히 편하거든요.
남자: 색이 아주 예쁘네요. 그걸로 주세요.
여자: 네. 선물 받으실 어머님도 아주 좋아하실 거예요.

대화 속 여자는 옷 가게 점원이고 남자는 손님이다. 여자 점원은 남자가 남자의 어머니께 선물할 옷을 추천하고 있다. ①, ②번 그림 속 장소는 옷 가게가 아닌 가정집이므로 답이 될 수 없고, ④번 그림에서는 남자가 자신이 입을 옷을 고르고 있는 상황이므로 답이 될 수 없다.

3. ③

여자: 우와, 주말이라 그런지 식당에 줄이 기네요.
남자: 너무 오래 기다려야 할 것 같은데……. 오늘은 다른 거 먹어요.
여자: 그럴까요? 그럼 이 식당은 다음에 다시 와요.

여자와 남자가 함께 식사를 하려고 식당에 간 상황이다. '줄이 길다'는 표현을 통해 식당 앞에 차례를 기다리며 서 있는 사람이 많음을 알 수 있으므로 ③번 또는 ④번이 대화 상황을 적절히 묘사한 그림이다. 이어서 남자가 오늘은 다른 것을 먹자고 하였고 여자도 이에 동의하며 다음에 다시 오자고 했으므로 ③번이 답이다. ①, ②번 그림은 식당 밖이 아니라 안의 상황을 묘사한 그림이므로 답이 될 수 없다.

4. ①

남자: 비가 많이 오네요. 혜정 씨, 우산 가지고 왔어요?
여자: 아니요. 비가 올 줄 몰랐어요.
남자: 그럼 이 우산 쓰세요. 전에 사무실에 두었던 우산이 하나 더 있거든요.

남자가 여자에게 우산을 빌려 주는 상황이므로 ①번이 답이다. 남자가 우산이 하나 더 있다고 말했기 때문에 두 사람이 우산을 같이 쓰고 있는 ②번이나 여자만 우산을 쓰고 남자는 우산 없이 비를 맞고 있는 ③번, 두 사람 모두 비를 맞고 있는 ④번은 답이 될 수 없다.

5. ①

여자: 안녕하세요? 무엇을 도와드릴까요?
남자: 어제 입원한 환자 병문안을 왔는데요, 입원실은 어디에 있죠?
여자: 입원실은 2층부터 있어요. 저기 보이는 에스컬레이터를 타고 올라가세요.

대화 속 여자는 병원 안내데스크에서 근무하는 직원이고 남자는 병문안을 온 사람이다. 병원 안내데스크에서 입원실 위치를 묻는 남자에게 여자가 입원실 가는 방법을 설명해 주고 있다. ②번 그림 속 여자는 안내데스크 직원이 아니고 남자도 환자이므로 답이 아니다. ③, ④번의 그림 속 장소는 병원 안내데스크가 아니라 병실 안이므로 답이 될 수 없다.

1-2. 그래프 고르기 p.86

1. ④

남자: 직장인들은 점심시간을 어떻게 보낼까요? 직장인들의 점심시간은 한 시간이 70%였고, 한 시간 삼십 분은 20%, 한 시간 미만은 10%였습니다. 식사 후 활동은 '동료와 차 마시기'가 가장 많았으며, '산책하기', '낮잠 자기'가 뒤를 이었습니다.

선택지에 '직장인들의 점심시간'과 '점심 식사 후 활동' 두 종류의 그래프가 있다. 직장인의 점심시간은 '한 시간, 한 시간 삼십 분, 한 시간 미만' 순서로 많았고, 식사 후 활동은 '동료와 차 마시기', '산책하기', '낮잠 자기' 순서로 많다고 이야기했으므로 ④번이 답이다.

2. ①

남자: 여러분은 하루에 밥을 얼마나 드십니까? 한 보고서에 따르면 1인당 한 해 소비하는 쌀의 양은 1970년 이후 매년 꾸준히 감소하고 있습니다. 이는 다양한 식품으로 인해 쌀밥 대신 다른 식품을 섭취하기 때문인 것으로 나타났습니다. 밥 대신 섭취하는 식품 종류로는 빵이 가장 많았고, 라면과 커피가 그 뒤를 이었습니다.

쌀 소비량 감소에 대한 이야기이다. 1970년 이후 쌀 소비량이 꾸준히 감소하고 있다고 했으므로 ①번이 답이다. 쌀밥 대신 다른 식품을 소비하기 때문에 쌀 소비량이 감소하고 있으며, 이러한 쌀 대체 식품 종류로는 '빵〉라면〉커피' 순서라고 했으므로 원 그래프는 빵 부분이 가장 크고 커피 부분이 가장 작아야 한다. 따라서 ③, ④번은 답이 될 수 없다.

3. ④

남자: 지난해 해외 여행객 조사에 따르면 60~80대 여행객은 해외 여행지로 중국을 가장 선호하였습니다. 그 다음으로는 동남아와 일본, 유럽 순으로 나타났는데, 유럽은 지난해에 비해 선호도가 크게 높아진 것으로 조사되었습니다.

해외 여행지로 선호하는 곳에 대한 이야기이다. 선호하는 여행지는 '중국〉동남아〉일본〉유럽' 순서라고 했으므로 '선호 여행지'에 대한 원 그래프 중 중국 부분이 가장 크고 유럽 부분이 가장 작은 ④번이 답이다.

4. ①

여자: '노랑이 커피'라는 애칭으로 부를 정도로 직장인이 사랑해 온 믹스 커피 판매량이 점점 줄어들고 있습니다. 한 믹스 커피 판매 업체의 조사 결과에 따르면 국내 믹스 커피 시장 규모는 2018년부터 2020년까지 지속적으로 줄어든 것으로 밝혀졌습니다. 이는 아메리카노나 드립 커피 등과 같은 블랙 커피의 인기 상승과 최근 1천 원대 저가 커피 열풍으로 믹스 커피에 대한 관심이 줄어든 결과입니다.

'믹스 커피 판매량'이 2018년부터 2020년까지 지속적으로 줄어들었다고 했으므로 꺾은선 그래프의 기울기가 점점 줄어들고 있는 ①번이 답이다. 블랙 커피의 인기가 상승하고 있다는 언급은 있었지만 어떤 종류의 커피가 더 선호되고 있는지에 대해서는 언급하고 있지 않으므로 '커피 선호도'의 정확한 수치는 알 수 없다.

5. ③

여자: 사회가 변함에 따라 남성들의 결혼관에도 변화가 생기고 있습니다. 최근 한 결혼정보회사에서 전국 미혼 남성 400명을 대상으로 설문조사를 한 결과 남성들이 가장 선호하는 여성의 직업은 약사이고, 그 다음으로 교사, 의사, 공무원 순이었습니다. 예전에는 남성들이 배우자의 직업으로 교사나 공무원을 선호했던 것과 달리 경제가 어려워짐에 따라 전문직을 선호하는 사람이 많아지게 된 것입니다. 한편 결혼을 원하는 시기도 점차 늦춰지고 있는 것으로 나타났습니다.

남성의 결혼관의 변화에 대한 이야기이다. 현재 남성들이 배우자의 직업으로 선호하는 여성의 직업은 '약사〉교사〉의사〉공무원' 순서라고 했으므로 ③, ④번 그래프 중 ③번이 답이다. 결혼을 원하는 시기는 점차 늦춰지고 있다고 했으므로 ①, ②번은 답이 될 수 없다.

유형 ② 대화 완성하기

1. ④ p.90

남자: 점심시간이 지났는데도 식당에 사람이 많네요.
여자: 그러네요. 밥 먹으려면 한참 기다려야겠어요.
남자: ________________

여자가 식당에 사람이 많아서 오래 기다려야 할 것 같다고 하였다. 따라서 기다리지 말고 다른 식당에 가는 것이 어떻겠냐고 묻는 ④번이 답이다. ①, ②번은 점심시간 전에 할 수 있는 질문이고, ③번은 식사 시간 후에 할 수 있는 질문이다.

2. ②

남자: 누나, 나 열 있나 한번 봐 줘.
여자: 음. 열이 좀 있는 것 같네. 몸이 안 좋니?
남자: ________________

열이 있는 남자에게 여자가 몸이 안 좋은지 물었으므로 남자는 '몸이 좋다' 또는 '좋지 않다'는 내용으로 답을 해야 한다. 남자와 여자의 대화 상황으로 보아 남자는 열이 좀 있고 몸이 안 좋은 상태이므로 ②번과 같은 대답이 적절하다.

3. ③
여자: 강연아! 우리 조 과제 같이 할래?
남자: 그래. 관심 주제가 비슷하면 같이 하자.
여자: ________________

조 과제를 함께 하자는 여자의 말에 남자가 주제가 같으면 같이 하자고 대답했다. 여자가 남자와 조 과제를 함께 하기 위해서는 관심 주제가 같은지 확인해야 하므로 여자가 이어서 할 말로는 남자의 관심 주제를 확인하는 ③번과 같은 대답이 적절하다.

4. ②
여자: 3시에 시작하는 연극 표가 남아있나요?
남자: 죄송합니다. 이미 매진되었어요.
여자: ________________

3시에 시작하는 연극 표는 이미 다 팔렸다고 했으므로 이어지는 여자의 말은 ②번이 적절하다. 표가 매진되었다고 했으므로 ①번은 답이 될 수 없고, ③, ④번은 연극을 본 뒤에 할 수 있는 말이므로 적절하지 않다.

5. ②
남자: 여보세요. 고려호텔이죠? 방을 예약하려고 하는데요.
여자: 네, 마침 하나가 남아있어요. 몇 분이 지내실 건가요?
남자: ________________

호텔 방 예약을 위한 통화 내용이다. '분'은 '사람'을 높여서 부르는 말로, 여자가 몇 분이 지낼 것인지 물었으므로 ②번이 답이다. ①번은 계산 방법에 대한 이야기이고, ③번도 호텔에 머무를 기간에 대한 내용이므로 답이 될 수 없다. ④번은 빈방이 없는 상황에서 할 수 있는 말이므로 이어지는 남자의 말로는 적절하지 않다.

유형 3 이야기의 흐름 파악하기

3-1. 이어질 행동 고르기 p.92

1. ③
여자: 과장님, 여기 해외 파견 근무 지원자 명단입니다. 한번 보시겠어요?
남자: 아, 네. 이번에는 지원 현황이 어떻게 되지요?
여자: 확인해 봤는데 생각보다 지원자가 적습니다.
남자: 그거 큰일이군요. 그럼 인사과에 연락해서 추가 지원을 받을 수 있는지 알아보세요. 전 부장님께 말씀드릴게요.

대화를 듣고 여자가 이어서 할 행동을 고르는 문제이므로 남자의 마지막 말이 중요하다. 남자가 명령형 어미 '-(으)세요'를 사용해서 여자에게 인사과에 알아보라고 지시하고 있다. 따라서 대화 후에 여자가 할 일로 알맞은 것은 ③번 '인사과에 연락한다.'이다. ②번 '부장님께 보고한다.'는 여자가 아니라 남자가 할 행동이므로 오답이다.

2. ②
여자: 지난주에 인터넷으로 주문한 옷이 아직도 안 왔어. 일주일이 넘었는데.
남자: 사이트에서 배송 정보는 확인해 봤어?
여자: 응. 사이트에는 배송 완료라고 나와.
남자: 그럼 문제가 있는 거네. 택배 회사에 전화해서 한번 확인해 봐.

여자가 주문한 옷의 배송이 늦어지고 있는 상황이다. 남자가 택배 회사에 전화해서 확인해 보라고 했으므로 ②번이 답이다.

3. ④
남자: 사무실 공기가 안 좋은 것 같아요. 눈도 좀 따가운 것 같고.
여자: 지하실 공사를 해서 먼지가 우리 사무실까지 올라오는 것 같아요.
남자: 그럼 창문을 열 수도 없고. 어쩌지?
여자: 설비팀에 전화를 걸어서 공사가 몇 시쯤 끝나는지 알아볼게요.

지하실 공사로 발생한 먼지가 남자와 여자가 일하는 사무실까지 올라와서 문제가 되고 있는 상황이다. 해결 방법을 찾지 못해 고민하는 상황에서 여자가 공사 끝나는 시간을 알아보겠다고 했으므로 ④번이 답이다. 설비팀에 전화를 걸겠다고 한 것은 공사 일정을 확인하기 위해서이고, 재촉하거나 항의하기 위해서가 아니므로 ②, ③번은 답이 될 수 없다.

4. ②
여자: 이번 학기 수강료는 50만 원입니다.
남자: 수강료가 올랐네요. 원래 45만 원 아니었나요?
여자: 지난 학기 수강료에서 조금 올랐습니다. 대신에 지난 학기 수강증을 보여 주시면 교재를 무료로 드려요. 결제하실 카드와 수강증 주세요.

남자: 수강증은 지금 없어요. 오늘은 결제만 하고 내일 다시 올게요.

남자가 마지막에 오늘 결제를 하겠다고 했으므로 ②번이 답이다. 수강증은 내일 다시 가지고 오겠다고 했기 때문에 ③, ④번은 답이 될 수 없고, 내일 수강증을 가져와서 교재를 무료로 받을 것이므로 ①번도 답으로 적절하지 않다.

5. ④

남자: 친구 중에 운전 잘하는 사람 있어? 이사할 때 운전해 줄 사람이 필요해서.

여자: 그래? 한 명 있긴 한데 일요일마다 봉사활동을 가야 해서 바쁜 것 같던데…….

남자: 이사는 토요일에 하니까 좀 부탁해 보면 안 될까?

여자: 글쎄. 한번 전화로 물어볼게. 아마 봉사활동 준비를 해야 해서 토요일에도 도와줄 수 없을 거야.

남자가 여자에게 운전을 잘하는 친구가 있는지 물었고, 그 친구에게 이사를 도와줄 것을 부탁해 달라고 했다. 여자는 친구가 바빠서 도와줄 수 없을 것이라고 생각하지만 '전화로 물어볼게.'라고 대답했으므로 ④번이 답이다. ②번은 여자의 친구가 토요일에 하는 일이고, ①, ③번은 대화의 내용으로 알 수 없다.

- 한번: '-아/어 보다'와 함께 쓰여 어떤 일을 시험 삼아 시도해 보거나 경험해 보는 것을 나타내는 말로 '한번 해 보다.', '한번 먹어 보다.' 등과 같이 사용한다.

3-2. 대화 앞의 내용 고르기 p.94

1. ①

여자: 왜 작사가와 작곡가들이 야구단에 소송을 제기한 건가요? 그동안 야구단에서 곡에 대한 사용료를 지불해 온 것으로 알고 있는데요.

남자: 사용료를 지불하긴 했지만 원작자 허락 없이 가사를 바꾸고 곡을 편집한 것에 대해서도 금액을 지불하라는 것이죠. 야구단에서 원곡을 그대로 사용했다면 이런 문제는 없었을 겁니다. 하지만 저작권법에 따르면 저작물의 내용이나 형식을 바꿀 경우 미리 원작자의 허락을 받아야 하고 이에 대한 비용도 지불하는 것이 맞습니다. 현재 이 문제로 당분간 야구장에서 응원가를 틀지 않기로 한 상황입니다.

어떤 노래를 만든 사람들과 그 노래를 사용한 야구단 사이의 소송 문제에 대해 이야기하고 있다. 여자가 처음에 '왜' 노래를 만든 사람들(작사가와 작곡가)이 야구단에 소송을 제기했는지 이유를 묻고, 남자는 그 이유를 설명하고 있다. 담화의 앞에서는 노래를 만든 사람들이 소송을 제기했다는 사실을 이야기했을 것이다. 원작자는 노래를 만든 사람을 뜻하고, 소송을 '제기하다'는 소송을 '걸다', '내다' 등과 바꿔 쓸 수 있으므로 ①번이 답이다.

2. ③

남자: 앞에서 말씀하신 것처럼 온갖 어려움을 이겨내고 어렵게 사업가로 성공을 하셨는데, 갑자기 사업을 그만두신 이유가 있을까요?

여자: 회사가 안정적으로 운영되는 것을 보고, 제가 회사를 위해 할 수 있는 일은 다 했다고 생각했어요. 그래서 회사를 더 잘 이끌어 줄 전문 경영인을 모신 거고요. 저는 이제 그동안 제가 꿈꾸었던 교육 봉사활동을 시작할까 합니다.

여자가 회사 경영을 그만둔 이유에 대해서 이야기하고 있다. "앞에서 말씀하신 것처럼……"이라는 표현은 앞에서 나눈 이야기를 다시 언급할 때 사용한다. 남자의 말로 보아 여자는 앞에서 어려움을 극복하고 사업가로 성공하게 된 경험에 대해 이야기 했을 것이다.

3. ①

여자: 네, 꾸준히 걷는 것만으로도 건강에 큰 도움이 된다니 앞으로 웬만한 거리는 걸어 다녀야겠네요. 걷기 운동처럼 생활 속에서 쉽게 할 수 있는 운동이 또 있을까요?

남자: 계단 오르기 역시 생활 속에서 쉽게 할 수 있으면서도 건강에 큰 도움이 됩니다. 계단 오르기는 걷는 것과 마찬가지로 심장과 호흡기를 튼튼하게 할 뿐만 아니라 다리의 근력까지 강화시키는 운동이지요.

생활 속에서 쉽게 할 수 있는 운동에 대한 대화이다. 여자가 처음에 "꾸준히 걷는 것만으로도 건강에 큰 도움이 된다니……"라고 한 것으로 보아 남자는 걷기가 건강에 도움이 된다는 내용의 이야기를 했을 것이므로 ①번이 답이다.

4. ①

남자: 선생님 말씀을 들으니 제가 혼자 살면서 불규칙하게 식사를 해 온 것이 후회가 됩니다. 그런데 말씀하신 것 이외에도 살이 찌게 되는 이유가 또 있을 것 같은데요.

선생님, 어떤 것들이 있을까요?

여자: 식사 시간이 불규칙한 것 외에 식사 습관이 좋지 않은 것도 문제입니다. 혼자 사는 사람들 중에는 밥을 먹으면서 텔레비전을 보거나 책을 읽는 사람이 많습니다. 최근에는 스마트폰을 사용하는 사람이 굉장히 많아졌죠. 밥을 먹으면서 동시에 다른 일을 하면 식사에 집중하기가 어렵습니다. 그래서 자기가 얼마나 많은 양을 먹고 있는지 잘 느끼지 못합니다. 결국 종종 과식을 하게 되니까 체중이 늘 가능성이 커지게 되는 것이지요.

좋지 않은 식습관이 체중 증가에 영향을 미친다는 내용의 대화이다. 남자가 여자에게 불규칙한 식사 습관 이외에 체중을 증가시키는 또 다른 이유를 물었기 때문에 앞에서는 불규칙한 식사가 체중을 증가시킨다는 내용을 이야기했을 것이다. 따라서 ①번이 답이다. 여자의 첫 문장도 앞의 대화 내용을 찾는 데 중요한 힌트가 될 수 있다.

5. ②

여자: 정리하자면 예전과는 반대로 서울로 들어오는 인구보다 떠나는 인구가 점점 많아지고 있다는 말씀이시군요. 박사님, 이러한 인구 이동 흐름의 변화에 대해 좀 더 설명을 부탁드립니다.

남자: 말씀드렸듯이 통계적으로 보면 서울 유입 인구가 줄어들고 있습니다. 이에 반해 서울과 가까운 수도권의 유입 인구는 늘어나고 있는데요. 이러한 현상에는 다양한 원인이 있겠지만, 서울의 비싼 집값이 큰 영향을 미친 것으로 볼 수 있습니다. 더불어 수도권의 교통 환경이 좋아지면서 집세나 물가가 비싼 서울을 떠나 수도권으로 이사하는 사람들이 점점 많아지고 있는 것이지요.

서울 유입 인구의 변화에 대한 대화이다. '정리하자면~', '말씀드렸듯이~'라는 표현은 앞에서 나눈 이야기를 요약하여 다시 제시할 때 사용한다. 두 표현이 사용된 여자의 첫 문장과 남자의 첫 문장으로 보아 앞에서 서울 유입 인구가 줄어들었다는 내용의 대화를 나누었을 것이다.

유형 4 세부 내용 파악하기

1. ④ p.96

여자: 한 해 지구상에 지진이 몇 번 발생할까요? 50만 번이나 일어납니다. 우리는 잘 느끼지 못하지만요. 인간은 인류 역사가 시작될 때부터 계속 지진을 겪어 왔고 몇몇 큰 지진은 인류 역사를 바꿔 놓기도 했죠. 그중에서 1755년 리스본 대지진은 과학적 연구가 이루어진 최초의 지진이라는 점에서 의미가 있습니다. 그때 처음으로 지진 상황을 파악하기 위한 조사가 실시됐거든요. 과학적인 해석을 시도한 거죠. 대지진 이후 사람들은 무기력하게 쓰러져 있던 것이 아니라 오히려 그 지진을 통해 원인을 찾으려고 노력했어요. 그런 노력이 지진학의 탄생을 가져왔고 현재 우리는 지진을 적극적으로 대비할 수 있게 된 것입니다.

인류 역사가 시작될 때부터 지진이 있었으나, 과학적 연구가 처음으로 이루어진 것은 1755년 리스본 대지진이라고 하고 있으므로 ④번이 답이다.

① 지진은 드물게 발생하는 자연재해이다. (×)
→ 지진은 한 해에 50만 번이나 일어나는, 매우 자주 발생하는 자연재해이다.

② 대지진 이후에 인간은 무기력에 빠졌다. (×)
→ 대지진 후 인간은 무기력하게 쓰러지지 않고 오히려 지진의 원인을 찾으려고 노력했다.

③ 지진에 대한 사람들의 인식은 바뀌지 않았다. (×)
→ 대지진 후 처음으로 과학적인 해석을 시도하는 것은 인식의 변화로 볼 수 있다.

④ 대지진 이전에는 과학적으로 조사를 하지 않았다. (○)

• -(이)나: 수량이나 횟수 등을 의미하는 표현 뒤에 붙으면, 예상되는 정도를 넘었거나 꽤 많음을 나타낸다.

2. ③

남자: 이사 갈 집에는 이렇게 큰 의자를 둘 곳이 없는데 어쩌지? 아직 새거라 버리긴 아까운데.

여자: 중고 시장에 파는 건 어때? 필요한 사람들은 싸게 살 수 있어서 좋고, 우리도 의자를 버리지 않아서 좋고.

남자: 아! 그게 좋겠네. 그런데 중고 시장이 어디에 있어?

여자: 매월 마지막 토요일에 우리 집 앞 초등학교 운동장에서 중고 물품을 거래해. 마침 이번 주 토요일이니 의자를 들고 나가볼까?

새로 이사 갈 집에 큰 의자를 둘 곳이 없어서 중고 시장에 팔기로 했으므로 ③번이 답이다.

① 여자는 초등학교에 다닌다. (×)
→ 여자의 집 앞에 초등학교가 있지만 여자가 초등학교에 다니는지는 알 수 없다.

② 남자는 새 의자를 사고 싶어한다. (×)
→ 대화의 내용으로 알 수 없다.

③ 여자와 남자는 의자를 팔 것이다. (○)

④ 여자와 남자는 새 집에 이사를 왔다. (×)
→ 여자와 남자는 새 집에 이사를 가게 될 것이다.

3. ①

여자: 총무과에서 안내 말씀드리겠습니다. 오늘 오전 열 시부터 엘리베이터 안전 점검을 실시할 예정입니다. 점검에 소요되는 시간은 약 한 시간입니다. 점검 중에는 엘리베이터가 운행되지 않으니 이 점 양해해 주시기 바랍니다. 점검이 완료되면 운행 재개 안내를 다시 드리겠습니다.

점검에 걸리는 시간은 약 한 시간이고 점검 중에는 엘리베이터를 운행하지 않는다고 했으므로 ①번이 답이다.

① 엘리베이터를 한 시간 정도 운행하지 않는다. (○)

② 오후 열 시부터 엘리베이터 점검이 이루어진다. (×)
→ 오전 열 시부터 엘리베이터 점검이 이루어진다.

③ 불편 사항이나 문의 사항은 총무과로 연락하면 된다. (×)
→ 들은 내용으로는 알 수 없다.

④ 엘리베이터 점검 전에 안내 방송이 다시 나올 것이다. (×)
→ 엘리베이터 점검 후에 안내 방송이 다시 나올 것이다.

4. ②

남자: 드라마 정말 잘 봤습니다. 요즘 아주 바빠지셨겠습니다. 남성들뿐만 아니라 여성들한테도 인기가 대단하신데요. 소감이 어떠세요?

여자: 요즘 정말 행복한 시간을 보내고 있어요. 예전에는 지하철을 타도 아무도 알아보는 사람이 없었는데 요즘엔 많이 알아보시더라고요. 사실 처음 연기를 시작한 게 10년 전이에요. 무명 시절이 길어서 많이 지치고 힘들었죠. 하지만 힘들 때 옆에서 응원해 준 가족들 덕분에 포기하지 않고 끝까지 노력할 수 있었어요. 앞으로 전 세계 사람들이 좋아하는 한류 배우로 성장하는 게 꿈이에요.

남성들뿐만 아니라 여성들한테도 인기가 대단하다고 했으므로 ②번이 답이다.

① 여자는 유명한 한류 스타의 가족이다. (×)
→ 한류 배우가 되는 것은 여자의 꿈이다.

② 여자는 남성과 여성 모두에게 인기가 있다. (○)

③ 여자는 인기 드라마에 출연한 신인 배우이다. (×)
→ 여자는 10년 전에 연기를 시작했고, 10년 동안 무명 배우였다.

④ 여자는 드라마 주제곡을 불러 인기를 얻었다. (×)
→ 대화에 나오지 않는 내용이다.

- 무명: 이름이 널리 알려져 있지 않다는 뜻. '유명'의 반대말
- 한류: 한국의 대중문화 요소가 외국에서 유행하는 현상
- 소감: 어떤 일의 결과나 상황에 대한 느낌

5. ④

남자: 우리는 하루에도 주변 사람들과 상당히 많은 말을 주고받습니다. 그런데 상대방과 성공적인 의사소통이 이루어지는 경우도 있지만, 종종 상대방의 생각과 의도를 잘 파악하지 못하는 경우가 발생하게 됩니다. 성공적인 의사소통을 위해서는 상대방의 말뿐만 아니라 행동도 잘 살펴야 하기 때문입니다. 우리가 다른 사람에게 생각을 전달할 때에는 말로 1/3이 전달되고, 나머지는 눈짓이나 몸짓에 의해 전달됩니다. 또한, 행동만으로 의사를 전달하거나 아무 말을 하지 않는 것으로 의사를 표현하기도 하지요. 따라서 말뿐만 아니라 상대방의 몸짓이나 표정도 잘 관찰하는 것이 중요합니다.

행동만으로 의사를 표현하기도 한다고 했으므로 ④번이 답이다.

① 의사 전달은 말을 통해서만 가능하다. (×)
→ 의사 전달은 말뿐만 아니라 눈짓, 몸짓으로도 가능하다.

② 말을 잘하면 언제나 의사소통에 성공한다. (×)
→ 성공적인 의사소통을 위해서는 상대방의 행동도 잘 살펴봐야 한다.

③ 대화를 할 때에는 몸짓보다 표정이 중요하다. (×)
→ 몸짓과 표정 모두 중요하다.

④ 행동만으로도 상대방에게 의사를 전달할 수 있다. (○)

유형 5 중심 내용 파악하기

5-1. 화자의 의도 고르기 p.99

1. ③

남자: 웬 신발을 이렇게 많이 샀어?

여자: 어제 신문에서 읽었는데 이 회사는 신발이 한 켤레 팔릴 때마다 가난한 아이에게 신발 한 켤레씩을 기부한대. 의도도 좋고 신발도 예뻐서 가족들 거까지 샀어.

남자: 겨우 신발 한 켤레 준다고 아이들의 삶이 얼마나 달라지겠어.

여자: 물론 신발이 가난을 해결해 주지는 못하지. 그런데 이 신발은 살면서 처음으로 갖는 자신만의 물건이래. 그래서 새 신발을 갖게 된 아이들은 스스로에 대한 자부심이 높아지게 되는 거지. 작은 사건을 계기로 인생이 바뀌는 사람들이 있잖아. 이 신발이 아이들에게는 그런 사건이 될 수도 있다는 거야. 어때? 멋지지 않아?

남자가 여자에게 신발을 많이 산 이유를 물었고, 여자는 남자에게 신발을 구매하면 동시에 기부도 하게 되는 신발 회사의 좋은 의도를 설명했다. 남자는 여자의 설명에 동의하지 않았다. '~ 얼마나 달라지겠어'라는 표현은 여자의 생각을 부정하는 표현으로 '달라지지 않을 것이다'를 의미한다. 보통 '삶이 달라지면 얼마나 달라지겠어(→ 삶이 별로 달라지지 않을 것이다.).' 또는 '아이가 많이 먹으면 얼마나 먹겠어(→ 아이가 그렇게 많이 먹지는 않을 것이다.)'와 같이 '-(으)면 얼마나' + '-겠-'과 함께 쓰인다.
여자는 부정적인 반응을 보이고 있는 남자에게 신발 구매의 의미를 알려 주기 위해 추가 설명을 하고 있으므로 ③번이 답이다.

2. ②

남자: 아래층에 사는 사람인데요, 피아노 연습은 낮 시간에 해 주시면 좋겠어요.
여자: 아! 죄송합니다. 피아노 소리가 들리나 보죠?
남자: 네. 밤에는 주변이 조용해서 더 크게 들려요. 게다가 저희는 일찍 잠을 자서요.
여자: 네. 앞으로는 밤에 피아노 연습을 하지 않을게요. 밤에 더 크게 들리는지 몰랐네요. 죄송합니다.
남자: 감사합니다. 그럼 쉬세요.

남자가 피아노 연습은 낮 시간에 하라는 요청과 함께 그 이유에 대해 설명하고 있으므로 ②번이 답이다. 남자는 밤에는 주변이 조용해서 소리가 더 크게 들리고, 남자의 가족은 일찍 잠을 자기 때문에 연습 소리가 더 불편하다고 이유를 말하고 있다.

3. ④

남자: 네, 한국병원입니다. 무엇을 도와드릴까요?
여자: 다음 주에 진료 예약한 신영주입니다. 예약 시간을 바꾸고 싶어서요. 11일 오후로 예약을 바꿀 수 없나요?
남자: 5시에 진료 받으실 수 있는데, 5시 괜찮으신가요?
여자: 네, 좋습니다.
남자: 네, 그럼 11일 5시로 다시 예약해 드리겠습니다.

전화한 목적을 묻는 남자에게 여자가 진료 예약 시간을 오후로 바꾸고 싶어서 전화했다고 대답했으므로 ④번이 답이다. 이어서 변경이 가능한 시간을 확인하고 여자가 원했던 오후로 예약 일정을 변경하였다.

4. ③

남자: 여보세요? 이혜옥 고객님 댁이지요? 주문하신 냄비 세트 때문에 연락드렸습니다.
여자: 그렇지 않아도 제가 전화를 하려고 그랬어요. 주문한 지 일주일이 넘었는데 왜 아직도 상품이 안 오는 거죠?
남자: 죄송합니다. 주문하신 상품이 품절되어서 공장에서 새 상품을 가져오느라 좀 늦어졌습니다. 내일 오후에는 상품을 받아보실 수 있을 겁니다.
여자: 미리 전화를 주시지 그러셨어요. 택배 기사님이 오실까 봐 이번 주 내내 나가지도 못하고 집에서 기다리고 있었는데…….
남자: 정말 죄송합니다. 대신에 주문하신 상품과 함께 저희 회사에서 판매하는 보온병도 같이 보내 드렸습니다. 앞으로는 이런 일이 없도록 주의하겠습니다.

남자가 여자에게 상품 배송이 늦어지는 이유에 대해 설명하면서 사과하고 있으므로 ③번이 답이다. 남자는 여자에게 사과하는 의미로 남자의 회사에서 판매하는 다른 상품도 함께 배송했다고 하였다.

5. ①

여자: 선배, 이번 학기 해외 교환학생 선발 프로그램에 뽑혔다면서요? 정말 축하해요.
남자: 고마워. 한국에서 계속 공부하는 것도 좋지만 다양한 경험을 해 보고 싶어서 지원했어. 이번에 특히 경쟁이 심했다는데 운이 좋았지 뭐.
여자: 부러워요. 저도 다른 나라에 가서 다양한 사람들과 소통해 보고 싶어요. 선배는 뭐든 열심히 하니까 늘 결과가 좋은 것 같아요.
남자: 근데 새로운 환경에 가서 잘 적응할 수 있을지 걱정이야. 음식도 입에 잘 맞지 않을 텐데. 게다가 말이 잘 안 통하는 사람들과 친구가 될 수 있을지…….
여자: 걱정 마세요. 선배는 성격도 좋고 사교적이어서 모두들 좋아할 거예요.

여자가 교환학생으로 선발된 남자에게 축하한다는 말과 함께 응원을 하고 있으므로 ①번이 답이다. 특히, 마지막에 새로운 환경에서 잘 적응할 수 있을지 걱정하는 남자에게 '성격이 좋고 사교적이어서 모두 좋아할 것'이라는 말로 응원하고 있다.

5-2. 이야기의 주제 고르기 p.101

1. ①

여자: 제 고향에 소목이라고 부르는 곳이 있습니다. 좀 독특한 지명이죠? 지형이 소가 누워 있는 형상인데, 소의 목 부분에 있는 마을이라고 해서 그렇게 불린다고 하네요. 이렇게 지명을 들여다보면 그 마을의 특징을 알 수

있는 경우가 있습니다. 동네 뒷산에 토끼가 많이 산다고 해서 토끼실이라 불리는 곳도 있습니다. 땅끝마을은 우리나라의 육지 중 가장 남쪽 끝에 있는 마을이라서 붙여진 이름이고요. 그럼 두물머리라는 지명은 왜 나온 것일까요? 네, 그렇습니다. 그곳은 한강의 두 물길이 하나로 만나는 곳에 위치한 마을이라서 그렇게 불립니다. 여러분이 사는 곳의 이름에는 어떤 의미가 있는지 찾아보시죠.

지명은 어떤 마을이나 지역의 이름이다. 여자는 '소목', '토끼실', '두물머리'라는 지역의 이름을 이야기하고 그 지명들이 만들어진 배경을 설명하고 있으므로 ①번이 답이다.

2. ③

남자: 바쁘다는 이유로 아침 식사를 거르는 분들이 많습니다. 그러나 아침밥을 먹는 것은 우리의 건강과 생활에 큰 도움이 됩니다. 먼저 아침밥은 우리의 뇌를 깨우는 역할을 합니다. 아침밥을 먹으면 두뇌 회전에 필요한 영양분이 기억력과 창의력 등을 높이는 반면, 아침밥을 먹지 않으면 집중력과 사고력이 떨어질 수 있습니다. 또한 아침밥을 통해 에너지원이 보충되어 몸의 피로를 덜 느끼게 됩니다.

아침밥을 먹는 것이 건강에 끼치는 영향에 대해 설명하는 내용이다. 아침밥을 먹으면 두뇌 활동에 도움이 되고 몸의 피로도 덜 느끼게 된다고 하였으므로 ③번이 답이다.

3. ④

여자: 부츠는 여성분들에게 인기가 높습니다. 부츠를 예쁘게 오래 신기 위해서는 관리가 중요한데요, 부츠는 바람이 잘 통하지 않아 부츠 안에 습기가 차거나 냄새가 나는 경우가 많습니다. 이 때문에 부츠가 눈이나 비에 젖었을 경우에는 반드시 마른 수건으로 물기를 닦아 그늘에서 잘 말려 주어야 합니다. 커피나 녹차 찌꺼기를 신발 안에 넣어 두는 것도 부츠의 습기와 냄새 제거에 도움이 됩니다. 또, 보관을 할 때 부츠 안에 신문지나 종이를 넣어 두면 부츠의 모양이 변하는 것을 막을 수 있습니다.

부츠를 오래 신기 위한 부츠 관리 방법을 설명한 내용이다. 부츠가 젖었을 경우 물기를 닦아 그늘에서 말리고, 커피나 녹차 찌꺼기, 신문지나 종이를 활용하여 부츠를 보관하는 방법을 설명하고 있으므로 ④번이 답이다.

4. ④

남자: 고양이를 키워 본 사람들이라면 한 번쯤 무릎 위의 고양이를 쓰다듬어 주다가 물려 본 경험이 있을 것입니다. 고양이가 아무 이유 없이 갑자기 공격성을 보이는 이유가 무엇일까요? 고양이가 이렇게 갑작스러운 공격성을 보이는 이유는 자기를 보호하기 위해서입니다. 주인이 쓰다듬어 주는 것을 즐기다가 갑자기 자신의 자세가 공격당하기 쉬운 자세라는 걸 인지하게 되는 것입니다. 그럴 때 고양이는 손을 물거나 할퀴고 달아나면서 거리를 유지합니다. 특히 아랫배나 다리 등 예민한 부위를 건드리면 자기 몸에서 손을 치우라는 표현으로 이런 방어적인 행동을 보입니다.

고양이가 갑작스럽게 공격성을 보이는 이유에 대한 내용이다. 고양이가 갑자기 공격성을 보이는 경우는 자기 보호를 위해서라고 이야기하고 있으므로 ④번이 답이다.

5. ①

여자: 식품을 가공해서 판매할 때 또는 서비스를 제공할 때 늘어나는 가치에 대해 세금을 부과하게 됩니다. 이러한 세금을 바로 부가가치세라고 합니다. 식품을 예로 들어 보겠습니다. 우리가 마트에서 사서 먹는 많은 식품에는 세금이 포함되어 있다는 것을 잘 아실 겁니다. 그런데 세금이 모든 식품에 붙는 것은 아닙니다. 예를 들어, 우유 중에서도 흰 우유에는 세금이 붙지 않습니다. 그러나 딸기 우유나 바나나 우유에는 약 10% 정도의 세금이 붙습니다. 또 가공되지 않은 소금에는 세금이 붙지 않습니다. 그러나 소금을 가공해서 판매하는 맛소금에는 세금이 붙습니다. 쉽게 말하자면 원재료를 가공했을 때 늘어나는 가치에 대해서 세금을 부과하게 되는 것입니다.

부가가치세의 의미를 설명하는 내용이다. 부가가치세라는 용어를 정의하고 그 뜻을 예를 들어 설명하고 있으므로 ①번이 답이다.

- 가공하다: 원래의 재료나 제품 등에 인공적인 처리를 해서 새로운 제품을 만들거나 제품의 질을 높이는 것
- 부과하다: 세금이나 부담금 등을 매기어 책임을 지도록 하는 것

5-3. 화자의 중심 생각 고르기 p.103

1. ①

여자: 선생님, 이번에 세계적으로 유명한 소설을 한국어로 옮기셨는데요. 한국 상황에 맞게 잘 표현했다는 평을 듣고 계십니다. 이번 작업을 하시면서 어떤 부분에 가장 중점을 두셨어요?

남자: 한국어로 정확하게 옮기는 것 못지않게 번역한 느낌이 나지 않도록 하는 것을 중요하게 생각했습니다. 그래서 이번 작품에서도 주인공의 성격과 등장인물들과의 관계 등을 한국 정서에 맞게 표현하려고 많은 애를 썼습니다.

남자는 번역한 느낌이 들지 않도록 한국 정서를 많이 고려했다고 했으므로 ①번이 답이다.

- 애를 쓰다: 목적을 이루기 위해 노력하는 모습
- 반영하다: 다른 것에 영향을 받아 어떤 현상을 나타내는 것

2. ④

여자: 어? 이 컴퓨터가 왜 이러지? 얼마 전에 고친 거 아니었어?

남자: 또 고장이 나려나 봐. 벌써 같은 고장으로 컴퓨터를 세 번이나 고쳤다고. 이제 정말 못 참겠어. 산 지도 얼마 되지 않았는데 같은 고장이 이렇게 자주 나면 교환해 줘야 하는 거 아니야?

남자가 "~ 같은 고장이 이렇게 자주 나면 교환해 줘야 하는 거 아니야?"라고 말한 것으로 보아 ④번이 답이다.

3. ④

여자: 요즘 우리 동네 식당들이 너무 많이 알려졌어요. 텔레비전에 맛집으로 소개되는 바람에 주말마다 사람들이 많이 찾아와요.

남자: 가까운 곳에 유명한 식당이 많아서 정말 좋겠어요. 편하게 찾아갈 수 있잖아요.

여자: 글쎄요. 근처에 맛있는 식당이 많은 것은 좋지만 사람들이 많이 찾아오는 것은 별로예요. 주말마다 사람들이 북적거려서 동네의 아늑한 분위기가 사라졌거든요.

여자는 근처에 맛있는 식당이 많은 것은 좋지만 사람들이 많이 찾아오는 것은 별로라고 하고 있으므로 ④번이 답이다.

- 맛집: 맛있기로 유명한 집(식당)을 의미
- 북적거리다: 많은 사람이 한곳에 모여서 매우 시끄럽고 복잡하게 움직이는 것
- 아늑하다: 포근하게 감싸 안기듯 편안하고 조용한 느낌

4. ③

여자: 저 가수는 원래도 예뻤는데 쌍꺼풀 수술하고 더 예뻐진 것 같지 않니? 성형 수술에 대해 나쁘게 생각하는 사람도 많지만 난 수술이 꼭 나쁜 것은 아닌 것 같아. 외모에 자신감이 없어서 힘들어하던 사람이 수술해서 자신감을 얻을 수 있다면 좋은 일이잖아.

남자: 물론 나도 수술 자체가 나쁜 것은 아니라고 생각해. 아름다워지려고 노력하는 것은 나쁜 게 아니니까. 하지만 수술이 자신감을 얻기 위한 방법이 될 수는 없을 거야. 오히려 자기가 안 예쁘다고 생각하는 부분까지 사랑할 수 있을 때 진정한 자신감을 얻을 수 있다고 생각해.

남자는 수술이 자신감을 얻기 위한 방법이 될 수는 없다고 했으므로 ③번이 답이다.

5. ④

남자: 단장님께서는 해설이 있는 클래식 공연을 하고 계시는데요, 특별히 공연과 함께 해설을 하시는 이유가 있으신가요?

여자: 많은 분들이 클래식을 어려운 음악이라고 생각하는 것 같습니다. 그래서 클래식을 쉽게 접하고 즐기게 하는 방법을 생각하다가 재미있는 해설과 이야기를 함께 곁들이면 어떨까 생각을 하게 된 것입니다. 곡이 만들어진 시대적 배경이나 뒷이야기들을 알게 되면 곡을 느끼고 이해하는 게 더 쉬울 수 있으니까요. 또, 저희 공연에서는 클래식을 편곡해서 인용한 가요나 팝송 등을 연주하기도 해요. 그러면 곡이 더 친근하게 느껴질 수 있죠. 앞으로도 클래식을 쉽게 접하고 즐길 수 있는 다양한 방법들을 많이 시도해 보려고 합니다.

여자는 사람들이 클래식을 어려운 음악이라고 생각하기 때문에 사람들이 클래식을 더 쉽게 접하고 즐길 수 있게 하기 위해서 공연과 함께 해설을 한다고 말하고 있으므로 ④번이 답이다.

유형 6 화자의 태도 파악하기

1. ④ p.105

여자: 과거에는 같은 지역에 살면 정치적 성향이 유사할 거라고 생각했어요. 그래서 지역 중심의 선거 운동이 대세였죠. 그러나 한 지역에 살더라도 개인의 정치적 성향이 다를 수 있다는 것이 밝혀졌고, 최근에는 개인별 특성을 반영하는 방향으로 선거 운동이 변화하고 있습

니다. 그래서 요즘은 후보자 진영에서 선거 운동용 이메일을 작성할 때도 다른 내용으로 여러 개를 만듭니다. 그리고 유권자의 성별이나 직업, 관심사 등을 고려하여 그에 맞는 메일을 보내지요. 이렇게 되면 유권자는 구미에 맞는 공약만을 전달받게 돼서 한쪽으로 치우친 정보에 노출될 가능성이 커집니다. 그럼 유권자는 후보자를 객관적으로 평가할 수 있는 기회 자체를 박탈당할 수밖에 없지요. 이런 상황에서 과연 유권자는 올바른 선택을 할 수 있을까요?

선거 운동 전략이 지역 중심에서 개인별 성향 중심으로 바뀐 것에 대해 이야기하고 있다. 여자는 개인의 특성에 맞추어 일부 정보만을 제공하는 것은 유권자들이 객관적인 평가를 할 수 없게 하기 때문에 좋지 않다고 생각하고 있으므로 ④번이 답이다.

- 부작용: 어떤 일에 기대했던 효과 외에 함께 일어나는 좋지 못한 일

2. ④

여자: 편리하다는 이유로 일회용품을 많이 사용하시죠? 씻어서 다시 사용하는 컵이나 수저보다 일회용품이 더 좋을 것이라 생각하시지는 않나요? 여러분들이 잘 아시다시피 일회용품을 만들기 위해서는 많은 자원이 낭비됩니다. 또 이러한 제품들이 땅에 묻혀 썩기까지는 매우 오랜 시간이 걸리죠. 일회용품에 사용되는 화학약품도 문제입니다. 이러한 화학용품이 몸에 들어오면 우리의 건강을 해치게 됩니다.

여자는 일회용품 사용에 대해 자원 낭비, 환경 오염, 건강 문제 등의 문제점을 제시하며 설명하고 있으므로 ④번이 답이다.

3. ①

남자: 요새 중고등학생들은 봉사활동도 점수를 받기 위해 합니다. 봉사활동 점수가 대학 입학 자료로 사용되기 때문이지요. 그런 활동은 진정한 봉사라고 할 수가 없습니다.

여자: 네, 그렇습니다. 진정한 봉사는 마음에서 우러나와야 하는 것이지요. 그렇지만 봉사의 기회를 제공한다는 점에서는 긍정적인 것 같습니다.

남자: 억지로 하는 봉사활동은 오히려 다른 사람들에게 불편이나 피해를 줄 수 있습니다. 봉사하러 온 사람들의 태도가 좋지 못하면, 도움을 받는 쪽에서도 기분이 좋지 않지요.

여자: 처음에는 점수 때문에 봉사활동을 시작하였어도, 봉사활동 과정에서 학생들이 스스로 배우고 깨닫는 것이 있을 것입니다. 그것만으로도 교육적 효과는 충분하다고 봅니다.

남자는 점수를 위한 봉사활동의 부정적 측면에 대해 지속적으로 이야기하고 있다. 여자는 남자와 같이 생각하면서도 일부 긍정적 측면 역시 인정하고 있다. ②, ③, ④번은 여자의 태도이다.

4. ③

여자: 최근에 아이들을 대상으로 하는 교육용 앱이 많이 출시되고 있는데요, 아이들이 재미있게 학습할 수 있는 데에 큰 도움이 될 것이라 기대가 됩니다.

남자: 글쎄요, 저는 너무 이른 나이부터 휴대폰이나 컴퓨터를 접하는 것은 별로 바람직하지 않다고 봅니다. 휴대폰이나 컴퓨터를 너무 많이 사용하게 되면 시력이나 체력이 나빠질 수 있다는 사실은 모두들 잘 아실 겁니다. 컴퓨터를 많이 하는 아이들은 사고력이나 상상력이 떨어진다는 연구 결과도 있습니다. 다른 사람과의 상호작용 능력도 부족해질 수 있고요. 또, 나이가 어릴수록 통제 능력이 떨어지기 때문에 컴퓨터에만 매달릴 수도 있습니다.

여자: 부모의 적절한 통제 안에서 앱을 사용하는 것은 괜찮지 않을까요? 책 읽기를 싫어하는 아이들도 앱에서 제공하는 만화나 게임을 통해서 배우게 되면 재미있어 할 것 같은데요.

남자: 저는 만화나 게임 자체도 교육에 도움이 되지 않는다고 생각합니다. 그것을 휴대폰이나 컴퓨터를 통해 일찍 접하는 것은 더더욱 좋지 않다고 생각하고요.

남자가 여자의 의견에 지속적으로 반대 의견을 제시하고 있으므로 ③번이 답이다. 여자는 교육용 앱의 사용과 만화나 게임을 이용한 학습을 지지하고 있고, 남자는 전자 기기 사용의 좋지 않은 점에 대해 여러 가지 근거를 제시하며 반대하고 있다.

5. ②

여자: 우리 시에서 이번 국제건축박람회를 유치하는 데 성공하였습니다. 이번 박람회 유치로 우리 시의 인지도를 높이는 한편, 경제 효과도 기대할 수 있게 되었는데요, 박람회 개최를 성공적으로 마무리하기 위해서는 어떠한 노력이 필요할까요?

남자: 시설 확충이나 정비도 중요하지만 무엇보다 시민들의 적극적인 참여가 필요하다고 봅니다. 박람회의 다양한 행사를 즐기며 박람회를 축제의 장으로 만드는 데에는

시민 여러분의 역할이 중요합니다. 그뿐만 아니라 질서 유지나 대중교통 이용 등과 같은 성숙한 시민 의식이 박람회의 성공적 개최를 좌우할 수 있습니다.

여자가 남자에게 성공적인 박람회 개최를 위해 어떠한 노력이 필요한지 물었고, 남자는 시민들의 적극적인 참여가 가장 필요하다고 하였으므로 ②번이 답이다.

듣기 영역 모의고사

TOPIK Ⅱ 듣기(1번~ 20번) p.106

1	①	2	②	3	①	4	②	5	④	6	④	7	②	8	③
9	②	10	①	11	①	12	③	13	②	14	④	15	①	16	③
17	①	18	②	19	④	20	②								

1. ①

여자: 이런, 물이 다 넘쳤네.
남자: 꽃에 물을 너무 많이 주었나 봐요.
여자: 일단 걸레로 바닥부터 닦아야겠어요.

꽃 화분에 물을 너무 많이 주어서 물이 바닥으로 흘러넘친 상황이다. 여자가 걸레로 바닥을 닦아야겠다고 했으므로 물이 넘친 화분 옆에 여자가 걸레를 들고 서 있는 ①번 그림이 답이다.

2. ②

남자: 연주 정말 잘 들었어요. 연습하랴, 공연 준비하랴 고생 많이 했죠?
여자: 아니에요, 고생은요. 바쁘신데 와 주셔서 감사합니다.
남자: 자, 이거 받으세요. 공연 축하 선물이에요.

공연을 마친 여자에게 남자가 선물을 주며 축하하는 상황이다. 남자가 여자에게 꽃다발을 주고 있는 ②번 그림이 답이다.

3. ①

남자: 인터넷 쇼핑몰을 이용하는 소비자들을 대상으로 인터넷 쇼핑몰을 이용하는 이유를 조사한 결과 '가격이 저렴하기 때문에'라는 응답이 가장 많았습니다. 이어 '쇼핑 시간을 아낄 수 있어서', '상품 비교가 편리하기 때문에'라는 응답이 뒤를 이었습니다. 이는 소비 심리가 위축되면서 합리적인 소비를 하려는 소비자가 늘고 있기 때문으로 보입니다.

소비자들이 인터넷 쇼핑몰을 이용하는 이유에 대한 이야기이다. 인터넷 쇼핑몰 이용 이유별 수치를 보여 주는 ①, ②번의 그래프 중 '저렴한 가격'을 나타내는 막대 길이가 가장 길고, 다음으로 시간 단축, 편리한 상품 비교 순서로 막대의 길이가 짧아지는 ①번이 답이다.

4. ②

여자: 오늘 시험 결과 나오는 날이지? 결과 나왔어?
남자: 아니, 아직. 긴장 돼.
여자: ______________________

시험 결과를 기다리느라 긴장하고 있는 남자를 응원하며 행운을 빌어 주는 ②번이 답이다. ①, ③, ④번은 아직 시험을 보지 않은 상황에서 할 수 있는 말이다.

5. ④

남자: 다음 주에 특강 같이 안 갈래? 창의성 개발과 관련한 내용이야.
여자: 그거 재미있겠다. 다음 주 언제인데?
남자: ______________________

다음 주에 있을 특강에 같이 가자는 남자의 제안에 여자가 특강 일정이 언제인지 물었으므로 ④번이 답이다.

6. ④

남자: 효정 씨, 탁자에 있는 이 빵 먹어도 돼요?
여자: 네. 드세요. 냉장고에 음료수도 있어요.
남자: ______________________

여자가 남자에게 빵과 음료수를 권하는 상황이므로 남자는 이를 거절하거나 수락하는 대답을 해야 한다. 빵과 음료수를 마시라는 권유에 고마움을 표시하며 수락하는 내용인 ④번이 답이다.

7. ②

남자: 여기요!
여자: 네, 손님. 더 필요한 거 있으세요?
남자: 찌개가 좀 짜네요. 육수를 좀 더 넣어야 할 것 같아요.
여자: 네, 금방 가져다 드릴게요. 잠시만 기다려 주세요.

육수가 더 필요하다는 남자의 말에 여자가 금방 가져다주겠다고 대답했으므로 ②번이 답이다.

8. ③

남자: 신제품 개발안 보고 준비는 다 끝나가나요?

여자: 네, 부장님. 보고서 작성은 끝났고, 발표 자료만 준비하면 됩니다.

남자: 그럼 보고서 먼저 검토할 수 있게 메일로 좀 보내 주세요.

여자: 네. 그럼 지금 바로 메일 드리겠습니다.

보고서를 메일로 보내 달라는 남자의 말에 여자가 바로 메일을 드리겠다고 대답했으므로 ③번이 답이다. ①번의 보고서 검토는 남자가 할 행동이다.

9. ②

남자: 나는 이 작가가 무엇을 이야기하고 싶은 것인지 모르겠어.

여자: 왜? 그 작가는 화려한 문체로 인기가 많은 작가인데.

남자: 글쎄. 작가의 개성에 따라 다를 수는 있겠지만 나는 간결한 글이 좋아. 그래야 읽는 순간 내용이 한눈에 들어오거든.

'내용이 한눈에 들어온다'는 표현은 내용이 잘 파악된다는 의미이다. 남자는 화려한 문체보다는 내용이 잘 파악될 수 있는 간결한 글이 좋다고 말하고 있으므로 ②번이 답이다.

10. ①

남자: 윗집 아이들 또 뛰네. 뛰지 말라고 연락을 해야겠어.

여자: 아이들인데 이해해 줘야지. 아이들은 활동량이 많잖아.

남자: 그래도 여럿이 사는 아파트면 서로 배려를 해야지. 이렇게 밤늦은 시간까지 아이가 뛰면 부모가 먼저 주의를 줘야 하는 거 아니야?

여자: 그렇긴 하지만, 조금만 더 참아보자. 이웃끼리 감정 상하는 것도 안 좋잖아.

층간 소음에 대해 남자와 여자가 서로 반대되는 의견을 제시하고 있다. 여자는 아이들은 활동량이 많으니 참고 이해해 줘야 한다고 생각하고, 남자는 부모가 아이들에게 주의를 줘야 한다고 말하고 있으므로 ①번이 답이다.

[11~12]

남자: 안녕하세요? 이정진 선생님 되시지요? 저희는 경제문화방송입니다. 선생님께 강의를 부탁드리고 싶어 연락드렸습니다.

여자: 아, 네. 어떤 내용의 강의를 원하시는 건가요?

남자: 중소기업이나 개인 사업자들을 대상으로 SNS를 활용한 소셜 마케팅 전략을 강의해 주셨으면 합니다. 강의 날짜나 시간은 선생님 일정에 맞추도록 하겠습니다.

여자: 네, 그럼 제가 일정을 확인하고 연락드리도록 하겠습니다.

11. ①

남자는 여자에게 강의를 부탁하기 위해 전화를 했다. 남자는 여자에게 강의를 부탁하기 위해 원하는 강의 주제에 대해 설명하고, 여자가 강의를 할 수 있는 날짜와 시간이 언제인지 문의하고 있다.

12. ③

강의가 가능한 날짜와 시간을 묻는 남자의 질문에 여자가 일정을 확인하고 연락하겠다고 한 것으로 보아 ③번이 답이다.

① 여자가 강의 주제를 정할 것이다. (×)
→ 남자가 여자에게 강의 주제를 정해 주었다.

② 여자는 남자의 제안을 거절하였다. (×)
→ 일정을 확인하고 연락을 주기로 했다.

③ 강의 일정은 아직 정해지지 않았다. (○)

④ 대기업 근무자도 강의를 들을 수 있다. (×)
→ 중소기업이나 개인 사업자들을 대상으로 하는 강의이다.

[13~14]

여자: 이 과장님, 휴가 기간이 곧 돌아오는데 무슨 좋은 계획 있으세요?

남자: 계획은 뭘요. 그냥 하루 정도만 집에서 쉬고 회사에 나오려고요.

여자: 요새 바쁜 시기도 아닌데 가족들하고 가까운 곳에 여행이라도 다녀오시지 그래요.

남자: 휴가 다녀오면 회사 일도 밀려 있고……. 회사에 나와 일을 하는 게 더 마음이 편할 것 같아요. 일을 열심히 해야죠.

여자: 일도 중요하지만 가족과의 시간도 무엇보다 소중하다는 거 아시죠? 그리고 과장님을 위해서라도 재충전하는 시간은 필요해요.

13. ②

여자는 남자에게 가족과 함께 시간을 보내고 재충전을 하는 시간의 중요성을 이야기하며 휴가를 권유하고 있다. 여자가 남자에게 말할 때 사용한 '-지 그래요'라는 표현은 상대방에게 어떤 행동을 할 것을 권유할 때 사용하는 표현이다.

14. ④

휴가 때 일을 하는 것이 더 좋겠다고 생각하는 남자에게 여자는 가족과의 시간이 무엇보다 소중하다는 말을 했으므로 ④번이 답이다.

① 남자는 회사에서 하는 일이 많다. (×)
→ 들은 내용으로는 알 수 없다.

② 여자는 회사에서 보내는 시간이 즐겁다. (×)
→ 들은 내용으로는 알 수 없다.

③ 남자는 휴가 기간 동안 여행을 갈 것이다. (×)
→ 남자는 하루만 쉬고 회사에 나와 일을 할 계획이다.

④ 여자는 가족과의 시간이 중요하다고 생각한다. (○)

[15~16]

여자: 최근 친환경 차가 잇따라 출시되고 있는데요, 친환경 차는 수소나 전기 등을 연료로 사용하여 공해를 일으키지 않는 차를 이야기합니다. 아직은 찻값이 비싸 구매를 망설이는 분들 많으시죠? 정부는 친환경 차의 구매를 촉진하기 위해 각종 세금 감면과 구입 보조금 등을 지급하고 있습니다. 또 친환경 차는 연비가 기존 휘발유 차의 1/3에 불과하기 때문에 장기적으로 보면 더 저렴하게 이용할 수 있습니다. 여러분도 구매 혜택은 물론 연비 절약과 환경 보호까지 할 수 있는 친환경 차로 바꿔 보시는 건 어떨까요?

15. ①

친환경 차의 장점과 친환경 차를 구매할 경우 얻을 수 있는 경제적 혜택에 대해 이야기하고 있으므로 ①번이 답이다.

16. ③

정부가 친환경 차의 구매 촉진을 위해 세금 감면과 보조금 지급 등의 혜택을 제공하고 있다고 했으므로 ③번이 답이다.

① 친환경 차는 가격이 저렴하다. (×)
→ 친환경 차는 아직 차 값이 비싸다.

② 친환경 차는 공해를 많이 일으킨다. (×)
→ 수소나 전기 등을 연료로 사용하여 공해를 일으키지 않는 차이다.

③ 정부는 친환경 차의 구매를 장려하고 있다. (○)

④ 친환경 차는 기존 차보다 연비가 많이 든다. (×)
→ 친환경 차의 연비는 기존 휘발유 차 연비의 1/3이라고 했으므로 연비가 더 적게 든다.

[17~18]

여자: 버섯의 종류가 이렇게 다양하다니 정말 놀랍네요. 버섯마다 각기 다른 효능을 가지고 있다는 것도 흥미롭고요. 그런데 혹시 버섯을 섭취할 때 주의해야 할 점이 있을까요?

남자: 최근 들어 독버섯 때문에 병원을 찾는 사람들이 늘고 있습니다. 버섯의 효능이 많이 알려지면서 산에서 무분별하게 버섯을 채취해 먹기 때문인데요. 식용 버섯과의 구분이 어려운 경우가 많기 때문에 잘 알려지지 않은 버섯의 경우에는 반드시 전문가에게 확인을 해야 합니다. 만약, 독버섯을 섭취했을 경우에는 즉각 병원 진료를 받으셔야 하고요.

17. ①

버섯에 대한 이야기이다. '버섯의 종류가 이렇게 다양하다니 정말 놀랍네요.', '버섯마다 각기 다른 효능을 가지고 있다는 것도 흥미롭고요.'라는 표현에서 '-다니'와 '-다는 것'이라는 표현은 다른 사람에게 들은 말을 인용할 때 쓰는 표현이다. 여자와 남자는 앞에서 버섯의 다양한 종류와 효능에 대한 이야기를 나누었을 것이므로 ①번이 답이다.

18. ②

남자가 독버섯 때문에 병원을 찾는 사람들이 늘고 있다고 말했으므로 ②번이 답이다. 남자의 말에서 '병원을 찾는 사람들'은 '환자'를 의미한다.

① 독버섯의 효능이 더 뛰어나다. (×)
→ 독버섯의 효능에 대해서는 이야기하지 않았다.

② 독버섯으로 인한 환자가 증가하고 있다. (○)

③ 독버섯은 식용 버섯과 쉽게 구분할 수 있다. (×)
→ 식용 버섯과의 구분이 어려운 경우가 많다.

④ 독버섯을 먹었을 경우 물을 많이 마시면 좋다. (×)
→ 바로 병원 진료를 받아야 한다.

[19~20]

남자: 인터넷에서 주문한 지 24시간이 채 되지 않아 상품을 받으면 어떤 기분이 드시나요? 이제는 너무 당연하게만 생각하고 계시지는 않나요? 이렇게 빠른 배송이 가능한 이유는 뭐라고 생각하시나요? 빠른 배송의 비밀은 바로 빅 데이터 분석에 있습니다. 빅 데이터는 말 그대로 대규모의 정보를 뜻합니다. 유통 업체에서는 소비자들의 구매 내역이나 상품 조회 정보 등을 분석하여 주문을 예측하고, 예측한 결과에 따라 포장이 완

료된 상품을 미리 사 두었다가 물류 창고에서 소비자에게 바로 배송하는 것이지요. 이렇게 빅 데이터를 활용하여 배송에 걸리는 시간을 단축할 수 있었던 것입니다. 이렇듯 빅 데이터는 앞으로의 문제 해결과 새로운 방법 제시에 큰 역할을 할 것입니다.

19. ④

'빠른 배송의 비밀은 빅 데이터 분석에 있다.'는 '빅 데이터 분석 덕분에 상품 배송이 빨라졌다.'는 의미로 해석할 수 있다. 남자는 빅 데이터 분석을 통해 소비자들의 상품 주문을 미리 예측할 수 있기 때문에 빠른 배송이 가능하다고 설명하고 있다.

① 빅 데이터는 정보의 분석 결과를 뜻한다. (×)
→ 빅 데이터는 정보의 분석 결과가 아니라 '대규모의 정보'를 뜻한다.

② 포장되지 않은 상품이 소비자에게 배송된다. (×)
→ 포장이 완료된 상품을 미리 사 두었다가 주문을 하면 바로 배송한다.

③ 인터넷에서 상품을 주문하면 당일에 받아볼 수 없다. (×)
→ 남자가 이야기한 내용으로는 알 수 없다.

④ 빅 데이터를 분석하여 상품을 빨리 배송할 수 있게 되었다. (○)

20. ②

온라인 상품 구매 시 빠른 배송이 가능하게 된 이유로 빅 데이터 활용을 제시하고 그 과정에 대해 설명하고 있다. 빅 데이터가 앞으로의 문제 해결과 새로운 방법 제시에 큰 역할을 할 것이라는 마지막 말로 보아 남자는 빅 데이터로 인한 긍정적 효과를 기대하고 있다.

유형 학습 (쓰기)

유형 ① 담화 완성하기

1-1. 대화 상황 고르기 p.118

1. ㉠: 필요하다고 합니다 / 있어야 한다고 합니다
   ㉡: 어떻게 해야 합니까 / 어떻게 해야 됩니까

㉠에는 출입증이 '필요하다'는 내용이 들어가야 한다. '선배에게 물어보니~'로 문장을 시작하고 있으므로 '-다고 하다'를 활용하여 문장을 구성한다. '필요하다' 또는 '있어야 하다' 모두 자연스럽다. ㉡ 다음에는 방법을 알려달라는 문장이 있으므로 ㉡은 출입증을 만들기 위해 해야 하는 일 또는 방법에 대해 묻는 질문으로 내용을 구성해야 한다. '어떻게 하다', '무엇을 하다', '어디로 가다' 등의 표현을 활용하여 문장을 구성한다. 다른 문장들과 마찬가지로 '-ㅂ니다/-습니다'로 문장을 마치도록 주의해야 한다.

2. ㉠: 나누어 드리고 싶습니다
   ㉡: 한국어 책이 필요한 분들은

유학을 마치고 돌아가는 유학생이 책을 무료로 나누어 줄 사람들을 찾기 위해 쓴 글이다.

㉠이 포함된 문장은 책을 무료로 나누어 주고 싶다는 내용의 문장이 되어야 하므로 '나누어 드리고 싶습니다', '나누어 드리려고 합니다', '나누어 드리겠습니다' 등과 같은 표현이 들어가면 된다.

㉡이 포함된 문장은 책을 원하면 연락을 달라는 내용의 문장이 되어야 하므로 '한국어 책이 필요한 분들은', '한국어 책을 원하는 분들은', '한국어 책이 필요하면', '한국어 책을 원하면' 등의 표현이 들어가면 된다.

3. ㉠: 몸(속)에 수분이 부족하면
   ㉡: (오히려) 건강에 좋지 않을 수도 있다

충분한 양의 물을 섭취해야 건강에 문제가 없지만 특정 질환이 있는 경우 오히려 물을 많이 마시는 것이 좋지 않다는 내용의 글이다.

㉠이 포함된 문장은 몸속에 수분이 부족한 것이 좋지 않은 이유에 대한 문장이어야 하므로, '몸속에 수분이 부족하면', '몸속에 물이 부족하면', '물을 충분히 섭취하지 않으면' 등의 표현이 들어가면 된다.

㉡이 포함된 문장의 '그러나'는 서로 다른 내용의 두 문장을 연결할 때 사용하는 표현이다. 앞에서 물을 많이 마셔야 좋

다는 내용을 이야기하였으므로 뒷부분은 물을 많이 마시는 것이 좋지 않다는 내용이 되어야 한다. 즉 ㉡에는 '오히려 건강에 좋지 않을 수도 있다', '건강에 좋지 않다', '건강에 해로울 수도 있다' 등과 같은 표현이 들어가면 된다.

4. ㉠: (훨씬) 향상된다는 사실이
   ㉡: 정보를 기억하는 데에

충분한 양의 잠을 자는 것이 기억력을 향상시키고, 잠을 자지 못할 경우에는 기억력 저하에 영향을 미친다는 내용의 연구 결과이다.

㉠이 포함된 문장의 '밝혀지다'는 '드러나지 않거나 알려지지 않은 사실, 내용, 생각 등이 드러나 알려지다'를 의미하는 단어이다. 그러므로 연구 결과로 어떠한 사실이 알려졌다는 내용의 문장이 되어야 한다. 전체 내용으로 볼 때, 잠을 충분히 잤을 경우에 기억력이 향상된다는 내용이 되어야 하므로 ㉠에는 '(훨씬) 향상된다는 사실이', '(매우) 좋아진다는 사실이' 등과 같은 표현이 들어가면 된다.

㉡이 포함된 문장은 수면 장애가 새로운 정보를 기억하는 능력에 미치는 영향에 대한 내용이 되어야 하므로 ㉡에는 '정보를 기억하는 데에', '정보를 익히고 배우는 데에' 등과 같은 표현이 들어가면 된다.

5. ㉠: 배탈이 나기 쉽다
   ㉡: 피하는 것이 좋다

소화기가 약한 사람이 차가운 음식을 먹으면 배탈이 나기 쉬운데, 배탈이 났을 경우에는 따뜻한 음식을 먹고 자극적인 음식은 먹지 말아야 한다는 내용이다.

㉠이 포함된 문장 뒷부분이 배탈이 났을 경우의 대처 방법에 대한 내용이기 때문에, ㉠이 포함된 문장은 소화기가 약한 사람들이 찬 음식을 먹으면 배탈이 나기 쉽다는 내용이 되어야 한다. 즉 ㉠에는 '배탈이 나기 쉽다', '배탈이 날 수 있다' 등의 표현이 들어가면 된다.

㉡이 포함된 문장은 배탈이 났을 경우에 자극적인 음식을 조심해야 한다는 내용이 되어야 하므로, ㉡에는 '피하는 것이 좋다', '피해야 한다', '먹지 않는 것이 좋다', '먹지 말아야 한다', '조심해야 한다' 등과 같은 표현이 들어가면 된다.

유형 2 글 구성하기

2-1. 정보를 활용하여 짧은 글 구성하기 p.123

1.
국내 '외국인 유학생 현황'에 대한 조사 결과다. 그래프의 꺾은선 모양과 연도별 수치를 보았을 때 유학생의 수가 많아지고 있으므로 '많아지다, 증가하다, 늘어나다' 등의 표현을 사용하여 그래프를 설명한다. 문제에서 제시된 유학생 증가 원인은 두 가지 모두 답안에 포함한다. 기대되는 상황으로는 '2023년'과 '외국인 유학생 20만 명'이 제시되었으므로 앞으로도 유학생이 더 많아질 것으로 기대된다는 내용을 덧붙여 글을 완성한다. 글을 완성한 후에는 아래의 질문을 중심으로 부족한 부분이 없는지 점검한다. 마지막으로 [모범답안]과 비교해 보며 부족한 부분을 찾아보자.

- 무엇에 대한 조사입니까?
- 구체적인 조사 결과가 어떻습니까?
- 조사 결과가 그렇게 나온 배경(이유 또는 원인)은 무엇입니까?
- 조사 결과를 볼 때, 앞으로의 상황은 어떻게 될 것 같습니까?

[모범답안]

최근 국내에서 유학하는 외국인 유학생이 급증했다. 2000년에 4천 명이던 유학생이 가파른 상승세를 보이다 잠시 주춤하더니 다시 증가세를 보이며 2016년에 이르러 10만 명이 되었다. 이러한 증가의 원인으로 우선 외국인들의 한국과 한국어에 대한 관심이 증가한 것을 들 수 있다. 한국 대학에서 유학생을 유치하려는 노력도 유학생의 증가에 큰 영향을 미친 것으로 보인다. 이러한 영향이 계속 이어진다면 2023년에는 외국인 유학생이 20만 명에 이를 것으로 기대된다.

(제47회 정답 및 배점표 참고)

2.
한국의 '출산율 변화'에 대한 조사 결과다. 그래프의 꺾은선 모양과 연도별 수치를 보았을 때 출산율이 줄어들고 있는 상황이므로 '낮아지다, 감소하다, 줄어들다' 등의 표현을 사용하여 그래프를 설명한다. 문제에 제시된 세 가지 원인에 대해 문장을 쓴다. 전망으로 '2040년 0.73명'이라고 제시되어 있으므로 앞으로도 계속해서 출산율이 더 낮아질 것이라는 내용을 덧붙여 글을 완성해야 한다. 글을 완성한 후에는 아래의 질문을 중심으로 부족한 부분이 없는지 점검한다. 마지막으로 [모범답안]과 비교해 보며 부족한 부분을 찾아보자. 아래의 질문을 중심으로 생각을 정리해 보자.

- 무엇에 대한 조사입니까?
- 구체적인 조사 결과가 어떻습니까?
- 조사 결과가 그렇게 나온 배경(이유 또는 원인)은 무엇입니까?
- 조사 결과를 볼 때, 앞으로의 상황은 어떻게 될 것 같습니까?

[모범답안]

한국의 출산율이 점점 낮아지고 있다. 2000년에 평균 1.47명이던 신생아 수는 2010년에 1.24명, 2020년에는 0.82명으로 계속해서 감소했다. 이러한 출산율 감소의 원인으로는 우선 결혼 연령의 상승과 출산, 육아로 인한 고용 불안을 들 수 있다. 또한 자녀 보육과 교육에 대한 부담이 출산율 감소에 영향을 미친 것으로 보인다. 이러한 상황이 계속된다면 2040년에는 신생아 수가 0.73명까지 줄어들 것으로 예상된다.

3.

'전자책 시장 현황'에 대한 조사 결과다. 막대 그래프의 연도별 막대 길이와 수치를 보았을 때 전자책의 전체 매출액은 점점 증가하고 있으므로 '증가하다' 또는 '늘어나다' 등과 같은 표현을 사용하여 그래프를 설명한다. 제시된 증가 원인을 모두 포함하여 문장을 작성하고, 앞으로 기대되는 상황으로 '전자책 시장이 확대될 것'이라는 내용의 문장을 덧붙여 글을 완성한다. 글을 완성한 후에는 아래의 질문을 중심으로 부족한 부분이 없는지 점검한다. 마지막으로 [모범답안]과 비교해 보며 부족한 부분을 찾아보자.

- 무엇에 대한 조사입니까?
- 구체적인 조사 결과가 어떻습니까?
- 조사 결과가 그렇게 나온 배경(이유 또는 원인)은 무엇입니까?
- 조사 결과를 볼 때, 앞으로의 상황은 어떻게 될 것 같습니까?

[모범답안]

전자책 시장이 점점 커지고 있다. 2010년 340억 원이었던 전체 매출액은 2015년에 1450억 원이 되었고 2020년에는 2600억 원으로 급증했다. 이처럼 전자책 매출액이 증가한 원인으로는 우선 접근의 편의성을 들 수 있다. 또한 재택 근무와 재택 수업이 증가한 것도 매출액 증가의 주요 원인이라 볼 수 있다. 이러한 현상이 계속 이어진다면 앞으로 전자책 시장이 더욱 확대될 것으로 기대된다.

4.

'공공장소에서 흡연을 금지해야 하는가'에 대해 성인 남녀를 대상으로 조사한 결과를 막대 그래프로 제시하였다. 또한 '그렇다'라고 응답한 이유를 성별에 따라 표로 제시하였다. 따라서 표의 내용 역시 비교 표현을 사용하여 설명해야 한다. 글을 완성한 후에는 아래의 질문을 중심으로 부족한 부분이 없는지 점검한다. 마지막으로 [모범답안]과 비교해 보며 부족한 부분을 찾아보자.

- 무엇에 대한 조사입니까?
- 구체적인 조사 결과가 어떻습니까?
- 조사 결과가 그렇게 나온 배경(이유 또는 원인)은 무엇입니까?

[모범답안]

한국건강연구소에서 20대 이상 성인 남녀 2,000명을 대상으로 '공공장소에서 흡연을 금지해야 하는가'에 대해 조사하였다. 그 결과 '그렇다'라고 응답한 비율이 남자는 79%, 여자는 95%인 반면에 '아니다'라고 응답한 비율은 남자는 21%, 여자는 5%에 불과하였다. 이들이 '그렇다'라고 응답한 이유는 남자의 경우 자신의 건강을 위해서라는 응답이 1위, 타인의 건강을 위해서가 2위를 차지였다. 반면에 여자는 타인의 건강을 위해서가 가장 많았고, 담배 냄새가 싫어서가 그 뒤를 이었다.

5.

한국교육연구원에서 전국 남녀 대학생을 대상으로 온라인 동영상 수업 선호도를 조사한 결과다. 선호도 수치가 2015년부터 2020년까지의 그래프 선이 증가세를 표현하고 있으므로, '증가하다' 또는 '급증하다'와 같은 표현을 사용하여 그래프를 설명한다. 온라인 동영상 수업을 선호하는 이유로 3위까지의 이유가 제시되었으므로 이를 모두 포함하여 글을 구성한다. 글을 완성한 후에는 아래의 질문을 중심으로 부족한 부분이 없는지 점검한다. 마지막으로 [모범답안]과 비교해 보며 부족한 부분을 찾아보자.

- 무엇에 대한 조사입니까?
- 구체적인 조사 결과가 어떻습니까?
- 조사 결과가 그렇게 나온 배경(이유 또는 원인)은 무엇입니까?

[모범답안]

한국교육연구원에서 전국 남녀 대학생 700명을 대상으로 온라인 동영상 수업 선호도에 대해 조사하였다. 조사 결과 온라인 동영상 수업을 선호한다고 응답한 비율은 2015년 30%에서 2020년 80%로 크게 증가하였다. 이들이 온라인 동영상 수업을 선호하는 이유는 '시간이나 장소에 상관없이 수업을 들을 수 있어서'라고 응답한 경우가 가장 많았다. 이어 '같은 내용을 여러 번 들을 수 있어서', '필요한 부분만 들을 수 있어서'라고 응답하였다.

2-2. 주제에 맞게 논리적인 글 구성하기 p.135

1.
청소년기의 중요성에 대한 자신의 생각을 쓰는 문제이다. 문제에서 제시하고 있는 세 가지 질문에 대한 자신의 의견을 중심으로 서술한다. 문제에서는 청소년기에 많은 청소년들이 혼란과 방황을 겪으며 성장한다는 내용을 함께 제시하고 있다. 따라서 청소년기가 중요한 시기인 이유로 글을 시작하되, 글의 전체적인 방향은 청소년기에 주로 겪게 되는 혼란과 방황의 원인 및 특징, 어려움을 겪고 있는 청소년들을 돕기 위한 가정과 사회의 노력을 중심으로 서술한다.

[모범답안]

청소년기는 자아 정체성을 찾아가는 과도기라는 점에서 사람의 생애 중 중요한 시기이다. 청소년기에 형성된 자아 정체성은 진로나 인간관계뿐 아니라 삶의 전 영역에 지속적인 영향을 미친다. 또한 이 시기는 청소년이 올바른 사회 구성원이 되기 위해 준비하는 시기이기도 하다.

그러나 청소년은 아직 자아가 형성되지 않았기 때문에 심리적으로 불안정해지기 쉽다. 특히 가치관의 혼란, 타인의 평가, 또래 집단 내의 압박감 등은 청소년들이 불안정함을 느끼게 되는 주된 요인이다. 또한 청소년은 기존의 제도에 저항하거나 자신을 억압하는 어른에 대해 강한 반항심을 보이기도 한다. 뿐만 아니라 청소년은 아직 옳고 그름의 기준이 정립되지 않았기 때문에 주변 환경의 영향을 받기 쉽다. 이러한 특성으로 인하여 어떤 청소년은 일탈이나 돌발적인 행동을 하며 극단적인 경우 자신과 사회에 해를 끼치는 행동을 하기도 한다.

청소년이 건강하게 청소년기를 보내고 미래의 인재로 성장하도록 돕기 위해서는 가정과 사회의 다각적인 노력이 필요하다. 가정에서는 청소년의 특성을 성장을 위한 하나의 과정으로 이해하고 청소년이 건강한 자아 정체성을 형성할 수 있도록 정서적으로 지원할 필요가 있다. 사회에서는 청소년 심리 상담 센터나 방황하는 청소년을 위한 위탁 시설을 운영하는 등의 제도적 지원을 통해 청소년의 올바른 성장을 도울 수 있을 것이다.

(제64회 정답 및 배점표 참조)

2.
'환경 보호를 위한 규제'에 대해 자신의 의견을 서술하는 문제이다. 찬성 또는 반대 중 어느 한 쪽의 입장으로 글을 써야 한다.
규제에 찬성하는 입장으로 글을 쓸 경우 왜 그러한 규제가 필요한지, 규제로 인해 발생하는 긍정적인 효과는 무엇일지 등에 대해 서술한다. 반대로 규제로 반대하는 입장에서 글을 쓸 경우 강력한 규제의 문제점이 무엇인지, 환경 보호를 위해 규제를 대신해 할 수 있는 것에는 무엇이 있을지 등에 대해 자신의 의견을 자유롭게 서술하면 된다.

[중국인 학습자 작문 사례]

환경 보호는 과거든 현재든 세계 각국의 중요한 문제이다. 알다시피 오염된 환경은 우리의 건강을 위협할 뿐만 아니라 후대에게도 안 좋은 영향을 미치는 것이다. 일부 국가에서는 강력한 처벌과 벌금 등의 규재(규제)를 통해 환경을 보호하고자 한다고 한다. 이러한 환경 보호 규제에 대하여 내가 찬성한다고 생각한다.

우선 앞서 언급한 바와 같이 환경 보호는 중요한 문제인 만큼 남녀노소를 막론하고 누구나 다 중요시해야 하는 문제이다. 그러나 중요한 문제임에도 불구하고 사람들이 평소시에 환경 보호에 대하여 신경(을) 많이 쓰지 않으며 무시하는 것 같기도 한다. 이렇기 때문에 굉장히 중요한 문제인데도 사람들이 별로 큰 문제가 아니라고 생각할 수도 있다. 법적으로 정한 규제가 없다면 더 무시를 당할 수 있다고 간주(생각)한다. 예를 들면 길을 걷다가 쓰레기를 버릴 수도 있고 침을 뱉을 수도 있다. 사람들이 이러한 행위가 환경 보호에게 아주 큰 영향을 미친다는 생각을 못했을 것이다. 게다가 이러한 행위가 본인에게 후속 문제가 안 생기니까 더욱더 무시하는 것은 당연한 일이다.

그러나 만약에 강력한 처벌과 벌금에(이) 달려 있으면 환경 보호 문제는 달라질 것이다. 현재 사회는 경쟁이 아무 치열한(치열하다) 실정이다. 아무 문제가 돈이나 금액과 관련시키면 사람들이 중요시할 것이다. 처벌을 받지 않고 벌금을 내지 않기 위하여 환경 보호 문제에 대한 관심을 더 많이 갖게 되고 작은 습관부터 고쳐가면서 환경 보호 문제도 같이 해결이 된다고 생각한다.

→ 환경 보호 규제에 찬성하는 입장에서 서술하고 있다. 서론 부분에서 환경 오염의 심각성을 제시하고, 환경 보호 규제에 대한 자신의 찬성 입장을 밝히고 있다. 이어서 본론 부

분에서는 환경 보호 규제를 찬성하는 이유를 구체적인 사례를 들어 설명하고 있다.

3.
'현대 사회에서 가족이 어떠한 의미인지'에 대해 자신의 생각을 서술하는 문제이다. 1인 가구가 증가하고 있는 상황을 참고하여 쓰라고 하였다. 현대 사회에 가족 구성원 수가 줄어들고 1인 구성의 가족이 늘어나고 있다는 상황과 그러한 가족 구성의 특징에 대해 간단히 서술한 뒤 어떠한 의미가 있는지, 그 이유가 무엇인지 설명하는 방식으로 서술한다.

[중국인 학습자 작문 사례]

경제가 발전하면서 사회도 같이 변화하고 있다. 옛날 사회에서 대가족은 대부분의 비율을 차지하고 있었으나 요즘 들어 1인 가구가 계속 증가하고 있다. 이러한 현상을 통하여 사람들이 가족에 대한 기대는 마음이 점점 약해진다고 보이나, 나에게 가족은 없으면 안되는 만큼 중요한 존재이다.

지금 사회에서 사람들이 더 좋은 직장을 다니기 위하여 고향을 떠나 서울이나 큰 도시에 가서 생활하는 현상을 흔히 보일 수 있다. 그러기 때문에 1인 가구라는 가족 형태가 생겼다. 특히 서울의 경우, 원룸이나 오피스텔에서 혼자 사는 학생이나 직장인이 적은 편이 아니다. 그러나 이러한 현상을 보고, 사람들의 이제 가족이 필요가 없다는 것이 아니며, 나에게 가족은 친구나 동료보다 굉장히 중요한 존재이다.

요즘 들어 나이가 들수록 친구도 점점 없어진다는 생각이 들었다. 그러나 가족은 시간을 흘러도 변함없이 나에게 언제든지 든든하게 의지할 수 있는 존재이다. 친구와 한판 싸우면, 우정이 끝이 날 수 있으나, 가족은 아무래 싸워도 같은 피니까 영원히 떠날 수 없다. 밖에서 섭섭한 일을 벌어지거나 상처를 받을 경우, 가족은 유일하게 나의 모든 것을 다 받아들이는 존재이다. 집에서 떠나 생활하고 있으나 마음 속에 가족과 영영 함께 있다.

→ 서론에서 현대 사회 가족 유형의 변화와 1인 가구 증가 현상에 대해 언급하고 학습자 자신에게는 가족이 중요한 존재임을 서술하였다. 본론에서는 자신에게 가족이 중요한 이유에 대해 보충 설명을 하고 있다. 어휘와 문법의 정확성은 다소 부족하나 다양한 표현을 사용하여 의견을 제시하였다. 다만, 개인적 측면보다는 사회적 측면에서 좀 더 분명하고 구체적인 사례와 근거가 제시되면 더 좋은 글이 될 수 있을 것이다.

4.
근무 시간을 자율적으로 조정하는 '탄력 근무제'에 대한 문제이다. 찬성과 반대의 입장을 묻는 문제이므로 어느 한쪽으로 자신의 입장을 정하고 구체적 이유를 들어 주장하는 글을 쓰면 된다. 찬성하는 입장에서 글을 쓸 경우 '탄력 근무제'를 실시했을 때 얻을 수 있는 긍정적인 효과를 제시하고, 반대하는 입장에서 글을 쓸 경우에는 '탄력 근무제'를 실시했을 때 예상되는 어려움을 중심으로 서술한다.

[중국인 학습자 작문 사례]

근로자들의 여가와 가정생활 등을 위한 탄력 근무제는 요즘 사람들에게 사랑을 많이 받고 있다. 그러나 이는 정말로 효율적인지 또는 광범위에서 시행할 수 있는지 조금 더 생각할 필요가 있다고 본다. 내 생각에는 다음과 같은 이유가 있기 때문에 탄력 근무제에 대해 아직 고민할 부분이 많다.

첫째, 자율성이 많이 떨어지는 사람들에게 자율적인 근무는 그다지 좋지 않은 선택이라고 본다. 자율성이 없는 사람들에게 자유 시간을 준다면 업무를 우선으로 하지 않고 자기가 하고 싶은 일 또한 가벼운 일을 할 가능성이 높다. 그러나 정한 시간 안에 업무를 완성해야 하므로 업무의 완성 결과는 만족스럽게 나오지 못할 수 밖에 없다. 또한 평일에 규정 근무 시간에 다른 일을 하면 업무를 아직 처리하지 않는 생각을 들 수 있기 때문에 여가 생활을 제대로 즐기지 못할 경우도 있다.

둘째, 회사 측면에서 근로자들이 자율적인 근무 시간을 선택할 수 있다면 같이 사무실에서 근무할 기회가 없어질 수도 있다. 따라서 근로자들이 회사에 대한 정이 많이 떨어질 수 있다고 본다.

셋째, 자율적인 근무 환경은 업무를 잘하는 회사원에 대해 많이 유리하다고 볼 수 있으나 업무의 난이도에 따라 손해를 볼 수도 있다. 난이도가 높은 업무는 일을 잘하는 회사원에게도 잔업을 해야 할 경우가 있다. 그러나 결국 그 전업은 자기의 여가 시간으로 해야 한다. 이러면 회사 쪽에서 전업을 위해 소비한 시간에 돈을 받을 수 없어서 손해를 볼 것이다.

이상 3가지의 이유로 나는 탄력 근무제는 좋은 선택이 아니라고 본다.

→ 서론에서 탄력 근무제에 대한 사회의 긍정적 반응과는 반대로 효율성 측면에 대해 더 고민이 필요하다며 반대 입장을 제시하고 있다. 본론에서는 반대하는 이유로 세 가지 구체적 근거를 들고 있다. 글을 논리적으로 이끌어 나가고 있으며 어휘와 문법의 사용 측면에서도 비교적 정확하고, 다양한 표현들을 사용하고 있다.

5.
현대 사회에서 '창의적 인재'가 필요한 이유를 제시하고, 현대 사회의 특성에 적합한 '창의적 인재'는 어떤 사람인지 자신의 의견을 제시하는 문제이다. 자신이 생각하는 '창의적 인재'가 갖추어야 할 역량과 그 이유에 대해 구체적으로 기술해야 한다.

[태국인 학습자 작문 사례]

21세기에 접어들면서 전 세계가 지식정보 사회로 옮겨가며 매우 급속도로 변화하고 있다. 빠른 변화에 뒤쳐지지 않기 위해 많은 국가에서 경제, 사회, 문화, 교육 등 다양한 측면에서 노력을 보이고 있다. 특히 교육에 있어서 '창의적 인재' 육성 과정이 새롭게 언급되며 주목을 받고 있다. 심지어 국가 교육 과정에 투입되어 학교에서 '창의적 인재' 육성 과정을 운영하는 국가도 많다.

먼저, '창의적 인재'란 창의성 사고 능력을 비롯하여 문제해결 능력, 비판적 사고 능력 등을 갖추는 인재를 의미한다. 따라서 '창의적 인재' 육성 과정은 학생이 스스로 새로운 아이디어를 개발할 수 있으며 자신의 아이디어와 배운 학문들을 창의적으로 활용할 수 있는 역량을 기르는 것에 목표를 두었다. '창의적 인재'를 ~~육성하기에는~~ 육성하는 것은 과거 학교에서 학생들에게 주입식으로 학문 지식을 그대로 입력시키는 전통 교육과 차이를 갖는다. 이러한 이유로 이전의 전통 학교 교육은 학생들의 창의적 사고를 배양하는 것보다 단순 학문적 지식을 가르치는 것에 더 가깝다고 볼 수 있다.

현재 전 세계에서 인터넷을 통해 지식정보를 실시간 빠르게 접할 수 있으므로 학문 지식을 가지고 있는 사람이 이에 따라 많아지며 사회에서 경쟁률도 높아질 수밖에 없게 된다. 그러나 학문 지식을 그대로 받아들인 사람이 대부분이므로 지식을 실제 상황에 적합하게 활용하지 못하는 단점이 있다. 따라서 지식을 직접 창출하고 활용할 수 있으며 판단 능력이 있는 '창의적 인재'가 매우 필요하다고 결론을 내릴 수 있다.

→ 현대 사회에서 '창의적 인재'가 어떤 사람인지 정의하고, 학교에서 그러한 인재를 육성하기 위해 어떠한 교육을 하고 있는지 제시함으로써 창의적 인재의 특성에 대해 설명하였다. 글의 후반부에서는 그러한 창의적 인재가 필요한 이유에 대하여 정보 사회인 현대 사회의 특성과 연관 지어 설명하고 있다. 어휘와 문법의 사용이 정확하고 문장의 구성이 매우 자연스럽다.

쓰기 영역 모의고사

TOPIK Ⅱ 쓰기(51번~54번) p.145

51. ㉠ : 맞이하게 되었습니다
㉡ : 축하해 주시면 감사하겠습니다

기업의 창립 기념 행사에 사원들을 초대하는 내용의 초대문이다.
㉠이 포함된 문장은 초대를 하게 된 배경에 대한 설명을 하는 문장이므로 창립 10주년을 맞이했다는 내용의 문장이 되어야 한다. '맞이하게 되었습니다', '맞이했습니다' 등과 같은 표현이 들어가면 된다.
㉡이 포함된 문장은 바쁘더라도 축하 행사에 참석해서 함께 축하해 달라는 내용의 문장이 되어야 한다. 축하 행사에 초대할 때 자주 사용하는 표현으로, '축하해 주시면 감사하겠습니다', '축하해 주시기 바랍니다' 등과 같은 표현이 들어가면 된다.

52. ㉠ : 좋지 않은 경우가 많다
㉡ : 줄여 준다

나쁜 꿈은 더 잘 기억이 되어서 깨고 난 후 기분이 좋지 않을 수 있지만 나쁜 꿈은 고통과 스트레스를 줄여 준다는 내용의 글이다.
㉠이 포함된 문장은 나쁜 꿈을 꾼 후에는 기분이 좋지 않을 수 있다는 내용의 문장이 되어야 하므로 ㉠에는 '좋지 않은 경우가 많다', '나쁜 경우가 많다', '좋지 않을 수가 있다,' 등과 같은 표현이 들어가면 된다.
㉡이 포함된 문장의 '그러나'는 서로 다른 내용의 두 문장을 연결할 때 사용하는 표현으로, 앞에서 나쁜 꿈의 부정적 측면에 대해 이야기했으므로 뒷부분에서는 나쁜 꿈의 긍정적 측면에 대한 내용이 나와야 한다. 또한, ㉡의 바로 앞에서 '스트레스도'라고 표현하고 있으므로 ㉡에는 '감소시키다'와 비슷한 의미의 표현이 반복해서 들어가야 한다. 즉, '줄여 준다', '감소시켜 준다', '없애 준다', '줄여 줄 수 있다', '감소시켜 줄 수 있다' 등과 같은 표현이 들어가면 된다.

53.
'배달 음식 시장 현황'에 대해 조사한 결과다. 왼쪽 막대 그래프의 연도별 수치와 막대 길이를 통해 전체 매출액이 증가했으므로 '증가하다'를 사용해 그래프를 설명한다. 오른쪽 꺾은선 그래프를 통해 사용 기기에 따른 매출액도 증가한 것을 알 수 있는데, 컴퓨터와 스마트폰의 증가 정도가 다르므로 이를 비교하여 문장을 작성하는 것이 좋다. 변화 원인으로 두 가지가 제시되었으므로 모두 포함하여 문장을 작성한다. 글을 완성한 후에는 아래의 질문을 중심으로 부족한 부분이 없는지 점검한다. 마지막으로 [모범답안]과 비교해 보며 부족한 부분을 찾아보자.

- 무엇에 대한 조사입니까?
- 구체적인 조사 결과가 어떻습니까?
- 조사 결과가 그렇게 나온 배경(이유 또는 원인)은 무엇입니까?

[모범 답안]

배달 음식 시장 현황에 대해 조사한 결과, 배달 음식 시장의 전체 매출액은 2015년에 6조 원, 2020년에 13조 원으로 크게 증가한 것으로 나타났다. 사용 기기에 따른 매출액의 경우 스마트폰은 2015년에 1조 원에서 2020년에 9조 원으로 큰 폭으로 증가한 반면, 컴퓨터는 2015년에 4조 원, 2020년 5조 원으로 소폭 증가하였다. 이와 같이 배달 음식 시장이 변화한 원인은 1인 가구가 증가하였고 다양한 배달 앱의 등장으로 인해 배달 접근성이 높아졌기 때문이다.

54.
'공공 주택에서 애완동물을 키우는 것'에 대해 자신의 의견을 서술하는 문제이다. 자신의 생각을 밝히고 그 이유를 서술하라고 지시하였다. 찬성과 반대 중 어느 한쪽으로 자신의 입장을 제시하고, 구체적인 근거를 들어 주장하는 글을 쓰면 된다. 찬성하는 입장일 경우 문제에서 제시하고 있는 애완동물의 소음, 배설물 등의 피해를 예방하거나 해결할 수 있는 방안을 함께 제시하면 글이 보다 풍부해질 수 있다. 반대 입장의 경우에도 애완동물을 좋아하는 사람들에게 제시할 수 있는 대안을 제안하면 글의 완성도를 높일 수 있다.

[일본인 학습자 작문 사례]

공공 주택에서 애완동물을 키우는 것에 대한 의견은 분분하지만 나는 매너만 잘 지킨다면 문제를 훨씬 줄일 수 있다고 생각한다. 애완동물을 키우는 사람 수는 매년 늘어나고 있고 또 서울과 같은 큰 도시에서는 도지가 부족하기 때문에 일반적으로 사람들은 단독 주택보다 공공 주택에 산다. 그러므로 애완동물을 공공 주택에서 키우는 것은 피할 수 없는 일이라고 볼 수 있다. 그러나 앞에서 언급한 바와 같이 애완동물을 키우는 데 있어 애완동물을 키우는 가정은 매너를 잘 지켜야 한다. 예를 들어 공공 주택에서 애완동물을 키울 경우 가장 많이 일어나는 문제가 바로 소음에 관한 문제이다. 소음 문제는 애완동물을 키우는 가정만의 문제가 아니라 어느 가징에서도 일어날 수 있는 문제이지만 애완동물을 키우면 소음이 나는 확률은 더 높아진다. 따라서 애완동물을 키우는 가정에서는 소음 문제 대책으로 소음방지매트를 까는 것이 다른 주민들에 대한 배려이며, 지켜야 할 매너라고 할 수 있다. 또한 배설물에 관한 문제도 자주 일어나는 문제 중 하나이다. 애완동물의 배설물을 방지하면 냄새도 나고 또한 주변 주민들이 지나가다 방지된 배설물을 보면 기분이 좋을 리가 없을 것이다. 따라서 산책을 시킬 때는 반드시 봉투와 휴지를 챙겨가서 배설물 수거해야 한다. 이상과 같이 주변 주민들에 대한 배려를 잊지 말고 매너를 잘 지킨다면 애완동물 키우기에 관한 문제는 지금보다 줄일 수 있을 것이다.

→ 공공 주택에서 애완동물을 키우는 것에 대해 찬성하는 입장을 제시하고, 그 이유로서 피할 수 없는 현실적 상황과 관련한 구체적 근거를 제시하였다. 애완동물의 소음, 배설물 등의 피해를 예방하거나 해결할 수 있는 대책을 제안함으로써 비교적 논리를 갖추어 글을 마무리하였다. 어휘와 문법도 비교적 정확하고 다양한 표현을 사용하고 있다.

정답 및 해설

 유형 학습 (읽기)

유형 1 알맞은 문법 고르기

1. ① p.154

'덕분에'는 앞에 제시된 대상이 긍정적인 이유나 원인일 때 사용한다. '덕분에' 뒤에는 긍정적인 결과나 상황이 나와야 하므로 ①번이 답이다. '-게 되다'는 다른 사람의 행동이나 환경에 의해서 어떠한 상황이나 상태가 될 때 사용하는 표현이다.

2. ①

'-든지'는 어떠한 경우도 상관이 없음을 나타낸다. 배가 계속 고프면 상황을 봐서 빵을 더 먹든지 말든지 결정하겠다는 의미의 문장이므로 ①번이 답이다.

3. ③

'-더라도'는 앞에서 말한 것과 같은 상황이 발생한다고 가정을 하여도 그 이상의 일을 하거나 변함 없음을 나타내는 표현이다. 시간에 늦는 일이 생긴다고 하여도 오늘 모임에는 꼭 가야 한다는 내용이므로 ③번이 답이다.

4. ②

'-더니'는 뒤의 행동이 앞의 행동의 결과로서 나타나는 경우에 사용하는 표현이다. 경은 씨가 이전까지는 공부를 하지 않다가 책상에 앉고 나서 공부를 하기 시작했다는 내용이므로 ②번이 답이다.

5. ④

'-도록'은 뒤에 나오는 행동에 대한 목적이나 기준 등을 나타낸다. 일찍 공항에 간 것은 비행기를 놓치지 않고 타려는 목적 때문이므로 ④번이 답이다.

유형 2 의미가 비슷한 표현 고르기

1. ④ p.156

'-나 보다'는 말하는 사람이 추측할 때 사용하는 표현이다. 즉, 누군가가 계속 웃고 있는 모습을 보고 그 사람에게 좋은 일이 생긴 것 같다고 추측하는 의미의 문장이므로 ④번이 답이다. '-(으)ㄴ/는 모양이다' 역시 말하는 사람이 추측할 때 사용하는 표현이지만 '-나 보다'가 주로 말할 때 사용하는 표현이라면 '-(으)ㄴ/는 모양이다'는 주로 글을 쓸 때 사용한다.

2. ④

'-(으)ㄴ/는 탓에'와 '-는 바람에'는 뒤에 일어나는 상황의 원인이나 이유를 나타내는 표현이다. 보통 앞의 상황이 뒤의 행동에 부정적인 영향을 미칠 때나 말하는 사람의 의도와는 다른 결과를 가져올 때 쓴다. 어젯밤 늦게까지 텔레비전을 보았기 때문에 잠을 자지 못했다는 내용이다.

3. ①

'-(으)려나 보다'는 어떤 일이 일어나거나 어떤 상태일 것이라는 추측을 나타내는 표현으로, '-(으)ㄹ 듯싶다' 또는 '-(으)ㄹ 듯하다'와 바꾸어 쓸 수 있다. 문장에서는 생략되어 있는 주어가 오늘은 연습을 그만하려고 하는 것 같다고 추측하는 내용이다.

4. ①

'-는 바람에'는 뒤에 일어나는 상황의 원인이나 이유를 나타내는 표현으로, 이유를 나타내는 '-아/어서'와 바꾸어 쓸 수 있다. 단, '-는 바람에'는 보통 앞의 상황이 뒤의 행동에 부정적인 영향을 미칠 때 사용되지만, '-아/어서'는 긍정적인 경우와 부정적인 경우 모두에 사용될 수 있다. 늦잠을 잔 것이 이유가 되어서 학교에 지각을 했다는 내용이다.

5. ②

'-(으)나마나'는 어떤 행동을 하든지 안 하든지 그 결과를 이미 화자가 다 알고 있기 때문에 결론적으로는 그 행동을 할 필요가 없음을 나타내는 표현이다. 시도를 해 보아도 결과적으로는 소용이 없음을 나타내는 '-아/어 봤자'와 바꾸어 쓸 수 있다. 이 일은 민영 씨에게 부탁을 해 보아도 거절할 것이기 때문에 부탁해 볼 필요도 없다는 내용이다.

유형 ③ 제목 이해하기

1. ④ p.158

단어 '과잉'과 '한숨'의 의미를 이해할 수 있어야 한다. '과잉'은 필요한 만큼보다 지나치게 많아서 남는 것을 뜻한다. '한숨'은 고민이나 걱정이 있을 때, 또는 마음이 슬플 때 길게 몰아서 내쉬는 숨이다. 기사의 제목은 배추가 필요 이상으로 많이 생산되어서 농민들이 힘들어하는 상황을 한숨을 쉰다고 표현한 것이므로 ④번이 답이다.

2. ①

'활짝 웃었다'의 '활짝'은 얼굴이 밝거나 얼굴에 가득히 웃음을 띤 모양을 나타낸다. 기사의 제목은 더위가 일찍 시작되어서 아이스크림 회사에 좋은 영향을 미쳤다는 상황을 사람의 웃는 얼굴에 비유한 문장이다. 아이스크림이 많이 팔리면 아이스크림 업계에 좋은 상황이 되므로, '일찍 시작된 더위', '판매 증가'라는 내용이 들어있는 ①번이 답이다.

3. ④

'안갯속'은 어떤 일이 어떻게 이루어질지 모르는 상태를 비유적으로 표현하는 말이다. 즉 '안갯속 결과'라는 표현은 개표의 결과가 어떻게 될지 알 수 없다는 의미이므로 ④번이 답이다.

- 선거: 조직이나 집단의 대표자나 임원을 뽑는 일
- 투표: 선거를 할 때에 투표 용지에 의사를 표시하여 내는 것
- 개표: 투표함을 열고 투표의 결과를 검사하는 것

4. ①

'이사 철'은 이사를 많이 하는 시기를 말한다. '뚝'은 계속되던 것이 갑자기 그치는 모양이나 순위나 매상 등이 눈에 띄게 떨어지는 모양을 말한다. 즉 이사를 많이 하는 시기임에도 불구하고 부동산 거래가 줄었다는 의미이므로 ①번이 답이다.

- 철: 절이나 1년 중에서 어떤 일을 하기 좋은 시기나 때

5. ④

'불량 식품'은 품질이나 상품 상태가 나쁜 식품을 의미하고, '단속'은 규칙이나 법, 명령 등을 지키도록 통제하는 것을 의미한다. 즉 불량 식품 업체 단속이 내일부터 시작된다는 표현과 같은 의미인 ④번이 답이다.

유형 ④ 세부 내용 파악하기

4-1. 실용문의 내용 파악하기 p.161

1. ③

면세점에서 많이 팔리는 상품에 대한 그래프이다. 막대 그래프의 2013년 막대 중 가장 높은 것이 화장품(40%)이고, 2014년 막대 중에서도 가장 높은 것이 화장품(50%)이므로 ③번이 답이다.

① 식료품 구입이 2013년보다 늘었다. (×)
→ 식료품 구입이 2013년보다 줄었다.

② 가방류 판매가 2013년에 비해 줄었다. (×)
→ 가방류 판매가 2013년에 비해 늘었다.

③ 두 해 모두 화장품이 가장 많이 판매되었다. (○)

④ 2014년에는 의류가 먹을 것보다 많이 팔렸다. (×)
→ 2014년에는 의류가 먹을 것보다 적게 팔렸다.

2. ④

기차표 가격에 대한 안내문이다. 장애인은 50% 할인된 금액이 적용된다고 쓰여 있으므로 ④번이 답이다.

① 만 3세의 유아는 어린이 표를 구매해야 한다. (×)
→ 만 3세는 만 4세 미만이므로 표를 구매하지 않아도 된다.

② 만 11세인 경우 어린이 표를 구매할 수 없다. (×)
→ 만 4세~만 12세는 어린이 표를 구매하여야 한다.

③ 입석 표의 가격이 일반실 표의 가격보다 비싸다. (×)
→ 입석의 가격은 45,000원이고 일반실 가격은 55,000원으로 입석 표의 가격이 일반실 표의 가격보다 10,000원 싸다.

④ 장애인은 할인된 가격으로 표를 구매할 수 있다. (○)

3. ①

해수욕장 운영에 대한 안내문이다. 튜브와 파라솔은 유료 대여가 가능하다고 쓰여 있으므로 돈을 내면 튜브를 빌릴 수 있다.

① 튜브는 돈을 내고 빌릴 수 있다. (○)

② 부산 해수욕장은 입장료를 받는다. (×)
→ 입장료는 무료이므로 돈을 받지 않는다.

③ 일 년 내내 해수욕장을 이용할 수 있다. (×)
→ 7월 1일부터 8월 31일까지만 이용할 수 있다.

④ 부산 해수욕장은 24시간 이용 가능하다. (×)
→ 새벽 6시부터 밤 12시까지만 이용이 가능하다.

4. ③

한 달에 휴대폰을 사용하여 결제하는 횟수가 얼마나 되는지에 대한 그래프이다. 월 7회 이상이 5.5%를 차지하고, 월 4~6회는 23.1%로 7회 이상보다 더 넓은 부분을 차지하고 있으므로 ③번이 답이다.

① 월 1~3회 사용하는 사람이 절반이 넘는다. (×)
→ 44.5%로 절반보다는 적다.

② 한 달에 한 번도 사용하지 않는 사람이 제일 많다. (×)
→ 월 1회 미만 사용하는 사람은 25.9%로 두 번째로 많다.

③ 월 7회 이상 사용하는 사람은 월 4~6회 사용하는 사람보다 적다. (○)

④ 월 1회 미만 사용하는 사람이 월 1~3회 사용하는 사람보다 많다. (×)
→ 월 1~3회 사용하는 사람이 더 많다.

5. ②

서점에서 팔리는 책의 비율에 대한 그래프이다. 2020년에는 시와 수필이 5%로 동일하게 판매되었으므로 ②번이 답이다.

① 2020년에는 만화책이 가장 많이 판매되었다. (×)
→ 2020년에 가장 많이 팔린 것은 소설이다.

② 2020년에는 시집과 수필집의 판매 비율이 같다. (○)

③ 2020년에는 소설책 판매가 2019년에 비해 감소했다. (×)
→ 2019년에 비해 5% 증가했다.

④ 2019년에는 수필집보다 시집이 더 많이 판매되었다. (×)
→ 2019년에는 수필집이 시집보다 많이 팔렸다.

4-2. 서술문의 내용 파악하기 p.165

1. ②

할머니가 친구를 따라 시장에 갔다가 넘어지셨고, 다리에 붕대를 감으셨다고 한 것으로 보아 ②번이 답이다.

① 할머니께서는 내 말에 자주 귀를 기울이셨다. (×)
→ 할머니께서는 쉬다가 내려가시라고 해도 듣지 않으셨다.

② 할머니께서는 시장에 갔다가 다리를 다치셨다. (○)

③ 할머니께서는 나에게 온갖 집안일을 시키셨다. (×)
→ 할머니께서는 온갖 집안일을 찾아서 해 주셨다.

④ 할머니께서는 친구를 만나려고 서울에 올라오셨다. (×)
→ 할머니께서는 손자를 도와주기 위해 서울에 올라오셨다.

2. ②

운전 중에 휴대폰을 사용하는 것은 위험하다는 내용의 글이다. '주의력'은 한 가지 일에 마음을 집중해서 나가는 일을 의미하는 것으로 '주의력 분산'은 집중력이 떨어진다는 의미이다.

① 음주 운전이 위험하다는 것을 널리 알려야 한다. (×)
→ 음주 운전의 위험성은 잘 알려져 있다.

② 운전 중에 휴대폰을 사용하면 집중력이 떨어진다. (○)

③ 음주 운전보다 운전 중 휴대폰 사용이 더 위험하다. (×)
→ 둘 다 마찬가지로 위험하다.

④ 운전 중에 휴대폰을 사용하면 음주 운전과 같은 처벌을 받는다. (×)
→ 지문에 나오지 않은 내용이다.

3. ④

돌고래의 언어에 대한 글이다. 서로 다른 지역에 사는 돌고래들은 의사소통을 하지 못해 언어가 다른 돌고래들 사이의 의사소통을 돕는 통역 돌고래가 있다.

① 돌고래는 한 가지 언어를 사용한다. (×)
→ 돌고래의 언어도 인간의 언어만큼 다양하다.

② 인간의 언어와 돌고래의 언어는 비슷하다. (×)
→ 지문에 나오지 않은 내용이다.

③ 돌고래의 언어에 대해서는 모두 밝혀졌다. (×)
→ 많은 연구자들이 여전히 연구 중이다.

④ 서로 다른 언어를 통역해 주는 돌고래가 있다. (○)

4. ②

음식을 씹는 것이 건강에 긍정적인 영향을 준다는 내용의 글이다. 씹는 활동은 뇌를 자극해 판단력과 기억력을 높이고, 면역력 강화 및 노화를 늦추는 데에 도움이 된다.

① 침은 뇌 발달에 도움을 준다. (×)
→ 침의 성분은 면역력을 강화시키고 노화를 늦춘다.

② 음식을 씹는 활동은 건강에 도움을 준다. (○)

③ 씹는 활동을 많이 하면 노화가 빨리 온다. (×)
→ 씹을 때 분비되는 침으로 인해 노화가 늦춰진다.

④ 면역력 강화에 도움을 주는 음식을 먹어야 한다. (×)
→ 지문의 내용과 관계없는 내용이다.

5. ③

어린 시절의 경험으로 인해 사람을 관찰하는 습관을 갖게 되었다는 내용의 글이다. 필자(나)는 어린 시절 입원했을 때에 엄마의 보살핌 없이 하루 종일 누워서 지내야 했던 탓에 사람들을 관찰하는 습관이 생겼다고 했으므로 ③번이 답이다.

① 나는 엄마와 소풍을 함께 갔다. (×)
→ 엄마의 직업이 선생님이어서 행사에 참여할 수 없었다.

② 엄마는 학교 행사에 누구보다 열심이셨다. (×)
→ 엄마는 학교 행사에 참여하지 못했다.

③ 나는 입원했을 때 새로운 습관을 갖게 되었다. (○)

④ 내가 입원했을 때 엄마가 항상 간호해 주셨다. (×)
→ 엄마는 '나'를 자원봉사자에게 부탁하고 출근했다.

유형 5 중심 내용 파악하기

5-1. 글의 목적 파악하기 p.169

1. ④

특허의 취지를 설명하고 특허를 훼손하는 행동에 문제가 있음을 제시하는 글이다. 글을 요약하면 다음과 같다.
- 특허법은 새로운 기술을 개발한 사람에게 기술에 대한 독점적인 사용권을 제공하는 대신 기술 공개를 통해 사회 전체의 기술력을 높이고자 하는 것이다.
- 그러나 최근 기술이 개발되지 않은 상태에서 특허 출원을 하여 권리를 선점하는 사례가 증가하고 있다.
- 이것은 특허의 본래 취지를 훼손하는 것이다.

2. ④

개다리소반의 유래와 실용성에 관한 글이다. 글을 요약하면 다음과 같다.
- 개다리소반은 다리의 모양이 개의 다리와 비슷해서 이름이 붙여졌다.
- 개다리소반은 한국 전통 가옥에서 사용하던 그릇의 특성과 전통 생활 방식에 적합하게 만들어진 실용적인 물건이다.

3. ②

과자 봉지 과대 포장의 문제점을 지적하고 개선의 필요성을 제시하는 글이다. 글을 요약하면 다음과 같다.
- 제품의 파손을 줄이거나 소비자의 구매를 유도할 목적으로 과대 포장을 하는 제품들이 있다.
- 과대 포장은 낭비일 뿐만 아니라 환경 문제를 일으키고, 내용물에 비해 과장된 포장으로 소비자를 실망시켜 결국에는 구매를 포기하기 만들기도 한다.
- 과대 포장을 줄이기 위한 기업과 정부의 노력이 필요하다.

4. ②

한옥의 실용적인 측면을 설명하는 글이다. 한옥의 예술적 측면에 비해 실용적인 측면이 과소평가되어 왔다는 문제점을 제기하고 한옥의 장점에 대하여 구체적으로 설명하고 있다. 글을 요약하면 다음과 같다.
- 한옥의 실용성이 과소평가되어 많은 사람들이 한옥은 살기에 불편하다고 생각한다.
- 그러나 한옥은 환기, 습도 조절, 공기 정화 측면에서 장점이 있고 사는 사람의 건강에도 좋은 영향을 준다.

5. ④

층간 소음 문제에 대해 살펴보고 해결 방안을 제시하는 글이다. 글을 요약하면 다음과 같다.
- 최근 공동 주거 방식이 보편화되어 층간 소음에 노출되는 경우가 많이 발생하고 있다.
- 층간 소음을 피하거나 통제할 수 없을 때 사람들 간에 다툼이 종종 발생하게 된다.
- 층간 소음으로 인한 충돌을 줄이기 위해서는 이웃 간에 자주 소통하고, 소음 발생을 줄일 수 있는 생활 습관을 통한 배려가 필요하다.

5-2. 이야기의 주제 파악하기 p.173

(1) 실용문의 주제 파악하기

1. ①

더위를 싹~
자연 바람을 선물합니다.

'싹'은 '조금도 남기지 않고 전부'라는 뜻이다. 즉, 더위를 조금도 남기지 않고 전부 없앤다는 내용의 광고이다. '바람'이라는 단어를 통해서도 답을 찾을 수 있다.

2. ②

기초부터 천천히 가르쳐 주어 성적을 올려 준다는 내용의 학원 광고이다.

3. ④

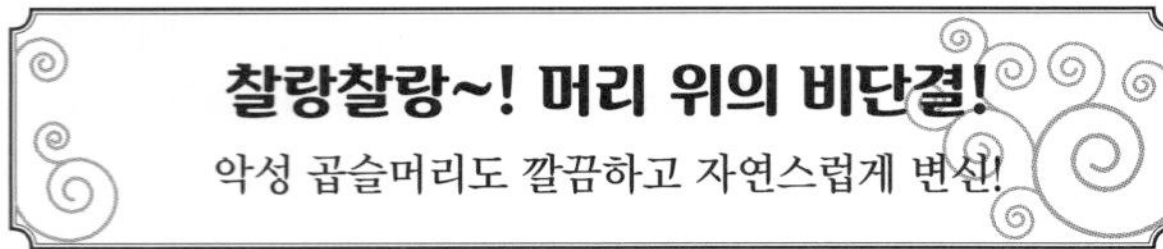

'찰랑찰랑'은 물체가 물결치는 것처럼 부드럽게 흔들리는 모양을 뜻하는 표현이고, '비단결'은 매우 곱고 부드러운 상태를 비유적으로 표현하는 말이다. 두 단어 모두 부드러운 머리카락의 상태를 묘사할 때 자주 사용하는 표현이다.

4. ②

가지고 온 쓰레기는 모두 되가져가 주세요.
쓰레기통은 등산로 입구에 마련되어 있습니다.

쓰레기를 아무 곳에나 버리지 말고 쓰레기통에 버리라는 환경 보호 문구이다.

5. ④

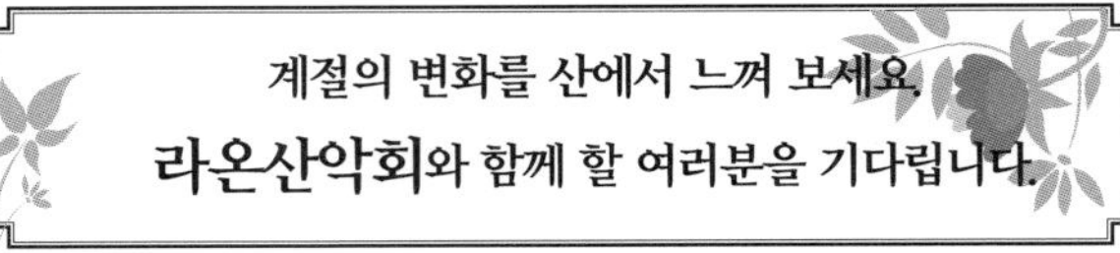

산악회 회원을 모집하는 광고이다. '~와 함께 할 여러분을 기다립니다.'라는 표현은 단체의 회원 또는 회사의 직원 등을 모집할 때 자주 사용하는 표현이다.

(2) 서술문의 주제 파악하기

1. ③

초소형 카메라가 원래의 목적과 다르게 나쁜 용도로 사용되고 있는데, 이것을 막기 위해서는 법적 규제를 강화해야 한다는 내용의 글이므로 ③번이 답이다. ④번은 초소형 카메라 판매와 유통을 위한 등록 과정을 더 쉽게 만들어야 한다는 내용이다. 글의 주제와 반대되는 내용이므로 답이 될 수 없다.

2. ③

나비의 날갯짓이 태풍을 일으키는 '나비효과'에 빗대어 작은 노력이 큰 변화를 이끌어 낼 수 있음을 이야기하고 있으므로 ③번이 답이다. '나비효과'가 유명한 과학 이론인 것은 사실이나 글의 중심 내용을 효과적으로 전달하기 위해 사용한 예일 뿐이므로 ①번은 답이 될 수 없다.

3. ④

뇌와 식욕 차단, 운동 촉진 간의 관계에 대한 글이다. 남녀의 뇌기능이 달라서 알맞은 건강 관리 방법도 다르므로 각각의 특성에 맞는 식단 조절과 운동 조절을 해야 한다는 내용이므로 ④번이 답이다.

4. ②

약의 올바른 복용 방법에 대한 글이다. 약은 반드시 물과 함께 먹어야 하고, 그렇지 않을 경우 약의 효능을 감소시키거나 부작용을 일으킨다는 내용이므로 ②번이 답이다. ①, ③번의 내용은 사실과 같지만 글의 전체적인 내용을 담고 있는 주제문이라고 할 수 없으므로 답이 될 수 없다.

5. ④

해님과 바람이 행인의 옷을 벗기기 위해 대결하는 내용의 이야기를 예로 들어 상대가 어떤 행동을 하기를 원할 때에는 상대에게 그 일의 필요성을 스스로 느끼게 하는 것이 중요함을 이야기하고 있다. 따라서 ④번이 답이다.

5-3. 화자의 중심 생각 고르기 p.180

1. ③

내비게이션과 같은 디지털 기기에 지나치게 의존하면 기억력이 줄어들게 된다는 내용이므로 ③번이 답이다. ①, ②번은 글의 내용과 일치하지만 중심 생각은 아니다.

2. ③

카드 사용이 보편화되면서 동전의 사용이 줄었으나 동전을 적극적으로 사용하는 것이 경제에 도움이 된다는 내용이므로 ③번이 답이다.

3. ④

부모가 집안에서 남녀의 역할과 관련한 고정관념을 벗어나서 생활하는 모습을 보여 주면 자녀들의 삶에 대한 태도에 긍정적 영향을 미친다는 내용이므로 ④번이 답이다.

4. ④

식사를 할 때 텔레비전을 보며 식사를 할 경우 더 많은 양의 음식을 먹게 된다는 내용이므로 ④번이 답이다.

5. ②

여행 짐을 챙기는 방법에 대한 글이다. 미리 가져갈 물품 목록을 작성하여 계획적으로 짐을 챙기면 효율적으로 여행 짐을 쌀 수 있다는 내용이므로 ②번이 답이다.

유형 ⑥ 글의 관계 찾기

6-1. 문장 순서 정하기 p.184

1. ②

A. 첫 문장은 (나) 또는 (라)이다.
B. 정보를 제공하는 글에서 어떠한 현상이나 문제와 관련하여 이야기할 때에는 보통 첫 문장에 무엇에 대한 이야기인지 주제를 소개하는 내용이 제시된다. (라) 문장은 눈 밑이 떨리는 경험인 '눈 밑 떨림'이라는 주제를 제시하는 문장이고, (나) 문장은 '눈 밑 떨림'의 원인과 해결 방법을 이야기하는 문장이다. 따라서 첫 번째 문장은 (라)가 되는 것이 자연스럽다.
C. 두 번째로 올 문장은 (가) 또는 (나)이다.
D. (나) 문장은 첫 문장에서 제시한 '눈 밑 떨림'의 원인과 해결 방법을 설명하고 있으므로 두 번째 문장으로 자연스럽다. (가) 문장 시작 부분의 '쉬어도'에서 '~아/어도'는 동사나 형용사 뒤에 붙어서 앞선 행동이나 상태와 관계없이 꼭 뒤의 일이 있음을 나타낸다. 쉬는 행동과 관계없이 계속 눈 밑이 떨리면 또 다른 원인(마그네슘 부족)이 있는 것이라는 내용이므로, (가) 문장의 앞에는 쉬면 된다는 내용인 (나)가 먼저 오는 것이 자연스럽다.
E. 선택지 중에서 (라)-(나)-(가)의 순서로 맞게 배열된 ④번이 답이다.
F. (라)-(나)-(가) 다음으로는 (가)에서 이야기한 '눈 밑 떨림'의 또 다른 원인인 마그네슘 부족의 해결책으로 견과류와 바나나를 먹으면 된다고 이야기하고 있는 (다)가 연결되면 논리적으로 자연스럽다. 순서대로 연결을 해 보면, '눈 밑이 떨릴 때가 있는데, 주된 원인이 피로이므로 쉬면 나아진다. 쉬어도 낫지 않으면 마그네슘 부족이 원인이므로 마그네슘이 많이 들어 있는 음식을 먹으면 된다.'는 내용이다.

2. ②

A. 첫 문장은 (가) 또는 (라)이다.
B. (라)의 '그들'은 앞에서 먼저 언급되었던 대상을 다시 언급할 때 사용하는 표현이므로 (라)는 첫 문장이 될 수 없다. 첫 번째 문장은 (가)이다.
C. 두 번째로 올 문장은 (다)이다.
D. (다)의 '-기 때문이다'는 앞에서 말한 어떤 사실에 대한 이유를 말할 때 사용하는 표현으로, (다) 문장은 (가) 문장의 이유이다.
E. 선택지 중에서 (가)-(다)의 순서가 맞게 배열된 ②번이 답이다.

F. (가)-(다) 다음으로는 동호회 모임의 장점을 이야기하고 있는 (라), 결론 문장인 (나)를 순서대로 연결하면 논리적으로 자연스럽다. 동호회 모임을 좋아하는데, 그 이유는 만남이 즐겁기 때문이고, 사람들을 만나면서 다양한 경험을 들을 수도 있어서 모임이 삶의 활력이 된다는 내용이다.

3. ③

A. 첫 문장은 (나) 또는 (다)이다.
B. (나)의 '하지만'은 서로 반대되는 내용의 두 문장을 이어 줄 때 쓰는 표현으로, 내용이 반대되는 문장과 문장 사이에 위치해야 하므로 (나)는 첫 번째 순서가 될 수 없다. 첫 번째 문장은 (다)이다.
C. 두 번째로 올 문장은 (가) 또는 (라)이다.
D. (가)의 '그래서'는 앞의 내용이 뒤의 내용의 원인이나 근거, 조건 등이 될 때 사용하는 표현이다. 몸이 찬 사람에게 도움이 되는 이유는 생강이 몸을 따뜻하게 하여 면역력을 높여 주기 때문이다. 즉 첫 번째 문장인 (다)는 뒤 문장인 (가)의 이유가 되므로 (다)-(가) 순서의 연결이 자연스럽다. (라)의 '이때'는 바로 앞에서 이야기한 시간상의 어떤 부분을 뜻하는데, 첫 문장인 (다)에는 시간이나 시점을 이야기하는 표현이 온 적이 없으므로 (라)는 두 번째 순서가 될 수 없다.
E. 선택지 중에서 (다)-(가)의 순서가 맞게 배열된 ②번과 ③번 중에서 (다)가 첫 번째인 ③번이 답이다.
F. (다)-(가)에 이어서 (나)-(라) 순서로 연결을 해 보면, 생강이 몸을 따뜻하게 해 주어서 몸이 찬 사람에게 도움이 되지만 한 번에 많이 먹기는 힘들다. 이렇게 한 번에 많이 먹기 힘들 때에는(=(라)의 '이때는') 생강을 차로 만들어 마시는 것이 좋다는 내용이다.

4. ④

A. 첫 문장은 (가) 또는 (나)이다.
B. (가)의 '그런데'는 앞의 내용과 반대되는 내용을 연결할 때 사용하는 표현이므로 (가)는 첫 문장이 될 수 없다. (나)가 첫 번째 문장이다.
C. 두 번째 문장은 (가) 또는 (다)이다.
D. (나)-(가) 순서로 연결해 볼 경우, 잘못을 지적당하는 것은 부끄러운 일이 아닌데 어떤 사람들은 기분 나빠하거나 부끄러워하기도 한다는 내용으로 자연스럽게 연결된다. 이때 앞에서 이야기한 '그런데'가 서로 반대되는 두 문장을 연결해 주고 있음을 알 수 있다.
E. 선택지 중에서 (나)-(가)의 순서가 맞게 배열된 ④번이 답이다.
F. (나)-(가)에 이어서 (다)를 연결해 보면, 잘못을 지적당하는 것은 부끄러운 일이 아닌데, 기분 나빠하거나 부끄러워하고, 더 나쁘게는 ('심지어') 지적한 사람을 미워하기까지 한다는 내용이 된다. 여기에 결론 문장인 (라)를 연결하면, 앞에서 이야기한 것과 같이 부끄러워하거나 남을 미워하는 것은 옳지 않고 그 대신에 잘못을 반성하고 고치려고 노력하는 것이 중요하다는 내용이다. 즉 (나)-(가)-(다)-(라)의 연결이 논리적으로 자연스럽다.

- 심지어: 더욱 심하다 못하여 나중에는. 앞의 것도 나쁜데 더 나쁘게

5. ②

A. 첫 문장은 (가) 또는 (나)이다.
B. (나)의 '이러한'은 앞에서 먼저 이야기한 것을 다시 언급하고자 할 때 사용하는 표현이므로 (나)는 첫 번째 문장이 될 수 없다. 첫 번째 문장은 (가)이다.
C. 두 번째 문장은 (나) 또는 (라)이다.
D. (라)의 '또한'은 '그 위에 더' 또는 '거기에다 더'를 나타내는 표현으로, 먼저 말한 것에다 더하여 추가적으로 이야기할 때 사용하는 표현으로, (가) 문장 다음의 두 번째 문장으로 (라)가 올 수 있다. 내용을 보면, (가)에서 말하고 있는 '어려운 사람을 보면 돕고 싶은 마음'에 추가하여 '문제가 생겼을 때 참여하여 해결하고 싶어 하는 마음'도 있다고 이야기하고 있다.
E. (가)-(라)의 순서가 맞게 배열된 ②번과 ③번 중에서 (가)가 첫 문장인 ②번이 답이다.
F. (가)-(라)에 이어서 (나)를 연결해 보면, (나)의 '이러한 정신'이 앞 문장인 (가)와 (라)에서 말한 '어려운 사람을 돕고 싶은 마음'과 '문제에 직접 참여하여 해결하고 싶어 하는 마음'을 가리키는 것이므로 연결이 자연스럽다. (다)의 '뿐만 아니라'는 앞에서 이야기한 것만이 아니라 다른 것이 더 있음을 의미하는 표현으로 (다)는 자원봉사의 효과에 대해 이야기하고 있는 (나) 문장을 보충하는 문장이다. 즉 (가)-(라)-(나)-(다)의 연결이 논리적으로 자연스럽다.

6-2. 문장이 들어갈 곳 찾기

p.187

1. ①

〈보기〉의 문장은 상업적 공간에 대해 부정적인 인식을 갖는 사람들이 있다는 내용이다. 그러나 지문의 내용은 상업적 공간의 여러 긍정적인 면에 대한 것이다. 〈보기〉의 문장과 지문의 내용이 반대되므로 서로 다른 내용을 연결할 때 사용하는 '하지만, 그러나, 그런데' 등의 접속사가 있는 문장을 찾아야 한다. (㉠) 뒤에 '하지만'으로 시작하는 문장이 있으므로 (㉠)의 위치에 들어가면 전체적인 글이 자연스럽게 이어질 수 있다.

2. ④

〈보기〉 문장의 '그러나'는 앞 문장의 내용과 반대되는 내용을 이야기할 때 문장의 맨 앞에서 사용되는 표현이다. 〈보기〉의 문장은 미지근한 차나 커피를 마시는 것이 좋다는 내용이므로 앞에 올 문장은 미지근한 차가 좋지 않다는 내용이거나 뜨거운 것이 좋다는 내용이어야 한다. (㉣)의 위치에 들어갈 경우, 차를 80~90도의 뜨거운 상태에서 마셔야 맛이 좋지만 건강을 위해서 미지근할 때 마시는 것이 좋다는 내용으로 자연스럽게 연결이 되므로 ④번이 답이다.

3. ②

〈보기〉 문장의 맨 뒤에 나온 '-기 때문이다'는 그 앞의 내용이 어떤 일의 이유나 원인임을 나타내는 표현이다. 〈보기〉의 문장이 (㉡)의 위치에 들어갈 경우, (㉡) 앞의 문장인 '과일을 말리면 생과일보다 더 좋은 맛과 영양을 얻을 수 있다.'의 이유로 자연스럽게 연결될 수 있다. 따라서 ②번이 답이다.

4. ②

〈보기〉 문장의 '이러한'은 앞에서 언급한 내용을 압축하여 다시 언급할 때 사용하는 표현이다. 〈보기〉 문장에서는 앞에서 언급되었던 '투표 독려 마케팅'에 대해 다시 언급하기 위해 '이러한'을 사용하고 있는 것이므로 〈보기〉 문장 앞에는 '투표 독려 마케팅'에 대한 문장이 있어야 한다. 〈보기〉 문장이 (㉡)의 자리에 들어갈 경우, '투표 독려 마케팅의 내용 - 이러한 마케팅에 대한 기업들의 생각 - 그 결과'로 맥락이 자연스럽게 이어질 수 있으므로 ②번이 답이다.

5. ①

〈보기〉 문장은 지문의 첫 문장에 언급된 '새로운 요리책'에 대한 부연 설명이다. (㉠)의 위치에 들어가면 앞 문장의 '새로운 요리책'에 대한 설명을 제시하는 역할을 하면서 동시에 뒤 문장과도 자연스럽게 연결이 될 수 있으므로 ①번이 답이다.

유형 7 문맥에 알맞은 표현 찾기

1. ②

p.191

최근에는 개인 정보 보안이 강화되어 비밀번호가 복잡해지고 자주 바꾸어야 한다는 내용의 글이다. (　　)이 포함된 문장에 '~도'라는 표현이 있는 것으로 보아 (　　)에는 '거기에 더하여'라는 의미를 가진 '게다가'가 들어가야 한다.

2. ①

줄넘기의 효과와 줄넘기를 할 때에 조심할 점에 대한 글이다. (　　)가 위치한 글의 앞부분과 뒷부분에서는 줄넘기의 효과를 나열하고 있으므로 (　　)에는 '그 위에 더', '또는 거기에다 더'라는 의미의 '또한'이 들어가면 자연스럽게 연결이 된다.

3. ③

화재 사건으로부터 시민들이 함께 생명을 구해 냈다는 내용의 글이다. (　　)에는 위험한 일에도 시민들이 몸을 아끼지 않고 자기 일처럼 적극적으로 나서서 도와주었다는 의미의 표현이 들어가야 하므로 ③번이 답이다.

- 손이 크다: 돈이나 물건 혹은 마음 등을 쓰는 정도가 후하고 크다.
- 발이 넓다: 사귀어 아는 사람이 많아서 활동하는 범위가 넓다.
- 발 벗고 나서다: 적극적으로 나서다.
- 허리띠를 졸라매다: 필요 이상의 돈이나 물건을 쓰지 않고 검소한 생활을 하다.

4. ③

한의학에서 이야기하는 '혈'에 대한 내용의 글이다. ( ) 가 포함되어 있는 문장이 '그래서'로 시작하고 있는 것으로 보아 앞의 문장은 뒷부분의 이유이다. 혈 자리가 막히면 건강에 좋지 않다고 생각하기 때문에 혈을 막히지 않게 하여 기운이 잘 통하게 하는 것이 중요하다는 내용으로 연결이 되어야 한다.

5. ④

온라인 강좌에 대한 글이다. ( )에는 ( ) 뒤에 오는 '사람들'을 수식하는 표현이 들어가야 한다. 온라인 강좌는 온라인상에서 사람들이 함께 수업을 듣는 강좌이므로 ④번이 답이다.

유형 8 필자/등장인물의 태도, 심정 파악하기

1. ④ p.194

인류의 생존 방식이 변화함에 따라 문명을 지배하는 가치가 동질성에서 다름으로 변화되고 있다는 내용의 글이다. '배격하다'는 어떤 사상, 의견, 물건 등을 물리치거나 몰아내는 것을 의미하는 단어이다. 즉 밑줄 친 부분에서 필자는 동질성을 강조할 경우 다름을 철저하게 물리치거나 몰아냄으로써 인류에 불행을 가져올 수도 있다고 우려하고 있다.

2. ①

지하철을 이용할 때의 편리함과 불편함에 대한 이야기이다. 밑줄 친 부분의 '여간 ~ 아니다'라는 표현은 보통의 정도가 아니고 '아주 그렇다'는 의미의 표현이다. 필자가 마음이 불편하다고 말한 것의 의미는 다른 승객이 몸을 부딪히거나 발을 밟고도 사과를 하지 않아 불쾌하다는 의미이므로 ①번이 답이다.

3. ④

딸기와 관련한 필자의 경험에 대한 이야기이다. 볼일을 보고 나서 먹으려고 식탁에 놓아두었던 딸기를 아이들이 모두 먹어버려서 없어진 것을 발견했을 때의 필자의 심정이므로 ④번이 답이다.

4. ③

스마트폰의 과도한 사용과 관련한 문제에 대한 글이다. 밑줄 친 부분에서 필자가 각종 대책보다는 스마트폰을 사용하는 사람들의 의식 개선이 더 중요함을 강조하고 있는 것으로 보아 각종 대책들의 효과에 대해서는 확신하지 못하고 의심을 품고 있음을 알 수 있다.

- 회의적: 어떤 일에 의심을 품는 것

5. ③

SNS와 문자에 길들여진 젊은 세대들이 글쓰기를 어려워하고 있는 상황에 대한 내용이다. 밑줄 친 부분에서 필자는 남이 대신 써 주는 글은 진정성이 떨어진다는 의미에서 대필에 대해 부정적인 입장을 나타내고 있다.

- 진정성: 거짓이 없이 참되고 진실한 것
- 대필: 남을 대신해서 글씨나 글을 쓰는 것

읽기 영역 모의고사

TOPIK Ⅱ 읽기(1번~20번) p.197

1	③	2	④	3	①	4	④	5	④	6	③	7	③	8	②
9	②	10	①	11	④	12	③	13	④	14	③	15	①	16	④
17	④	18	①	19	①	20	④								

1. ③

'-더니'는 앞의 경험이나 상황과 다른 새로운 경험 또는 상황이 발생했을 때 사용하는 표현이다. 어제는 날씨가 더웠는데 어제와 달리 오늘은 시원한 것 같다는 내용이므로 ③번이 답이다.

2. ④

'-(느)ㄴ 바람에'는 뒤에 일어나는 상황의 원인이나 이유를 나타내는 표현이다. 보통 앞의 상황이 뒤의 행동에 부정적인 영향을 미치거나 말하는 사람의 의도와는 다른 결과를 가져올 때 쓴다. 화자는 수업에 늦고 싶지 않았지만, 아침에 버스를 놓쳐서 수업에 늦게 되었다는 내용이므로 ④번이 답이다.

3. ①

'-(으)ㄴ/는 모양이다'는 어떤 상황을 보고 미루어 현재 상황을 추측할 때 사용하는 표현으로, 생각이나 추측을 나타내는 표현인 '-(으)ㄴ/는가 보다'와 바꾸어 쓸 수 있다. '-(으)ㄴ/는 모양이다'와 '-(으)ㄴ/는가 보다'는 둘 다 말하는 사람의 추측을 나타내므로 '나'와 '우리'는 주어로 쓸 수 없다. 동생한테서 연락이 없는 것을 보면 현재 동생이 많이 바쁜 상황일 것이라는 내용이다.

4. ④

'-(으)ㄴ/는 데다가'는 현재의 상태나 행동에 어떤 것을 덧붙여 말할 때 사용하는 표현으로, 앞에서 말한 것 말고도 다른 것이 더 있음을 나타내는 '뿐(만)아니라'와 바꾸어 쓸 수 있다. 노래도 잘 부르고 춤도 잘 춘다는 내용이다.

5. ④

'쏙'은 때가 깨끗이 없어지는 모양을 나타낸다. 소매에 오랫동안 묻어 있는 찌든 때도 깨끗이 없어진다는 내용의 세탁 세제 광고이다.

6. ③

'-(으)십시오'는 정중한 명령이나 권유를 나타내는 표현이다. 먹을 때 주의하여 지켜야 할 점에 대해 이야기하고 있는 주의 사항이다.

7. ③

남자와 여자가 일주일 간 운동하는 시간에 대한 그래프이다. 남자 중에는 1시간에서 3시간 미만으로 운동하는 사람이 50%로 제일 많고, 5시간 이상 운동하는 사람이 제일 적다.

① 1시간 미만으로 운동하는 남자는 전체의 반을 넘는다. (×)
→ 25%이다.

② 5시간 이상 운동하는 사람의 비율은 여자보다 남자가 더 많다. (×)
→ 남자보다 여자가 더 많다.

③ 남자 중에는 1시간에서 3시간 미만으로 운동하는 사람이 제일 많다. (○)

④ 1시간 미만으로 운동하는 여자가 5시간 이상 운동하는 여자보다 적다. (×)
→ 5시간 이상 운동하는 여자보다 많다.

8. ②

채식하는 사람들을 위해 단백질이 많은 콩으로 고기를 만들어 채식을 하는 사람들도 단백질을 맛있게 먹을 수 있도록 도와준다고 하였으므로 ②번이 답이다.

① 모든 연예인들이 채식을 하고 있다. (×)
→ 모든 연예인들이 아니라 일부 유명 연예인들이 채식을 하고 있다.

② 콩에는 많은 단백질이 포함되어 있다. (○)

③ 채식을 하면 단백질을 많이 섭취할 수 있다. (×)
→ 채식을 하면 단백질 섭취가 부족하게 된다.

④ 채식을 하는 사람은 콩고기를 먹을 수 없다. (×)
→ 콩고기는 채식을 하는 사람들이 단백질 섭취를 위해 먹는 것이다.

9. ②

A 첫 번째 문장은 (나) 또는 (다)이다.

B. (다)의 '이는'은 앞에서 언급한 내용을 가리키는 표현이므로 (다)는 첫 번째 순서로 올 수 없다. 첫 번째 문장은 (나)이다.

C. 두 번째 문장은 (가) 또는 (다)이다.

D. (다) 문장은 (나) 문장의 이유이므로 두 번째 문장은 (다)이다. (다)의 '이는'이 가리키는 것은 (나)에서 말하고 있는 '까마귀를 불길한 새로 여기고 두려워 해 왔다.'라는 부분이다. '-기 때문이다'는 어떤 것에 대한 이유를 나타내는 표현으로, 까마귀를 두려워 해 온 이유가 죽음을 상징하는 새로 생각했기 때문이라고 이야기하고 있다. (가) 문장은 까마귀를 두려움의 대상으로 보는 것과는 반대로 협회의 상징으로까지 삼고 있으므로 (나) 뒤에 이어서 올 수 없다.

E. 선택지 중에서 (나)-(다) 순서가 맞게 배열된 ②번이 답이다.

F. (라)의 '반면에'는 뒤에 오는 말이 앞의 내용과 반대됨을 나타내는 말이다. 내용을 보면 앞의 (나)-(다)에서 한국에서 불길한 새로 생각되는 까마귀가 (라)에서는 일본에서 행운의 새로 대접받는다는 내용이다. (가)는 (라)의 결과 문장으로 일본축구협회에서 까마귀를 협회 상징으로 삼고 있다는 내용이다. 즉 (나)-(다)와 (라)-(가)는 서로 반대되는 내용이고, '반면에'로 연결되어 있으므로 (나)-(다)-(라)-(가)의 연결이 자연스럽다.

10. ①

A. 첫 번째 문장은 (가) 또는 (다)이다.
B. (다)의 '그러한'은 앞에서 언급한 내용을 가리키는 표현이므로 (다)는 첫 번째 순서로 올 수 없다. 첫 번째 문장은 (가)이다.
C. 두 번째 문장은 (나) 또는 (다)이다.
D. (다)의 '그러한 노력'은 첫 번째 문장인 (가)의 직장인들이 도시락을 싸가지고 다니는 노력을 의미하므로 (가)에 이어 (다)를 연결할 수 있다. 즉 두 번째 문장은 (다)이다.
E. 선택지 중에서 (가)-(다) 순서가 맞게 배열된 ①번이 답이다.
F. (가), (다)에서는 직장인들이 도시락을 가지고 오는 상황에 대해 이야기하고 있고, (나), (라)는 도시락을 먹는 것에 대한 장점이다. (라)의 '또한'으로 보아 (라) 문장은 앞에서 먼저 말한 장점에 추가하여 또 다른 장점을 보충하고 있는 문장이므로 (나) 뒤에 위치해야 한다. 즉 (가)-(다)-(나)-(라)의 연결이 논리적으로 자연스럽다.

11. ④

도구 없이 뜨거운 열을 이용하여 글씨를 지울 수 있는 펜에 대한 내용이다. 원래 글씨를 지우기 위해서는 지우개를 사용해야 한다고 하였다. 그런데 열만으로도 지울 수 있는 펜이 나왔다고 했으므로 (　　) 안에는 ④번 '지우개를 사용하지 않고도'가 들어가면 된다. '~만으로도'는 다른 것은 필요 없이 그것만 있으면 된다는 것을 의미한다.

12. ③

'신생아'는 '태어난 지 얼마 되지 않은 아이'를 말한다. 새로 태어나는 아기의 수가 점점 줄어드는 상황을 아기 울음소리에 빗대어 비유적으로 표현한 것이다.

13. ④

한국의 전통적 난방 방식인 온돌에 대한 글이다. '전통적인 것'은 '예전부터 이어져 내려오는 것'을 의미한다. 따라서 ④번이 답이다.

① 온돌은 많은 연료가 필요하다. (×)
→ 온돌은 연료의 효율이 좋아서 적은 연료로 큰 효과를 낼 수 있다.

② 온돌은 불을 끄면 바로 열이 식는다. (×)
→ 불을 꺼도 한동안 열이 유지된다.

③ 온돌은 부엌을 따뜻하게 하는 방법이다. (×)
→ 부엌 아궁이에서 불을 떼어 방바닥을 따뜻하게 하는 원리이다.

④ 온돌은 예전부터 전해 내려온 난방법이다. (○)

14. ③

단 음식을 많이 섭취하면 충치, 비만, 당뇨, 고혈압 등의 문제를 일으켜 건강에 좋지 않다는 내용의 글이다.

15. ①

'나'는 일이 끝나서 들어온 것이 아니라 힘들고 배가 고파서 들어온 상황이므로 남은 일을 생각할 때의 '나'의 심정은 ① '막막하다'이다. 밑줄 친 문장 뒤의 '마당 일은 한도 끝도 없다.'라는 표현을 통해서도 '나'의 심정을 짐작할 수 있다.

16. ④

글 속의 '나'는 소녀일 때부터 푸른 잔디가 있는 서양식 단독 주택에서 사는 것이 꿈이었다.

① 나는 시골에서 농사를 짓고 있다. (×)
→ 농사에 자신이 없어서 마당에 꽃나무와 잔디를 심어 가꾸고 있다.

② 나는 도시에서 꽃을 키우며 살고 있다. (×)
→ 나는 교외에 살고 있다.

③ 나는 일을 다 끝내고 밥을 먹으러 들어왔다. (×)
→ 일이 다 끝나지 않았지만 지치고 배가 고파서 들어왔다.

④ 나는 어려서부터 단독 주택에 사는 것이 꿈이었다. (○)

- 단독 주택: 한 채씩 따로 지은 집
- 양옥집: 서양식으로 지은 집

17. ④

감기는 매우 쉽게 걸리고 쉽게 치유되는 질병이지만 면역이 약할 경우 다른 심각한 질병으로 악화될 수 있으므로 증세가 계속되면 병원 진료를 받아 질병을 악화시키지 말아야 한다는 내용이다.

18. ①

'마치'는 '거의 비슷하게'라는 뜻이다. ( ) 안에 넣었을 때, 감기인 줄 알았는데 감기가 아니라는 의미가 되는 문장을 고르면 된다. ( ) 안에 ①번 문장을 넣을 경우, '어떤 경우에는 마치 감기 증상처럼 보여도 감기가 아닌 경우도 있다.'라는 문장이 되어 자연스럽게 연결될 수 있다.

19. ①

〈보기〉 문장은 지문에서 '넥타이 효과'와 비슷한 의미의 표현이 포함되어 있는 문장 뒤에 들어가야 한다. (㉠)의 위치에 들어갈 경우, '립스틱 효과'에 '넥타이 효과'가 비슷한 것으로 이야기될 수 있고, 또 (㉠) 뒤에서 '립스틱 효과'와 '넥타이 효과'를 동시에 설명하고 있으므로 자연스럽게 연결된다.

20. ④

경기가 좋지 않을 때 적은 비용으로 큰 만족을 느낄 수 있도록 하는 상품이 인기를 끄는 현상을 '립스틱 효과'라고 한다고 하였다. 적은 비용으로 큰 만족을 느낄 수 있게 하는 상품 중 하나가 립스틱으로, 경기가 좋지 않을 때 립스틱 구매가 증가한다는 것이다.

① 1930년의 미국 경기는 좋은 편이었다. (×)
→ 경기가 좋지 않았던 때여서 '립스틱 효과'와 같은 용어가 생겨났다.

② 경기가 좋을 때 남성 옷의 판매는 감소한다. (×)
→ 경기가 좋지 않을 때 남성 옷의 판매가 감소하고, 이것을 '남성 의류 속설'이라고 한다.

③ '속설 경제 지표'는 경제 현상을 정확히 예측한다. (×)
→ 예측이 늘 정확하게 들어맞는 것은 아니다.

④ 경기가 좋지 않을 때 여성들의 립스틱 구매는 증가한다. (○)

제1회 실전모의고사

듣기

1	①	2	④	3	③	4	③	5	②	6	①	7	④	8	③
9	④	10	③	11	②	12	②	13	③	14	②	15	①	16	①
17	②	18	④	19	②	20	③	21	③	22	①	23	②	24	④
25	④	26	①	27	③	28	③	29	④	30	②	31	①	32	④
33	②	34	①	35	④	36	③	37	②	38	③	39	④	40	②
41	④	42	③	43	①	44	①	45	①	46	④	47	④	48	③
49	②	50	②												

읽기

1	②	2	①	3	④	4	②	5	③	6	①	7	①	8	④
9	④	10	②	11	②	12	③	13	①	14	③	15	③	16	④
17	②	18	①	19	①	20	④	21	④	22	③	23	④	24	③
25	②	26	③	27	②	28	③	29	④	30	③	31	④	32	①
33	③	34	①	35	④	36	④	37	②	38	④	39	②	40	④
41	③	42	②	43	③	44	③	45	②	46	④	47	③	48	②
49	①	50	③												

TOPIK Ⅱ 듣기(1번~ 50번)

p.4

1. ①

남자: 지금 회의실에 가시는 거죠? 제가 짐을 좀 들어 드릴게요.
여자: 감사합니다. 그럼 이 상자 하나만 들어 주시겠어요?
남자: 네. 물론이죠. 다음번에도 짐이 많으면 미리 말씀하세요.

'-아/어 주시겠어요?'는 부탁할 때 쓰는 표현이다. 여자의 부탁에 남자가 '네. 물론이죠.'라고 말했으므로 남자는 여자의 부탁을 들어줄 것이다. 그러므로 남자와 여자가 상자를 하나씩 들고 있는 ①번 그림이 답이다.

2. ④

여자: 저, 실례합니다만 초록 병원이 어디에 있나요?
남자: 초록 병원이요? 저기 큰 간판이 걸린 건물 보이시죠? 그 건물이에요.
여자: 아, 네. 감사합니다.

여자가 남자에게 병원에 가는 길을 묻고 남자가 길을 가르쳐 주고 있는 상황이다. 남자가 '저기 큰 간판이 걸린 건물 보이시죠?'라고 말한 것으로 보아 남자가 손으로 건물을 가리키며 길을 안내해 주고 있는 상황인 ④번 그림이 답이다.

3. ③

남자: 전자책 이용자의 독서 기기에 대해 조사한 결과, 전자책을 이용하는 사람들은 스마트폰을 가장 많이 사용하는 것으로 나타났습니다. 그 다음으로는 컴퓨터나 노트북, 태블릿 PC가 뒤를 이었는데 컴퓨터나 노트북 이용자는 지난해에 비해 다소 감소한 반면, 스마트폰 이용자는 증가한 것으로 조사되었습니다.

전자책 이용자가 사용하는 '독서 기기'에 대한 내용이다. 독서 기기 사용자 수는 스마트폰, 컴퓨터/노트북, 태블릿 PC 순서로 많다고 했으므로 ③번이 답이다.

4. ③

여자: 여기 떡볶이하고 만두 주세요.
남자: 어쩌죠? 만두는 다 팔렸어요.
여자: ______________________

여자가 주문한 만두가 다 팔렸다는 남자의 말에 대해 아쉬움을 표현하는 ③번이 답이다. 만두가 다 팔려서 주문할 수 없는 상황이므로 ①번은 답이 될 수 없고, ②번은 대화의 흐름과 상관이 없는 내용이다. ④번의 문장은 명령문으로, 손님이 음식점 주인에게 할 말로는 부적절한 표현이다.

5. ②

여자: 전시회는 잘 끝났어요? 관람객들이 많이 왔다면서요? 못 가 봐서 미안해요.
남자: 괜찮아요. 수진 씨 출장 때문에 어쩔 수 없었잖아요.
여자: ______________________

여자의 사과를 받아주는 남자의 답변에 이어지는 말로는 ②번이 적절하다. 여자가 출장을 다녀오느라 전시회에 가지 못한 상황이므로 ①, ④번은 답이 될 수 없고, ③번은 전시회를 앞둔 상황에서 할 수 있는 말이므로 답이 될 수 없다.

6. ①

남자: 오래 기다렸지? 늦어서 미안해.
여자: 늦게 오면 늦게 온다고 연락을 좀 해 주지.
남자: ______________________

연락을 하지 못한 것에 대해 사과하는 표현을 고르면 된다. 사과 표현과 연락을 하지 못한 이유를 말하고 있는 ①번이 답이다.

7. ④

남자: 일이 언제 끝나요? 많이 남았어요?
여자: 이제 정리만 하면 돼요. 왜요?
남자: ______________________

남자가 여자에게 끝나는 시간을 물어보았다. 여자가 '왜요?'라는 표현으로 질문의 이유가 무엇인지를 물었으므로 질문한 이유에 대한 대답인 ④번이 답이다.

8. ③

남자: 수진 씨, 휴가에 뭐 할 거예요?
여자: 친구들과 제주도에 여행 가기로 했어요.
남자: ______________________

여자가 휴가 때 여행을 갈 계획이라고 했으므로 잘 다녀오라는 인사 표현인 ③번이 답이다. ①번은 여행을 다녀온 후에 할 수 있는 말이고, ②, ④번은 여자가 휴가 계획이 없을 경우에 할 수 있는 말이므로 답이 될 수 없다.

9. ④

남자: 어제 이 옷을 사 갔는데요, 아이에게 조금 작은 것 같아서요. 이것보다 하나 큰 사이즈로 바꾸고 싶어요.
여자: 어쩌죠? 그 색으로 큰 사이즈는 모두 팔렸어요. 큰 사이즈는 파란색만 남았는데 파란색은 어때요?
남자: 음……. 한번 보여 주시겠어요?
여자: 네. 잠시만 기다려 주세요.

남자가 파란색 옷을 보여 달라고 부탁했고, 여자가 '네.'라는 대답과 함께 잠시만 기다리라고 말했다. 여자는 곧 남자에게 파란색 옷을 보여 줄 것이므로 ④번이 답이다.

10. ③

여자: 우와, 벌써 사람들이 이렇게 많네. 얼마나 기다려야 해요?
남자: 오늘 단체 손님들이 오셨어요. 좀 오래 기다리셔야 하는데. 한 20분 정도 기다리셔야 할 것 같아요.
여자: 오늘은 날이 추워서 갈비탕이 꼭 먹고 싶었는데……. 20분 동안 여기서 뭐하지?
남자: 전화번호 남겨 주시면 전화드릴게요. 볼일 보고 오셔도 돼요.

남자가 전화번호를 알려 주면 자리가 생겼을 때 전화를 해 주겠다고 했으므로 여자는 남자에게 전화번호를 알려 줄 것이다.

11. ②

여자: 아빠, 이번 주말에 가까운 곳에 나가서 구경도 하고 저녁 먹고 들어올까요? 엄마 생신이잖아요.

남자: 그래. 엄마가 좋아하겠구나.

여자: 어디 가고 싶은 곳이나 드시고 싶은 음식 있으세요?

남자: 글쎄다. 엄마 생일이니 엄마가 원하는 걸로 하자꾸나. 엄마께 직접 여쭤 보는 게 어떻겠니?

남자와 여자는 아빠와 딸 관계이고, 엄마의 생일 저녁 식사 계획을 이야기하고 있다. 저녁 식사 메뉴를 고민하는 여자에게 남자가 엄마에게 직접 물어보면 어떻겠냐는 의견을 제시했으므로 ②번이 답이다.

12. ②

남자: 샴푸 사야 한다고 하지 않았어? 이 샴푸 어때?

여자: 맞아. 샴푸를 다 썼어. 음, 이 샴푸 하나 사야겠다. 세일하네.

남자: 이건 두 개를 사야 10%를 할인해 주는 거야.

여자: 그러네. 그럼 쌀 때 미리 사 두지 뭐. 샴푸는 계속 쓰는 거니까.

샴푸 한 개를 사려고 하는 여자에게 남자가 두 개를 사면 할인이 된다는 이야기를 해 주었다. 여자는 남자의 말을 듣고, 가격이 쌀 때 미리 사 두겠다며 대화를 끝냈으므로 샴푸를 두 개 살 것이다.

13. ③

남자: 어디 아파? 얼굴이 안 좋아 보여.

여자: 몸살이 난 것 같아. 몸이 으슬으슬 춥고 머리가 아파.

남자: 그럼 일찍 들어가서 약 먹고 푹 쉬어. 나머지 일은 내가 정리할게.

여자: 아냐. 남은 일들은 내가 내일 일찍 나와서 마무리 할게. 먼저 들어가서 미안해.

일찍 들어가서 쉬라는 남자의 말에 여자가 '먼저 들어가서 미안해.'라는 말로 대화를 마쳤으므로 ③번이 답이다. 여자가 '아냐.'라고 대답한 것은 일찍 들어가지 않겠다는 의미가 아니라 남은 일을 남자가 정리하겠다고 한 말에 대한 대답이므로 실수하지 않도록 주의해야 한다.

① 남자는 몸이 좋지 않다. (×)
→ 몸이 좋지 않은 것은 남자가 아니라 여자이다.

② 남자는 여자에게 약을 주었다. (×)
→ 약을 준 것이 아니라 약을 먹고 쉬라고 걱정해 주었다.

③ 여자는 집에 일찍 갈 예정이다. (○)

④ 여자는 남자와 남은 일을 함께 할 것이다. (×)
→ 남은 일은 다음날 일찍 나와서 여자가 혼자 마무리 할 것이다.

14. ②

여자: 우리 회사 창립 50주년 기념행사에 참여해 주신 여러분께 감사드립니다. 이번 행사는 이곳 강당에서 오전 10시부터 시작될 예정입니다. 오늘 행사 순서에 대해 간단히 말씀드리겠습니다. 먼저 회사의 발전 모습을 담은 동영상을 보신 후에 회장님의 감사 인사와 공로상 시상이 있을 예정입니다. 행사가 끝나면 강당 입구에서 저희가 준비한 감사 선물을 받아 가시기 바랍니다. 식사 장소는 지하 1층 식당입니다.

여자가 회사의 창립 50주년 기념행사 안내를 하고 있다. '창립'은 '기관이나 단체를 새로 만들어 세우는 것'을 의미하는 것으로, 여자의 회사는 창립된 지 50년이 되어 기념행사를 진행하게 된 것이다. 따라서 ②번이 답이다.

① 회장님이 상을 받는다. (×)
→ 회장님이 상을 받는 것이 아니라 상을 줄 예정이다.

② 회사가 세워진 지 50년 되었다. (○)

③ 행사는 지하 1층에서 진행된다. (×)
→ 행사는 강당에서 진행된다.

④ 식사 후에 선물을 나누어 준다. (×)
→ 행사가 끝나고 선물을 나누어 준다.

- 창립: 기관이나 단체를 새로 만들어 세우는 것
- 시상: 상장이나 상품, 상금 등을 주는 것
- 수상: 상장이나 상품, 상금 등을 받는 것

15. ①

남자: 다음은 사건 사고 소식입니다. 밤새 내린 많은 양의 눈으로 인해 출근길 도로가 주차장으로 변했습니다. 밤사이 눈으로 인한 교통사고도 많았는데요, 어젯밤 10시쯤 인천시 한 도로에서 승용차끼리 충돌한 사고가 있었습니다. 이 사고로 승용차 운전자 1명이 부상을 당해 인근 병원에서 치료를 받고 있습니다. 경찰은 보다 정확한 사고 원인을 파악하기 위해 운전자들과 목격자들을 상대로 조사 중이며, 눈길 안전 운전을 당부했습니다.

남자는 밤사이에 일어난 사건, 사고 소식을 전달하고 있다. 밤사이 '눈으로 인한 교통사고'가 많았다고 했으므로 ①번이 답이다. '-(으)로 인한'은 원인 또는 이유를 나타내는 표현으로, ①번의 '~때문에'와 같은 의미이다.

① 눈 때문에 사고가 많이 났다. (○)
② 경찰은 사고 조사를 끝마쳤다. (×)
→ 경찰은 조사를 진행 중이다.
③ 부상자는 병원에서 퇴원하였다. (×)
→ 아직 치료를 받고 있는 중이다.
④ 승용차와 고속버스가 충돌하였다. (×)
→ 승용차끼리 충돌하였다.

16. ①

여자: 지금 우리 회사 지하 창고에서는 직원들이 운동할 수 있는 체력단련실을 만드는 공사가 한창 진행 중인데요. 이 공사를 처음 제안하신 기획부 윤경로 부장님께 그 이야기를 들어 볼까요?

남자: 제가 회사에서 일을 하다 보니 직원들이 일을 하면서 중간중간 운동을 할 수 있으면 좋겠다는 생각이 들었어요. 운동을 하면 직원들의 체력도 좋아지고 업무의 효율성도 높아질 수 있을 테니까요. 퇴근 후에는 따로 운동을 하러 가기가 어려워요. 그래서 안 쓰는 창고를 개조하면 어떨까 생각하게 된 거예요.

여자가 처음에 '체력단련실을 만드는 공사가 한창 진행 중인데요.'라고 한 것으로 보아 공사가 아직 끝나지 않았다. 따라서 ①번이 답이다.
① 체력단력실은 아직 이용할 수 없다. (○)
② 체력단련실은 퇴근 후에만 이용 가능하다. (×)
→ 일을 하는 중간에도 이용할 수 있다.
③ 체력단련실 이전에 사무실이었던 곳이다. (×)
→ 안 쓰는 창고가 있던 자리이다.
④ 체력단련실을 제안한 사람은 운동선수이다. (×)
→ 기획부 윤경로 부장이 제안했다.

17. ②

남자: 음식이 많이 싱거운데요?

여자: 소금이 몸에 안 좋다고 해서 음식을 만들 때 소금을 아예 안 넣어요.

남자: 소금을 많이 먹으면 몸에 안 좋지만 소금도 몸에 꼭 필요한 성분이에요. 그래서 적당히 먹어 줘야 해요.

남자는 적당한 양의 소금은 몸에 꼭 필요하다고 생각하므로 ②번이 답이다. ①, ③번은 여자의 생각이고, ④번은 대화와 상관없는 내용이다.

18. ④

여자: 저 아주머니 좀 봐. 산에서 열매를 다 주워 가고 있어. 그러면 안 되는 거 아냐?

남자: 그러게 말이야. 산에서 저렇게 열매를 다 가져가면 산에 사는 동물들이 먹을 게 없어져 버려. 동물들이 가끔씩 먹이를 찾으러 마을로 내려와서 사람들을 해치기도 하잖아.

남자가 산에서 나는 열매가 없어지면 산에 사는 동물들이 먹을 것이 없어진다고 생각하고 있는 것으로 보아 산의 열매를 동물들의 먹이로 생각하고 있다. 따라서 ④번이 답이다.
• 해치다: 다치게 하거나 죽임

19. ②

남자: 저 뉴스 장면이 너무 폭력적이지 않아? 저런 장면은 보여 주면 안 되지.

여자: 저런 장면을 보여 주면 상황 이해가 쉽게 잘 되잖아. 사실을 생생하게 전달해 줄 수 있어.

남자: 그래도 뉴스는 아이들도 많이 보는데 폭력 장면은 적절히 가렸어야지.

여자: 그렇긴 하지만, 실제 화면을 보여 주면 사람들이 범죄에 대한 경각심도 갖지 않을까?

남자는 너무 폭력적인 장면은 뉴스에서 보여 주면 안 되고, 만약 보여 줄 경우에는 적절히 가리고 보여 줘야 한다고 생각하므로 ②번이 답이다. ①, ④번은 여자의 생각이다.

20. ③

여자: 선생님께서는 어르신들에게 컴퓨터를 무료로 가르쳐 주고 계시는데요. 이 일을 10년 동안이나 꾸준히 하시는 이유는 무엇입니까?

남자: 나이가 많으면 아무것도 못한다고 생각하지만 실제로는 그렇지 않아요. 어르신들도 배우는 것을 즐거워하고, 배운 것을 서로 가르쳐 주시기도 하면서 성취감을 느끼시기도 하죠. 손자, 손녀들과 이메일을 주고받는다거나 모르는 것을 인터넷으로 찾아서 문제를 해결했다는 이야기를 들으면 저도 매우 보람을 느껴요.

남자는 노인들도 배우는 것을 즐거워하고, 배운 것을 서로 가르쳐 주면서 성취감을 느낀다고 생각하므로 ③번이 답이다.
• 어르신: 부모님과 비슷하거나 그 이상 되는 어른을 높여서 부르는 말

[21~22]

여자: 컴퓨터가 바이러스에 감염된 것 같아. 작업하던 파일에 자꾸 오류가 생겨.

남자: 다른 곳에 저장해 두지는 않았어? 중요한 파일은 따로 저장해 두어야 해. 나도 모르게 컴퓨터가 바이러스에 걸려서 파일이 안 열리거나 삭제될 수도 있으니까.

여자: 설마 내 컴퓨터도 바이러스에 걸릴 줄 몰랐지. 에이, 어제 열심히 만든 건데 다시 작업해야겠어.

남자: 이제 작업 틈틈이 저장하고, 다른 곳에도 파일을 복사해 둬. 백신 프로그램을 사용해서 바이러스에 감염되는 것을 처음부터 예방하는 것도 중요해.

21. ③

남자는 컴퓨터가 바이러스에 걸려서 파일이 안 열리거나 삭제될 수 있으므로 중요한 파일은 틈틈이 저장하고, 다른 곳에도 저장해 둬야 한다고 생각하므로 ③번이 답이다.

22. ①

여자가 어제 한 작업 파일이 바이러스에 감염되어 다시 작업해야 한다.

① 여자는 컴퓨터 작업을 다시 해야 한다. (○)

② 여자는 다른 곳에도 파일을 저장해 두었다. (×)
→ 다른 곳에는 저장해 두지 않았다.

③ 여자가 작업하던 파일은 바이러스를 피했다. (×)
→ 여자가 작업하던 파일에 바이러스가 감염되었다.

④ 남자의 컴퓨터는 바이러스에 절대 걸리지 않는다. (×)
→ 바이러스에 걸릴 수 있으므로 백신 프로그램으로 예방을 하고 있다.

[23~24]

여자: 안녕하십니까? 친절한 홈쇼핑 고객센터입니다.

남자: 안녕하세요? 주문한 옷을 어제 받아 보았는데 제가 주문한 옷과 다른 옷이 왔어요.

여자: 아, 죄송합니다, 고객님. 저희가 고객님께서 주문하신 옷으로 교환해 드리도록 하겠습니다.

남자: 이번 주말에 입고 나가려고 했는데, 옷이 잘못 오는 바람에 입을 수가 없을 것 같네요. 그냥 환불받고 싶습니다. 옷은 다시 잘 포장해 놓을게요. 다시 가져가시면 좋겠어요.

23. ②

남자가 홈쇼핑에서 주문한 옷과 다른 옷을 배송 받아서 환불을 받으려고 고객센터에 전화를 건 상황이므로 ②번이 답이다. 여자가 남자가 주문한 옷으로 교환을 해 주겠다고 하였으나 남자는 그냥 환불을 받겠다고 한 것이므로 ③번은 답이 될 수 없다.

24. ④

남자가 주문한 옷을 이번 주말에 입고 나가려고 했는데, 옷이 잘못 와서 입을 수가 없게 되었다고 했으므로 ④번이 답이다.

① 옷의 포장이 찢어져서 왔다. (×)
→ 주문한 옷과 다른 옷이 왔다.

② 한번 주문한 옷은 교환이 어렵다. (×)
→ 대화에 나오지 않은 내용이다.

③ 남자는 주문한 옷을 오늘 받아 보았다. (×)
→ 주문한 옷은 오지 않고 다른 옷이 왔다.

④ 남자는 주말에 새로 산 옷을 입으려 했다. (○)

[25~26]

여자: 이 학교는 매일 아침 전교생이 운동을 하고 수업을 시작한다고 들었는데요, 소개를 좀 해 주시겠습니까?

남자: 네, 우리 학교는 매일 아침 수업 시간 전에 전교생이 40분씩 운동을 합니다. 매일 규칙적인 운동을 하는 것은 우리 건강에 매우 도움이 됩니다. 그런데 요즘 학생들은 책상에 앉아서 공부만 하다 보니 체격은 커지는데 체력이 많이 약해요. 그래서 꾸준히 운동할 수 있는 방법을 생각하다 전교생 아침 운동 시간을 만들었어요. 매일 아침 학년별로 나누어서 운동장을 천천히 달리거나 스트레칭과 근육 운동을 하거나 아니면 태권도나 배드민턴 같은 운동을 배우기도 해요. 매일 운동 시간을 가진 이후 학생들이 체력도 좋아지고 공부 스트레스도 많이 줄었다며 매우 만족해합니다.

25. ④

남자는 매일 규칙적으로 꾸준히 운동하는 것이 학생들의 체력 관리에 중요하다고 생각해 전교생이 매일 아침 운동하는 시간을 만들었다고 하였으므로 ④번이 답이다.

26. ①

매일 아침 수업 시간 전에 전교생이 40분씩 운동을 한다고 하였다.

① 전교생이 운동을 한다. (○)

② 비가 오면 운동을 하지 않는다. (×)
→ 들은 내용으로는 알 수 없다.

③ 학생들은 운동 스트레스를 받는다. (×)
→ 공부 스트레스를 운동을 통해 푼다.

④ 운동을 하면서 학생들의 체격이 좋아졌다. (×)
→ 운동으로 좋아진 것은 체격이 아니라 체력이다.

[27~28]

여자: 이제 곧 졸업이지? 너도 졸업할 때 학교에 교복을 기증하는 건 어때?

남자: 교복을 기증한다고? 그게 '교복 물려주기 운동'이야? 나도 들어봤어.

여자: 응. 기증받은 옷을 세탁하고 수선해서 형편이 어려운 학생들이나 그동안 체격이 커져서 다시 교복을 사야 하는 친구들에게 아주 저렴하게 파는 거야.

남자: 그런데 왜 기증받은 옷을 돈 받고 파는 거지?

여자: 그 돈으로 기증받은 교복을 세탁하고 수선하는 거야. 어차피 졸업하면 안 입을 옷이니 너도 기증해 봐.

27. ③

여자가 남자에게 교복을 기증받아서 저렴하게 판매하는 '교복 물려주기 운동'에 대해 설명하고 남자에게 교복 기증 참여를 권유하고 있다.

28. ③

기증받은 교복은 돈을 주고 구매해야 하고, 교복 판매로 모아진 돈은 세탁비와 수선비로 사용된다.

① 남자는 졸업을 하였다. (×)
→ 남자는 이제 곧 졸업할 예정이다.

② 여자는 교복을 수선할 예정이다. (×)
→ 들은 내용으로는 알 수 없다.

③ 기증받은 교복은 돈을 주고 구매해야 한다. (○)

④ 기증받은 교복은 기증받은 그대로 판매된다. (×)
→ 기증받은 교복은 세탁과 수선 이후에 판매된다.

[29~30]

여자: '이야기 할아버지'라……. 조금 생소한데요. 구체적으로 어떤 일을 하시는지 말씀해 주시겠어요?

남자: 말 그대로 이야기를 해 주는 할아버지예요. 재미있고 교훈적인 이야기들을 유치원 어린이들에게 들려주는 것이죠. 할아버지나 할머니가 이야기를 해 주면 아이들은 정말 옛날이야기를 듣는 것처럼 재미있어 해요. 아이들에게 친근하게 우리 전통에 대해 알려줄 수도 있고, 인성 교육도 할 수 있지요.

여자: 퇴직 후에도 이렇게 일을 계속하는 것이 힘들지는 않으세요? 특히 유치원 아이들은 한창 장난을 많이 칠 나이라 더 힘들 것 같아요.

남자: 은퇴 후에도 계속 일을 할 수 있다는 것은 감사하고 기쁜 일이지요. 게다가 이렇게 순수하고 착한 아이들과 함께 일을 할 수 있어서 더욱 기분이 좋습니다. 물론 아이들이 가끔씩 말도 안 듣고 투정을 부리기도 하지만 조금만 잘 타이르면 금세 또 착한 아이로 돌아와요.

29. ④

남자는 여자에게 자신이 유치원 어린이들에게 재미있고 교훈적인 이야기들을 해 주는 할아버지라고 소개하였다.

30. ②

남자가 순수하고 착한 아이들과 함께 일을 할 수 있어서 기분이 좋다고 말하고 있는 것으로 보아 ②번이 답이다.

① 아이들은 남자를 무서워한다. (×)
→ 대화에 나오지 않은 내용이다.

② 남자는 아이들이 순수하다고 생각한다. (○)

③ 아이들은 한 번도 말썽을 부리지 않았다. (×)
→ 가끔씩 말도 안 듣고 투정을 부리기도 한다.

④ 남자는 아이들과 일하는 것이 힘들게 느껴진다. (×)
→ 힘들기보다는 감사하고 기쁜 일이라고 생각한다.

[31~32]

여자: 임금피크제에 대한 논의가 뜨겁습니다. 임금피크제는 연봉을 삭감하는 대신 일정 기간 동안 고용을 보장하는 것인데요, 정년을 연장하거나 적어도 정년을 보장받을 수 있다는 점에서 호응을 얻고 있습니다.

남자: 그러나 임금피크제가 무조건 좋은 것만도 아닙니다. 임금피크제를 시행하면 퇴직금이 줄어들고, 무엇보다 청년들의 일자리가 줄어들 수도 있습니다. 요즘 청년 실업도 심각한 사회 문제 아닙니까?

여자: 임금피크제를 시행하면 오히려 일자리 수가 증가할 수도 있습니다. 오래 근무하신 분들의 풍부한 경험과 노하우를 살리면서도 이들의 임금이 줄기 때문에 신규 채용을 늘릴 수 있는 것입니다. 또 평균 수명이 80세가 넘는 시대임을 감안한다면 퇴직 시기에 대해서도 다시 한 번 생각해야 할 것입니다.

남자: 그것도 맞는 말씀입니다. 그러나 퇴직자가 줄어들면서 신규 채용도 줄일 수가 있지요. 임금피크제가 청년들의 일자리를 위협해서는 결코 안 될 것입니다.

31. ①

남자는 임금피크제를 시행하면 퇴직금이 줄어들고 청년들의 일자리가 줄어들 수 있다고 생각하므로 ①번이 답이다. ③, ④번은 여자의 생각이다.

32. ④

남자는 임금피크제를 지지하는 여자의 의견에 임금피크제가 발생시킬 수 있는 문제점을 제시하며 반대하고 있다.

[33~34]

여자: 요즘 많은 분들이 외국어 공부에 관심을 갖고 있는데요, 외국어를 공부하고 싶어도 '공부를 시작하기에 나는 너무 늦었어.'라고 생각하시는 분은 안 계신가요? 한 연구 결과에 따르면, 나이가 들어서도 외국어를 공부하는 것이 기억력 감퇴를 막고, 치매도 늦출 수 있다고 합니다. 평생 모국어만을 사용한 사람보다 외국어를 사용할 수 있는 사람은 치매 발병을 4년 이상 늦출 수 있다고 하네요. 다른 연구에서도 외국어 공부가 지능과 인지 능력 향상에 도움을 준다는 것이 확인되었습니다. 이처럼 외국어 공부는 우리의 뇌 건강에 큰 도움을 줍니다. 그뿐만 아니라 다양한 문화를 접하며 새로운 경험도 할 수 있게 합니다. 여러분도 '나는 나이가 너무 많은 것 같아.'라고 주저하지 마시고 외국어 학습에 도전해 보세요.

33. ②

외국어 공부의 효과에 대한 내용으로 외국어 공부가 뇌 건강에 도움이 될 뿐만 아니라 다양한 문화를 접하며 새로운 경험도 할 수 있게 해 준다는 것을 이야기하고 있다.

34. ①

외국어를 공부하는 것이 기억력 감퇴를 막고, 치매를 늦추어 주며, 지능과 인지력 향상에 도움을 주는 등 뇌 건강에 도움이 된다고 했으므로 ①번이 답이다.

① 외국어 공부를 하면 뇌가 건강해진다. (○)

② 치매에 걸린 사람들이 외국어를 더 잘한다. (×)
→ 외국어를 사용할 수 있는 사람은 치매 발병을 늦출 수 있다.

③ 나이가 많은 사람들은 새로운 것을 공부하기 어렵다. (×)
→ 이야기에 나오지 않은 내용이다.

④ 다양한 문화를 접하는 것은 외국어 공부에 도움이 된다. (×)
→ 외국어 공부를 통해 다양한 문화를 접할 수 있다.

[35~36]

남자: 오늘 이렇게 좋은 상을 주셔서 감사합니다. 제가 이렇게 우수 선수상을 받기까지는 제가 축구에만 매진할 수 있도록 도와주신 많은 분들이 계셨습니다. 먼저 항상 저를 걱정해 주시고, 경기마다 경기장에 와서 응원해 주시는 저희 부모님과 저를 이끌어 주시는 감독님과 코치님, 또 저의 부족한 부분을 보완해 주며 함께 호흡을 맞춰 경기를 뛰는 팀 동료들과 저희 팀을 항상 사랑해 주시는 팬 여러분들이 계십니다. 이 상의 기쁨을 저희를 응원해 주시는 모든 분들과 함께 하고 싶습니다. 이 상은 앞으로 더 잘하라는 의미로 알고 끊임없이 노력하겠습니다. 감사합니다. 열심히 하겠습니다.

35. ④

남자는 축구 선수이고 우수 선수상을 받아서 수상 소감을 이야기하고 있다. 좋은 상을 주셔서 감사하다는 말로 수상 소감을 시작하여 부모님과 감독님, 코치님, 동료들, 그리고 팬들에게 감사를 표현하고 있다.

36. ③

남자는 자신이 상을 받기까지 도움을 준 사람으로 경기마다 경기장에 와서 응원해 주시는 부모님에 대해 이야기했다.

① 남자는 남자 혼자 힘으로 축구를 해 왔다. (×)
→ 상을 받기까지 부모님, 감독님, 코치님, 동료들, 팬들까지 여러 사람의 도움을 받았다.

② 남자는 앞으로 더 잘해야 상을 받을 수 있다. (×)
→ 남자는 이미 상을 받았다.

③ 남자의 부모는 매번 경기장에서 남자를 응원했다. (○)

④ 남자는 우수 선수상을 받은 동료를 축하해 주었다. (×)
→ 우수 선수상을 받은 것은 남자이다.

[37~38]
남자: '음악 컨설팅'이라는 것을 이번에 처음 알게 되었는데요, '음악 컨설팅 업체'에서 어떤 일을 하는지 자세히 설명해 주시겠습니까?
여자: 네. 기자님께서 매장에 가면 매장마다 음악이 흘러나오죠? 제가 하는 일은 그 음악들을 선곡하는 일이라고 이해하시면 쉬울 것 같아요. 매장의 특성과 소비자 행동을 분석해서 해당 매장에 어울리는 곡을 골라 줘요. 음악이 소비자 행동에 영향을 주기 때문이지요. 한 연구 결과에 따르면 매장에서 느린 음악을 틀면 소비자들이 천천히 움직이고, 빠른 음악을 틀면 빠르게 움직인다고 해요. 음악의 박자에 맞추어 소비자들이 움직이는 것이죠. 이밖에도 날씨나 계절, 시간대에 따라서도 선곡이 달라질 수 있어요. 어떠한 음악을 언제 트느냐가 매장의 이미지와 매출에 큰 영향을 주기 때문에 매우 철저한 분석을 바탕으로 음악을 고르고 있습니다.

37. ②

여자는 물건을 파는 매장에서 흘러나오는 음악들을 선곡하는 일을 하는 사람이다. 여자는 음악의 선곡에 따라 매장의 이미지와 매출에 큰 영향을 주기 때문에 선곡이 중요하다고 생각하고 있으므로 ②번이 답이다.

38. ③

어떤 음악을 트느냐가 매장의 이미지와 매출에 큰 영향을 준다고 하였으므로 ③번이 답이다.

① 소비자들은 경쾌한 음악을 선호한다. (×)
→ 대화에 나오지 않은 이야기이다.

② 선곡은 소비자 행동만을 분석하여 이루어진다. (×)
→ 소비자 행동뿐만 아니라 날씨나 계절, 시간대 등을 분석하여 음악을 고른다.

③ 선곡에 따라 매장의 이미지와 매출이 달라질 수 있다. (○)

④ 소비자들을 천천히 움직이게 하고 싶을 때는 빠른 음악을 틀면 된다. (×)
→ 느린 음악을 틀면 소비자들이 천천히 움직이고, 빠른 음악을 틀면 빠르게 움직인다.

[39~40]
여자: 현대인은 휴대폰이나 컴퓨터를 많이 사용해서 눈의 피로를 예전보다 더 심하게 느끼는 것 같은데요. 눈의 피로를 풀어 줄 수 있는 다른 방법으로는 또 무엇이 있을까요?
남자: 네. 앞에서 말씀드린 것처럼 시간마다 눈을 감거나 먼 곳을 보면서 쉬는 것이 중요하고요, 손바닥을 따뜻하게 비벼 눈 위에 살며시 갖다 대고 눈동자를 사방으로 굴려 주는 것도 한 방법입니다. 눈 주위를 가볍게 지압해 주어도 혈액 순환이 활발히 되면서 눈의 피로가 풀릴 수 있습니다. 손으로 눈 주위를 만질 때에는 항상 손이 깨끗해야 한다는 것 잊지 마세요. 더러운 손으로 눈을 만질 경우 눈병이 생기기 쉽습니다. 당근이나 토마토, 블루베리 같은 식품들은 눈 건강에 좋으니 이런 식품들을 자주 섭취하는 것도 눈의 피로 예방에 도움이 됩니다.

39. ④

여자가 눈의 피로를 풀어 줄 수 있는 다른 방법으로는 또 무엇이 있는지 묻고 있는 것으로 보아 앞에서 눈의 피로를 풀어 줄 수 있는 한 방법에 대해 이야기했을 것이다. 여자의 질문에 남자가 '앞에서 말씀드린 것처럼 시간마다 눈을 감거나 먼 곳을 보면서 쉬는 것이 중요하고요.'라고 말하고 있는 것으로 보아 ④번이 답이다.

40. ②

눈의 피로를 풀어 줄 수 있는 방법으로, 눈 주위를 가볍게 지압해 주어도 혈액 순환이 활발히 되어 눈의 피로가 풀릴 수 있다고 하였으므로 ②번이 답이다.

① 눈동자를 움직이는 것은 눈을 피로하게 한다. (×)
→ 손바닥을 따뜻하게 하여 눈에 대고 눈동자를 사방으로 굴려 주는 것도 피로를 푸는 방법이다.

② 눈 주위를 가볍게 누르면 눈의 피로가 풀린다. (○)

③ 더러운 손으로 눈을 만지면 반드시 눈병이 생긴다. (×)
→ 눈병이 생기기 쉽다고 했으나 반드시 그렇다고 이야기한 것은 아니다.

④ 예전보다 눈의 피로를 풀 수 있는 방법이 다양해졌다. (×)
→ 들은 내용과 상관없는 이야기이다.

[41~42]
남자: 오늘은 아이들의 언어 발달에 대해 알아보겠습니다. 일반적으로 태어난 후 12개월이 되면 100개 정도의 단

어를 인지하고, 20개월이 되면 이해하고 사용하는 어휘가 폭발적으로 증가하게 되며, 48개월이 되어서야 의사소통이 가능하게 됩니다. 아이들의 이러한 발달을 좌우하는 것은 바로 환경인데요. 엄마나 아빠가 아이와 얼마나 많은 이야기를 나누는지가 환경적 요소에서 가장 중요합니다. 부모가 아이에게 많은 이야기를 하고 아이의 행동에 큰 반응을 보인 아이일수록 언어 능력이 뛰어난 것으로 밝혀졌습니다. 아이가 움직이기 시작하고 몇 가지 단어를 이야기하는 시기가 되면 아이들의 호기심을 충족시켜 줄 수 있는 환경도 중요합니다. 아이가 주변에 관심을 갖고 모르는 것을 알아가는 과정을 통해 상상력과 창의력이 커지고, 이에 부모가 적극적으로 대응해 주면 표현력도 커질 수 있는 것이지요.

41. ④

주변 환경이 아이들의 언어 발달을 좌우한다는 내용의 이야기이다. 남자는 부모가 아이와 얼마나 많이 소통하는지가 가장 중요하고, 아이의 호기심을 충족시켜 줄 수 있는 환경도 중요하다고 이야기하고 있다.

42. ③

일반적으로 아이가 태어난 지 12개월이 되면 100개 정도의 단어를 인지한다고 하였으므로 ③번이 답이다.

① 아이의 언어 능력은 저절로 발달된다. (×)
→ 환경에 따라 아이의 언어 발달이 좌우된다.

② 모든 아이들의 언어 능력은 동일하다. (×)
→ 어떤 환경에서 자라는지에 따라서 언어 능력이 달라질 수 있다.

③ 생후 12개월에는 100개의 단어를 알 수 있다. (○)

④ 부모가 아이와 많이 소통할수록 아이가 쉽게 지친다. (×)
→ 부모와 아이가 많이 소통할수록 아이의 언어 능력이 발달한다.

[43~44]

남자: 한옥에 사용되는 문의 종류는 매우 다양합니다. 들어열개문, 미닫이문, 여닫이문 등 이름만 들어서는 낯선 이 문들이 한옥의 멋을 더해 줍니다. 못이나 다른 접착제의 사용 없이 나무와 나무끼리 연결되어 각각의 문양을 나타내는 한옥의 문은 은은한 아름다움을 내뿜습니다. 한옥의 문이 단순히 예쁘기만 하다고 생각해서는 안 됩니다. 문마다 고유한 기능이 있습니다. 들어열개문은 겨울이 되면 바깥의 바람과 눈을 막아 주는 역할을 하지만, 여름에는 문을 들어 올려 마루와 방의 경계를 없애며 바람이 통할 수 있도록 합니다. 에어컨이나 선풍기 없이 집 안팎을 드나드는 바람만으로도 집안이 시원할 수 있도록 한 것이지요. 선조들의 지혜에 놀라지 않을 수 없습니다.

43. ①

남자는 다양한 한옥의 문을 제시하며 이러한 문들이 아름다움과 더불어 각각 고유한 기능이 있다고 하였으므로 ①번이 답이다. 남자는 이에 대한 근거로 '들어열개문'의 경우를 예로 들어 설명하고 있다.

44. ①

한옥의 문 중 하나인 들어열개문은 겨울에는 바깥의 바람과 눈을 막아 주고, 여름에는 마루와 방의 경계를 없애며 바람이 통할 수 있도록 해준다고 하였다.

① 한옥의 문은 계절마다 기능이 다르다. (○)

② 한옥의 문은 하나의 무늬만을 나타낸다. (×)
→ 나무와 나무의 연결이 다양한 문양을 만들어 낸다.

③ 한옥의 문은 못을 사용하여 서로 고정한다. (×)
→ 못이나 접착제 사용 없이 나무와 나무끼리 연결하여 고정한다.

④ 한옥의 문은 종류가 많지 않은 것이 단점이다. (×)
→ 한옥에 사용되는 문의 종류는 매우 다양하다.

[45~46]

여자: 겨울에는 날씨가 추워 운동을 안 하시는 분들이 많습니다. 그런데 운동을 하지 않으면 몸이 쉽게 피로해지고 면역력이 떨어져 감기와 같은 질병에 쉽게 걸릴 수 있지요. 그래서 겨울철에도 꾸준히 운동을 하는 것이 바람직합니다. 겨울철에 운동을 할 때는 몇 가지 꼭 지켜야 하는 것들이 있습니다. 제일 중요한 것은 준비 운동을 철저히 하는 것입니다. 날씨가 추워지면 우리 몸의 근육들도 긴장을 하고 있기 때문에 아무런 준비 없이 운동을 시작하게 되면 부상을 당할 확률이 높습니다. 갑자기 혈관이 수축되면서 심장 마비까지도 올 수 있지요. 무리한 준비 운동보다는 스트레칭을 통해 근육을 충분히 풀어 주는 것이 좋습니다. 또 밖에서 운동을 할 때는 모자나 장갑 등을 갖추고 나가서 체온이 손실되는 것을 막는 것이 좋습니다. 평소에 몸이 약한 분들은 무리하게 밖에서 운동을 하기보다 실내에서 운동하는 것을 추천해 드립니다.

45. ①

겨울철에 날씨가 춥다고 운동을 하지 않으면 쉽게 피로해지고 면역력이 떨어져 감기 등의 질병에 쉽게 걸릴 수 있다고 하였으므로 ①번이 답이다.

① 운동을 하지 않으면 면역력이 떨어진다. (○)

② 준비 운동을 하다 부상을 당할 수 있다. (×)
→ 준비 운동 없이 운동을 하면 부상을 당할 확률이 높다.

③ 모자나 장갑은 운동에 방해가 될 수 있다. (×)
→ 겨울철에 밖에서 운동을 할 때는 체온 손실 방지를 위해 모자나 장갑 등을 갖추어야 한다.

④ 겨울에도 누구나 실외에서 운동하는 것이 바람직하다. (×)
→ 몸이 약한 사람은 실내 운동을 하는 것이 좋다.

46. ④

겨울철에 운동을 할 때 지켜야 할 것들을 제시하고 그 방법과 이유에 대해 설명하고 있으므로 ④번이 답이다.

[47~48]

여자: 어려운 가정 환경을 딛고 사업가로 성공하여 빈곤 아동 교육에 힘쓰고 있는 이정준 선생님을 모시고 말씀 나눠 보겠습니다. 안녕하세요, 선생님! 얼마 전에 선생님의 이름을 딴 장학 재단도 설립이 되었는데요. 먼저 이 장학 재단에 대해 말씀 좀 해 주시겠어요?

남자: 네. 제가 빈곤 아동들에게 교육 지원을 처음 시작한 지가 벌써 30년이 넘었는데요. 그때 저와 인연이 닿은 아이들이 벌써 4~50대 중년이 되었습니다. 고맙게도 이 친구들이 자신들이 받은 도움을 자신과 비슷한 처지의 아이들에게 돌려주고 싶다고 하여 저와 같이 지원 사업을 하다가 그 규모가 커지면서 장학 재단을 만들게 되었습니다. 저희들도 경제적으로, 사회적으로 어려운 환경에서 커 왔기 때문에 도움의 필요성을 누구보다 절실히 알고 있지요. 저와 인연의 끈을 놓지 않고 새로운 인연을 만들어 가는 이 친구들이 참으로 대견하고 고맙습니다.

47. ④

남자의 이름을 딴 장학 재단에서는 어려운 가정 환경에서 자라고 있는 아이들의 교육을 지원하고 있다.

① 남자는 어린 시절부터 사업가를 꿈꾸었다. (×)
→ 대화에 나오지 않은 내용이다.

② 이정준 장학 재단은 만들어진 지 30년이 넘었다. (×)
→ 장학 재단이 만들어진 정확한 시기는 알 수 없다.

③ 이정준 장학 재단은 이정준 씨 혼자서 이끌고 있다. (×)
→ 이정준 씨가 지원을 해 주었던 아이들이 어른으로 성장해 함께 장학 재단을 만들게 되었다.

④ 이정준 장학 재단은 아동들의 교육을 지원하고 있다. (○)

48. ③

남자는 자신이 도움을 주었던 아이들이 성장해 어른이 되어 자신과 함께 아동 교육 지원 사업을 하게 되어 대견하고 고맙게 생각하고 있다.

[49~50]

남자: 선거 때가 되면 후보자들이 저마다 공약을 내놓습니다. 공약은 말 그대로 공적인 약속인데, 선거가 끝나면 언제 그런 공약이 있었나 싶게 슬그머니 사라지는 경우가 많았어요. 그래서 메니페스토 운동이 시작된 것입니다. 메니페스토는 원래 자신의 주장과 견해를 분명히 밝히는 행위나 서약서를 일컫는데, 한국에서는 주로 예산 확보나 구체적 실행 계획과 같이 실천할 수 있는 정책 서약서를 뜻합니다. 메니페스토 운동은 공약의 실천 가능성을 따지고 후보자가 당선이 된 이후에도 공약과 관련해서 평가받을 수 있는 환경을 만들어 공약을 지켜나갈 수 있게 하는 시민운동이지요. 메니페스토 운동을 하게 되면 지연이나 학연이 아니라 공약이 강조된다는 점이 장점입니다. 앞으로의 선거에서 메니페스토 운동이 확산되기를 기대해 봅니다.

49. ②

메니페스토 운동은 선거 후보자 공약의 실천 가능성을 판단하고 후보자가 당선이 된 이후에도 공약을 평가받을 수 있도록 하는 운동이라고 하였다. 메니페스토 운동을 하게 되면 지연이나 학연 대신 공약이 강조되는 장점이 있다고 하였으므로 ②번이 답이다.

① 메니페스토 운동은 전 세계적으로 확산되는 추세이다. (×)
→ 들은 내용으로는 알 수 없다.

② 메니페스토 운동은 후보자들의 공약을 중요하게 생각한다. (○)

③ 메니페스토 운동의 단점은 지연과 학연을 강조한다는 것이다. (×)
→ 지연이나 학연이 아니라 공약이 강조된다는 장점이 있다.

④ 선거 후보자가 자신의 주장을 너무 강하게 내세우면 좋지 않다. (×)
→ 이야기에 나오지 않은 내용이다.

50. ②

남자는 메니페스토 운동을 정의하고 메니페스토 운동을 하게 되면 지연이나 학연이 아니라 공약이 강조된다는 장점을 제시하며 앞으로 메니페스토 운동이 확산되어 활발히 일어나기를 희망하고 있다.

TOPIK Ⅱ 쓰기(51번~ 54번) p.17

51. ㉠ 상담하고 싶습니다
㉡ 찾아 뵙겠습니다

학생이 선생님께 논문 주제와 관련하여 상담을 받고 싶어서 가능한 일정을 물어보는 이메일 내용이다.
㉠이 포함된 문장은 이메일을 쓴 목적에 대한 문장이 되어야 하므로 '상담하고 싶습니다', '면담하고 싶습니다', '면담을 원합니다' 등과 같은 표현이 들어가면 된다.
㉡이 포함된 문장은 선생님이 가능한 일정에 만나러 가겠다는 내용이 되어야 하므로 '찾아 뵙겠습니다', '찾아 뵙도록 하겠습니다', '뵈러 가겠습니다' 등과 같은 표현이 들어가면 된다.

52. ㉠ 쉽게 바뀌지 않는다
㉡ 좋은 첫인상을 남기는 것이 중요하다

첫인상의 중요성에 대한 글이다. 첫인상은 매우 짧은 시간 동안에 결정이 되고 쉽게 바뀌지 않으므로 첫 만남에서 좋은 인상을 남기는 것이 중요하다는 내용의 글이다.
㉠이 포함된 문장의 '일관성'은 '하나의 방법이나 태도로써 처음부터 끝까지 변함없이 똑같은 성질'을 의미하고, 사람에게는 이러한 일관성을 유지하려는 심리가 있다고 하였다. 다음 문장이 '그래서'로 연결된 것으로 보아 ㉠이 포함된 문장은 '첫인상이 이후 관계에도 영향을 준다.'는 사실에 대한 이유이므로 ㉠은 변하지 않고 일관성을 유지한다는 내용이 되어야 한다. 따라서 ㉠에는 '쉽게 바뀌지 않는다', '쉽게 변하지 않는다', '바뀌지 않고 끝까지 유지된다' 등과 같은 표현이 들어가면 된다.

㉡이 포함된 문장은 결론 문장으로, ㉡에는 '좋은 첫인상을 남기는 것이 중요하다', '좋은 인상을 남겨야 한다' 등과 같은 표현이 들어가면 된다.

53.
인주시 반려동물협회에서 반려동물 양육 현황을 조사한 결과다. 막대 그래프의 연도별 막대 길이와 수치를 보았을 때 반려동물 수가 점점 증가하고 있으므로 '증가하다' 또는 '늘어나다'와 같은 표현을 사용하여 그래프를 설명한다. 반려동물을 키우는 이유로 4가지의 이유가 제시되고 있으므로 응답 비율이 많은 순서대로 문장을 작성한다. 마지막으로 반려동물 수 증가의 영향으로 반려동물 관련 산업이 증가할 것이라는 전망을 담은 문장을 덧붙여 글을 완성한다. 글을 완성한 후에는 아래의 질문을 중심으로 부족한 부분이 없는지 점검한다. 마지막으로 [모범답안]과 비교해 보며 부족한 부분을 찾아보자.

- 무엇에 대한 조사입니까?
- 구체적인 조사 결과가 어떻습니까?
- 조사 결과가 그렇게 나온 배경(이유 또는 원인)은 무엇입니까?
- 조사 결과를 볼 때, 앞으로의 상황은 어떻게 될 것 같습니까?

[모범 답안]
인주시 반려동물협회에서 반려동물 양육 현황에 대해 조사한 결과, 국내 반려동물 수는 2000년에 300만 마리, 2010년에 1000만 마리, 2020년에 1500만 마리로 지속적으로 크게 증가한 것으로 나타났다. 반려동물을 키우는 이유에 대한 응답으로는 동물을 좋아해서가 36%로 가장 많았고, 새로운 친구를 갖고 싶어서가 28%, 외로움을 달래기 위해서가 21%, 가족이 원해서가 15%로 나타났다. 앞으로 반려동물 수는 더욱 증가할 전망이고 반려동물 관련 산업도 함께 증가할 것으로 보인다. (278자)

54.
길거리 흡연 규제에 대한 자신의 생각을 밝히고 그 이유를 서술하는 문제이다. 길거리 흡연 규제에 대한 찬성 또는 반대의 입장을 제시하고, 자신의 입장을 뒷받침하기 위한 구체적인 근거를 제시해야 한다.

[태국인 학습자 작문 사례]
간접흡연이란 담배를 직접 피우지는 않는 사람이 주변에 있는 흡연자가 내뿜는 담배 연기를 간접적으로 흡입하는 것

을 의미한다. 연구 결과에 의하면 간접흡연은 직접흡연에 못지않게 몸에 해로우며 각종 질병이 발생한 원인이 된다는 것
각종 질병을 발생시키는 원인으로
으로 밝혀졌다. 이와 같이 간접흡연의 피해를 증명하는 연구 결과가 부단히 나오고 있으므로 많은 국가에서 간접흡연으로 인한 문제를 인식하여 이러한 피해를 최소화하기 위해 다양한 대책을 마련하기 시작했다. 길거리 흡연을 규제하는 것이 그 중에 하나였다.

한국에서 간접흡연의 피해를 줄이기 위해 별도로 흡연구역 또는 흡연실을 설치하는 것에 더불어 일부 길거리에서 흡연을 규제하고 있다. 나는 길거리에서 흡연을 규제하는 것을 찬성
의
한다. 그 이유로는 길거리는 모두가 함께 이용하는 공공장소 뿐만이 아니라 일상생활에 남녀노소 누구나 쉽게 접할 수 있
일뿐만
기 때문이다. 흡연은 개인의 권리라고 할 수 있지만 타인에게
는 장소이기
피해가 되지 않도록 공공장소에서 자제해야 한다고 생각한다.

또한 길거리 흡연은 타인에게 피해를 끼치는 것에 더불어 담배꽁초 무단투기 등 환경 문제를 불러일으킬 가능성이 있다. 비록 길거리 흡연 규제는 현재 한국의 일부 지역에서만 실행되지만 의미가 있는 시작이며 앞으로 더욱 긍정적인 결과를 이끌어낼 수 있을 것이다.

→ 서론에서 간접흡연의 정의와 그로인한 피해의 심각성에 대해 자세히 설명하고, 길거리 흡연 규제가 간접흡연의 대책으로 선호되고 있는 현황에 대해 언급하였다. 본론에서는 본격적으로 길거리 흡연 규제에 대해 찬성하는 입장을 제시하고 몇 가지 타당한 근거를 들어 설명하고 있다. 길거리 흡연을 규제하는 제도의 긍정적 효과에 대해 기대하는 문장으로 글을 매끄럽게 마무리하였다. 어휘와 문법의 사용이 비교적 정확하다.

TOPIK Ⅱ 읽기(1번~ 50번) p.19

1. ②

'-아/어야'는 앞 문장과 뒤 문장을 연결해 주는 역할로, 조건을 나타낸다. 약을 먹기 위해서는 밥을 먹어야 한다는 내용이다.

2. ①

'-(으)려고 하다'는 주어의 의도를 나타내는 것으로 아직 행동으로 옮기지는 않은 상태임을 의미한다. 제시된 지문은 화자가 내일 아침에 일찍 일어나서 운동을 하러 가려고 생각하고 있다는 내용이다.

- -느라고: 앞부분이 이루어지는 과정에서 생기는 시간과 노력이 뒷부분의 행위나 상태에 영향을 주는 것을 나타낼 때 사용 (예: 시험공부를 하느라고 친구도 못 만나요.)

3. ④

'-(으)ㄹ만큼'은 정도가 비슷함을 나타낸다. 밥을 두 공기나 먹을 정도로 많이 배가 고팠다는 의미이다.

4. ②

'-(으)ㄴ/는 것 같다'는 어떤 동작이나 상태에 대한 화자의 추측 또는 불확실한 판단을 나타낸다. 조카의 키가 그동안 얼마나 많이 컸는지 확신할 수 없지만 많이 큰 듯한 느낌이 든다는 의미이다.

5. ③

걸을 때 편안하게 신는 것은 신발이다.

6. ①

치아 건강을 확인할 수 있는 곳은 치과이다.

7. ①

가뭄은 오랫동안 계속해서 비가 내리지 않아서 땅에 물기가 없고 건조한 날씨를 말한다. 가뭄을 이겨내기 위해 해야 할 일로 물을 아낄 수 있는 방법들을 제시하고 있다.

- 실천: 생각한 것을 실제로 행동하는 것
- 절약: 함부로 쓰지 않고 꼭 필요한 데에만 써서 아끼는 것

8. ④

상품을 구매한 이후에 다른 물건으로 바꿀 때 주의할 점에 대한 내용이다. 상품을 받은 지 15일이 넘으면 교환할 수 없고, 이미 사용했거나 분실, 파손이 되었을 경우에 바꿀 수 없다고 안내하고 있다.

9. ④

박람회 입장료 안내문이다. 한복을 입고 오는 사람은 2,000원을 할인해 준다고 했으므로 ④번이 답이다.

① 주차권만 별도로 구매 가능하다. (×)
→ 입장권을 구매한 사람만 구매할 수 있다.

② 어린이는 무료 입장이 가능하다. (×)
→ 알 수 없다.

③ 일요일에는 단체 할인을 받을 수 있다. (×)
→ 단체 할인은 평일에만 가능하다.

④ 한복을 입고 가면 입장료가 할인된다. (○)

• 별도: 함께가 아니라 혼자 떨어져서 따로

10. ②

그래프의 막대 높이는 응답자 수의 비율을 나타낸다. 가로축에서 남자 막대의 높이가 가장 높은 항목은 시계이므로 시계가 남자가 가장 받고 싶어 하는 선물임을 알 수 있다.

① 구두를 받고 싶어 하는 남자는 아무도 없다. (×)
→ 구두를 받고 싶어 하는 남자는 10% 정도이다.

② 시계는 남자가 가장 받고 싶어 하는 선물이다. (○)

③ 남녀 모두 화장품을 가장 많이 받고 싶어 한다. (×)
→ 남자는 시계, 여자는 화장품을 가장 받고 싶어 한다.

④ 옷을 선물 받고 싶어 하는 사람은 남자보다 여자가 많다. (×)
→ 여자보다 남자가 많다.

11. ②

지속적으로 운동을 하면 노인의 뇌도 젊어질 수 있다고 했으므로 ②번이 답이다

① 운동을 하면 스트레스가 증가한다. (×)
→ 스트레스가 감소한다.

② 나이를 먹어도 뇌는 젊어질 수 있다. (○)

③ 노인의 뇌는 더 이상 발달하지 않는다. (×)
→ 노인의 뇌도 운동과 같은 자극을 통해 발달시킬 수 있다.

④ 스트레스와 뇌 건강은 서로 관계가 없다. (×)
→ 스트레스는 뇌의 노화를 더 빨리 오게 한다.

12. ③

얼음 카페는 여름에 더위를 피해 이색 체험을 하고자 하는 사람들로 붐빈다고 했으므로 ③번이 답이다.

① 얼음 카페에는 놀이 시설이 없다. (×)
→ 얼음 미끄럼틀과 얼음 썰매 등의 놀이시설이 있다.

② 얼음 카페는 겨울에만 문을 연다. (×)
→ 여름에 문을 연다.

③ 얼음 카페는 여름에 가장 인기가 좋다. (○)

④ 얼음 카페에는 아직 손님들이 많지 않다. (×)
→ 손님들이 붐빈다.

• 붐비다: 좁은 공간에 사람이나 자동차 등이 많이 모여 복잡하게 움직이다.

13. ①

A. 첫 문장은 (가) 또는 (라)이다.

B. (라)에서 '~이 그 예이다.'라는 표현을 사용한 것으로 보아 (라)는 앞서 나온 어떤 문장의 예를 제시하는 문장이므로 첫 문장이 될 수 없다. 즉 (가) 문장이 이 문제의 첫 문장이다.

C. 두 번째로 올 문장은 (나) 또는 (다)이다.

D. (나)의 '그래서'는 앞 문장이 뒤 문장의 원인이나 이유임을 의미한다. 대중 매체에서 더욱 신중하게 언어를 사용해야 하는 이유는 대중 매체가 대중의 언어생활에 많은 영향을 미치기 때문이므로 (가)-(나) 순서의 연결이 자연스럽다.

E. 선택지 중 (가)-(나) 순서가 맞게 배열된 것은 ①번과 ③번인데, (가) 문장이 문제의 첫 문장이므로 ①번이 답이다.

F. (다)의 '그러나'는 뒤 문장의 내용이 앞의 내용과 반대임을 나타낸다. 대중 매체에서 잘못된 언어를 사용하는 것은 (나)에서 대중 매체에서 신중하게 언어를 사용해야 한다는 내용과 반대되는 것이므로 (나)-(다) 순서의 연결이 자연스럽다. (라)는 (다) 뒤에 이어서 잘못된 언어 사용에 대한 예를 제시하고 있다. 즉 (가)-(나)-(다)-(라)의 연결이 논리적으로 자연스럽다.

14. ③

A. 첫 문장은 (가) 또는 (다)이다.

B~D. (가)에서 '~도'와 같은 표현을 사용한 것으로 보아 (가)는 (다) 문장에 이어서 흡연이 해롭다는 사실을 알고 있는 모든 사람과 마찬가지로 정부 역시 문제를 인정하고 정책을 내 놓았다는 내용이다. 즉 첫 문장은 (다)이고, 두 번째는 (가)이다.

E. 선택지 중 (다)-(가) 순서가 맞게 배열된 것은 ③번이다.

F. (라) 문장은 (가)에서 정부가 내놓은 정책에 대한 내용이므로 (가) 다음으로 (라)를 연결하면 된다. (나)의 '그러나'는 앞 문장과 뒤 문장의 내용이 반대일 때 사용하는 표현으로 정부의 정책에 대한 내용인 (가)-(라)에 이어서 (나)를 연결하면, 정책도 중요하지만 무엇보다 흡연자 본인의 의지가 중요하다는 내용으로 자연스럽게 연결된다. 즉 (다)-(가)-(라)-(나)의 연결이 논리적으로 자연스럽다.

15. ③

A. 첫 문장은 (다) 또는 (라)이다. (라) 문장은 애완동물과 함께 외출했을 때 지켜야 하는 규칙에 대해 이야기하고 있다. (다) 문장은 '-기 위해서다'라는 표현으로 끝난 것으로 보아 앞의 어떤 다른 문장에서 말하고 있는 내용에 대한 이유를 나타낸다. 즉, (다) 문장은 첫 번째 순서로 올 수 없으므로 (라) 문장이 첫 문장이다.

B~D. (라) 문장 다음 순서가 될 문장은 애완동물과 함께 외출했을 때 지켜야 하는 또 다른 규칙을 이야기하고 있는 (가) 문장이다. (가)에서 사용한 '또'는 비슷한 것을 나열할 때 사용하는 표현으로, (라)와 (가)를 연결시키고 있다.

E. 선택지 중 (라)-(가) 순서가 맞게 배열된 것은 ①번과 ③번인데, (라) 문장이 첫 문장이므로 ③번이 답이다.

F. (라)-(가)는 애완동물과 함께 외출할 때 지켜야 할 사항들이고, (다)는 앞의 (가), (라)에서 말한 사항들을 지켜야 하는 이유이다. 마지막으로 (나)는 앞에서 말한 사항들을 지키지 않았을 때 일어날 수 있는 상황에 대한 내용이다. 즉 (라)-(가)-(다)-(나)의 연결이 논리적으로 자연스럽다.

16. ④

'잎꾼개미'라는 이름은 잎꾼개미가 어떤 행동을 하는 모습이 나무꾼의 모습을 닮아서 붙여진 이름이라고 하였다. '나무꾼'은 불을 피우기 위한 나무를 도끼 등의 도구로 잘라 모으는 사람이다. 잎꾼개미가 먹이인 나뭇잎을 잘라 옮기는 모습이, 나무꾼이 나무를 잘라 모아 오는 모습과 닮았다고 한 것이므로 ④번이 답이다.

17. ②

냉장고의 냄새를 없애는 방법을 이야기하고 있다. 냉장고에 녹차나 커피 찌꺼기를 넣어 두거나 맥주, 식초로 닦아 주면 냄새가 없어지고 깨끗해진다는 내용이 되어야 하므로 ②번이 답이다.

18. ①

영화, 드라마를 보면서 외국어를 배우는 방법에 대해 이야기하고 있다. (　　) 안에 영화, 드라마를 보면서 외국어를 배우는 방법의 장점이 들어가면 자연스럽게 연결되므로 ①번이 답이다.

19. ①

정전기에 대한 내용이다. '때문이다'는 어떤 사실에 대한 이유를 말할 때 사용하는 표현으로, (　　)가 있는 문장은 머리를 빗거나 옷을 벗을 때 몸에 전기가 흐르게 되는 이유이다. '바로'는 '다른 것이 아니라 정확하게 그것'이라는 의미로 어떠한 사실을 강조하는 부사이다. 따라서 ①번이 답이다.

20. ④

머리를 빗을 때나 옷을 벗을 때 정전기가 발생할 수 있다고 하였으므로 ④번이 답이다.

① 정전기는 위험하지 않다. (×)
→ 화재 사고로 이어질 수 있어 위험하다.

② 습도와 정전기는 관계가 없다. (×)
→ 습도를 적정하게 유지하면 정전기를 예방할 수 있다.

③ 정전기는 건조한 날에만 발생한다. (×)
→ 건조한 날에 더 쉽게 발생할 수 있다고 하였다.

④ 머리를 빗을 때 정전기가 발생할 수 있다. (○)

21. ④

시민들이 차량 사고로부터 할머니를 구조한 사례를 제시하여 작은 관심과 실천이 타인에게 큰 도움이 될 수 있다는 내용을 이야기하고 있다. (　　)가 포함된 문장은 시민들이 모두 함께 하나가 되어 힘을 모았다는 의미가 되어야 하므로 ④번이 답이다.

22. ③

돈이 많거나 대단한 사람이 아니어도 타인에 대한 관심과 실천이 다른 사람에게 큰 도움이 될 수 있다는 내용이다.

23. ④

앞부분에서 '나'는 등산을 싫어해서 산에 잘 가지 않는다고 이야기하였다. 밑줄 친 부분은 등산을 싫어하는 필자(글쓴이)가 산에 가게 된 상황에서 느끼는 심정으로, 산에 가는 것이 마음에 들지 않아 좋지 않은 느낌이 있음을 표현하고 있다.

- 산행: 산길을 걸어가는 것
- 정상: 산의 맨 꼭대기
- 불만스럽다: 보기에 마음에 들지 않아 좋지 않은 느낌이 있다.
- 한가롭다: 여유가 있고 한가한 느낌이 있다.

24. ③

'나'는 산을 좋아하지 않지만 다른 사람들에게 못 올라가겠다는 말을 할 수 없어서 산꼭대기까지 올라갈 수밖에 없었다고 한 것으로 보아 '나'는 결국 산 정상에 올랐다.

① 나는 등산을 즐겨한다. (×)
→ 등산을 싫어한다.

② 마니산은 높이가 높은 산이다. (×)
→ 높이가 높지 않은 산이다.

③ 나는 결국 마니산 정상에 올랐다. (○)

④ 나는 마니산 입구에서 일행을 기다렸다. (×)
→ 일행과 함께 산 정상까지 올라갔다.

25. ②

'곳곳'은 여러 곳 또는 이곳저곳이라는 의미이다. 기사 제목은 오후부터 일부 지역 이곳저곳에 눈이 내리기 시작해서 밤사이에는 전국으로 확대될 것이라는 내용이다.

26. ③

'쑥'은 갑자기 올라가거나 내려가는 모양을 나타내는 표현이다. 농구단에 새 감독을 받아들이게 되어 기대감이 상승하고 있다는 내용의 기사이다.

27. ②

'썰렁하다'는 있어야 할 것이 없어 어딘가 빈듯한 느낌을 말한다. 기사 제목은 날씨가 추워서 매장에서 할인 행사를 하는데도 손님이 없다는 내용이다.

28. ③

'더치 커피'라고 하는 커피의 한 종류에 대한 이야기이다. (　　) 안에는 더치 커피가 일반 커피에 비해 쓴 맛이 적고 숙성된 맛이 나는 이유가 들어가야 한다. (　　) 앞에서 더치 커피가 상온의 물을 한 방울씩 떨어뜨려 커피를 추출한다고 하였으므로 ③번이 답이다. 더치 커피의 정확한 추출 방법이 지문에 제시되어 있으므로, 단순히 다양한 방식으로 맛을 뽑아낸다는 ④번을 답으로 고르지 않도록 주의해야 한다.

- 상온: 가열하거나 냉각하지 않은 자연 그대로의 기온(보통 15°C)
- 추출하다: 고체 또는 액체에서 어떤 물질을 뽑아내는 것

29. ④

나이와 뇌의 관계에 대한 내용이다. 나이가 들수록 뇌의 신경망이 발달해서 젊은이에 비해 감정을 읽어 내는 능력이나 종합적 판단 능력이 뛰어나다고 하였으므로, (　　) 안에는 나이 든 사람이 더 뛰어나다는 내용의 표현이 들어가야 한다. ③번과 ④번 중 뇌의 능력과 관련된 것은 ④번이다.

- 위축되다: 어떤 힘에 눌려서 심리적으로 졸아들고 기를 펴지 못하게 되다.

30. ③

프랑스의 한 지방 도시에서 스쿨버스 대신 커다란 자전거로 등하교하는 제도를 도입했다는 내용이다. (　　)가 포함된 문장은 자전거 스쿨버스 제도가 어떤 것인지 설명하는 문장이며, 바로 이어지는 문장에서는 자전거 스쿨버스는 어른 한 명과 학생들이 모두 페달을 밟아 움직인다고 하였으므로 ③번이 답이다.

- 페달: 발로 밟거나 눌러서 기계를 작동시키는 부품

31. ④

두 명의 사장이 한 점포에서 낮 시간과 밤 시간을 나누어 가게를 운영한다는 내용의 이야기이다. (　　)가 포함된 문장

은 이러한 방법의 장점으로, 바로 앞 문장에서 창업 비용과 운영 비용을 줄이기 위해 이러한 방법을 사용한다고 했으므로 ④번이 답이다.

- 점포: 물건을 늘어놓고 파는 곳
- 절감: 아끼어 줄이는 것
- 공유하다: 두 사람 이상이 한 물건을 공동으로 소유하는 것

32. ①

애완동물을 기르는 것이 심리 치료의 한 방법으로 이용되기도 한다고 하였으므로 ①번이 답이다.

① 애완동물로 심리 치료가 가능하다. (○)

② 애완동물이 질병의 위험을 증가시킨다. (×)
→ 심장 질환의 위험을 낮춰 수명까지 연장시켜 줄 수 있다고 하였다.

③ 애완동물은 사람의 마음을 위로하기 어렵다. (×)
→ 사람을 돌봐 주고 위로하는 역할을 할 수 있다.

④ 애완동물을 돌보는 일은 스트레스가 심하다. (×)
→ 애완동물을 돌보는 행위로 오히려 우울증이나 스트레스를 감소시킬 수 있다.

33. ③

산업과 의료 분야에 이어 생물학 분야에까지 로봇이 활용되면서 동식물들의 생태를 더 많이 파악할 수 있을 것으로 기대된다고 하였다. 생물학 분야 이전에 산업과 의료 분야에서 로봇이 먼저 사용되었음을 알 수 있다.

① 다람쥐는 인간과 친근한 동물이다. (×)
→ 다람쥐는 사람만 보면 겁을 내고 피해 다닌다.

② 모든 동물의 연구에 로봇을 사용한다. (×)
→ 인간이 가까이에서 관찰하기에 어려운 동물들의 연구에 로봇을 활용하고 있다.

③ 산업 분야에서는 이미 로봇이 활용되고 있다. (○)

④ 다람쥐 연구에는 사람이 직접 나서서 관찰한다. (×)
→ 사람 대신 로봇을 투입하여 관찰한다.

34. ①

사람의 뇌는 멍하게 있을 때에도 빠르게 돌아가고, 아무 생각도 하지 않을 때에 창의성과 관련한 뇌의 부위가 활동한다고 하였다. '창의성'은 새로운 것을 생각해 내는 특성을 뜻하는 단어이므로 ①번이 답이다.

① 멍하게 있으면 새로운 생각이 떠오르기 쉽다. (○)

② '멍 때리기 대회'에서 노래를 듣는 것은 허락된다. (×)
→ 노래를 듣거나 휴대폰을 보거나 잠을 자면 탈락이므로 노래를 듣는 것은 허락되지 않는다.

③ 아무런 생각을 하지 않을 때 우리의 뇌는 멈춰있다. (×)
→ 멍하게 있을 때에도 우리의 뇌는 빠르게 돌아간다.

④ 창의성과 관련한 뇌 부위는 바쁘게 움직여야 활동한다. (×)
→ 창의성과 관련한 뇌의 부위는 아무런 생각을 하지 않을 때에 활동한다.

35. ④

적절한 긴장의 긍정적인 효과에 대한 내용이다. 적절한 긴장은 어떤 일을 수행해 내는 데에 긍정적인 영향을 미칠 수 있으므로, 긴장감에서 벗어나려고 애쓰기보다 긴장감을 긍정적으로 받아들인다면 하고자 하는 일을 잘 이뤄낼 수 있을 것이라는 내용이다.

36. ④

식재료나 그릇을 닦는 데에 사용하는 세제에 대한 내용이다. 세제를 대신할 용품으로 베이킹파우더가 소비자들을 비롯한 여러 업계의 관심을 끌고 있다고 하였으므로 ④번이 답이다.

37. ②

맛이 주변 환경과 상황에 따라 달라진다는 내용이다. 소음을 비롯한 여러 감각이 뇌에 통합되어 맛을 느끼게 된다고 하였으므로 ②번이 답이다.

- 감칠맛: 음식물이 입에 당기는 맛
- 씁쓸한 맛: 조금 쓴 맛
- 금관 악기: 트럼펫, 플룻 등과 같이 쇠로 만든 관악기. 관의 한 끝에 숨을 불어 넣어 연주자의 두 입술의 진동으로 소리를 내는 악기

38. ④

한 위인이 친구 집에서 일을 하는 하인의 사례를 제시하며 자신이 존경하는 사람은 남이 지켜보지 않더라도 변함없이 자신의 일을 하는 사람이라고 이야기하였다.

39. ②

한 전자 회사의 '가족의 날' 제도를 소개하는 내용이다. 소개할 제도의 내용, 제도의 운영 계획, 기대 효과로 글이 구성되면 자연스럽다. 〈보기〉의 문장은 제도의 운영 계획으로, (㉡)의 위치에 들어갈 경우 이러한 맥락으로 글이 구성될 수 있으므로 ②번이 답이다.

40. ④

'벽에 붙은 파리 효과'라는 심리적 효과에 대한 내용이다. 〈보기〉 문장의 '이러한'은 앞에서 말한 내용을 다시 언급할 때 사용하는 표현으로, 〈보기〉 문장의 앞에는 어떠한 방법에 대한 내용이 있었을 것이다. (㉣)의 앞 문장은 실패나 실수 등으로 괴로울 때 제3자의 관점에서 자신을 바라보는 것이 위로를 얻고 힘을 얻을 수 있는 방법이라는 내용이므로, 〈보기〉의 문장이 (㉣)의 위치에 들어가면 자연스럽게 연결될 수 있다.

41. ③

한 베스트셀러를 소개하는 글이다. 〈보기〉의 문장은 소통의 기본이 자신이 말을 하기보다는 상대방의 이야기를 들어 주는 것이라는 내용이다. 침묵의 가치와 의미에 대해 이야기하고 있는 (㉢) 앞의 문장에 뒤이어 들어가면 자연스럽게 연결될 수 있다.

42. ②

아빠가 어떻게 경비원 일을 하게 되었는지에 대한 이야기이다. 밑줄 친 부분은 형이 경영하는 회사에서 경비원을 하겠다는 아빠의 말에 형이 이럴 수도 없고 저럴 수도 없어서 난처해하며 하는 말이다. 형은 자신의 회사 직원들이 사장이 아버지에게 힘든 경비 일을 시킨다고 안 좋은 시선으로 볼까 봐 걱정이 되어서 난처한 심정이다.

- 명색: 실속 없이 그럴듯하게 불리는 허울만 좋은 이름
- 난처하다: 이럴 수도 없고 저럴 수도 없어 어떤 행동을 취하기 곤란하다.

43. ②

형은 회사를 경영하는 사장이다.

① 나는 아파트 경비원이다. (×)
→ 나의 직업은 알 수 없다.

② 형은 회사를 경영하고 있다. (○)

③ 아빠는 보안 부대에서 일한다. (×)
→ 아빠가 보안 부대에서 일한 것은 과거의 일이다.

④ 나는 남에게 지는 것을 참을 수 없다. (×)
→ '나'의 아빠가 샘이 많아서 남들에게 지는 것을 참지 못하는 성격이다.

44. ③

저비용 항공사는 저렴한 가격 대신에 환불과 교환이 불가능하거나 서비스 등에 별도의 조건이 있을 수 있으니 꼼꼼히 살펴봐야 한다는 내용이다.

45. ②

저비용 항공사는 저렴한 비용 대신에 가장 기본적인 것만을 제공한다고 하였다. ( ) 안에는 기본적인 것 이외의 서비스를 제공할 때에 이용자가 겪어야 하는 불편함에 대한 내용이 들어가야 하므로 ②번이 답이다.

46. ④

〈보기〉의 문장 뒤에 제비가 낮게 날거나 개미가 바삐 움직이는 것을 비가 올 징조로 보았던 것에 대한 구체적인 설명이 제시되면 자연스럽게 연결될 수 있다. (㉣) 뒤에 이어지는 문장에서 제비와 개미의 사례를 제시하며 설명하고 있으므로 ④번이 답이다.

47. ③

습도가 높은 날 새와 곤충의 날개가 무거워져 낮게 날게 된다고 하였다.

① 과거의 기상 예측은 잘못된 부분이 많다. (×)
→ 경험에 근거한 예측이 대부분이었지만 상당히 과학적인 부분이 많다.

② 기압이 낮으면 신경통을 잘 느끼지 못한다. (×)
→ 비가 오기 전의 낮은 기압은 신경통을 더욱 잘 느끼게 한다.

③ 곤충들은 습도가 높으면 날개가 무거워진다. (○)

④ 개미는 비가 오기 시작하면 알을 옮기기 시작한다. (×)
→ 비가 오기 전에 습도가 높아지면 식량과 알을 안전한 곳으로 옮기기 시작한다.

48. ②

미세 먼지의 위험성과 미세 먼지 문제를 해결하기 위한 정부의 노력에 대한 글이다. 필자는 글의 마지막 부분에서 미세 먼지 문제의 해결을 위해 지속적인 노력이 필요함을 강조하고 있다.

49. ①

(　　) 안에는 정부가 미세 먼지 경보제를 시행하는 이유에 대한 내용이 포함되어야 한다. 글의 전체적인 내용으로 볼 때, 정부가 미세 먼지 경보제를 시행하는 이유는 위험한 미세 먼지로부터 국민 건강을 보호하기 위해서이므로 ①번이 답이다.

50. ③

밑줄 친 부분에서 필자는 미세 먼지 문제 해결책에 대한 다양한 입장을 떠나서, 미세 먼지가 국민 건강에 유해하다는 사실과 해결책 마련을 위한 지속적인 노력이 필요하다는 사실을 강조하고 있다.

제2회 실전모의고사

듣기

1	②	2	③	3	①	4	④	5	③	6	①	7	①	8	③
9	④	10	③	11	③	12	②	13	④	14	②	15	②	16	④
17	①	18	④	19	①	20	③	21	④	22	②	23	④	24	②
25	②	26	①	27	③	28	④	29	④	30	④	31	①	32	①
33	③	34	①	35	②	36	③	37	①	38	④	39	①	40	①
41	③	42	④	43	③	44	②	45	①	46	④	47	④	48	②
49	③	50	④												

읽기

1	③	2	②	3	④	4	②	5	①	6	②	7	③	8	④
9	②	10	②	11	②	12	④	13	①	14	③	15	④	16	③
17	②	18	③	19	①	20	①	21	②	22	④	23	③	24	④
25	④	26	③	27	④	28	①	29	②	30	③	31	④	32	②
33	②	34	④	35	②	36	②	37	③	38	④	39	①	40	②
41	③	42	③	43	③	44	④	45	③	46	①	47	④	48	④
49	①	50	②												

TOPIK Ⅱ 듣기(1번~ 50번) p.42

1. ②

여자: 어, 음료수가 왜 안 나오지?

남자: 어디 봐요. 어, 돈도 넣었는데 왜 버튼이 안 눌리지?

여자: 아무래도 고장이 난 것 같아요. 관리자에게 전화를 걸어야겠어요.

남자와 여자가 음료수 자판기 앞에서 나누는 대화이다. 여자가 마지막에 기계가 고장이 난 것 같으니 관리자에게 전화를 걸어야겠다고 했으므로 ②번이 답이다. 자판기가 고장이 나서 음료수가 나오지 않았으므로 ①번은 답이 아니다.

- 자판기: 사람 대신 상품을 자동적으로 판매하는 기계. 기계에 동전이나 지폐를 넣고 원하는 상품의 버튼을 누르면 상품이 나온다.

2. ③

여자: 영화 보면서 먹을 간식을 좀 살까?

남자: 좋아. 안 그래도 배가 좀 고팠어. 뭘 살까?

여자: 콜라랑 팝콘 어때?

여자와 남자가 영화관 매점 앞에서 대화를 하고 있다. 여자가 영화 보면서 먹을 간식을 사자고 했고, 남자도 '좋아.'라고 동의를 했으므로 메뉴를 고르는 그림인 ③번이 답이다.

3. ①

남자: 여러분은 저가 항공을 이용해 보신 적이 있으십니까? 한 보고서에 따르면 국내 저가 항공 이용객 수는 2013년 이후 점점 증가하여 2020년에 최고였습니다. 저가 항공을 이용하여 가는 곳으로는 제주가 가장 많았고, 김포와 부산이 차례로 그 뒤를 이었습니다.

저가 항공을 이용하는 사람 수가 점점 증가했으므로 ①번이 답이다. 저가 항공 목적지로 가장 많은 곳은 '제주'이고, 다음으로 김포, 부산 순서로 많다고 했으므로 ③, ④번 도넛형 그래프는 제주, 김포, 부산 순서로 칸의 크기가 작아져야 한다.

4. ④

남자: 민수 씨가 오늘 회사에 늦게 나온다고 연락이 왔어요.

여자: 왜요? 무슨 일이 있대요?

남자: ______________________

여자가 남자에게 민수 씨가 늦는 이유를 물었으므로 ④번이 답이다.

5. ③

여자: 곧 마감인데 아직까지 과제를 다 안 했으면 어떡해?

남자: 과제 제출 이번 주말까지 아니야?

여자: ______________________

남자가 과제 마감일을 물었으므로 ③번이 적절한 답이다. 여자가 처음에 '곧 마감인데……'라고 말한 것으로 보아 여자는 마감일을 알고 있으므로 ④번은 답이 아니다.

6. ①

남자: 또 커피를 마셔요? 커피를 너무 많이 마시면 몸에 안 좋아요.

여자: 밤에 잠을 잘 못 자서 커피를 줄이려고 하는데 생각만큼 쉽지 않아요.

남자: ______________________

'커피를 줄이다'는 '커피 마시는 횟수 또는 양을 줄이다'라는 의미이다. 여자가 커피를 줄이고 싶은데 쉽지 않다고 했으므로 커피를 줄이는 방법을 말하고 있는 ①번이 답이다.

7. ①

여자: 시험이 너무 어려웠어. 답을 많이 못 썼어.

남자: 다음번 시험은 더 잘 볼 수 있을 거야.

여자: ______________________

여자는 시험이 어려워서 답을 많이 못 썼다고 했으므로 ①번이 답이다.

8. ③

여자: 집에 과일이 하나도 없어. 올 때 사과와 바나나 좀 사 오겠니?

남자: 네. 사과하고 바나나만 사면 돼요?

여자: ______________________

남자가 사과와 바나나를 사면 충분한지 물었으므로 대답은 '그것들만 사면 된다.' 또는 '다른 것을 더 사도 된다.' 등이 될 수 있다. 보기 중에서 ③번이 적절한 답이다.

9. ④

남자: 네, 한국전자 홍보팀입니다.

여자: 안녕하세요? 마케팅팀 김은영입니다. 배정우 부장님과 통화 가능할까요?

남자: 부장님 지금 회의 들어가셨습니다. 전하실 말씀 있으시면 메모 남겨 드릴까요?

여자: 아니요, 제가 다시 전화 드리겠습니다.

이야기하고 싶은 사람에게 전화를 하는 것을 '전화를 걸다'라고 표현한다. 여자가 마지막에 '다시 전화를 드리겠습니다.'라고 말했으므로 ④번이 답이다.

10. ③

여자: 네가 빌린 그 책 나도 좀 봐도 돼?

남자: 응, 난 다 읽었어. 그럼 네가 읽고 도서관에 반납해 줄래?

여자: 응. 그럴게. 언제까지 반납하면 되는데?

남자: 다음 주 화요일까지. 늦지 않게 반납해 줘.

남자에게 책을 화요일까지 반납하겠다고 약속하고 책을 빌리기로 했으므로 ③번이 답이다.

11. ③

남자: 와, 오늘 날씨가 정말 후텁지근한걸. 내일 비가 오려고 이렇게 더운 건가?

여자: 내일 비가 온대요? 내일 비 오면 안 되는데…….

남자: 참, 내일 야외 수업이 있다고 했지요? 비 오면 기온이 내려갈 테니 겉옷을 챙겨 가요.

여자: 네. 혹시 모르니 그래야겠네요.

남자가 겉옷을 챙겨 가라고 이야기했고, 여자가 그래야겠다고 대답했으므로 ③번이 답이다.

12. ②

남자: 회원 카드를 다시 만드는 거예요?

여자: 네. 지갑을 잃어버리면서 함께 잃어버렸어요.

남자: 카드 발급까지는 일주일 정도 소요되고요, 여기에 다시 와서 찾으셔도 되고, 아니면 우편으로 발송해 드릴 수도 있어요. 우편 발송을 원하시면 여기 신청서에 주소를 적어 주세요.

여자: 네. 그럼 우편으로 보내 주세요.

남자가 여자에게 새 회원 카드를 우편으로 받으려면 신청서에 주소를 적으라고 말했으므로 ②번이 답이다.

13. ④

여자: 그 가수 콘서트에 꼭 가고 싶었는데 푯값이 너무 비싸서 망설여져.

남자: 너 예전부터 콘서트 가겠다고 아르바이트 한 거 아니었어? 학생 할인 가격도 그렇게 비싸?

여자: 학생 할인이 돼? 그건 어떻게 할인받을 수 있는 거야? 할인이 되면 콘서트에 당연히 가야지.

남자: 학생 할인 티켓으로 예약을 하고, 표를 찾을 때 학생증을 보여 주면 돼.

남자가 여자에게 '너 예전부터 콘서트 가겠다고 아르바이트 한 거 아니었어?'라고 말한 것으로 보아 여자가 콘서트에 가기 위해 전부터 아르바이트를 했음을 알 수 있다. 예약한 표를 찾을 때 학생증을 보여 줘야 하므로 ①번은 답이 아니다. 여자는 비싼 푯값 때문에 아직 표를 사지 않았으므로 ②, ③번은 답이 아니다.

14. ②

여자: 관리사무소에서 안내 말씀드리겠습니다. 쾌적한 아파트 환경 조성을 위해 쓰레기는 정해진 날짜에 배출해 주시기 바랍니다. 우리 아파트 쓰레기 배출일은 매주 수요일, 일요일입니다. 정해진 요일 이외에는 쓰레기장이 열려 있지 않습니다. 조금 불편하시더라도 살기 좋은 아파트를 위해 다 같이 협조 바랍니다. 감사합니다.

쓰레기는 쓰레기장이 열리는 매주 수요일과 일요일에만 버릴 수 있다고 안내하고 있으므로 ②번 '월요일에는 쓰레기를 버릴 수 없다.'가 답이다. 쓰레기장은 일주일에 두 번만 열리므로 ①, ③번은 답이 아니다. ④번은 여자가 말하지 않은 내용이다.

15. ②

남자: 다음은 생활과 경제 소식입니다. 그동안 집에서 요리 후에 남은 식용유를 처리하기 어려우셨죠? 최근에는 이 기름을 이용해 비누를 만들어 쓰는 사람들이 늘고 있다고 합니다. 버려지는 기름으로 만든 비누를 사용하면 환경 오염도 줄이고, 에너지도 아낄 수 있습니다. 만드는 방법도 간단합니다. 폐식용유에 수산화나트륨을 섞어 굳히기만 하면 됩니다.

'폐식용유'는 '버려지는 기름'을 의미한다. 폐식용유를 사용하면 환경 오염을 줄이고, 에너지를 아낄 수 있다고 했으므로 ②번이 답이다. ①, ③번은 남자가 말하지 않은 내용이다. 폐식용유 비누를 만들기 위해서는 폐식용유와 수산화나트륨만 있으면 되므로 ④번은 답이 아니다.

16. ④

남자: 주방장님께서는 30년 동안 오스트리아에서 한국 식당을 운영하시며 한국 음식을 알리는 일에 앞장서고 계시는데요. 특별히 한국 음식을 알리는 일을 하게 된 계기가 있을까요?

여자: 제가 30년 전에 오스트리아에 처음 왔을 때는 사람들이 한국이라는 나라에 대해 잘 모르고 있었어요. 그래서 한국을 알릴 수 있는 방법이 무엇이 있을까 생각하다가 주변 사람들에게 한국 음식을 만들어 대접하기 시작했습니다. 그러자 사람들이 음식을 맛있게 먹고 한국 음식과 한국에 대해 더 알고 싶어 했죠. 그래서 시작하게 되었어요.

여자는 30년 동안 오스트리아에서 한국 식당을 운영해오고 있으므로 ④번이 답이다. 여자가 한국 식당을 운영하게 된 이유는 한국을 알리기 위해서이므로 ①, ②번은 답이 아니다.

17. ①

남자: 아이 학원을 뭘 그렇게 많이 보내요? 서너 개는 다니는 거 같은데요?

여자: 피아노 학원은 아이가 다니고 싶어 하고, 나머지 학원은 학교 공부를 따라가려면 어쩔 수 없어요.

남자: 아이 스스로 공부하는 습관을 익히는 것이 중요해요. 처음에는 어렵겠지만 아이 스스로 공부할 수 있도록 도와주세요.

남자는 많은 학원에 다니는 것보다 아이 스스로 공부할 수 있는 습관을 익히는 것이 중요하다고 생각하고 있으므로 ①번이 답이다.

18. ④

남자: 벌써 점심시간이네요. 점심 먹으러 가요.

여자: 맛있게 드시고 오세요. 저는 점심 안 먹으려고요. 요새 살이 너무 쪄서 살을 좀 빼고 싶거든요.

남자: 무조건 굶는 것은 몸에 좋지 않아요. 굶는다고 살이 빠지지도 않고요. 음식을 골고루 먹으면서 운동을 열심히 하는 것이 중요해요.

남자는 살을 빼기 위해서는 굶는 것보다 음식을 골고루 먹으면서 운동을 하는 것이 중요하다고 생각한다. 무조건 굶는 것은 몸에 좋지 않다고 말하고 있으므로 ④번이 답이다.

19. ①

남자: 요새 급하지도 않으면서 구급차를 불러 이용하는 사람들이 늘었대. 구급차를 이용할 때마다 돈을 받는 게 좋을 것 같아.

여자: 그게 무슨 소리야. 돈을 받으면 안 되지. 사람들이 급할 때 부담 없이 이용할 수 있게 해야지.

남자: 자기 마음대로 구급차를 이용하는 사람 때문에 정작 급한 사람이 이용 못하면 안 되잖아.

여자: 그렇다고 모든 사람들에게 돈을 받으면 안 되지.

남자는 급하지도 않은 사람들이 구급차를 이용하는 일을 줄이기 위해서 구급차 이용료를 받아야 한다고 생각하고 있으므로 ①번이 답이다. ②번은 여자의 생각이다.

20. ③

여자: 최 교수님, 최 교수님은 청소년을 대상으로 강연을 많이 하시는데, 강연에서 주로 강조하시는 것은 무엇인가요?

남자: 스스로를 귀하게 생각하라는 이야기를 많이 해요. 요즘 사람들은 너무 다른 사람의 시선을 의식하며 살아요. 청소년들도 마찬가지고요. 다른 사람의 소리가 아닌 내가 원하는 것, 잘하는 것에 대해 고민하고 살아야 해요. 청소년기에 이런 고민들을 하는 것이 중요하지요. 그래서 앞으로도 이러한 내용들을 많이 알리려 해요.

남자는 다른 사람의 시선을 의식하지 않고, 스스로를 귀하게 여기는 것이 중요하다고 강조하고 있으므로 ③번이 답이다.

[21~22]

여자: 이 학교는 아침밥도 학교에서 주는 것으로 유명한데 어떻게 그런 생각을 하시게 되었나요?

남자: 아침밥을 먹어야 뇌가 활발히 운동을 해서 공부하는 학생들은 아침밥을 먹는 게 중요해요. 그런데 학생들이 아침에 많이 굶고 다니더라고요. 그래서 학교에서 아침밥을 주게 되었어요.

여자: 점심도 학교에서 주는데 아침밥까지 학교에서 주려면 상당히 번거로울 것 같아요.

남자: 준비하는 게 조금 힘들기는 하지만 아이들의 건강을 위해서라면 꼭 해야 할 일이지요.

21. ④

남자는 공부하는 학생들의 건강을 위해서 아침밥을 먹는 것이 중요하다고 생각하고 있으므로 ④번이 답이다. ②번은 남자의 생각이 아닌 사실이므로 답이 될 수 없다.

22. ②

학교에서 아침밥을 주게 된 이유를 묻는 여자의 질문에 남자가 아침밥을 먹어야 뇌가 활발히 운동을 하는데 아침에 굶는 학생들이 많아서 주게 되었다고 대답했으므로 ②번이 답이다.

① 아침밥을 주는 학교가 많이 늘어났다. (×)
→ 대화 내용으로는 알 수 없다.

② 밥을 먹어야 뇌가 활발히 운동을 한다. (○)

③ 점심밥은 학생들이 각자 준비해야 한다. (×)
→ 점심밥도 학교에서 준다.

④ 여자는 학생들의 아침밥을 준비하는 일이 즐겁다. (×)
→ 학생들의 아침밥을 준비하는 것은 남자이다.

[23~24]

남자: 거기 맛나식당이죠? 다음 주 토요일에 예약을 하려고 하는데요.

여자: 네, 다음 주 토요일이요? 몇 시에 몇 분 자리를 예약해 드리면 될까요?

남자: 저녁 7시에 20명이 저녁을 먹을 거예요. 아이가 3명 있는데 아이 자리는 따로 준비해 주실 수 있으신가요?

여자: 네, 그럼요. 그럼 20분이 들어갈 수 있는 방으로 예약해 드리겠습니다. 아동용 식기와 의자도 따로 준비해 드릴게요. 메뉴를 미리 주문해 주시면 오시자마자 바로 드실 수 있어요. 미리 주문하고 싶으시면 하루 전까지 전화 주시면 됩니다.

23. ④

남자는 다음 주 토요일 저녁에 여럿이 함께 식사를 하기 위해 식당 예약을 하고 있다.

24. ②

남자가 식당 직원에게 20명이 저녁을 먹을 거라고 했으므로 ②번이 답이다.

① 모임은 이번 주 토요일이다. (×)
→ 모임은 다음 주 토요일이다.

② 총 20명이 함께 식사하게 된다. (○)

③ 아이들도 어른과 같은 의자에 앉게 된다. (×)
→ 여자는 아동용 식기와 의자를 따로 준비할 것이다.

④ 남자는 식사를 미리 주문하고 싶어 한다. (×)
→ 대화 내용으로는 알 수 없다.

[25~26]

여자: 자전거를 타고 100일 동안 전국 일주를 한 김동완 씨를 만났습니다. 많은 도전 중에서도 자전거로 전국 일주를 하신 이유가 무엇입니까?

남자: 지난여름에 작은 섬으로 휴가를 갔다가 그곳 매력에 푹 빠졌었습니다. 경치도 좋고, 마을 분들도 편하게 대해 주셔서 모처럼 휴가다운 휴가를 보내고 왔어요. 그래서 '우리나라에도 알려지지 않은 멋진 곳들이 많구나, 그곳들을 모두 가 보고 싶다.' 이런 생각을 했지요. 그리고 자연을 훼손시키지 않기 위해서 자전거 여행을 선택하게 되었습니다. 이 아름다움을 우리 후손들도 볼 수 있게 해야지요. 계속 자전거를 타는 것이 힘들기는 했지만 자연을 훼손하지 않고도 즐길 수 있는 방법을 알게 되어서 매우 좋았습니다. 앞으로도 기회가 되면 이번에 못 가 본 곳들을 자전거로 또 가 보고 싶어요.

25. ②

남자는 자연을 훼손시키지 않기 위해서 자전거를 타고 전국 일주를 했다. 자전거 여행은 아름다운 자연을 훼손하지 않으면서도 즐길 수 있는 좋은 방법이라고 생각하고 있으므로 ②번이 답이다.

26. ①

김동완 씨가 지난여름에 100일 동안 작은 섬으로 휴가를 다녀왔다고 했으므로 ①번이 답이다.

① 김동완 씨는 섬으로 휴가를 간 적이 있다. (○)

② 김동완 씨는 이번에 자전거를 처음 배웠다. (×)
→ 대화 내용으로는 알 수 없다.

③ 김동완 씨는 100일 넘게 전국 일주를 하였다. (×)
→ 100일 동안 전국 일주를 하였다.

④ 김동완 씨는 자전거 여행을 다시 가지 않을 것이다. (×)
→ 못 가 본 곳들을 자전거로 또 가 보고 싶어 한다.

[27~28]

여자: 사무실에 커피 기계를 하나 들여 놓는 것은 어때? 밖에서 사 먹는 커피가 너무 비싸. 우리가 조금씩 돈을 모아서 기계를 사고, 매달 조금씩만 돈을 내서 원두를 사다 놓으면 각자 커피 사 마시는 것보다 돈이 적게 들텐데 말이야.

남자: 에이, 커피값이 비싼 것은 사실이지만 모두 똑같이 돈을 내는 것은 불공평하지 않아? 커피를 많이 안 마시는 사람도 많이 마시는 사람하고 돈을 똑같이 내야 한다면 말이야.

여자: 아니면 커피값은 싸게 정해 놓고, 커피를 마실 때마다 자율적으로 저금통에 돈을 넣게 하는 것은 어때? 이 돈에 부서운영비를 합쳐서 원두를 사면 되지 않을까?

남자: 관리도 문제야. 기계를 사 놓으면 누군가 기계를 씻고, 관리하는 것도 번거로워.

여자: 조금 수고스러워도 사무실에 커피 기계가 있으면 모두의 돈을 많이 아낄 수 있을 것 같은데.

27. ③

물건을 '들여 놓다'라는 표현에는 구매한다는 의미가 있다. 여자가 계속해서 커피 기계와 커피 원두를 구입하고 사용하는 방법에 대해 의견을 제시하고 있으므로 ③번이 답이다.

28. ④

남자는 커피를 많이 안 마시는 사람과 많이 마시는 사람이 똑같이 돈을 내는 것이 불공평하다고 생각하고 있으므로 ④번이 답이다.

① 여자는 커피값이 비싸다고 생각하지 않는다. (×)
→ 밖에서 사 먹는 커피가 너무 비싸다고 생각한다.

② 여자는 커피 기계를 싸게 사는 방법을 알고 있다. (×)
→ 대화 내용으로는 알 수 없다.

③ 남자는 커피 기계 관리를 자신이 맡아 하려고 한다. (×)
→ 커피 기계 관리가 번거로운 일이라고 생각한다.

④ 남자는 커피값을 모두 똑같이 내는 것이 못마땅하다. (○)

[29~30]

여자: 하루 종일 관광객들에게 문화재를 안내하시려면 힘들지 않으세요? 오늘같이 추운 날은 밖에서 일하기 더 힘드실 것 같아요.

남자: 힘들지만 보람도 매우 큰 직업이죠. 사람들에게 잘못된 정보를 알려 주면 안 되니까 저도 매일 우리 문화재에 대해 공부를 하게 됩니다. 공부를 하면 할수록 문화재의 매력에 더욱 빠지게 되는 것 같아요. 또 다양한 국적과 다양한 연령대의 사람들을 만나면서 세계 여러 나라의 문화와 문화재에 대해 알게 되는 것도 무척 재미있지요. 나라마다 문화나 문화재가 모두 다르게 보이지만 서로 비슷한 부분도 많이 있어요. 이런 것들을 알게 될 때마다 문화나 문화재에 담긴 인류 공통의 가치에 대해 생각해 보게 됩니다.

29. ④

여자가 처음에 남자에게 '하루 종일 관광객에게 문화재를 안내하시려면 힘들지 않으세요?'라고 말한 것으로 보아 남자는 문화재 해설사이다. 남자는 여자에게 문화재를 해설하는 일의 의미와 즐거움에 대해 설명하고 있다.

30. ④

다양한 국적과 다양한 연령대의 사람들을 통해 세계 여러 나라의 문화와 문화재에 대해 알게 되는 것이 재미있다고 했으므로 ④번이 답이다.

① 남자는 매일 같은 사람들을 만난다. (×)
→ 다양한 국적과 다양한 연령대의 사람들을 만난다.

② 각 나라는 완전히 다른 문화를 가지고 있다. (×)
→ 나라마다 문화와 문화재가 다르지만 비슷한 부분도 많이 있다.

③ 남자는 한국인에게 전통 문화를 알리는 일을 한다. (×)
→ 다양한 국적의 사람들에게 한국 문화와 문화재를 알리는 일을 한다.

④ 남자는 일을 하면서 세계의 문화에 대해서도 배우게 된다. (○)

[31~32]

여자: 금연 구역이 점점 늘어나고는 있지만 여전히 길거리에서 담배 피우는 분들이 많습니다. 이제는 길거리 흡연도 규제해야 한다고 생각합니다.

남자: 흡연 장소를 마련해 놓지 않고 규제만 하는 것은 옳지 않다고 생각합니다. 건물 내 금연 구역이 늘어나다 보니 흡연자들이 점점 길거리로 내몰린다고 생각합니다. 그런데 이제 길에서도 담배를 못 피우게 하면 흡연자들은 어디서 담배를 피웁니까?

여자: 그러나 길거리에서 흡연할 경우 간접흡연의 피해가 상당합니다. 이미 간접흡연의 위험성은 잘 아시지 않습니까?

남자: 담배도 커피나 차처럼 기호 식품의 하나입니다. 그런데 유독 담배에만 지나친 규제를 가하는 것은 옳지 않다고 봅니다. 흡연자들도 행복추구권이 있다는 것을 잊지 말아 주십시오.

31. ①

남자는 길거리 흡연 규제를 반대하고 있다. 이미 건물 내 금연 구역이 많은 상황에서 아무런 대안 없이 규제하는 것은 옳지 않다고 이야기하고 있다. 또한 커피, 차와 같은 기호 식품인 담배에만 규제를 가하는 것은 흡연자의 행복추구권을 침해하는 것이라고 생각하고 있으므로 ①번이 답이다.

32. ①

남자는 길거리 흡연을 규제해야 한다는 여자의 주장에 대해 근거를 제시하며 반대하고 있으므로 ①번이 답이다. 남자는 여자의 의견에 흡연 장소에 대한 대안 없이 규제하는 것은 옳지 않다는 점과 흡연자들의 행복추구권도 존중하여야 한다는 근거를 제시하고 있다.

[33~34]

여자: 인사는 사전적 의미로 '마주 대하거나 헤어질 때에 예를 표하는 말이나 행동'을 의미합니다. 인사를 함으로써 상대에게 존중의 의미를 전달할 수 있는 것이지요. 한 유명한 야구 감독은 그의 저서에서 "인사하지 않는다는 것은 상대에 대한 존중이 없다는 것이고, 존중이 없다는 것은 겸손이 없고, 겸손이 없으면 오만하다는 뜻이다. 그래서 선수들에게 제일 먼저 가르친 게 인사하는 것이었다."라고 이야기합니다. 인사가 매우 중요하다고 생각한 것이지요. 인사를 잘하면 상대방에게 좋은 인상을 남길 수 있고, 마음의 벽을 허물 수도 있습니다. 오늘 만나는 사람들에게 먼저 웃으며 인사를

해 보는 것은 어떨까요? 처음에는 조금 쑥스러울지 모르겠지만 인사를 하는 여러분도, 인사를 받는 상대방도 모두 기분 좋은 하루가 될 수 있을 것입니다.

33. ③

인사의 의미를 설명하고 인사가 중요한 이유를 한 유명 야구 감독의 사례를 들어 강조하고 있다.

34. ①

인사를 함으로써 상대방에게 존중의 의미를 전달할 수 있다고 설명하고 있으므로 ①번이 답이다.

① 인사로 상대에게 존중을 나타낼 수 있다. (○)

② 상대에게 인사를 받으면 경계심이 생긴다. (×)
→ 인사는 서로에게 좋은 인상을 남기고, 마음의 벽을 허물어 준다.

③ 야구 감독은 공 던지는 법을 먼저 가르쳤다. (×)
→ 인사하는 것을 제일 먼저 가르쳤다.

④ 야구 감독은 텔레비전에 나와 이야기하였다. (×)
→ 책에서 인사에 대한 생각을 이야기하였다.

[35~36]

남자: 안녕하십니까? 만세기업 마케팅부 오정수입니다. 바쁘신 중에도 간담회에 참석해 주신 여러분, 진심으로 감사합니다. 오늘 이 간담회는 저희 회사가 최근 시장에 내놓은 청소기 '슈퍼 싹싹'에 대한 여러분의 의견을 듣고자 마련하였습니다. 저희 '슈퍼 싹싹'은 오랜 연구 끝에 미세 먼지와 진드기까지도 한 번에 깨끗이 청소할 수 있도록 개발되었습니다. 그러나 앞으로 더 좋은 제품을 소비자 여러분께 제공하기 위하여 여러분께서 '슈퍼 싹싹'을 사용하면서 느끼셨던 불편함과 불만족 요소를 소중히 듣고자 합니다. 여러분의 좋은 의견을 기대하겠습니다. 여러분께서 주신 의견은 '슈퍼 싹싹'의 보완과 다음 제품 개발 시에 적극적으로 반영하도록 하겠습니다.

35. ②

남자의 회사는 신제품 청소기 '슈퍼 싹싹'에 대한 소비자의 의견을 들으려고 간담회를 개최했다. 남자는 참석한 소비자들에게 '슈퍼 싹싹'을 소개하고 간담회를 하게 된 목적을 설명하고 있다.

36. ③

'슈퍼 싹싹'은 미세 먼지와 진드기를 한 번에 청소할 수 있도록 개발된 제품이라고 설명하였으므로 ③번이 답이다.

① 현재 다음 제품 개발이 진행 중이다. (×)
→ 들은 내용으로는 알 수 없다.

② '슈퍼 싹싹'은 개선점이 많은 제품이다. (×)
→ 들은 내용으로는 알 수 없다.

③ '슈퍼 싹싹'은 진드기도 청소할 수 있다. (○)

④ 간담회에서는 불만족 요소를 이야기하면 안 된다. (×)
→ 간담회에서는 소비자들이 제품을 사용하면서 느낀 불편함과 불만족 요소를 듣고자 한다.

[37~38]

남자: 오늘은 김치연구소 김은숙 소장님을 모시고 김치연구소에서 하는 일에 대해 이야기를 들어보겠습니다. 안녕하세요, 소장님?

여자: 안녕하세요? 저희 김치연구소는 각 지역의 특징을 가진 김치를 찾아내고 그 전통의 제조 방식이 보존될 수 있도록 여러 지원을 제공하는 일을 하고 있습니다. 우리가 김치에 대해서 많이 알고 있다고 생각하지만 실제로는 모르고 있는 김치 종류가 많아요. 같은 김치라 해도 집집마다 김치 담그는 방법이 달라 그 맛도 다르다는 건 다들 알고 계실 거예요. 저희 연구소는 이렇게 다양한 김치의 종류와 제조 방법을 후대에 그대로 전해 주려고 노력하고 있어요. 김치 하나에도 각 지역의 특색과 문화가 담겨 있기 때문이지요. 또 젊은 세대들이 김치를 좋아하도록 하기 위해 젊은이들의 입맛에 맞는 김치도 개발하고 있어요.

37. ①

여자는 김치연구소의 소장이다. 김치연구소에서는 김치를 담그는 다양한 방법과 맛을 후대에 그대로 전달해 주기 위해 전통 제조 방식이 보존될 수 있도록 하는 일과 젊은이들의 입맛에 맞는 김치를 개발하는 일을 하고 있다고 했으므로 ①번이 답이다.

38. ④

김치연구소에서는 젊은 세대가 김치를 좋아하게 하기 위해 젊은이들의 입맛에 맞는 김치를 개발하고 있다고 했으므로 ④번이 답이다.

① 지역마다 김치 맛이 동일하다. (×)
→ 김치 담그는 방법에 따라 맛도 달라진다.

② 사람들은 모든 김치의 종류를 알고 있다. (×)
→ 모르고 있는 김치 종류가 많다.

③ 김치연구소에서는 김치의 성분을 분석한다. (×)
→ 김치 담그는 방법에 대한 연구와 새로운 김치를 개발하는 일을 한다.

④ 김치연구소에서는 새로운 김치를 개발한다. (○)

[39~40]

여자: 이렇게 요리 방송이 인기를 끌면서 요리사에 대한 관심도 높아지고 집에서 간단히 음식을 만드는 방법에 대한 사람들의 관심이 높아졌는데요. 요리 방송이 인기를 얻게 된 이유는 무엇일까요?

남자: 여러 이유가 있겠지만 1인 가구가 늘었다는 점이 하나의 큰 이유가 아닐까 생각합니다. 최근 요리 방송에서는 혼자서 간단히 만들 수 있는 음식이나 냉장고에 남은 재료를 활용하는 음식들을 많이 선보이고 있지요. 또는 내가 만들지 못하는, 먹지 못하는 음식들을 방송을 통해 보면서 간접적으로 만족을 느끼는 것도 요리 방송 인기의 이유가 될 수 있습니다. 이러한 요리 방송은 대부분 저녁 시간대나 밤 10시에서 11시 사이에 방송되고 있는데요, 한참 배가 고플 때 방송을 하여 시청자들이 대리 만족을 하도록 하는 것이지요.

39. ①

여자가 처음에 사용한 '이렇게'라는 표현은 앞에서 언급된 내용을 요약해서 말할 때 사용하는 표현이다. 여자가 '이렇게 요리 방송이 인기를 끌면서 ……. 음식을 만드는 방법에 대한 사람들의 관심이 높아졌는데요.'라고 말하고 있는 것으로 보아 이 대화 앞에서는 요리 방송의 높은 인기에 대한 대화를 했을 것이다.

40. ①

남자가 요리 방송이 인기를 얻게 된 이유를 묻는 여자의 질문에 1인 가구 증가가 이유 중 하나라고 대답하였으므로 ①번이 답이다. '가구'는 생활을 함께 하는 사람의 집단을 뜻하는 말로 '식구'와 뜻이 비슷한 단어이다. 즉, 혼자 사는 사람은 1인으로 구성된 가구라고 할 수 있다.

① 혼자 사는 사람들이 증가하였다. (○)

② 요리 방송은 주로 아침에 방송된다. (×)
→ 주로 저녁 시간대나 밤 10시에서 11시 사이에 방송된다.

③ 요리 방송을 보면 음식을 많이 먹게 된다. (×)
→ 대화에 나오지 않은 내용이다.

④ 요리 방송에는 값비싼 음식들이 많이 나온다. (×)
→ 쉽게 만들 수 있는 음식이나 남은 재료를 활용하는 음식들이 많이 나온다.

[41~42]

남자: 여러분, 여러분은 황제펭귄의 '허들링'에 대해 들어본 적이 있나요? 황제펭귄은 영하 50도가 넘는 남극에서 알을 낳고 새끼를 키우며 삽니다. 암컷 황제펭귄이 알을 낳고 몸의 영양을 보충하러 떠나면 수컷 황제펭귄은 자신의 주머니에 새끼를 품고 새끼가 알에서 나올 때까지 두세 달 동안 아무것도 먹지 않고 알을 보호합니다. 혹한의 추위를 견디며 알을 보호하기 위해서 황제펭귄들은 서로 몸을 밀착하여 추위를 막습니다. 그리고 바깥쪽에 있는 황제펭귄이 힘들 때쯤에는 안쪽에 있던 황제펭귄들이 밖으로 나가면서 서로 자리를 바꾸죠. 이런 과정을 '허들링'이라고 하는데, 이러한 허들링을 계속 반복해 가면서 추위로부터 알과 자신을 지켜내는 것이지요. 어려울 때일수록 협동하는 펭귄들의 지혜를 우리도 배울 필요가 있습니다.

41. ③

황제펭귄들이 추운 환경에서 서로 협동하여 새끼와 알을 지키고 생존해 나가는 것에 대한 이야기이다. 남자는 서로 협동하여 추위를 이겨내는 펭귄들의 지혜를 배워야 한다고 생각한다.

42. ④

암컷이 알을 낳고 몸의 영양을 보충하러 떠나면 수컷이 새끼와 알을 보호한다고 하였으므로 ④번이 답이다.

① 황제펭귄은 지능이 높다. (×)
→ 들은 내용으로는 알 수 없다.

② 남극은 영하 5도를 유지한다. (×)
→ 남극은 영하 50도가 넘는 환경이다.

③ 황제펭귄은 각자 추위를 이겨낸다. (×)
→ 서로 협동하여 함께 이겨낸다.

④ 황제펭귄은 수컷이 알을 보호한다. (○)

[43~44]

여자: 찬 국수라는 뜻을 가진 냉면은 차가운 면과 육수 때문에 오늘날에는 여름에 많이 찾는 음식이 되었지만 원래는 겨울철 대표 음식이다. 1849년 편찬된 전통 풍속

에 관한 책인『동국세시기』에는 냉면이 추위가 시작되는 11월 음식으로 소개되고 있다. 요즘에는 냉면이라 하면 크게 평양냉면과 함흥냉면으로 나누는데 평양냉면은 반죽에 메밀을 많이 넣어 부드러운 면을 시원한 육수와 함께 내는 냉면이고, 함흥냉면은 고구마나 옥수수 전분을 넣어 쫄깃한 면을 매콤한 양념장과 함께 내는 냉면이다. 추운 겨울에 차가운 냉면을 먹는 것에서 '이한치한', 즉 추위를 통해 추위를 이겨낸 조상들의 생활 모습을 살펴볼 수 있다.

43. ③

냉면의 기원에 대한 이야기이다. 냉면은 여름에 많이 먹는 음식이지만 원래 겨울철 대표 음식이며, 예로부터 추위를 통해 추위를 이겨내는 방식으로 겨울철에 차가운 냉면을 많이 먹었다고 이야기하고 있다.

44. ②

1894년에 편찬된 전통 풍속에 관한 책인『동국세시기』에 냉면이 겨울 음식으로 소개되었다고 했으므로 ③번이 답이다.

① 함흥냉면은 시원하고 면발이 부드럽다. (×)
→ 육수가 시원하고 면발이 부드러운 것은 평양냉면의 특징이다.

② 전통 풍속에 관한 책에 냉면이 소개되었다. (○)

③ 평양냉면은 쫄깃한 면과 매콤한 맛이 특징이다. (×)
→ 쫄깃한 면과 매콤한 맛은 함흥냉면의 특징이다.

④ 요즘에는 날씨가 추운 겨울에만 냉면을 먹는다. (×)
→ 요즘에는 냉면을 여름에 많이 먹는다.

- 풍속: 옛날부터 그 사회에 전해 오는 생활 습관
- 편찬하다: 여러 가지 자료를 모아 체계적으로 정리하여 책을 만들다.

[45~46]

남자: 미세 먼지라고 하면 자동차나 공장에서 나오는 연기를 많이 생각하시는데요. 집 안에서 요리를 할 때도 미세 먼지가 많이 발생합니다. 생선이나 고기를 굽거나 채소를 기름에 볶을 때 미세 먼지가 가장 많이 발생하는데요. 이때는 평상시보다 평균 70배나 많은 미세 먼지가 발생했습니다. 반면, 미세 먼지가 가장 적게 발생하는 조리 방법은 고기를 물에 넣고 삶을 때였습니다. 그러나 이때도 미세 먼지의 농도는 평상시보다 2배 이상 많았습니다. 이러한 미세 먼지를 많이 접하게 되면, 염증을 일으킬 수도 있고, 심한 경우 암을 발생시킬 수도 있습니다. 이 때문에 집에서 음식을 할 경우에는 반드시 30분 이상 창문을 열어 오염된 공기를 밖으로 나가게 해 주는 것이 좋습니다.

45. ①

미세 먼지는 자동차나 공장에서 나오는 연기라고 생각하는 사람이 많지만 집 안에서 요리를 할 때도 미세 먼지가 많이 발생한다고 하고 있으므로 ①번이 답이다.

① 요리를 할 때 미세 먼지가 발생한다. (○)

② 삶는 방식은 미세 먼지를 발생시키지 않는다. (×)
→ 삶는 방식도 미세 먼지 농도를 평상시보다 2배 이상 많이 발생시킨다.

③ 공장에서 나오는 먼지만을 미세 먼지라고 한다. (×)
→ 요리할 때에도 미세 먼지가 발생한다.

④ 몸을 깨끗이 씻으면 미세 먼지를 없앨 수 있다. (×)
→ 이야기에 나오지 않은 내용이다.

46. ④

남자는 미세 먼지의 발생 원인을 설명하고 미세 먼지를 적게 발생시키는 조리 방식과 발생한 미세 먼지를 없애는 방법을 설명하고 있으므로 ④번이 답이다.

[47~48]

남자: 최근 창업에 관한 관심이 부쩍 늘었습니다. 그런데 한 조사에 따르면 창업자 4명 중 3명이 5년 안에 폐업한다고 하는군요. 1년이 채 안 돼서 문을 닫는 경우도 19%에 이른다고 합니다. 어떻게 하면 성공적인 창업을 할 수 있을까요?

여자: 성공적인 창업이 무엇일까요? 단순히 돈을 많이 벌면 성공적인 창업이라 말할 수 있을까요? 창업에 성공하려면 내가 창업을 통해 무엇을 이루고 싶은지가 명확해야 합니다. 또 기존의 가게나 사업들과 어떠한 차이를 가지고 갈 것인지를 명확히 해야 합니다. 우리가 쉽게 접하는 떡볶이도 사람들이 일부러 먼 곳에서부터 찾아가는 가게들을 살펴보면 다들 그 집 맛의 비법이 있습니다. 바나나를 갈아 양념의 단 맛을 낸다든지, 감자 삶은 물을 넣어 떡에 양념이 잘 배도록 한다든지 하는 것입니다. 창업은 관심만 있다고, 자금만 있다고 시작할 수 있는 것이 아닙니다. 먼저 목적을 뚜렷이 하고, 그 목적을 이룰 수 있도록 연구하고 고민하는 것이 필요합니다.

47. ④

창업에 성공하려면 창업 목적이 명확해야 하고 자기 가게만의 특징이라고 할 수 있는 기존 가게들과의 차이점이 분명해야 한다.

① 창업자의 19%는 5년 안에 폐업한다. (×)
→ 창업자 4명 중 3명(75%)이 5년 안에 폐업한다.

② 돈만 있으면 창업에 성공할 수 있다. (×)
→ 창업의 목적과 사업의 특징이 명확해야 성공할 수 있다.

③ 창업에 성공한 가게들은 비법을 쉽게 공개한다. (×)
→ 들은 내용으로는 알 수 없다.

④ 창업 성공을 위해서는 가게의 특징이 분명해야 한다. (○)

48. ②

여자는 창업에 성공하기 위한 방법을 제시하고 성공한 맛집의 사례를 들어 설명하고 있다.

[49~50]

여자: '동안 열풍'이 불면서 피부와 외모에 대한 관심이 부쩍 높아졌지요? 이제는 여성뿐만 아니라 남성도 외모를 가꾸는 분들이 늘어났는데요. 그래서 최근에는 남성용 화장품들도 종류가 훨씬 다양해졌어요. 그런데 정작 화장품을 안전하게 사용하는 법에 대해서는 잘 모르고 계신 것 같아요. 화장품은 피부를 통해 흡수되기 때문에 음식이나 약처럼 심각한 위험을 일으키는 경우는 드물지만 실제로 병원에 가 보면 화장품 부작용 때문에 온 환자들이 많습니다. 화장품을 사용하면서 가장 중요한 것은 깨끗하게 사용하는 것입니다. 화장품을 사용할 때에는 손을 깨끗하게 씻은 후 사용하고, 사용 후에는 바로 뚜껑을 닫아 보관하는 것이 좋아요. 화장붓과 같은 화장 도구들도 정기적으로 씻어서 사용해야 하지요. 그렇지 않으면 화장품이 먼지나 세균에 오염되어 우리 피부에 닿게 되고, 그러면 피부에 염증이 생길 수 있어요.

49. ③

화장품을 사용할 때에는 손을 깨끗하게 씻은 후 사용해야 한다고 했으므로 ③번이 답이다.

① 화장품은 부작용이 없다. (×)
→ 화장품 부작용 때문에 병원을 찾는 환자들이 많다.

② 화장품은 소량만 바르는 것이 좋다. (×)
→ 들은 내용으로는 알 수 없다.

③ 화장품은 깨끗한 손으로 만져야 한다. (○)

④ 남성용 화장품 종류가 여성용보다 다양하다. (×)
→ 남성용 화장품들의 종류가 다양해졌다고 한 것이므로 여성용보다 다양한지 아닌지는 알 수 없다.

50. ④

여자는 안전하고 올바르게 화장품을 사용하기 위한 몇 가지 방법과 그 이유에 대해 설명하고 있다.

TOPIK Ⅱ 쓰기(51번~ 54번)

p.55

51. ㉠ (신입) 회원을 모집합니다
㉡ 제출하시면 됩니다

라디오 방송 동아리에서 회원을 모집하는 안내문이다.
㉠이 포함된 문장은 안내문을 쓴 목적을 밝히는 문장이므로 ㉠에는 '신입 회원을 모집합니다', '신입 회원을 모집하고 있습니다', '신입 회원을 찾습니다' 등과 같은 표현이 들어가면 된다.
㉡이 포함된 문장은 지원 방법에 대한 설명으로, ㉡에는 '제출하시면 됩니다', '오시면 됩니다', '제출하시기 바랍니다' 등과 같은 표현이 들어가면 된다.

52. ㉠ 물건을 살 우려가 있다
㉡ 쇼핑을 하지 않는 것이 좋다

기분이 좋지 않을 때 쇼핑을 하면 더 비싼 가격으로 물건을 사거나 충동적으로 사게 되므로 쇼핑을 하지 않는 것이 좋다는 내용의 글이다.
㉠이 포함된 문장은 기분이 좋지 않을 때 쇼핑을 할 경우 발생하는 좋지 않은 결과에 대한 문장으로, ㉠에는 '물건을 살 우려가 있다', '물건을 살 수 있다', '물건을 사기 쉽다' 등과 같은 문장이 들어가면 된다.
㉡이 포함된 문장은 글의 결론 문장으로 ㉡에는 '쇼핑을 하지 않는 것이 좋다', '쇼핑하지 말아야 한다', '물건을 사지 않는 것이 좋다' 등과 같은 표현이 들어가면 된다.

53.

한국채식연구소에서 채식주의자 수 변화에 대해 조사한 결과다. 왼쪽 꺾은선 그래프를 보면 채식주의자 수가 크게 증가한 것을 알 수 있으므로 '증가하다', '급증하다'와 같은 표현을 사용하여 그래프를 설명한다. 채식주의자 증가의 원인으로 건강과 환경에 대한 관심을 제시하고 있는데, 두 가지 원인 각각의 구체적인 예시가 함께 제시되고 있으므로 이를 빠짐없이 포함하여 글을 완성할 수 있도록 한다. 글을 완성한 후에는 아래의 질문을 중심으로 부족한 부분이 없는지 점검한다. 마지막으로 [모범답안]과 비교해 보며 부족한 부분을 찾아보자.

- 무엇에 대한 조사입니까?
- 구체적인 조사 결과가 어떻습니까?
- 조사 결과가 그렇게 나온 배경(이유 또는 원인)은 무엇입니까?

[모범 답안]

한국채식연구소에서 국내 채식주의자 수 변화에 대해 조사하였다. 조사 결과 2008년 15만 명에 불과하던 채식주의자 수는 2020년에 200만 명으로 크게 증가하였다. 이러한 현상의 원인은 다음과 같다. 첫째, 사람들의 건강에 대한 관심이 커졌기 때문이다. 채식이 성인병을 예방하고 체중 관리에 도움이 되므로 많은 사람이 채식에 관심을 갖게 되었다. 둘째, 사람들의 환경에 대한 관심이 커졌기 때문이다. 동물을 존중하는 마음과 온실 가스 배출량을 감소시키려는 노력이 채식주의자 수를 증가시켰다.

54.
'온라인 실명제' 도입에 대해 서술하는 문제이다. 온라인 실명제에 대한 찬성 또는 반대하는 입장을 밝히고 그 이유를 서술하라고 지시하였다. 찬성과 반대 중 어느 한쪽을 자신의 입장을 제시하고, 구체적인 근거를 들어 주장하는 글을 쓰면 된다.

[일본인 학습자 작문 사례]

나는 '온라인 실명제'를 도입하는 것에 찬성이다. 찬성하는 이유는 '온라인 실명제'를 도입함으로써 사람들 사이에 자신의 행동에 대한 책임감이 생길 것을 기대할 수 있기 때문이다. 최근 사회문제가 되어 있는 온라인에서 사람들이 타인을 욕하거나 사실과 다른 내용을 올리는 등의 행동은 직접 얼굴과 얼굴을 맞대고 대화를 하는 오프라인과 달리 온라인에서는 서로 얼굴도 모르고 이름도 모르기 때문에 일어나는 문제라고 볼 수 있다. 일반적으로 사람들은 자신이 어디에서 온 누구인지를 상대방이 알고 있을 경우 자신의 행동에 책임을 가져야 한다고 생각한다. 그러므로 서로가 누구인지를 아는 오프라인에서는 사람들이 조심스럽게 말을 하게 되는데, 서로를 모르는 상황인 온라인에서는 오프라인만큼 자신의 행동에 책임감을 갖지 못한다. 따라서 오프라인에서는 안 하는 말도 온라인에서는 쉽게 해버리는 사람들이 적지 않다. 그런데 '온라인 실명제'를 도입하면 얼굴까지는 몰라도 누가 어떤 말을 했는지 어떤 발언에 관하여 발언한 사람의 이름을 알 수 있으며, 이에 따라 사람들은 오프라인 상황에서 갖는 만큼의 책임감을 가지게 될 것으로 예상된다. 물론 '온라인 실명제' 도입으로 이러한 문제가 완전히 없어지지는 않을 것이며 '온라인 실명제'만으로 문제 해결은 어렵다고 할 수 있다. 그러나 '온라인 실명제'는 온라인에서 일어날 여러 문제를 줄일 수 있는 한 방법이 될 것이다.

→ 글의 전반부에서 '온라인 실명제'에 대하여 찬성하는 입장을 제시하고, 찬성하는 이유에 대해서 매우 구체적으로 설명하고 있다. 글의 후반부에서는 온라인 실명제를 도입할 경우 예상되는 효과에 대해서 언급함으로써 논리적으로 타당한 글을 완성하였다. 어휘와 문법의 사용 역시 비교적 정확하다. 다만 길이가 다소 긴 문장들의 경우 두 개의 문장으로 나누어 정리한다면 더욱 의미가 명확한 문장으로 개선될 수 있을 것이다.

TOPIK Ⅱ 읽기(1번~ 50번) p.57

1. ③

'-(느)ㄴ다면'은 '앞의 사실을 가정하면'의 뜻을 나타낸다. 내일 비가 많이 온다는 것을 가정하면 소풍을 갈 수 없을 것이라는 내용이다.

2. ②

'-(으)ㄹ지'는 추측에 대한 막연한 의문을 나타낸다. 앞으로 다가올 점심에 친구들과 무엇을 먹을 것인가에 대해서 한번 생각해 보겠다는 내용이다.

3. ④

'사이'는 한때로부터 다른 한때까지 시간의 길이를 뜻하는 표현으로 '동안'과 같은 의미이다.

4. ②

'덕분'은 누군가가 베풀어 준 은혜나 도움을 뜻하는 표현으로, '덕분(에)' 앞의 내용은 주로 긍정적인 결과가 생겨나게 된 배경이나 원인 등을 나타낸다. 시험에 통과한 긍정적인 결과는 형이 도와주었기 때문에 얻을 수 있었다는 내용이다. 보기 중에서 원인 또는 이유를 나타내는 표현인 '-아/어서'를 포함하고 있는 ②번과 바꾸어 쓸 수 있다.

- 탓: 주로 부정적인 현상이 생겨난 까닭이나 원인

5. ①

의자를 홍보하는 광고이다. '앉다'라는 단어가 문제를 푸는 데에 중요한 단어로, 보기 중에서 '앉다'와 관련 있는 것은 의자이다. '무리'는 '무리' 또는 '무리하다' 등과 같이 사용되는데, '알맞은 정도에서 지나치게 벗어났음'을 의미한다. 오래 앉아 있어도 허리에 무리가 되지 않는 의자라는 내용이다.

6. ②

시장을 홍보하는 광고이다. '장바구니'는 '시장에서 구입한 물건을 담을 수 있는 바구니나 가방'을 말한다.

7. ③

공연 중에 관람객이 지켜야 할 주의사항을 안내하는 관람 예절 안내이다. '-아/어 주세요', '-지 마세요' 등의 표현을 사용하여 지켜야 할 사항에 대해 부탁과 권유를 하고 있다.

8. ④

전자 제품을 홍보하는 광고이다. '화질', '음질', '배터리' 등이 문제를 푸는 데에 중요한 단어이다. '화질'은 '텔레비전 등에서 눈에 보이는 색상, 밝기 등의 질'을 말하고, '음질'은 '음향 기기 등에서 나오는 소리의 질'을 의미한다.

9. ②

'선착순'은 먼저 오는 차례를 의미하는 것으로 문제에서 '선착순 20가족 마감'은 먼저 전화를 걸어서 접수를 하는 차례대로 20가족까지만 접수를 받겠다는 의미이다.

① 체험은 평일 오후에 진행된다. (×)
→ 주말인 토요일 오후에 진행된다.

② 20가족만 체험에 참여할 수 있다. (○)

③ 체험에 참여하려면 참가비를 내면 된다. (×)
→ 전화를 걸어 참가 신청을 해야 하고, 참가비를 내야 한다.

④ 한 사람에 일만 원 씩 참가비를 내야 한다. (×)
→ 한 사람이 아니라 한 가족에 일만 원씩 참가비를 내야 한다.

10. ②

막대 그래프의 막대 높이는 응답자 수의 비율을 의미한다. 가로축 중에서 남자 응답의 막대가 가장 높은 것은 휴식 부분으로, 남자는 퇴근 후에 휴식을 하는 경우가 가장 많다.

① 남자가 여자보다 운동을 하는 비율이 더 낮다. (×)
→ 운동을 하는 비율은 남자와 여자가 동일하다.

② 남자는 퇴근 후 휴식을 하는 경우가 가장 많다. (○)

③ 여자는 남자보다 모임에 나가는 비율이 더 높다. (×)
→ 남자가 여자보다 모임에 나가는 비율이 더 높다.

④ 여자는 휴식을 하는 사람이 집안일을 하는 사람보다 많다. (×)
→ 집안일을 하는 사람이 휴식을 하는 사람보다 많다.

11. ②

'방영되다'는 '텔레비전으로 방송이 되는 것'을 의미한다. 대회 본선은 하늘방송을 통해 전국에 방영된다고 하였으므로 ②번이 답이다.

① 신청을 하면 누구나 참여 가능하다. (×)
→ 한국에 거주하는 외국인 중에서 신청을 하는 사람이 참여 가능하다.

② 대회 본선은 텔레비전을 통해 방송된다. (○)

③ 해외에 살고 있는 사람도 참여가 가능하다. (×)
→ 한국에서 살고 있는 사람만 참여가 가능하다.

④ 자신이 가장 잘 만들 수 있는 요리를 만들면 된다. (×)
→ 자신이 가장 좋아하는 한국 음식을 만들어야 한다.

12. ④

새싹 채소는 다 자란 채소보다 더 많은 영양소가 포함되어 있다고 하였으므로 ④번이 답이다.

① 새싹 채소는 시장에서 구하기 어렵다. (×)
→ 지문에 나오지 않은 내용이다.

② 새싹 채소를 사 먹는 사람들이 증가하고 있다. (×)
→ 직접 길러 먹는 사람들이 증가하고 있다.

③ 새싹 채소는 성장을 모두 마친 채소를 말한다. (×)
→ 이제 막 싹이 돋아나 아직 다 자라지 않은 채소를 말한다.

④ 새싹 채소는 다 자란 채소에 비해 영양이 더 좋다. (○)

• 싹: 식물의 씨, 줄기, 뿌리 등에서 처음 돋아나는 어린 잎이나 줄기

13. ①

A. 첫 문장은 (가) 또는 (다)이다.

B. (다)의 '-기 때문이다'는 앞에서 말한 어떤 사실에 대한 이유를 말할 때 사용하는 표현이므로 (다)는 첫 번째로 올 수 없고, (가)가 첫 문장이다.

C. 두 번째로 올 문장은 (다) 또는 (라)이다.

D. (가)에서 야간 조명이 건강을 해친다는 연구 결과를 제시하였다. (다)는 (가)에서 제시한 '야간 조명이 건강을 해친다'는 연구 결과 내용의 이유를 설명하는 문장이므로 (가)에 이은 두 번째 문장으로 (다)가 연결되면 자연스럽다.

E. 선택지 중 (가)-(다)의 순서가 맞게 배열된 것은 ①번뿐이므로 ①번이 답이다.

F. (나)의 '따라서'는 앞에서 말한 일이 뒤에서 말할 일의 원인, 이유, 근거가 됨을 나타내는 표현이다. 즉 수면 시에 가장 어두운 상태로 만드는 것이 중요한 이유는 (다)에서 이야기한 것과 같이 밤에도 낮처럼 밝으면 생체리듬이 변화되기 때문이므로 (가)-(다)-(나)의 순서로 연결하면 논리적으로 자연스럽다. (라) 문장은 (나)에 덧붙여 수면에 방해가 되는 또 다른 상황을 보충하여 제시한 것이다.

14. ③

A. 첫 문장은 (가) 또는 (다)이다.

B. (가)의 '-기 위해서이다'는 앞에서 말한 어떤 사실에 대한 이유를 말할 때 사용하는 표현이므로 첫 문장이 될 수 없고, (다)가 첫 번째 문장이다.

C. 두 번째로 올 문장은 (가) 또는 (나)이다.

D. (가)는 (다)에서 이야기한 '봄에 등산을 할 때에 얇은 옷을 여러 겹 껴입는 것이 좋다'는 내용의 이유를 설명하는 문장이므로 (다) 다음으로 (가) 문장이 연결되면 자연스럽다.

E. 선택지 중 (다)-(가)의 순서가 맞게 배열된 것은 ③번뿐이므로 ③번이 답이다.

F. 앞에서 일교차 큰 산의 날씨에 대비해 옷을 여러 겹 입어야 한다는 내용의 (다)-(가)에 이어서 (라) 문장은 봄 산행 시 주의해야 할 또 다른 사항에 대해 이야기하기 위한 이유를 나타내는 문장이다. (라)에서 말한 것과 같이 산 곳곳에 얼음이 남아 있을 수 있기 때문에, (나)에서 말하고 있는 것과 같이 등산화와 안전 장비 착용을 해야 한다는 내용으로 연결이 되면 자연스럽다. 즉 (다)-(가)-(라)-(나)의 연결이 논리적으로 자연스럽다.

15. ④

A. 첫 문장은 (다) 또는 (라)이다.

B. (다)에서 사용한 '이들을 위한……'이라는 부분에서 사용하고 있는 '이들'이라는 표현은 앞에서 이야기했던 사람들을 가리키는 표현이므로 (다) 문장은 첫 번째 문장이 될 수 없고, (라) 문장이 첫 번째 문장이다.

C. 두 번째로 올 문장은 (나) 또는 (다)이다.

D. (다)에서 말한 '이들'은 (라) 문장에서 말하고 있는 '간단히 끼니를 해결하려는 사람들'이므로 (라) 다음으로 (다) 문장이 연결되면 자연스럽다.

E. 선택지 중 (라)-(다)의 순서가 맞게 배열된 것은 ④번뿐이므로 ④번이 답이다.

F. (나) 문장은 (다) 문장에서 식품 업체들이 1인 가구를 위한 즉석 식품 개발에 박차를 가하고 있는 이유를 이야기하고 있는 문장이다. 마지막으로 (가) 문장은 결론 문장으로, (라)-(다)-(나)-(가)의 순서로 문장을 연결하면 자연스럽다.

16. ③

(　　) 안에는 마트에서 다양한 마케팅 방법을 사용하는 이유가 들어가야 한다. 마트에서 계산대 앞에 가격이 저렴한 제품을 진열하거나 하나를 사면 하나를 더 주는 행사를 하는 이유는 고객의 구매를 유도하기 위한 것이라고 하였으므로 ③번이 답이다.

• 유도하다: 사람이나 물건을 목적한 장소나 방향으로 이끌다.

17. ②

'바로'는 앞에서 설명한 것이 무엇인지 강조하여 말할 때 사용하는 표현이므로, (　　) 안에는 머드 축제를 설명하는 내용이 들어가야 한다. 머드 축제에서는 머드 마사지와 각종 놀이를 즐길 수 있다고 하였으므로 ②번이 답이다.

18. ③

( ) 앞의 문장에서 한글이 만든 사람과 목적, 동기가 알려진 유일한 문자라고 하였다. ( )가 포함된 문장에 사용된 '역시'라는 표현은 '또한', '마찬가지로' 등과 같은 뜻으로 한글 제작의 목적, 동기가 알려진 것과 마찬가지로 원리 또한 명확하게 기록되어 있다는 내용이다.

19. ①

'~(이)라면'은 어떤 상황을 가정할 때 사용하는 표현으로, 가정하는 상황을 강조하는 '혹시', '만약' 등의 단어와 함께 쓸 수 있다.

20. ①

소변의 색깔에 따라 건강 상태를 확인해 볼 수 있다고 하였다. 즉, 건강할 때와 건강하지 않을 때의 소변 색깔이 다르다는 내용이므로 ①번이 답이다.

① 몸의 상태에 따라 소변의 색깔이 달라진다. (○)

② 소변이 밝은 노란색이라면 병원에 가야 한다. (×)
→ 비타민 B가 많다는 뜻이므로 걱정할 필요가 없다.

③ 소변의 색깔이 주황색이라면 걱정할 필요가 없다. (×)
→ 반드시 의사와 상담을 해야 하는 상황이다.

④ 몸에 비타민 B가 많으면 소변의 색깔은 투명하다. (×)
→ 몸에 비타민 B가 많으면 소변의 색깔은 밝은 노란색이다.

21. ②

잔소리의 효과가 성별에 따라 다르다는 내용이다. ( ) 안에는 '계속해서', '자주' 등과 같은 의미의 표현이 들어가면 자연스럽다. '귀가 따갑도록'은 '어떤 이야기를 너무 자주 들어서 귀가 아플 정도'라는 과장된 의미의 표현이므로 ( ) 안에 들어가면 연결이 자연스럽다.

22. ④

잔소리의 효과가 성별에 따라 다르다는 내용으로, 살을 빼라는 잔소리의 사례를 제시하여 설명하고 있다. 연구 결과, 남성의 경우 상대방의 잔소리가 효과적이었고, 여성은 오히려 스트레스만 받고 효과는 적었다.

23. ③

'나'는 우승할 수 없는 것이 분명한 상황에서도 순위에 연연하지 않고 끝까지 최선을 다해 마라톤 경기에 임하는 선수의 모습에 감동하고 있다.

24. ④

비록 꼴찌이지만 의지력으로 끝까지 포기하지 않고 달려서 경기를 마친 선수도 좋아하게 될 것 같다고 하였다.

① 나는 마라톤 경기를 좋아했다. (×)
→ 예전에는 마라톤이란 매력 없는 우직한 스포츠라고 생각했다.

② 나는 마라톤 경기를 처음 보았다. (×)
→ 글에 나오지 않은 내용이므로 알 수 없다.

③ 나는 마라톤 경기를 보며 고통스러웠다. (×)
→ 나는 마라톤 경기를 보며 감동을 느꼈다.

④ 나는 꼴찌를 한 선수도 좋아하게 될 것 같다. (○)

25. ④

낮에 다양한 음식을 많이 파는 거리에 그 음식들로 인한 쓰레기가 많이 생겨서 밤에는 거리가 음식 대신 쓰레기로 가득하다는 내용의 기사 제목이다. '~천국', '~산' 등의 표현은 어떤 것이 매우 많다는 것을 표현할 때 사용한다.

26. ③

'조마조마'는 다가올 일에 대해 걱정이 되어 마음이 초조하고 불안한 모양을 의미한다. 독감이 유행을 하고 있는 상황에서 독감에 걸리지 않기 위해 면역력을 높이는 음식을 먹어야 한다는 내용의 기사 제목이다.

- 면역력: 외부에서 들어오는 병을 일으키는 좋지 않은 균에 저항하는 힘

27. ④

'펑펑'은 눈이나 물 같은 것이 거세게 많이 쏟아져 내리는 모양을 말한다. 경기 지방에 함박눈이 많이 내린 탓에 교통사고가 많이 일어났다는 내용의 기사이다.

- 함박눈: 굵고 탐스럽게 내리는 눈
- 폭풍우: 매우 강한 바람이 불면서 쏟아지는 큰 비

28. ①

'즉'은 '다시 말하여'와 같은 뜻으로, 앞에서 이야기한 것을 다른 표현으로 요약하여 정리할 때 사용한다. 선택하지 못한 것에 대해 아쉬움과 미련이 우울감을 가져온다는 내용으로 보아 앞의 문장은 선택의 폭이 다양할수록 하나를 선택함으로 인해서 포기해야 하는 나머지가 많아진다는 내용이 되어야 한다.

29. ②

고열량 음식, 설탕, 운동 부족만이 비만을 일으키는 원인이 아니라 짠 음식 역시 비만의 원인이 된다는 내용의 글이다. (　　)가 포함된 문장은 짠 음식이 어떻게 비만의 원인이 되는지에 대한 내용이어야 한다. 짠 음식을 먹으면 갈증을 느끼게 되고, 갈증을 없애기 위해서 결국 당분이 많이 들어 있는 음료를 먹게 되어 살이 찌게 되는 것이므로 ②번이 답이다.

30. ③

계획을 미루는 습관의 문제점과 해결 방법에 대해 이야기하고 있다. (　　)가 포함된 문장은 미루는 습관이 건강에 좋지 않은 이유를 설명하는 문장이다. 할 일을 미뤘다는 생각으로 인해 스트레스를 받아 위나 심장, 면역 등에 좋지 않은 영향을 주는 것이므로 ③번이 답이다.

31. ④

화가들이 기존의 틀을 거부하고 독창적인 작품 세계를 만들어 가는 것에 대한 내용이다. 기존의 틀에 싫증을 느낀 화가가 색다른 재료와 방식으로 그림을 그리기 시작했다고 했으므로 (　　) 안에는 기존의 방식이 들어가면 된다.

32. ②

연구 결과, 수술을 받은 환자에게 음악을 들려주자 환자의 고통이 감소되었다고 하였으므로 ②번이 답이다.

① 음악을 들은 환자는 통증이 증가한다. (×)
→ 통증이 감소한다.

② 음악은 통증을 줄여 주는 데 도움을 준다. (○)

③ 음악은 뇌에 아무런 영향을 주지 못한다. (×)
→ 음악을 들으면 뇌가 통증을 감소시키는 물질과 쾌락과 관계된 물질을 더 많이 발생시킨다.

④ 음악을 들으며 운동을 하면 운동이 더 힘들어진다. (×)
→ 운동을 더 쉽고 재미있게 할 수 있다.

33. ②

손가락의 지문이나 눈의 홍채와 같은 인간의 몸을 보안에 활용하는 것이 '생체 보안'이다.

① 지문은 다른 사람이 똑같이 만들 수 있다. (×)
→ 복제가 불가능하다고 했으므로 똑같이 만들 수 없다.

② 생체 보안은 인간의 몸을 이용하는 보안 방법이다. (○)

③ 앞으로 생체 보안은 개발에 어려움을 겪을 것이다. (×)
→ 앞으로 생체 보안 개발과 사용은 더욱 주목받을 것이다.

④ 홍채의 모양이 바뀌면 홍채 모양을 다시 등록할 수 있다. (×)
→ 홍채의 모양은 사람마다 다르고 평생 변하지 않는다.

34. ④

한 연구에서 손 글씨 쓰기가 내용을 기억하고 다시 구조화하는 데에 더욱 효과적인 것으로 밝혀졌다고 하였으므로 ④번이 답이다.

① 디지털 기기의 사용은 장점만 있다. (×)
→ 언제나 그런 것은 아니다.

② 편집 기술을 배우는 시간이 늘어나야 한다. (×)
→ 일부 사람들의 주장이다.

③ 키보드로 작문을 하면 더 많은 단어를 사용하기 쉽다. (×)
→ 한 연구에서는 손 글씨로 작문을 한 학생이 키보드로 작문을 한 학생보다 더 풍부한 어휘를 사용한 것으로 확인되었다.

④ 손 글씨 쓰기는 내용을 다시 구성하는 데에 도움을 준다. (○)

35. ②

멧돼지 서식지의 감소 및 먹이 부족으로 멧돼지가 도심에 출현하여 여러 가지 피해가 발생하고 있으므로 이를 예방하기 위해서 멧돼지 서식지의 환경을 보호해 주어야 한다는 내용이다.

36. ②

약은 유통 기한이 지나면 효능이 없거나 부작용이 생길 수 있으므로 꼼꼼히 살펴보고 사용해야 한다는 내용이다.

37. ③

아이들을 안아 주거나 쓰다듬어 주면 피부의 촉감이 바로 뇌로 전달되어 아이들이 편안함과 안정감을 갖게 되고, 이러한 아이들은 자존감과 도전 의식이 높은 아이로 자란다고 하였다.

38. ④

비타민 보충제의 효과에 대하여 여러 논란이 있지만 아직 명확한 연구 결과는 나오지 않았으니 소비자가 신중히 선택해야 할 문제라고 하였다.

39. ①

중고 제품 거래에 대한 내용이다. 〈보기〉의 문장 '-기 때문이다'는 어떠한 사실의 이유를 말할 때 사용하는 표현이다. 〈보기〉 문장은 중고 제품의 거래가 활성화되고 있는 상황의 배경 또는 이유로, (㉠)의 위치에 들어가면 연결이 자연스럽다.

40. ②

주된 특징에 대한 평가가 다른 특징들에 대한 평가에 영향을 미친다는 것을 의미하는 '후광 효과'에 대한 내용이다. 〈보기〉의 문장이 (㉡)의 위치에 들어갈 경우, 앞의 '후광 효과가 사람을 평가할 때 두드러진다'는 것을 설명하는 예시로서 자연스럽게 연결될 수 있다.

41. ③

새로 출간된 시집을 소개하는 내용의 글이다. 〈보기〉의 문장은 이번 시집을 이전 작품과 비교하여 설명하고 있는 문장이므로, 이전 작품에 대해 이야기하는 문장 뒤인 (㉢)의 위치에 들어가면 연결이 자연스럽다.

42. ③

우림이가 '나'에게 이유 없이 시비를 걸어 온 상황이다. 알 수 없는 이유로 화를 내는 우림이에 대해 '나'는 '우림이는 정말 이해할 수 없는 아이였다.'라고 당황스러운 마음을 표현하고 있다.

43. ③

우림이가 '나'에게 왜 자꾸 토끼장에 오는지 묻자 "나는 점심시간에는 늘 토끼장에 와."라고 대답하였다.

① 나는 우림이를 좋아한다. (×)
→ 제시된 글로는 알 수 없다.

② 나는 우림이에게 잘못을 했다. (×)
→ 나는 우림이에게 잘못한 것이 없지만 우림이는 이유 없이 먼저 시비를 걸었다.

③ 나는 점심시간에 항상 토끼장에 간다. (○)

④ 나는 우림이를 위해 자리를 비켜 주었다. (×)
→ 우림이가 먼저 가 버렸다.

44. ④

딸과 두터운 신뢰 관계를 형성하고 있는 딸바보 아버지가 딸의 인생에 긍정적인 영향을 미쳐 딸을 성공하게 만든다는 연구 결과에 대해 이야기하고 있다.

45. ③

(　　) 안에는 딸이 자신을 스스로 가치 있는 사람으로 여기고 남에게 인정받기 위해 매사 적극적으로 행동하게 만든 것이 무엇인지가 들어가야 한다. 가사 일에 적극적이고 다정다감한 아버지 밑에서 자란 딸이 아버지에게 받은 긍정적인 영향을 통해 매사 적극적으로 행동하게 된다는 문장이 되면 자연스럽다.

46. ①

제품의 원재료와 제조 과정 등에 대한 다양한 정보를 확인할 수 있는 앱에 대한 내용이다. 제시된 문장은 지문의 첫 문장에서 이야기하고 있는, 소비자들이 제품 디자인이나 품질뿐만 아니라 원재료나 제조 과정에도 관심을 갖게 된 배경 또는 이유를 설명하는 문장이므로 (㉠)의 위치에 들어가면 연결이 자연스럽다.

47. ④

앱에서 제품을 선택하면 원재료와 제조 과정, 제조 과정에서 발생하는 오염물, 근로자의 근로 조건 등까지도 확인할 수 있다고 하였으므로 ④번이 답이다.

① 기업은 기업의 이윤만을 추구하려고 한다. (×)
→ 글의 내용으로는 알 수 없는 내용이다.

② 최근의 소비자들은 제품의 품질만을 꼼꼼히 따진다. (×)
→ 디자인과 품질만이 아니라 원재료나 제조 과정에도 관심을 갖는다.

③ 공정 무역 제품은 가격이 비싸 구매자가 줄어들고 있다. (×)
→ 공정 무역 제품은 인기가 높아지고 있다.

④ 앱을 사용하면 제품의 제조 과정까지도 쉽게 확인할 수 있다. (○)

48. ④

낮은 출산율 문제의 해결을 위한 실질적인 제도 마련이 필요하다는 내용의 글이다. 필자는 낮은 출산율이 불러일으키는 문제점을 제시하고, 몇 가지 해결 방안을 제시함으로써 실질적인 출산 장려 정책 마련의 필요성을 주장하고 있다.

49. ①

생산 활동을 하는 젊은이가 줄어들고, 반대로 생산 능력이 없는 노인 인구가 증가하는 상황은 젊은이가 도움을 주고 돌봐 주어야 하는 노인 인구가 많아지게 되는 상황을 의미한다.

50. ②

밑줄 친 부분에서 필자는 낮은 출산율이 단순한 사회적 현상을 넘어서 실질적이고 적극적인 대책 마련이 필요한 심각한 상황이라는 것을 강조하며 저출산 문제에 대한 걱정스러운 마음을 표현하고 있다.

제3회 실전모의고사

듣기

1	①	2	②	3	①	4	③	5	①	6	④	7	③	8	④
9	②	10	①	11	④	12	④	13	③	14	③	15	②	16	③
17	②	18	①	19	②	20	③	21	②	22	③	23	①	24	④
25	③	26	④	27	④	28	③	29	④	30	②	31	④	32	①
33	②	34	①	35	②	36	③	37	④	38	③	39	④	40	①
41	④	42	③	43	③	44	②	45	④	46	①	47	③	48	①
49	③	50	④												

읽기

1	②	2	①	3	①	4	②	5	④	6	②	7	④	8	②
9	③	10	④	11	③	12	③	13	③	14	②	15	①	16	④
17	①	18	①	19	②	20	③	21	①	22	③	23	④	24	③
25	④	26	②	27	④	28	②	29	①	30	④	31	③	32	③
33	②	34	①	35	③	36	③	37	④	38	①	39	③	40	①
41	③	42	④	43	③	44	①	45	③	46	②	47	④	48	①
49	②	50	②												

TOPIK Ⅱ 듣기(1번~ 50번) p.80

1. ①

남자: 왜 문을 안 열었지?
여자: 그러게요. 이 가게는 일요일에도 항상 문을 여는데요.
남자: 아, 휴가 기간인가 봐요. 여기 안내문이 있어요.

남자와 여자가 문이 닫힌 가게 앞에서 대화를 나누고 있는 상황이다. 남자가 문에 붙어 있는 안내문을 발견하고 함께 보려는 상황이므로 ①번 그림이 답이다. 가게 문이 닫혀 있는 상황에서 나누는 대화이므로 ②, ③, ④번 그림은 답이 될 수 없다.

2. ②

여자: 이 차 좀 점검해 주세요. 다음 주에 여행을 갈 거거든요.
남자: 네, 전체적으로 점검을 하려면 이틀 정도 걸려요.
여자: 네, 그럼 이틀 후에 찾으러 올게요.

여자는 자동차 주인이고, 남자는 자동차 정비공이다. 자동차 정비소에서 여자가 남자에게 자동차 점검을 부탁하며 나누는 대화이므로 ②번 그림이 답이다. ①, ③번은 그림 속 장소가 정비소가 아니고, ④번은 자동차 정비를 하는 그림이지만 여자가 함께 차를 고치고 있으므로 답이 될 수 없다.

3. ①

남자: 지난 한 해 지하철에서 가장 많이 분실된 물건은 휴대 전화로 나타났습니다. 그 다음으로는 가방과 우산, 지갑이 뒤를 이었는데 가방은 지난해에 비해 분실 건수가 크게 줄어든 것으로 나타났습니다.

지하철 분실물의 종류 중 가장 많은 것이 휴대 전화이고, 그 다음으로 가방, 우산, 지갑이라고 했으므로 도넛 그래프의 칸 크기가 '휴대 전화>가방>우산>지갑' 순서인 ①번이 답이다. 가방의 분실 건수는 크게 줄었다고 하였는데 분실 건수에 대한 그래프인 ③, ④번 모두 가방 분실 건수를 표시한 막대가 더 길어졌으므로 답이 될 수 없고, 나머지 물건들의 분실 건수에 대해서도 이야기하지 않았으므로 알 수 없다.

4. ③

여자: 나 취업했어!

남자: 우와! 축하해! 결국 해냈구나! 나도 빨리 취업하면 좋겠다.

여자: ______________________

여자가 취업을 하게 되어서 남자가 축하해 주고 있다. 남자가 자신도 빨리 취업하면 좋겠다고 하는 것으로 보아 남자는 아직 취업 전이므로 남자의 취업을 응원하는 ③번이 답이다.

5. ①

남자: 요새 날씨가 너무 덥네요. 더워서 아이스크림만 계속 먹게 돼요.

여자: 그러게요. 날씨가 정말 더워요. 그런데 찬 음식을 많이 먹으면 배탈 날 수 있으니 조심하세요.

남자: ______________________

여자가 남자에게 찬 음식을 많이 먹으면 배탈이 날 수 있다는 말로 걱정해 주며 조심하라는 주의를 준 상황이므로 ①번이 답이다.

6. ④

남자: 원주 씨, 반찬 배달해서 먹는다면서요? 어때요?

여자: 반찬 준비를 따로 안 해도 되니까 시간 여유가 있어서 좋아요. 제가 잘 안 해 먹는 반찬도 먹게 되고요.

남자: ______________________

남자가 반찬 배달에 대해 관심을 가지고 여자에게 어떤지 물었고, 여자가 남자에게 배달해서 먹는 반찬의 장점에 대해 설명해 주고 있으므로 ④번이 답이다.

7. ③

남자: 현하 씨도 정서 씨 전시회에 초대받았지요?

여자: 네, 지난번에 못 가 봐서 이번엔 꼭 가 보려고요.

남자: ______________________

전시회에 초대를 받았는지 묻는 남자의 질문에, 여자가 '네.'라는 긍정의 대답과 함께 이번에 갈 것이라는 계획을 이야기했으므로 이어지는 대답으로는 ③번이 적절하다.

8. ④

여자: 다음 달 판매 행사는 준비가 다 되어 가나요?

남자: 시간이 조금 더 필요할 것 같습니다.

여자: ______________________

행사 준비가 다 되어 가는지 묻는 여자의 질문에 남자가 시간이 더 필요하다고 답했으므로 ④번이 적절한 대답이다. ①, ②번은 준비가 끝난 상황에서 할 수 있는 말이고, ③번은 행사가 끝난 후에 할 수 있는 말이므로 답이 될 수 없다.

9. ②

남자: 어서 오십시오!

여자: 이 버스 한국병원 방향으로 가나요?

남자: 한국병원에 가실 거면 길 건너서 타세요.

여자: 네, 감사합니다.

여자는 한국병원 방향으로 가는 길을 물었고 남자가 길 건너에서 버스를 타라고 안내해 주었으므로 ②번이 답이다.

10. ①

여자: 냉장고를 바꿔야 할 것 같아요.

남자: 왜요? 서비스 센터를 불러서 고친다고 했잖아요.

여자: 냉장고가 너무 오래돼서 딱 맞는 부품이 없대요. 고치는 데 비용도 많이 들고요.

남자: 그래요. 그럼 점심 먹고 매장에 같이 가 볼까요?

여자는 냉장고를 사고 싶어 한다. 여자가 남자에게 고장이 난 냉장고를 고치지 않고 새로 사야 하는 이유를 말하자, 남자가 매장에 같이 가자고 제안했으므로 ①번이 답이다.

11. ④

남자: 아까부터 뭘 그렇게 찾아요?

여자: 지갑을 어디에 뒀는지 기억이 안 나요. 아까 분명히 거실에 둔 것 같은데…….

남자: 혹시 슈퍼에서 계산하고 그냥 두고 온 거 아니에요?

슈퍼에 전화해 봐요.
여자: 그래야겠어요. 고마워요.

지갑을 잃어버린 여자에게 남자가 이전에 갔었던 슈퍼에 전화해 보라고 제안을 했고, 여자가 그렇게 하겠다고 대답했으므로 ④번이 답이다.

12. ④
남자: 기념식 준비가 잘 되어 가고 있나요?
여자: 네. 그런데 태국 회사에서 세 분이 더 참석하신다고 합니다.
남자: 그럼 기념품을 더 준비해야 하지 않나요?
여자: 확인해 보고 부족하지 않게 준비하도록 하겠습니다.

태국 회사에서 오는 손님의 수가 늘어난 상황에서 남자가 여자에게 기념품을 더 준비하라고 하자, 여자가 확인해 보고 준비하겠다고 답했으므로 ④번이 답이다. ③번은 확인이 끝난 후 기념품이 부족할 경우에 할 행동이므로 답이 될 수 없다.

13. ③
남자: 누나, 나 수학 문제 좀 가르쳐줘. 내일 시험인데 어려워서 잘 못 풀겠어.
여자: 그래. 그럼 교과서 가지고 와.
남자: 교과서? 아! 교과서를 학교에 두고 온 것 같아.
여자: 그럼 빨리 학교 가서 가지고 와. 내일이 시험인데 책이 없다는 게 말이 되니?

남자가 내일 시험을 보게 될 수학 과목의 교과서를 학교에 두고 온 것 같다고 했으므로 ③번이 답이다.

① 남자는 수학을 잘한다. (×)
→ 남자는 수학이 어려워서 누나에게 가르쳐 달라고 부탁했다.

② 여자는 내일 시험을 본다. (×)
→ 내일 시험을 보는 사람은 남자이다.

③ 남자는 수학 책을 학교에 두고 왔다. (○)

④ 여자는 책을 가지러 학교에 갈 것이다. (×)
→ 책을 가지러 가야 하는 사람은 남자이다.

• 교과서: 학교 교과 과정에 따라 교재로 사용하기 위해 만든 책

14. ③
여자: 안내 말씀드리겠습니다. 잠시 후 뮤지컬 '하늘'이 쉬는 시간 포함, 약 2시간가량 공연될 예정입니다. 즐거운 관람을 위하여 휴대 전화의 전원은 꺼 주시기 바랍니다. 또한, 공연 내용의 촬영이나 녹음은 금지되어 있으니 협조해 주시기 바랍니다. 그럼 공연을 시작하겠습니다. 감사합니다.

여자가 공연 내용의 촬영이나 녹음은 금지되어 있다고 했다. '촬영'은 사람, 사물, 풍경 등을 사진이나 영상으로 찍는 것을 말하므로 ③번이 답이다.

① 뮤지컬은 쉬지 않고 공연된다. (×)
→ 쉬는 시간을 포함해 약 2시간가량 공연될 예정이다.

② 뮤지컬 노래는 녹음할 수 있다. (×)
→ 공연 내용은 녹음할 수 없다.

③ 공연하는 모습은 사진으로 찍을 수 없다. (○)

④ 공연 중에는 조용한 목소리로 통화해야 한다. (×)
→ 공연 중에는 휴대 전화를 사용하지 않아야 한다.

• 촬영: 사람, 사물, 풍경 등을 사진이나 영상으로 찍는 것
• 금지: 법이나 규칙, 명령 등으로 어떤 행동을 하지 못하도록 하는 것

15. ②
남자: 다음은 사건 사고 소식입니다. 어제 저녁 7시쯤 송주시 한 아파트에서 불이 나 천여만 원의 재산 피해를 내고 30분 만에 꺼졌습니다. 다행히 집안에는 사람이 없어 인명 피해는 없었습니다. 경찰과 소방 당국은 주방에서부터 불이 나기 시작했다는 목격자의 증언을 바탕으로 정확한 화재 원인을 밝히기 위해 조사 중에 있습니다.

사건 사고에 대한 뉴스 내용이다. '화재'는 불이 나는 재난을 의미한다. 경찰과 소방서 관계자가 화재의 원인을 밝히기 위해 조사 중이라고 했으므로 ②번이 답이다.

① 다행히 재산 피해는 없었다. (×)
→ 천여만 원의 재산 피해가 있었다.

② 화재 원인을 조사하고 있다. (○)

③ 아파트 주민이 부상을 당했다. (×)
→ 인명 피해는 없었다고 했으므로 다친 사람은 없다.

④ 방에서 불이 시작된 것으로 보인다. (×)
→ 주방에서부터 불이 나기 시작했다.

• 인명: 사람의 목숨
• 화재: 불이 나는 재난

16. ③
여자: 이곳은 한 번 다녀오면 오래도록 기억에 남을 대구의 한 이색 카페입니다. 이곳 사장님께 그 인기 비결을 한

번 들어 볼까요?

남자: 이곳은 몸의 체질과 상태를 알아보고, 그에 맞는 차와 간식을 즐길 수 있도록 한 카페입니다. 저희 카페에는 실제로 한의사님이 계셔서 간단한 검진과 상담을 받아 보실 수 있어요. 한방차라고 하면 굉장히 쓸 거라 생각하시는 분들이 많은데, 평소에도 즐겨 드실 수 있도록 일상생활에서 자주 접할 수 있는 재료로 쉽게 마실 수 있는 차들을 다양하게 준비해 놓고 있습니다.

'판매'는 '장사를 하는 가게에서 물건이나 음식을 준비해 놓고 있다는 것'을 의미한다. 한방 카페의 사장인 남자가 다양한 한방차들을 준비해 놓고 있다고 했으므로 ③번이 답이다.

① 이 카페는 한의사가 운영한다. (×)
→ 카페를 운영하는 것은 카페의 사장인 남자이다.

② 한방차는 몸에 좋지만 매우 쓰다. (×)
→ 한방차는 맛이 쓸 거라고 생각하지만 맛있게 마실 수 있는 차이다.

③ 이 카페에서는 다양한 한방차를 판매한다. (○)

④ 이 카페에서는 무료 건강 검진을 받을 수 있다. (×)
→ 검진 비용이 무료인지에 대해서는 알 수 없다.

17. ②

남자: 자동차 정비 공부를 시작했다고? 어렵지는 않니?

여자: 어려운 점도 있지만 재미있어요. 열심히 해 보려고요.

남자: 그래, 재미있다니 다행이네. 요즘 직업에는 남녀 구분이 없으니 열심히 하기만 하면 좋은 결과가 있을 거야.

남자가 자동차 정비 공부를 시작한 여자를 응원하고 있다. 남자는 직업에 남녀 구분이 없다고 생각하므로 ②번이 답이다. ①번은 여자의 생각이다.

18. ①

여자: 어휴, 추워. 왜 이렇게 에어컨을 세게 틀었지? 모두들 추운 것 같은데…….

남자: 그러게. 이렇게 에어컨을 세게 틀면 전기 요금도 많이 나오고, 쓸데없는 에너지가 낭비될 텐데……. 게다가 실내 온도가 실외 온도랑 많이 차이가 나면 건강에도 좋지 않다고. 여름에 냉방병 환자가 많잖아. 관리자에게 항상 적정 온도를 유지해 달라고 이야기해야겠어.

남자는 에어컨을 세게 틀면 에너지가 낭비되고 건강에도 좋지 않다고 생각한다. 마지막에 관리자에게 적정 온도를 유지해 달라고 이야기해야겠다고 한 것으로 보아 ①번이 답이다.

- 실내: 방이나 건물의 안
- 실외: 방이나 건물의 밖
- 적정: 알맞고 바른 정도

19. ②

남자: 저 연예인 방송에 또 나오네. 한동안 안 나오다가 요새 자주 나오는 것 같아.

여자: 아! 저 연예인이 찍은 새로운 영화가 곧 개봉을 한대. 그래서 영화 홍보하려고 여기저기 나오는 것 같아.

남자: 방송 출연을 한다고 영화 관람객이 늘까? 영화가 재미있고, 잘 만들어졌으면 입소문이 저절로 날 텐데…….

여자: 그래도 텔레비전 방송은 많은 사람들이 보는 매체니까 영화를 널리 알릴 수 있고, 영화 홍보 때문에 방송에 나오는 게 잘못된 건 아니잖아.

남자는 영화가 재미있으면 저절로 소문이 나서 관람객이 많아질 것이라고 생각하기 때문에 방송에 출연하는 것이 영화 홍보에 도움이 된다고 생각하지 않는다. ③번은 여자의 생각이다.

20. ③

여자: 선생님, 선생님의 건축물은 전통과 현대적 요소가 조화를 이룬다는 평을 듣는데요, 선생님께서 평소 작업을 하시며 중요하게 생각하는 부분은 어떠한 것입니까?

남자: 많은 분들이 제 건축물을 보시고 그렇게 평을 해 주셔서 감사하게 생각하고 있습니다. 제가 중요하게 생각하는 부분도 바로 전통과 현대의 조화입니다. 전통적인 것만을 따르다 보면 실제 건물을 이용하는 데에 있어 여러 불편함이 따르게 됩니다. 그러면 점점 사람들이 외면하게 되지요. 그렇다고 현대적인 것만 좇다 보면 전통적인 것을 점점 잊게 됩니다. 그래서 제 건축물에는 전통적인 아름다움과 정신, 현대적인 감각과 편리성을 함께 나타내고자 하고 있습니다.

남자는 건물을 지을 때 전통적인 아름다움과 현대적인 편리성이 건물에 함께 나타나야 한다고 생각하므로 ③번이 답이다.

- 어우러지다: 여럿이 조화를 이루거나 섞이다.

[21~22]

남자: 박 차장님, 이번 신제품 출시 준비는 잘 되어 가고 있나요? 출시 준비는 언제쯤 끝날 것 같습니까?

여자: 출시일이 다음 달 말로 예정되어 있어서 그때까지 모든 준비를 마치려고 합니다. 아직 시간적 여유가 있어서 천천히 준비해도 될 것 같아요.

남자: 신제품 출시는 출시일이 중요하다는 거 잘 알지 않습니까? 출시 예정일에 맞추어 준비하지 말고, 출시일을 당길 수 있도록 해 보세요. 경쟁사보다 늦게 출시되는 일이 있어서는 안 됩니다.

여자: 네, 잘 알겠습니다. 서둘러 준비하도록 하겠습니다.

21. ②

남자가 신제품을 출시할 때는 출시일이 중요하기 때문에 경쟁사보다 늦게 출시되지 않도록 출시일을 앞당겨야 한다고 이야기한 것으로 보아 ②번이 답이다. ③, ④번은 여자의 생각이다.

- 출시: 새로운 상품이나 물건이 사고팔 수 있는 시장에 나오는 것

22. ③

신제품 출시일을 당겨서 준비하라는 남자의 말에 여자가 그렇게 하겠다고 대답하고 있는 것으로 보아 ③번이 답이다.

① 신제품 출시 준비는 거의 끝나간다. (×)
→ 아직 시작하지 않았다.

② 신제품 출시 예정일은 이번 주말이다. (×)
→ 출시 예정일은 다음 달 말이다.

③ 신제품 출시 예정일을 당기려고 한다. (○)

④ 신제품은 경쟁사보다 늦게 출시되었다. (×)
→ 아직 출시되지 않았다.

[23~24]

남자: 거기 구청이죠? 공원 축구장을 빌리려고 하는데요.

여자: 어떤 행사를 하시려고 하나요? 축구장에서 운동과 관련된 행사 이외에는 하실 수 없습니다.

남자: 저희는 조기 축구회이고요, 매주 토요일 아침에 축구장을 사용하려고 합니다. 장기 예약도 가능한가요?

여자: 네, 그럼요. 장기 예약을 하시면 매우 저렴하게 이용하실 수 있어요.

23. ①

남자는 매주 토요일 아침에 있을 조기 축구 모임을 위해 공원 축구장을 빌리려고 구청에 전화를 걸어 문의하고 있다.

24. ④

남자는 매주 토요일 아침에 조기 축구회 사람들과 함께 축구를 할 예정이다.

① 남자는 구청에서 근무한다. (×)
→ 구청에서 일하는 사람은 여자이다.

② 공원 축구장은 매주 예약해야 한다. (×)
→ 장기 예약이 가능하므로 한 번에 긴 기간 동안 예약할 수 있다.

③ 공원 축구장은 무료로 이용할 수 있다. (×)
→ 공원 축구장은 유료이고, 장기 예약을 하면 저렴한 가격에 사용할 수 있다.

④ 남자는 토요일마다 축구를 할 예정이다. (○)

[25~26]

여자: 선생님께서는 벌써 십 년째 매일 팔고 남은 빵을 모아 어려운 이웃을 돕고 계신데요, 어떻게 그런 일을 시작하시게 되었습니까?

남자: 저희 빵집은 그날 만든 빵만 판매한다는 원칙이 있어요. 모든 음식이 그렇지만 빵도 만들었을 때 바로 먹는 것이 가장 맛있거든요. 물론 만든 지 하루 이틀 지났다고 빵을 못 먹는 것은 아닙니다. 전날 만든 빵을 팔지 못하니 매일 팔고 남은 빵들을 처리하는 게 큰 문제였죠. 남은 빵들은 가족들이 먹거나 주변 사람들에게 나누어 주었는데, 이왕이면 더 필요한 사람들에게 주면 좋겠다는 생각을 했어요. 팔고 남은 빵을 나누는 것뿐인데 저에게는 필요 없는 것이 누군가에게는 꼭 필요할 수 있다는 것을 알게 되었어요. 나에게 불필요한 것을 필요한 사람들과 나누는 이런 움직임이 더 많이 일어났으면 좋겠습니다.

25. ③

남자는 빵집을 운영하고 있다. 그날 만든 빵만 판매해야 한다는 원칙이 있어서 팔고 남은 빵을 처리하는 것이 문제였는데, 어려운 이웃에게 나눠 주게 되었다. 남자는 그렇게 한 이유가 자신에게 필요 없는 것이 남에게는 필요할 수 있기 때문이라고 하고 있으므로 ③번이 답이다.

26. ④

여자가 처음에 남자가 벌써 십 년째 어려운 이웃에게 빵을 주고 있다고 했으므로 ④번이 답이다.

① 팔고 남은 빵은 가족들이 먹는다. (×)
→ 처음에는 그랬으나 지금은 어려운 이웃에게 나누어 준다.

② 모양이 잘못 만들어진 빵을 나눈다. (×)
→ 팔고 남은 빵을 어려운 이웃에게 무료로 나누어 준다.

③ 남자의 빵집은 모든 빵이 공짜이다. (×)
→ 모든 빵이 아니라 팔고 남은 빵을 공짜로 나누어 주는 것이다.

④ 남자가 빵을 나눈 지 10년이 되었다. (○)

[27~28]

여자: 이번 주말에 뭐 해? 나하고 음악 봉사 안 갈래?

남자: 음악 봉사? 그게 뭔데?

여자: 병원이나 노인정에 계신 분들과 같이 음악이 필요한 분들께 음악을 연주해 드리는 거야. 음악이 치유의 힘이 있잖아. 너도 음악 좋아하니까 우리랑 같이 해 보면 좋을 것 같은데…….

남자: 난 음악을 좋아하기는 하지만 연주를 잘할 수 있는 악기가 없어.

여자: 연주를 잘하고 못하고는 중요하지 않아. 즐거운 마음만 있으면 누구나 할 수 있어.

27. ④

여자가 남자에게 음악 봉사에 같이 가자고 권유하며 음악 봉사에 대해 설명해 주고 있다. 여자가 말한 '안 갈래?', '같이 해 보면 좋을 것 같은데…….'와 같은 표현은 상대방에게 어떤 행동을 권유할 때 사용하는 표현이다.

28. ③

여자가 처음에 남자에게 주말에 뭐 할 것인지 일정을 물어본 뒤에, 같이 음악 봉사에 가자고 한 것으로 보아 여자는 주말에 음악 봉사에 갈 예정이다.

① 남자는 악기를 잘 연주한다. (×)
→ 연주를 잘할 수 있는 악기가 없다.

② 남자는 음악 봉사에 대해 잘 알고 있다. (×)
→ 음악 봉사에 대해 잘 몰라서 여자에게 물어보았다.

③ 여자는 주말에 음악 봉사를 갈 예정이다. (○)

④ 음악 봉사는 악기를 잘 다루어야 참여가 가능하다. (×)
→ 악기를 다루지 못해도 즐거운 마음만 있으면 누구나 참여할 수 있다.

[29~30]

여자: 여행업에 종사하시니 아무래도 여행 기회가 잦을 것 같은데요, 실제로도 그런가요?

남자: 제가 하는 일이 여행 상품을 기획하고 개발하는 일이지만 생각만큼 여행을 자주 가지는 못해요. 새로운 여행지를 찾는 것보다는 기존의 정보로 이용 가능한 교통수단이나 비용 등을 계획하기 때문이지요. 물론, 새로운 정보가 필요할 경우에는 출장 형식으로 여행을 다녀오기도 합니다.

여자: 아, 그렇군요. 그럼 새로운 상품을 개발하실 때 가장 중요하게 생각하는 것은 무엇인가요?

남자: 이 상품이 누구를 위한 상품인가를 항상 염두에 두면서 개발합니다. 여행지의 경치를 즐기며 쉼을 원하는 소비자들을 위한 것인지, 다양한 체험 활동을 원하는 소비자를 위한 것인지에 따라 같은 여행지에서도 다른 상품이 개발될 수 있으니까요.

29. ④

남자는 여자에게 자신이 하는 일이 여행 상품을 기획하고 개발하는 일이라고 소개하고, 여행 상품을 개발할 때 중요하게 생각하는 것들에 대해 이야기하고 있다.

30. ②

여자가 남자에게 여행 상품을 개발할 때에 가장 중요하게 생각하는 것이 무엇인지 묻자 남자가 소비자가 원하는 것이 무엇인지 생각하며 개발한다고 대답하였다.

① 남자는 출장 때문에 여행을 자주 한다. (×)
→ 여행을 자주 가지는 못한다.

② 남자는 소비자를 생각하며 상품을 개발한다. (○)

③ 남자는 새로운 여행지를 찾는 일이 부담스럽다. (×)
→ 들은 내용으로는 알 수 없다.

④ 체험 활동을 원하는 소비자들이 증가하고 있다. (×)
→ 들은 내용으로는 알 수 없다.

[31~32]

여자: 국민들이 최소한의 문화생활을 누리고 안정적으로 살기 위해서는 최저 임금을 인상하는 것이 옳다고 생각합니다.

남자: 네, 물론 최저 임금을 인상하면 당장은 많은 근로자들에게 도움이 될 수는 있을 것입니다. 그러나 장기적으로는 최저 임금 인상이 오히려 더 큰 문제를 가져올 수 있다고 봅니다.

여자: 어떠한 문제인지 구체적으로 말씀해 주시겠습니까? 저는 잘 이해가 안 되는데요.

남자: 최저 임금을 인상하게 되면 인건비가 증가하게 되고,

인건비 증가는 다시 물가 상승으로 이어지게 될 것입니다. 또, 기업에서 인건비에 부담을 느껴 신규 채용을 하지 않거나 기존에 근무하던 사람들을 줄일 수도 있습니다.

31. ④

남자는 최저 임금을 올릴 경우 당장은 도움이 될 수 있지만 장기적으로는 더 큰 문제를 가져올 수 있다고 생각하므로 ④번이 답이다.

32. ①

여자는 국민들의 안정적인 삶을 위해 최저 임금을 올려야 한다고 주장하였다. 남자는 이러한 여자의 의견에 최저 임금을 올리면 물가 상승으로 이어지고, 결국 기업에서 채용 인원을 줄이게 될 것이라는 근거를 제시하며 반박하고 있다.

[33~34]

여자: 최근에는 빠른 길을 안내해 주는 여러 기계들이 있어 예전보다 더욱 빠르게 목적지를 찾아갈 수 있습니다. 그러나 목적지에 빠르게 도착하는 것만이 좋은 것일까요? 고속도로는 길이 곧게 나 있어서 목적지까지 빠르게 갈 수 있지요. 그러나 고속도로를 가다 보면 보이는 것이라고는 길과 휴게소, 다른 차들 정도입니다. 반면 국도는 어떤가요? 길이 구불구불하기도 하고, 오르막길도 있고, 내리막길도 있어 고속도로만큼 빠르게 달릴 수 없습니다. 하지만 천천히 가는 만큼 주위를 둘러볼 수도 있지요. 거기에는 마을이 있기도 하고, 예쁜 꽃과 나무가 있기도 하고, 가끔은 산이나 바다를 볼 수도 있습니다. 우리의 인생도 이런 것 아닐까요? 때로는 목적지를 향해 빨리 가는 것이 중요할 때도 있겠지만, 속도만을 생각하다 주변의 아름다움과 여유를 잊고 있는 것은 아닌지 생각해 볼 때입니다.

33. ②

여자는 인생의 목표를 향해 가는 과정에서 여유를 가지고 과정을 즐기는 것이 중요하다는 것을 이야기하고 있다. 여자는 살아가는 과정을 고속도로와 국도에 비유하여 설명하고 있다.

34. ①

국도는 길이 곧지 않아서 고속도로에서만큼 빠르게 달릴 수 없기 때문에 천천히 달리는 대신에 주위를 둘러볼 수 있다고 하였다.

① 국도로 달리면 주변 풍경을 볼 수 있다. (○)

② 고속도로로 빨리 달리는 것이 제일 좋다. (×)
→ 국도로 가면 속도는 느리지만 가는 길에 주위를 둘러볼 수 있어서 좋다.

③ 빠른 길을 안내해 주는 기계도 틀릴 때가 있다. (×)
→ 이야기에 나오지 않은 내용이다.

④ 요즘에는 국도에서도 고속도로만큼 속도를 낼 수 있다. (×)
→ 이야기에 나오지 않은 내용이다.

[35~36]

남자: 신입 사원 여러분, 안녕하십니까? 먼저 우리 한국기업의 새 가족이 된 것을 환영합니다. 이제 여러분들은 사회인으로 당당히 첫걸음을 내딛게 되었습니다. 새로운 시작을 앞둔 여러분께 당부 말씀을 드리겠습니다. 회사는 개인 혼자의 능력으로 발전해 나가는 곳이 아니라는 것을 명심하시기 바랍니다. 야구 경기를 하기 위해서 타자와 투수, 포수가 모두 각자의 역할을 해야 하듯 여러분도 여러분 자리에서 각자의 역할을 다 하고 서로 협동해야만 우리 한국기업이 앞으로 나아갈 수 있습니다. 한국기업은 올해로 창립 50주년을 맞았습니다. 지난 반세기 동안 선배들이 잘 이끌어 온 우리 한국기업을 앞으로는 여러분들이 새롭게 이끌어 주시기 바랍니다.

35. ②

남자는 회사 신입 사원들에게 회사의 발전을 위해 각자의 역할에 충실하고 서로 협동하는 것이 중요하다고 강조하고 있다.

36. ③

'창립'은 기관이나 단체를 새로 만들어 세우는 것을 의미한다. 남자가 한국기업은 올해로 창립 50주년을 맞았다고 하였으므로 ③번이 답이다.

① 한국기업에는 야구팀이 있다. (×)
→ 야구 경기를 말한 것은 사원들에게 구성원 각자가 역할에 충실하고 서로 협력해야 한다는 것을 설명하기 위해 비유한 것이다.

② 전 직원을 대상으로 한 연설이다. (×)
→ 신입 사원들을 대상으로 한 연설이다.

③ 한국기업은 50년 전에 만들어졌다. (○)

④ 회사는 우수한 개인이 이끌어 갈 수 있다. (×)
→ 회사는 구성원 모두가 협동해야 발전할 수 있다.

[37~38]

남자: 최근 들어 '분자 요리'가 주목을 받고 있는데요, 그래도 많은 분들에게는 '분자 요리'가 좀 생소할 것 같네요. '분자 요리'에 대해 설명을 해 주시겠어요?

여자: 분자 요리는 '음식을 분자 단위까지 분석한다'는 뜻에서 붙여진 이름인데, 이름처럼 음식의 조리 과정이나 식감 등을 분석해서 새롭게 변형시킨 요리를 뜻합니다. 혹시 '질소 아이스크림'을 드셔보셨나요? 요즘 인기를 얻고 있는 '질소 아이스크림'도 분자 요리의 한 형태이지요. 액화 질소를 이용해서 아이스크림을 급속 냉각시키면 기존의 아이스크림과는 다른 식감을 느낄 수 있어요. 크림소스를 가루 형태로 만든 것도 분자 요리라고 할 수 있습니다. 분자 요리는 오감을 만족시켜 줄 수 있기 때문에 소비자들의 호응이 좋습니다. 요리사들은 앞으로 소비자들을 사로잡기 위한 다양한 분자 요리 개발에 힘써야 할 것입니다.

37. ④

여자는 음식의 조리 과정이나 식감을 변형시키는 분자요리에 대해 설명하고 있다. 소비자의 호응을 얻고 있는 다양한 분자 요리 개발을 위해 노력해야 한다고 하였으므로 ④번이 답이다. ②, ③번은 여자가 하지 않은 이야기이다. ①번은 분자 요리의 정의로, 내용은 맞지만 전체의 중심 내용은 아니다. 동일한 의미의 문장이라고 해서 답으로 고르는 실수를 하지 않도록 주의해야 한다.

38. ③

크림소스를 가루 형태로 만든 것도 분자 요리라고 할 수 있다고 하였다.

① 분자 요리의 개발 방법은 매우 간단하다. (×)
→ 이야기에 나오지 않은 내용이다.

② 질소 아이스크림은 질소의 맛을 느낄 수 있다. (×)
→ 질소 아이스크림은 일반 아이스크림과 식감이 다른 것이다.

③ 가루 형태의 크림소스도 분자 요리의 한 종류이다. (○)

④ 분자 요리는 음식을 아주 작은 단위까지 변형시킨다는 뜻이다. (×)
→ 분자 요리는 음식을 구성하고 있는 작은 단위인 분자를 변형시키는 요리가 아니라 분자를 분석하여 조리 과정과 식감을 변형하는 요리이다.

[39~40]

여자: 머리 모양에 따라 어울리는 선글라스가 따로 있다니 재미있네요. 그럼 혹시 얼굴형에 따라서도 다른 모양의 선글라스를 고르는 것이 좋을까요?

남자: 네, 물론이지요. 만약 얼굴이 조금 길다면 가로 길이가 긴 선글라스나 안경테에 무늬가 들어간 선글라스가 좋습니다. 또, 동그란 얼굴형이라면 안경테가 각진 선글라스나 화려한 색상의 선글라스를 끼는 것이 좋고요. 반대로 얼굴이 조금 각진 분들이라면 부드러운 인상을 전하기 위해서 안경테가 동그란 선글라스를 선택하는 것이 좋습니다. 선글라스는 자외선으로부터 눈을 보호해 주기 때문에 햇빛이 강한 여름에는 꼭 착용하는 것이 좋은데요, 이왕이면 자신의 스타일과 잘 어울리는 것을 선택하는 것이 좋겠지요?

39. ④

대화를 시작할 때 여자가 머리 모양에 따라 어울리는 선글라스가 따로 있다는 것이 재미있다고 이야기한 것으로 보아 앞에서는 머리 모양과 선글라스의 관계에 대한 이야기를 했을 것이므로 ④번이 답이다. ①번과 ③번은 대화에 나오지 않은 내용이므로 답이 될 수 없다.

40. ①

선글라스는 자외선으로부터 눈을 보호해 준다고 했다.

① 선글라스는 자외선을 차단해 눈을 보호해 준다. (○)

② 각진 얼굴에는 화려한 색상의 선글라스가 좋다. (×)
→ 각진 얼굴에는 안경테가 동그란 선글라스가 좋다.

③ 야외에서는 항상 선글라스를 착용하는 것이 좋다. (×)
→ 햇빛이 강한 여름에는 꼭 착용하는 것이 좋다.

④ 동그란 얼굴에는 안경테가 동그란 선글라스가 좋다. (×)
→ 동그란 얼굴에는 각진 안경테나 화려한 색상의 선글라스가 좋다.

[41~42]

남자: 인간의 능력은 사용할수록 더 발달합니다. 꾸준히 운동을 하면 근력이 증가하고, 공부를 하면 뇌가 발달합니다. 그런데 최근에는 생활이 편리해지면서 인간의 능력이나 감각이 약해지는 경우가 많습니다. '디지털 치매'라는 말 들어 보셨나요? 컴퓨터나 휴대폰 등에 의존하면서 기억력이나 계산 능력이 떨어지는 것을 뜻하는데요, 가족이나 친구의 전화번호도 못 외우고 계신 경우 많죠? 또, 자동차가 보편화되면서 걷는 시간이 줄어 예전보다 체력이 약해지는 경우도 많고요. 가끔씩은 우리의 건강을 위해 기계의 편리함에 의존하기보다 우리 스스로의 능력을 활용해 보는 것은 어떨까요?

41. ④

남자는 최근에 많은 사람들이 디지털 기기나 기계에 많이 의존하게 되면서 생활은 편리해졌지만 인간의 능력과 감각이 약해지고 있다고 이야기하고 있다. 건강을 위해서 가끔씩은 기계의 편리함에 의존하기보다 우리 스스로의 능력을 활용해 보자는 권유를 하며 이야기를 마치고 있으므로 ④번이 답이다.

42. ③

컴퓨터나 휴대폰 등에 의존하면서 기억력이나 계산 능력이 떨어지는 것이 '디지털 치매'라고 하였다.

① 운동 기기의 발달로 걷는 시간이 증가하였다. (×)
→ 자동차가 보편화되면서 걷는 시간이 줄었다.

② 체력이 약해지는 것은 디지털 치매의 증상이다. (×)
→ 디지털 치매는 기억력이나 계산 능력이 떨어지는 것이다.

③ 전자 기기에 의존하면 기억력이 감소할 수 있다. (○)

④ 공부를 꾸준히 하는 것은 뇌에 무리를 줄 수 있다. (×)
→ 공부를 하면 뇌가 발달한다.

[43~44]

남자: 세종대왕하면 한글 창제를 가장 먼저 떠올리지만 세종대왕은 과학기술과 예술 분야에서도 많은 발전을 이뤄 냈다. 해시계와 물시계는 물론, 비의 양을 측정하는 측우기와 천체의 움직임을 관측할 수 있는 혼천의, 농민들의 실제 경험을 바탕으로 만든 농업 서적은 모두 농사를 짓는 백성들에게 실질적인 도움을 주기 위한 것이었다. 또 궁중에서 전해 내려오는 전통 음악을 정리하고 조선에 적합한 음악을 만들기도 하였다. 세종대왕의 모든 업적은 백성을 사랑하는 마음에서 비롯된 것이다. 그래서 이 시기는 백성들이 경제적으로, 문화적으로 가장 풍요로움을 누릴 수 있었던 시기이기도 하였다.

43. ③

세종대왕은 한글 창제뿐만 아니라 과학기술, 예술, 농업 등 다양한 분야에서 발전을 이뤄 내어 백성들이 경제적으로, 문화적으로 풍요로움을 누릴 수 있었다고 이야기하고 있으므로 ③번이 답이다.

44. ②

세종대왕의 모든 업적은 백성을 사랑하는 마음에서 비롯된 것이라고 하였으므로 ②번이 답이다.

① 세종대왕은 전통 악기를 창조해 냈다. (×)
→ 전통 음악을 정리하고 조선에 적합한 음악을 만들었다.

② 세종대왕은 백성을 가장 먼저 생각하였다. (○)

③ 세종대왕은 농민들을 만나 이야기를 들었다. (×)
→ 이야기에 나오지 않은 내용이다.

④ 세종대왕은 농사를 체험하며 과학 기구를 만들었다. (×)
→ 이야기에 나오지 않은 내용이다.

[45~46]

여자: 따뜻한 봄이 되면 몸이 피곤해지고, 자주 졸음이 쏟아지는 경험을 다들 해 보셨을 겁니다. 이런 증상을 '춘곤증'이라고 하지요? 계절의 변화에 우리 몸이 적응을 잘 못해서 생기는 증상인데 주로 봄철에 많이 느낀다고 하여 '춘곤증'이라 이름이 붙었습니다. 봄이 되어 날씨가 따뜻해지면 몸이 봄의 환경에 적응하기 위해 2, 3주가량의 시간이 필요한데 이 기간에 쉽게 피로를 느끼는 것이지요. 또 낮의 길이가 길어지면서 겨울보다 더 활발한 활동을 하게 되는 것도 피로의 원인이 될 수 있습니다. 입학이나 취업과 같은 환경의 변화도 주로 봄에 이루어지기 때문에 이로 인한 심리적 불안이나 스트레스도 춘곤증의 원인이 될 수 있고요.

45. ④

따뜻한 봄에 몸이 피곤해지고 자주 졸음이 쏟아지는 증상을 춘곤증이라 한다고 하였다.

① 춘곤증은 스트레스의 원인이다. (×)
→ 스트레스가 춘곤증의 원인 중 하나이다.

② 춘곤증은 두세 달가량 지속된다. (×)
→ 2, 3주가량 지속된다.

③ 춘곤증은 겨울에 더 활발히 나타난다. (×)
→ 주로 봄에 활발히 나타난다.

④ 춘곤증은 봄에 주로 느끼는 증상이다. (○)

46. ①

계절의 변화에 따라 몸이 적응을 잘 못해 느끼게 되는 피로, 낮의 길이가 길어져 더 활발히 활동을 하게 되어 느끼게 되는 피로, 입학이나 취업과 같은 환경의 변화로 인한 불안, 스트레스 등 춘곤증의 원인을 구체적으로 설명하고 있다.

[47~48]

여자: 외국어 학습에 대한 관심이 점차 늘어가고 있습니다. 외국어 능력이 현대 사회의 경쟁력 중 하나가 되었기 때문이기도 하지만, 다양한 매체를 통해 세계 각국의 문화와 친구를 만날 수 있는 기회가 많아졌기 때문이기도 합니다. 그래서 많은 분들이 '어떻게 하면 외국어를 쉽고 재미있게 배울 수 있을까?'에 대해 궁금해하실 텐데요. 선생님께서는 어떠한 방법을 제안해 주시겠습니까?

남자: 먼저, 외국어를 학습하는 이유와 목표를 분명하게 해야 한다고 봅니다. 막연히 '외국어를 잘 해야지.'라고 생각하는 것보다 '매일 단어를 10개씩 외워야지.'처럼 구체적인 것이 좋습니다. 요즘은 외국어를 접할 수 있는 매체가 예전보다 훨씬 다양해졌기 때문에 이를 적극적으로 이용하면 더 재미있게 배울 수 있지요. 드라마건, 라디오건, 자신이 좋아하는 매체와 주제를 찾아 꾸준히 보고 들으면, 그게 모두 자신의 것이 됩니다. 자신의 관심사이기 때문에 공부한다는 느낌 없이 가볍게 즐길 수 있겠죠. 그러기 위해서는 먼저 여러 정보를 찾아보고 자신에게 맞는 것을 찾는 것이 필요합니다.

47. ③

다양한 매체를 통해 세계 각국의 문화와 친구를 만날 수 있는 기회가 많아짐에 따라 외국어 학습에 대한 관심이 늘어가고 있다고 하였으므로 ③번이 답이다.

① 매일 단어 10개를 외우는 것이 중요하다. (×)
→ 단어 10개를 외우는 것이 중요하다는 것이 아니라, 외국어 학습의 구체적 이유와 목표가 중요하다는 것을 강조하기 위해 '단어 10개'를 예로 든 것이다.

② 외국어를 접할 수 있는 매체는 한정적이다. (×)
→ 외국어를 접할 수 있는 매체가 예전보다 훨씬 다양해졌다.

③ 예전보다 다른 나라 친구를 만날 기회가 많아졌다. (○)

④ 외국 드라마를 보는 것은 외국어 공부에 큰 도움이 되지 않는다. (×)
→ 드라마건, 라디오건, 자신이 좋아하는 매체와 주제를 찾아보는 것은 도움이 된다.

48. ①

남자는 구체적인 목표 설정과 좋아하는 매체와 주제의 활용 등의 외국어 학습 방법을 제시하고 있으므로 ①번이 답이다.

[49~50]

남자: 햇빛을 피하는 사람들이 많습니다. 산책을 하거나 가까운 거리를 나갈 때에도 모자나 긴팔 등으로 몸을 가리고 자외선 차단제를 발라 햇빛에 노출되는 부위를 최소화합니다. 햇빛에 과도하게 노출되면 백내장이나 피부암 같은 질병에 걸릴 수 있기 때문입니다. 그러나 햇빛 노출이 부족해도 건강에 안 좋은 영향을 미칠 수 있습니다. 대표적인 것이 비타민 D의 부족입니다. 비타민 D는 대부분 피부가 햇빛에 노출되어 만들어집니다. 그런데 햇빛에 충분히 노출되지 않으면 비타민 D가 만들어지지 못하고, 비타민 D가 부족하면 몸속의 칼슘을 제대로 활용하지 못해 뼈가 약해집니다. 또한 햇빛은 뇌 건강과도 관련이 있습니다. 햇빛은 기분을 좋게 만드는 호르몬을 나오게 하여 우울증 예방에도 효과적입니다. 현대를 살아가는 대부분의 사람들은 햇빛 노출 시간이 부족합니다. 햇빛으로 인해 생길 수 있는 질병보다는 햇빛이 부족하여 생기는 질병에 더 신경 써야 하는 것입니다.

49. ③

햇빛에 충분히 노출되지 못하면 비타민 D 부족으로 뼈가 약해질 수 있고, 우울증이 생길 가능성도 발생하는 등 건강에 안 좋은 영향을 미칠 수 있다고 하였다.

① 현대인 대부분은 햇빛을 충분히 받고 있다. (×)
→ 현대인 대부분은 햇빛 노출 시간이 부족하다.

② 햇빛에 과도하게 노출되는 것은 건강과 상관없다. (×)
→ 햇빛에 과도하게 노출되면 백내장이나 피부암 같은 질병에 걸릴 수 있다.

③ 햇빛에 충분히 노출되지 못하면 건강에 여러 문제가 발생한다. (○)

④ 햇빛을 피하기 위해서 외출 시에는 모자나 긴팔 옷으로 몸을 가려야만 한다. (×)
→ 햇빛이 부족하여 생기는 질병에 걸리지 않도록 더 신경 써야 한다.

50. ④

남자는 햇빛에 과도하게 노출되면 건강에 좋지 않지만 노출이 부족해도 건강에 좋지 않은 영향을 미칠 수 있음을 구체적으로 설명하며 햇빛에 충분히 노출될 것을 제안하고 있으므로 ④번이 답이다.

TOPIK Ⅱ 쓰기(51번~ 54번) p.93

51. ㉠: 신발이 작습니다
㉡: 답변 기다리겠습니다

구매한 신발의 사이즈가 맞지 않아서 교환을 문의하는 내용의 글이다.
㉠이 포함된 문장은 교환 문의를 하게 된 배경에 대해 설명하는 내용으로, 바로 다음 문장으로 보아 사이즈가 맞지 않는 상황이므로 ㉠에는 '사이즈가 맞지 않습니다', '사이즈가 작습니다', '신발이 맞지 않습니다', '신발이 작습니다' 등과 같은 표현이 들어가면 된다.
㉡이 포함된 문장은 문의한 내용에 대한 답변을 부탁하는 내용이 되어야 하므로 ㉡에는 '답변을 기다리겠습니다', '답변 부탁합니다', '연락을 기다리겠습니다' 등과 같은 표현이 들어가면 된다.

52. ㉠: 좋지 않은 영향을 미친다
㉡: 하지 않는 것이 좋다

욕이 욕을 하는 사람의 행동과 언어에 좋지 않은 영향을 미치므로 욕을 하지 않는 것이 좋다는 내용의 글이다.
㉠이 포함된 문장 뒷부분에 욕이 욕을 하는 사람 자신에게 부정적인 영향을 미친다는 내용이 나오고 있는 것으로 보아 ㉠에는 '좋지 않은 영향을 미친다', '나쁜 영향을 미친다', '부정적인 영향을 미친다' 등과 같은 표현이 들어가면 된다.
㉡이 포함된 문장은 글의 결론 문장으로 '하지 않는 것이 좋다', '안 하는 것이 좋다', '하지 말아야 한다' 등과 같은 표현이 들어가면 된다.

53.
농림축산식품부에서 한국 라면 수출 현황에 대해 조사한 결과다. 수출액 변화에 대한 막대 그래프와 지역별 수출 현황에 대한 막대 그래프가 제시되고 있다. 수출액 변화 그래프의 연도별 수치와 막대의 길이로 보아 수출액은 증가한 것을 알 수 있는데, 구체적으로 '약 2.8배'라는 증가 수치가 적혀있으므로 이를 포함하여 그래프를 설명한다. 오른쪽에 제시된 지역별 수출 현황 그래프의 경우, 네 개의 나라가 제시되어 있으므로 높은 비율을 차지한 나라부터 순서대로 문장에 제시한다. 마지막으로, 수출액 증가의 원인과 앞으로의 기대 상황을 설명하며 글을 마무리한다. 글을 완성한 후에는 아래의 질문을 중심으로 부족한 부분이 없는지 점검한다. 마지막으로 [모범답안]과 비교해 보며 부족한 부분을 찾아보자.

- 무엇에 대한 조사입니까?
- 구체적인 조사 결과가 어떻습니까?
- 조사 결과가 그렇게 나온 배경(이유 또는 원인)은 무엇입니까?
- 조사 결과를 볼 때, 앞으로의 상황은 어떻게 될 것 같습니까?

[모범 답안]

농림축산식품부에서 한국 라면 수출 현황에 대해 조사하였다. 조사 결과에 따르면 2015년 2억 1900만 달러였던 라면 수출액이 2020년에는 6억 달러로 약 2.8배 증가하였다. 지역별 수출 현황을 살펴보면, 중국이 25%로 가장 많았고, 미국이 13%, 일본이 8%, 태국이 4.5%를 차지하였다. 이와 같이 라면 수출액이 증가한 것은 간편식의 수요가 증가하고 한류의 영향으로 한국 음식과 식품에 대한 관심이 높아졌기 때문이다. 앞으로 수출 확대를 위한 정부 지원이 이루어진다면 수출액은 더욱더 증가할 것으로 기대된다.

54.
외국어 공부를 시작하는 시기에 대해 자신의 의견을 서술하는 문제이다. 찬성과 반대 중 어느 한쪽의 입장을 주장하는 글이 아니라 적합한 시기가 언제인지에 대해 서술하는 문제이므로 자신의 의견을 잘 정리하여 글을 구성하면 된다. 한국어 또는 다른 외국어를 공부하고 있는 경험을 예로 들어 설명하는 것도 글을 풍부하게 구성하기 위한 좋은 방법이다.

[중국인 학습자 작문 사례]

세계 사람들의 교류는(가) 편리해지면서 외국어 공부를 하는 사람이 많아지고 있다. 그러나 외국어 공부를 시작하는 시기는 사람마다 다르다. 내가 생각하는 외국어를 공부하기 가장 좋은 시기는 성인이 된 후이다. 다음과 같은 이유가 있다.

첫째, 외국어 공부를 통해서 그 나라의 사람, 문화 및 경제

등 모든 것을 알 수 있다. 그러나 이 모든 것을 알려면 어느 정도의 이해력을 가져야 한다. 사람들이 성인이 되면서(사람들은 성인이 되어야) 사물에 대한 판단력과 이해력 등을 어느 정도 갖췄다(갖춘다). 이는 외국어 공부에 중요한 능력이라고 본다.

둘째, 성인이 되기 전에 외국어보다 자기 나라의 언어를 공부하는 것이 더 좋다. 성인이 되기 전에 외국어와 자기 나라의 언어를 같이 공부하게 되면 장점도 있지만 두 가지 언어를 다 잘 습득하지 못할 가능성도 있다. 또한 어렸을 때(는) 외국어를 빨리 습득할 수 있지만 쉽게 잊을 수도 있다.

셋째, 성인의(은) 자기 나라의 언어와 비교하면서 외국어를 배울 수 있다. 외국어를 배우는 방법도 다양하게 찾을 수 있다. 그리고 대부분 성인이 외국어를 배우는 목적이 다 분명하다. 이런 목적을 가지고 외국어를 배우면 더 성과 있게 습득할 수 있다.

사람들이 성장하는 과정 중에 외국어를 공부할 때 단점과 장점이 다 있다는 것이(은) 사실이다. 그러나 성인의 이해 능력, 성인의 공부 능력 그리고 공부 동기 등 이유로 성인이 된 후에 외국어를 공부하기(공부하는 것이) 좋다고 생각한다.

→ 서론, 본론, 결론이 잘 갖추어진 글이다. 서론 부분에서 외국어를 공부하기 좋은 시기는 성인이 된 후라는 의견을 제시하고, 세 가지 분명하고 구체적인 이유를 들어 의견을 뒷받침하고 있다. 결론 부분에서는 글 전체의 내용에 대해 간략히 정리함으로써 글을 매끄럽게 마무리하였다. 다만 조사의 사용이나 문장의 구성 측면에서 다소 개선할 점이 발견되는데 학습을 통해 이러한 점을 개선한다면 글의 완성도를 높일 수 있을 것이다.

TOPIK Ⅱ 읽기(1번~ 50번)

p.95

1. ②

'-다가는'은 어느 동작을 하면 뒤에 좋지 못한 결과가 오게 된다는 뜻으로 앞의 동작을 조심하도록 주의를 줄 때 쓴다. 즉 매일 이런 행동을 지속하거나 반복해서 하면 안 좋은 상황이 생길 수 있음을 나타내는 것으로 매일 늦게까지 일을 하면 건강이 나빠질 수 있으니 조심해야 한다는 내용이다.

2. ①

'-대로'는 어떤 모양이나 상태와 똑같이 한다는 것을 나타낸다. 즉 '차례대로'는 자신의 순서에 따라 어떤 행동을 한다는 것을 의미한다. 수업 시간에 학생들이 각자 자신의 순서에 맞춰 발표를 했다는 내용이다.

3. ①

'-(으)ㄴ/는 반면(에)'는 앞에 오는 말과 뒤에 오는 말의 내용이 서로 반대되는 것을 나타낸다. 우리 집이 버스 정류장과는 가깝지만 지하철역과는 멀다는 내용이다.

4. ②

'-(으)ㄹ 뿐만 아니라'는 '앞에서 말한 것만이 아니고 뒤에서 말하는 것까지도'를 뜻하는 표현으로, 앞의 동작이나 상태에 뒤의 동작이나 상태가 덧붙어서 일어남을 나타내는 '-(으)ㄴ/는 데다가'와 바꾸어 쓸 수 있다. 두 표현 모두 앞의 내용이 긍정적인 의미이면 뒤의 내용도 긍정적인 의미의 내용이 온다. 사과가 신선하기만 한 것이 아니라 가격도 싸서 좋다는 내용이다.

5. ④

'산들바람'은 시원하고 가볍게 부는 바람을 의미하고, '솔솔'은 바람이 부드럽게 부는 모양을 뜻한다. '바람', '솔솔', '상쾌하고 시원하다' 등의 표현으로 보아 선풍기 판매 홍보를 위한 광고문이다.

6. ②

'손맛', '가족이 먹는다' 등의 표현으로 보아 음식을 판매하는 식당 광고문이다.

7. ④

이웃 간에 인사를 권유하는 광고문이다.

8. ②

'섭취 방법'과 '의사와 상담'을 통해 약에 대한 주의 사항임을 알 수 있다.

9. ③

단체 할인을 받으려면 10명 이상이 함께 가야하므로 8명이 가면 단체 할인을 받을 수 없다.

① 관람권은 다음 날 사용 가능하다. (×)
→ 구매한 날에만 이용이 가능하다.

② 토요일에는 단체 할인을 받을 수 있다. (×)
→ 단체 할인은 평일에만 가능하고, 주말에는 불가능하다.

③ 8명이 가면 단체 할인을 받을 수 없다. (○)

④ 특별권을 사면 원하는 연극을 마음대로 볼 수 있다. (×)
→ 연극 두 편만 볼 수 있다.

10. ④

원형 그래프에서 차지하는 부분의 크기는 응답자의 수가 많고 적음을 의미한다. 소고기를 좋아하는 사람은 35%이고, 오리고기를 좋아하는 사람은 6%이므로 소고기를 좋아하는 사람이 오리고기를 좋아하는 사람보다 많다.

① 닭고기를 좋아하는 사람이 제일 적다. (×)
→ 오리고기를 좋아하는 사람이 제일 적다.

② 돼지고기를 좋아하는 사람은 전체의 반이 넘는다. (×)
→ 돼지고기를 좋아하는 사람은 40%로 전체의 반인 50%보다는 적다.

③ 오리고기를 좋아하는 사람은 닭고기를 좋아하는 사람보다 많다. (×)
→ 닭고기를 좋아하는 사람은 19%로 오리고기를 좋아하는 6%보다 많다.

④ 소고기를 좋아하는 사람은 오리고기를 좋아하는 사람보다 많다. (○)

11. ③

모아진 쌀은 도움이 필요한 이웃들에게 기부할 수 있다고 하였다.

① 꽃 장식은 오래도록 보관된다. (×)
→ 꽃 장식은 몇 시간이 지나면 곧 버려진다.

② 쌀 전문 업체가 생겨날 것이다. (×)
→ 쌀 전문 업체가 아니라 쌀에 꽃 장식처럼 축하 문구를 적어 함께 배송해 주는 업체가 늘고 있다.

③ 모인 쌀로 이웃을 도울 수 있다. (○)

④ 사람들은 꽃 장식을 더 좋아한다. (×)
→ 꽃을 대신한 쌀 선물에 점점 많은 이들이 참여하고 있다.

12. ③

물에 들어가기 전에는 반드시 준비 운동을 하고, 심장에서 먼 팔과 다리 같은 부분에 먼저 물을 적셔야 한다.

① 물에서는 육지와 같이 몸을 움직일 수 있다. (×)
→ 물에서는 자신의 뜻대로 몸을 움직이기 어렵다.

② 수영을 잘하면 준비 운동을 하지 않아도 괜찮다. (×)
→ 반드시 준비 운동을 해야 한다.

③ 물에 들어가기 전에는 팔과 다리에 먼저 물을 적셔야 한다. (○)

④ 물속에서는 가급적 스스로 문제를 해결하려 노력해야 한다. (×)
→ 물속에서 위험에 처했을 때는 주변 사람들에게 적극적으로 도움을 요청해야 한다.

13. ③

A. 첫 문장은 (가) 또는 (나)이다.
B. (가)의 '-기 때문이다'는 앞에서 말한 어떤 사실에 대한 이유를 말할 때 사용하는 표현이므로 (가)는 첫 번째로 올 수 없고, (나)가 첫 문장이다.
C. 두 번째로 올 문장은 (가) 또는 (라)이다.
D. (나) 다음으로 (가)가 이어지면 사람들이 저녁에 커피 마시는 것을 피하는 이유가 밤에 잠이 잘 오지 않을까 걱정하기 때문인 것으로 내용이 이어지므로 연결이 자연스럽다.
E. 선택지 중 (나)-(가)의 순서가 맞게 배열된 것은 ③번뿐이므로 ③번이 답이다.
F. (라)의 '그러나'는 서로 의미가 반대되는 두 문장을 연결할 때 사용하는 표현이고, '이러한 걱정'은 (가)에서 말한 밤에 잠이 잘 오지 않을까 하는 걱정을 의미한다. 사람들이 저녁에 커피 마시는 것을 피하는 이유는 잠이 잘 오지 않을까 걱정이 되어서인데, 디카페인 커피는 잠이 잘 오지 않을까 하는 걱정을 줄여 준다. 그래서 디카페인 커피를 찾는 소비자가 증가하였다는 내용이다. 즉 전체 문장을 (나)-(가)-(라)-(다) 순서로 연결하면 논리적으로 자연스럽다.

14. ②

A. 첫 문장은 (가) 또는 (라)이다.
B. (라)의 '-기 때문이다'는 앞에서 말한 어떤 사실에 대한 이유를 말할 때 사용하는 표현이므로 (라)는 첫 번째로 올 수 없고, (가)가 첫 문장이다.

C~E. (가)에서 아이를 잘 키우는 것이 어려운 일이라고 말한 이유는 (라)에서 말하고 있는 것과 같이 한 생명이 잘 자랄 수 있도록 책임을 지는 일이기 때문이다. (가)-(라)에 이어서 올 세 번째 문장은 (나) 또는 (다)이다. (다)의 '하지만'은 서로 반대되는 두 문장을 연결할 때 사용하는 표현으로, 아이를 키우는 일의 보람과 행복에 대해 이야기하는 문장이다. 즉 (다) 문장의 앞에는 반대되는 내용의 문장이 와야 하므로, (가)-(라)-(다) 순서로 연결하면 논리적으로 자연스럽다. 선택지 중 (가)-(라)-(다) 순서가 맞게 배열된 것은 ②번이다.

F. (나) 문장은 (다) 문장에 대한 보충 설명이므로 전체 문장을 (가)-(라)-(다)-(나) 순서로 배열하면 된다.

15. ①

A. 첫 문장은 (가) 또는 (라)이다.

B. (라)의 '-(느)ㄴ다는/-다는'은 말이나 생각의 내용 등을 옮길 때 사용하는 표현으로, 종종 '바로 -(느)ㄴ다는/-다는 것이다'와 같이 '바로'와 함께 쓰여 앞에서 말한 어떤 내용에 대한 설명을 제시하는 역할을 한다. 즉 (라)는 앞의 내용 없이 첫 번째로 사용할 수 없으므로 첫 번째 문장은 (가)이다.

C. 두 번째 문장은 (나) 또는 (다)이다.

D~F. (다)의 '그러나'는 앞의 내용과 반대되는 내용의 문장을 연결할 때 사용하는 표현이다. (다)에서 사람들에게 잘 알려지지 않은 땀의 기능이 더 있다고 하였으므로 (다) 앞에서는 (다)와는 반대로 알려진 땀의 기능에 대한 이야기가 진행되어야 한다. 따라서 (가)-(나)에서 잘 알려진 기능에 대해 이야기하고, 다음으로 (다)-(라)에서 알려지지 않은 기능에 대해 이야기하면 연결이 자연스럽다. 즉 전체 문장을 (가)-(나)-(다)-(라) 순서로 연결하면 논리적으로 연결이 된다.

16. ④

주말에 잠을 자는 시간과 피로 해소 간의 관계에 대한 글이다. (　　)가 있는 문장은 주말에 잠을 자면 피로나 스트레스가 감소하는 효과가 있다는 내용 뒤에 이어서 또 다른 효과에 대해 이야기하는 문장이다. 또 다른 효과로 비만의 위험도 낮아지는 효과가 있다는 내용의 문장이 오면 연결이 자연스럽다.

17. ①

사물의 실제 모습이 다른 모습으로 보이는 시각적 착각인 착시 현상에 대한 글이다. 앞부분에서는 착시 현상을 시각적 측면에서 설명하였다. (　　) 안에 ①번이 들어갈 경우 착시 현상은 시각적 측면만이 아닌 과거 경험의 영향 측면도 있다는 내용으로 연결될 수 있다.

18. ①

옷차림을 통해 한여름에 걸리기 쉬운 일사병을 예방하는 방법에 대한 글이다. (　　) 뒤의 내용은 일사병의 원인이 되는 햇볕을 피하기 위한 옷차림에 대한 설명이므로 ①번이 답이다.

19. ②

(　　)가 있는 문장은 과일과 채소의 색깔에 따른 다양한 효과에 대해 나열하고 있는 문장 중의 하나이다. '또한'은 앞에 것에 이어서 덧붙여 말할 때 사용하는 표현으로, 빨간색과 흰색에 이어서 초록색 과일과 채소의 경우를 덧붙여 말하면서 (　　) 안에 넣어 주면 자연스럽게 연결된다.

20. ③

토마토와 딸기 같은 빨간색 과일과 채소는 노화를 방지하고 피를 맑게 한다고 하였다.

① 양파는 노화를 방지한다. (×)
→ 양파와 같은 하얀색 과일과 채소는 호흡기 질환에 효과적이다.

② 녹차는 호흡기 질환에 좋다. (×)
→ 녹차는 노폐물을 배출하여 혈관을 깨끗하게 한다.

③ 딸기는 피를 깨끗하게 한다. (○)

④ 브로콜리는 노폐물을 쌓아둔다. (×)
→ 브로콜리는 노폐물을 배출한다.

21. ①

마시는 물의 양에 따라 사람의 건강에 미치는 영향에 대한 이야기이다. 앞에서 물을 부족하게 마시면 해롭다는 주장도 있고, 반대로 너무 많은 양의 물을 마시는 것이 해롭다는 주장도 있다고 이야기하였다. (　　)가 있는 문장은 이러한 여러 가지 주장들을 무작정 받아들이고 따라할 것이 아니라 자신의 몸에 알맞은 양의 물을 섭취해야 한다는 내용의 문장이므로 ①번이 답이다.

- 귀가 얇다: 남의 말을 쉽게 받아들인다.
- 눈이 높다: 정도 이상의 좋은 것만 찾는 버릇이 있다.
- 발이 넓다: 알고 지내는 사람이 많아 활동하는 범위가 넓다.
- 입이 무겁다: 비밀을 다른 사람에게 말하지 않고 잘 지킨다.

22. ③

충분한 양의 물은 건강을 유지하는 데에 도움이 되지만 물을 과다하게 섭취하면 건강에 좋지 않으므로 자신의 몸에 알맞은 양의 물을 섭취해야 한다고 하였으므로 ③번이 답이다.

23. ④

'나'와 민수는 어린 시절 하모니카를 좋아해서 시간 가는 줄 모르고 함께 하모니카를 즐겨 불었다는 내용이다. 밑줄 친 부분은 몇 번이고 반복해서 하모니카를 불어도 신이 나고 좋았다는 의미로 볼 수 있다.

24. ③

민수와 '나'는 어린 시절 하모니카를 좋아해서 둘이 같이 불었다고 하였으므로 ③번이 답이다.

① 나는 항상 새로운 곡을 불었다. (×)
→ 같은 곡을 몇 번이고 되풀이해서 불기도 했다.

② 민수는 하모니카를 학교에서 배웠다. (×)
→ 정식으로 악보 책을 보고 배운 것은 아니었다.

③ 나와 민수는 하모니카를 함께 불었다. (○)

④ 나는 악보를 보며 하모니카를 불었다. (×)
→ 악보 없이 하모니카를 불었다.

25. ④

운전을 하는 도중에 휴대 전화를 사용하는 것이 술을 마시고 운전하는 음주 운전보다 위험하다는 내용의 기사 제목이다.

26. ②

소비자들의 주머니를 열었다는 것은 소비자들이 물건을 구매하도록 만들었다는 의미이다. 소비자들이 고정 관념을 깬 색다른 상품들을 많이 구매한다는 내용의 기사 제목이다.

27. ④

수출이 3개월 동안 계속해서 줄어들어서 경기에 좋지 않은 영향을 미치고 있다는 내용의 기사 제목이다.

28. ②

피곤한 상태에서 침대에 누워 휴대 전화나 책을 보는 등 다른 행동을 하는 습관이 있는 사람들은 침대에 누웠을 때 자주 했던 행동 때문에 잠이 깨는 것이 몸에 익숙해져서 이후부터는 침대에 누워도 잠이 오지 않는다는 내용이다.

29. ①

한국의 대표적인 민요인 아리랑의 특성에 대한 내용이다. (　　) 앞에서 아리랑이 반복되는 후렴 이외에는 지역에 따라 다른 내용의 가사로 구성된다고 하였으므로 ①번이 답이다.

30. ④

자석의 특성과 일상생활에서의 활용에 대한 내용이다. (　　)가 있는 문장은 냉장고 문 안쪽에 자석이 들어있기 때문에 발생하는 효과에 대한 내용이 되어야 하므로 ④번이 답이다.

31. ④

디지털 이미지를 통해 전시를 운영하는 것에 대한 내용이다. (　　)가 있는 문장은 움직이지 않는 재료로 무언가를 나타내는 미술 작품을 전시하는 기존의 전시와 달리 디지털 이미지를 통해 미술 작품을 보여 주는 전시가 늘고 있다는 내용이 되어야 하므로 ④번이 답이다.

32. ③

음식물 쓰레기에는 음식물의 영양분이 그대로 남아 있어서 식물의 성장을 돕는 비료로 사용할 수 있다고 하였다.

① 음식물 쓰레기는 화학 비료와 성분이 같다. (×)
→ 화학 비료와 달리 환경을 오염시키지 않고 인체에도 해가 없는 성분이다.

② 음식물 쓰레기로 만든 비료는 환경을 오염시킨다. (×)
→ 환경을 오염시키지 않는다.

③ 음식물 쓰레기에는 식물의 성장을 돕는 영양분이 있다. (○)

④ 음식물 쓰레기를 비료로 만드는 것은 많은 비용이 든다. (×)
→ 비용에 대해서는 나오지 않았으므로 알 수 없다.

33. ②

샌드애니메이션은 여러 장면을 연속적으로 그렸다 지우기를 반복하면서 한 편의 이야기를 이끌어 나간다고 하였으므로 ②번이 답이다.

① 샌드애니메이션은 정지된 그림이다. (×)
→ 그림이 그려졌다 사라지는 과정을 통해 이야기가 진행된다.

② 샌드애니메이션은 연속적인 장면을 나타낸다. (○)

③ 샌드애니메이션은 작가가 미리 작업해 놓아야 한다. (×)
→ 실시간으로 관객에게 전달된다고 하였으므로 실제 작업하는 모습 그대로 전달된다.

④ 샌드애니메이션이 만들어지는 과정은 관객이 볼 수 없다. (×)
→ 관객들은 모래가 만들어 내는 새로운 장면뿐만 아니라 모래를 뿌리는 손동작 등 만들어지는 과정을 볼 수 있다.

34. ①

사람을 처음 만나게 되면 단 몇 초 만에 그 사람에 대한 느낌을 갖게 된다고 하였다. 즉 사람의 첫인상은 짧은 시간 안에 형성된다.

① 첫인상은 짧은 시간 안에 형성된다. (○)

② 억지로 표정을 만들면 속마음을 감출 수 있다. (×)
→ 억지로 만든 표정은 상대방에게 들키기 쉽다.

③ 좋은 인상을 남기기 위해서는 옷차림이 가장 중요하다. (×)
→ 가장 중요한 것은 얼굴 표정이다.

④ 평소에 즐거운 생각을 하면 인상적인 표정을 만들기 쉽다. (×)
→ 평소에 즐겁고 바른 생각을 습관화하면 자연스러운 표정을 만들 수 있다.

35. ③

선글라스는 강한 자외선으로부터 눈을 보호하기 위한 도구로, 자신의 눈 상태와 용도에 맞는 것을 사용하는 것이 좋다는 내용의 글이다.

36. ③

엘리베이터에 갇힌 경우 강제로 문을 열려고 하거나 무리해서 빠져나오려 하는 등의 행동을 하면 더 큰 사고로 이어질 수 있으므로 구조대원이 올 때까지 기다려야 한다는 내용이다.

37. ④

낮에 활동하는 곤충인 매미가 밤에도 환한 불빛과 낮과 같은 기온 때문에 밤을 낮으로 착각하여 밤낮 없이 울어 소음을 만들어 내고 있다는 내용이다. 즉 인간에 의한 환경의 변화가 매미가 울기에 좋은 밤 환경을 제공함으로써 매미가 밤낮 없이 울게 만들었다는 내용이다.

38. ①

잠깐 동안의 낮잠이 두뇌 기능을 향상시키고, 커피를 마신 후 낮잠을 잔 경우 암기력과 집중력이 더 높아진다는 연구 결과를 볼 때, 낮잠을 게으름의 상징이 아니라 성과를 높이는 효과적인 방법의 하나로 생각해야 한다는 내용이다.

39. ③

다음 달에 열리는 빙어 축제를 홍보하는 내용의 글이다. 〈보기〉 문장은 빙어 축제에서만 느낄 수 있는 특별한 감동에 대한 내용이다. 문장 앞에 '그 밖에 더'를 의미하는 '또'라는 부사가 있는 것으로 보아 〈보기〉 문장의 앞에도 빙어 축제에서만 느낄 수 있는 것에 대한 내용의 문장이 있어야 한다.

40. ①

의생활에 도움이 되는 여러 가지 세탁 방법과 세탁 시 주의해야 할 점들에 대한 내용이다. 〈보기〉의 문장은 다양한 세탁 방법을 제시하기 이전의 도입 문장으로 적절하다. (㉠) 뒷부분에 다양한 세탁 방법이 나열되어 있는 것으로 보아 〈보기〉 문장이 (㉠)의 위치에 들어가면 글이 자연스럽게 이어질 수 있다.

41. ③

역사 관련 책을 소개하는 내용의 글이다. 〈보기〉 문장의 '이러한 이야기'는 앞에서 언급했던 이야기를 다시 언급하기 위해 사용하고 있는 표현으로, 앞에서는 과거에 살았던 한 인물에 대한 이야기와 관련된 내용이 제시되었을 것이다. 〈보기〉 문장이 (㉢)의 위치에 들어갈 경우 '이러한 이야기'가 세종대왕이나 이순신 이야기 등을 다룬 책의 내용과 연결되어 자연스럽게 이어질 수 있다.

42. ④

'나'는 우리 집이 생겨서 기대를 많이 했었는데 구석구석 살펴보니 집이 깔끔하지 않고 문제가 많은 것으로 보여서 실망스러운 심정이다. 밑줄 친 부분에 이어지는 문장에서 '나'의 눈에 보이는 집의 더럽고 튼튼하지 못한 모습을 묘사하고 있다.

43. ③

아버지와 어머니는 이사를 와서 기분 좋다. 특히 어머니는 어린아이처럼 환하게 웃으며 살 집을 바라보았다고 이야기하고 있으므로 ③번이 답이다.

① 우리 집은 새 집이었다. (×)
→ 새 집이 아니다.

② 아버지 친구는 우리 집에서 살았다. (×)
→ 우리가 아버지 친구 집에서 오랫동안 살았다.

③ 어머니는 이사를 와서 기분이 좋았다. (○)

④ 아버지는 이사 온 집이 마음에 들지 않았다. (×)
→ 아버지는 이사 온 집이 마음에 든다.

44. ①

혼자 집을 고치면 집을 자신이 원하는 대로 바꿀 수 있고 비용 절약의 장점이 있지만 실패로 끝나거나 작은 부분까지 살피지 못해 문제가 나타날 수도 있으므로 신중하게 생각해야 한다는 내용이다.

45. ③

(　　)가 있는 문장부터 글의 뒷부분은 혼자서 집을 고치기 위해서는 작은 부분까지 꼼꼼히 준비가 되어야 하고 그렇지 않을 경우 어려움을 겪게 된다는 내용이므로 ③번이 답이다.

46. ②

컴퓨터나 휴대 전화를 오래 사용할 때 눈이 피곤한 이유에 대해 이야기하는 문장 뒤에 들어가야 한다. (㉡)의 위치에 들어가면 컴퓨터나 휴대 전화와 같이 무언가에 집중을 할 때 눈을 깜빡이는 횟수가 줄어들어 눈이 피곤하게 된다는 내용으로 연결될 수 있으므로 ②번이 답이다.

47. ④

안구건조증을 예방하기 위해서는 오랜 집중 뒤에 눈을 잠깐 감고 있거나 먼 곳을 바라보며 눈을 쉬게 하는 것, 물을 자주 마시고 의식적으로 눈을 깜빡여 주는 것 등이 좋다고 하였다.

① 일부 사람들만 안구건조증을 앓고 있다. (×)
→ 대부분의 현대인이 앓고 있는 흔한 질병이다.

② 눈을 자주 깜박이는 것은 질병의 하나이다. (×)
→ 눈을 자주 깜빡이는 것은 눈물을 눈에 고루 묻혀 건조하지 않게 하고 눈에 들어간 먼지를 씻어내기 위함이다.

③ 안구건조증은 가벼운 질병이라 그대로 두어도 괜찮다. (×)
→ 그대로 둘 경우 다른 질병으로 이어질 수 있어 적절한 치료가 필요하다.

④ 물을 자주 마시는 것은 안구건조증 예방에 도움이 된다. (○)

48. ①

필자는 최근 들어 관심이 커지고 있는 무인 자동차가 지닌 한계점을 제시하고 구체적 예를 들어 설명하고 있다.

49. ②

(　　) 안에는 앞으로 올 무인 자동차 시대에 대한 기대감과 같은 내용이 들어가야 한다. 세계적으로 유명한 기업이 무인 자동차 개발에 참여하게 된 것이 조만간 무인 자동차 시대가 올 것이라는 기대를 하게 만드는 배경이다.

50. ②

필자는 앞에서 무인 자동차가 지닌 한계점에 대해 구체적인 사례를 들어 설명하였다. 필자는 그러한 한계점이 아직 해결되지 못한 상황에서 무인 자동차를 도로 위에서 사용하는 것은 아직 안전하지 못하다고 생각하고 있다. 즉 무인 자동차의 안정성에 대해 아직 확신하지 못하고 의심을 품고 있으므로 ②번이 답이다.

COOL TOPIKⅡ -종합서-

초판발행	2021년 9월 3일
초판 3쇄	2024년 1월 8일
저자	오윤정, 윤새롬
편집	권이준, 김아영
펴낸이	엄태상
디자인	이건화
조판	이서영
콘텐츠 제작	김선웅, 조현준, 장형진
마케팅본부	이승욱, 왕성석, 노원준, 조성민, 이선민
경영기획	조성근, 최성훈, 김다미, 최수진, 오희연
물류	정종진, 윤덕현, 신승진, 구윤주
펴낸곳	한글파크
주소	서울시 종로구 자하문로 300 시사빌딩
주문 및 교재 문의	1588-1582
팩스	0502-989-9592
홈페이지	http://www.sisabooks.com
이메일	book_korean@sisadream.com
등록일자	2000년 8월 17일
등록번호	제300-2014-90호

ISBN 979-11-6734-010-8 14710
978-89-5518-533-1 (set)

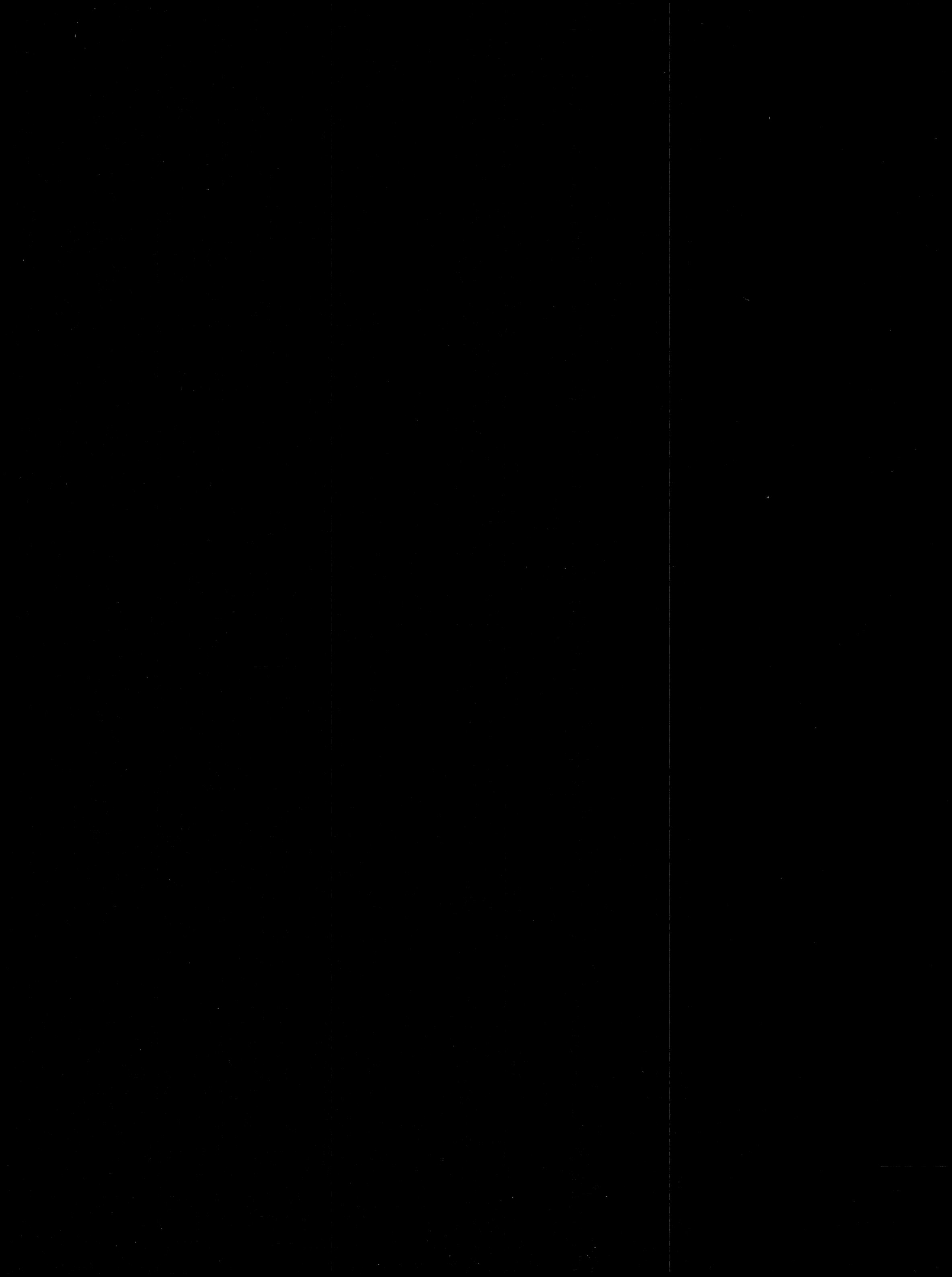

한국어능력시험

COOL TOPIK Ⅱ

종합서

실전 모의고사

한글파크

한국어능력시험

COOL TOPIK Ⅱ

종합서

실전 모의고사

전체 듣기

제1회
실전모의고사

TOPIK Ⅱ

듣기, 쓰기, 읽기

수험번호(Registration No.)		
이름 (Name)	한국어(Korean)	
	영 어(English)	

TOPIK Ⅱ 듣기(1번~ 50번)

※ **[1~3] 다음을 듣고 알맞은 그림을 고르십시오. (각 2점)**

1.

①

②

③

④

2.

①

②

③

④

3. ①
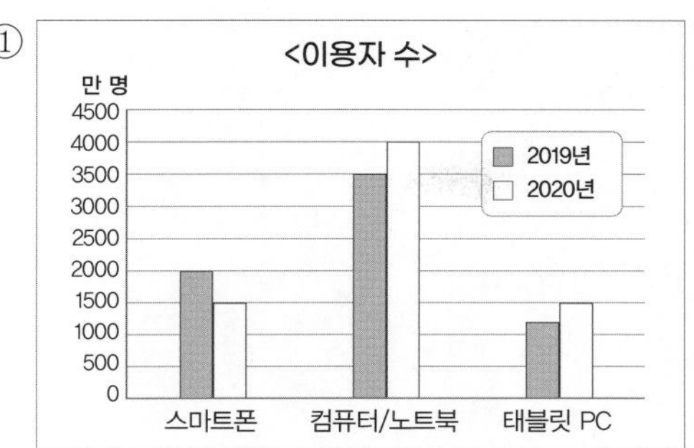

②
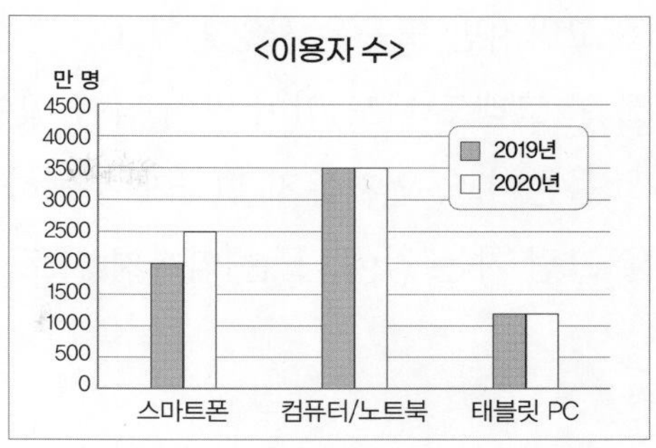

③
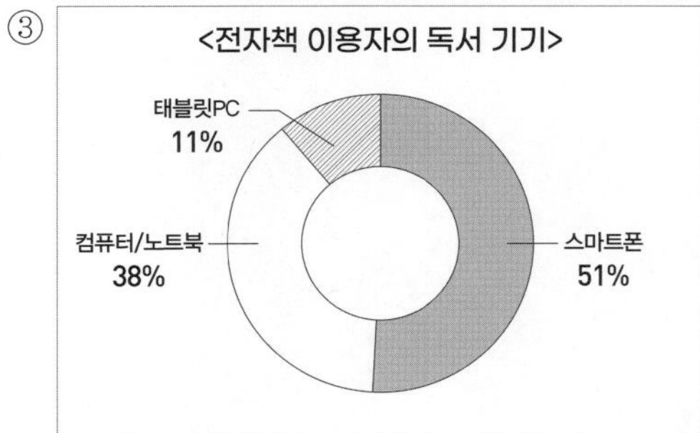

④
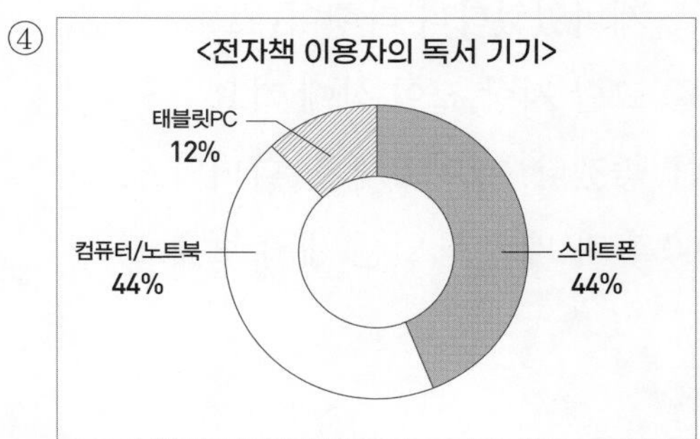

※ [4~8] 다음 대화를 잘 듣고 이어질 수 있는 말을 고르십시오. (각 2점)

4. ① 만두를 많이 주세요.
② 떡볶이가 만두보다 더 비싸죠?
③ 아, 좀 더 일찍 올 걸 그랬네요.
④ 만두를 더 많이 만들도록 하세요.

5. ① 출장은 잘 다녀왔어요?
② 다음 전시회에는 꼭 갈게요.
③ 바빠서 도저히 못 갈 것 같아요.
④ 관람객들이 많아서 그림을 못 봤어요.

6. ① 미안해. 휴대폰을 집에 두고 나왔어.
② 너무 바쁘셔서 잊고 계셨던 같아요.
③ 그럼 언제쯤 도착을 할 것 같으세요?
④ 괜찮아. 오래 기다리지도 않았는걸 뭐.

7. ① 고맙지만 도움은 사양할게요.
② 안 그래도 나도 일이 많이 남아 있어요.
③ 물론이죠. 언제든지 편하게 부탁하세요.
④ 그럼 가는 길에 나 좀 역까지 차로 태워 줄 수 있어요?

8. ① 재미있었다니 다행이네요.
② 그럼 저랑 같이 산에 가요.
③ 좋겠다. 재미있게 잘 다녀와요.
④ 휴가 계획을 얼른 세워 보세요.

※ [9~12] 다음 대화를 잘 듣고 여자가 이어서 할 행동으로 알맞은 것을 고르십시오. (각 2점)

9. ① 집에 간다. ② 옷을 산다.
③ 돈을 받는다. ④ 옷을 가져온다.

10. ① 갈비탕을 먹는다. ② 다른 가게에 간다.
③ 전화번호를 알려 준다. ④ 식탁에 자리를 잡는다.

11. ① 엄마 생신 선물을 산다. ② 엄마께 원하는 메뉴를 여쭌다.
③ 가까운 곳으로 나들이를 간다. ④ 가족과 저녁을 먹으러 나간다.

12. ① 쌀을 산다. ② 샴푸를 두 개 산다.
③ 샴푸로 머리를 감는다. ④ 샴푸를 할인 판매한다.

※ **[13~16] 다음을 듣고 내용과 일치하는 것을 고르십시오. (각 2점)**

13. ① 남자는 몸이 좋지 않다.
② 남자는 여자에게 약을 주었다.
③ 여자는 집에 일찍 갈 예정이다.
④ 여자는 남자와 남은 일을 함께 할 것이다.

14. ① 회장님이 상을 받는다.
② 회사가 세워진 지 50년 되었다.
③ 행사는 지하 1층에서 진행된다.
④ 식사 후에 선물을 나누어 준다.

15. ① 눈 때문에 사고가 많이 났다.
② 경찰은 사고 조사를 끝마쳤다.
③ 부상자는 병원에서 퇴원하였다.
④ 승용차와 고속버스가 충돌하였다.

16. ① 체력단력실은 아직 이용할 수 없다.
② 체력단련실은 퇴근 후에만 이용 가능하다.
③ 체력단련실은 이전에 사무실이었던 곳이다.
④ 체력단련실을 제안한 사람은 운동선수이다.

※ **[17~20] 다음을 듣고 남자의 중심 생각을 고르십시오. (각 2점)**

17. ① 소금은 몸에 좋지 않다.
② 소금도 적당량은 먹어야 한다.
③ 음식이 싱거우면 건강에 이롭다.
④ 음식을 너무 많이 먹으면 몸에 좋지 않다.

18. ① 산에서 나무를 키워 열매를 따 먹어야 한다.
② 산에 사는 동물들은 사람들에게 피해를 준다.
③ 산에 사는 동물들에게 먹이를 갖다 주어야 한다.
④ 산에서 나는 열매는 산에 사는 동물들의 먹이이다.

19. ① 폭력 장면은 내용을 생생하게 전달한다.
② 폭력 장면을 그대로 뉴스에 내보내면 안 된다.
③ 폭력 장면은 상황이 쉽게 이해되는 것을 방해한다.
④ 폭력 장면을 보면 폭력 행위에 대해 경각심을 갖게 된다.

20. ① 컴퓨터를 가르치면 돈을 벌 수 있다.
② 손자, 손녀들은 인터넷을 잘 사용한다.
③ 나이가 많아도 배우는 것을 즐거워한다.
④ 노인들에게 컴퓨터를 가르치는 것은 어렵다.

※ **[21~22] 다음을 듣고 물음에 답하십시오. (각 2점)**

21. 남자의 중심 생각으로 맞는 것을 고르십시오.

① 파일은 많이 저장해 둘수록 좋다.

② 컴퓨터는 바이러스에 잘 걸리지 않는다.

③ 중요한 파일은 다른 곳에도 저장해 둬야 한다.

④ 백신 프로그램은 바이러스를 모두 예방하지 못한다.

22. 들은 내용으로 맞는 것을 고르십시오.

① 여자는 컴퓨터 작업을 다시 해야 한다.

② 여자는 다른 곳에도 파일을 저장해 두었다.

③ 여자가 작업하던 파일은 바이러스를 피했다.

④ 남자의 컴퓨터는 바이러스에 절대 걸리지 않는다.

※ **[23~24] 다음을 듣고 물음에 답하십시오. (각 2점)**

23. 남자는 무엇을 하고 있는지 맞는 것을 고르십시오.

① 옷을 포장하려고 한다.

② 옷을 환불하려고 한다.

③ 옷을 교환하려고 한다.

④ 옷을 주문하려고 한다.

24. 들은 내용으로 맞는 것을 고르십시오.

① 옷의 포장이 찢어져서 왔다.

② 한번 주문한 옷은 교환이 어렵다.

③ 남자는 주문한 옷을 오늘 받아 보았다.

④ 남자는 주말에 새로 산 옷을 입으려 했다.

※ **[25~26] 다음을 듣고 물음에 답하십시오. (각 2점)**

25. 남자의 중심 생각으로 맞는 것을 고르십시오.

① 하루에 40분이면 충분한 운동량이다.

② 공부 스트레스는 운동으로 풀어야 한다.

③ 매일 다른 운동을 하면 더욱 건강해진다.

④ 건강을 위해서는 꾸준한 운동이 필요하다.

26. 들은 내용으로 맞는 것을 고르십시오.

① 전교생이 운동을 한다.

② 비가 오면 운동을 하지 않는다.

③ 학생들은 운동 스트레스를 받는다.

④ 운동을 하면서 학생들의 체격이 좋아졌다.

※ **[27~28] 다음을 듣고 물음에 답하십시오. (각 2점)**

27. 여자가 남자에게 말하는 의도를 고르십시오.

① 교복 구매를 유도하기 위해

② 교복 판매를 촉진하기 위해

③ 교복 기증에 참여를 권유하기 위해

④ 교복 기증의 계획을 설명하기 위해

28. 들은 내용으로 맞는 것을 고르십시오.

① 남자는 졸업을 하였다.

② 여자는 교복을 수선할 예정이다.

③ 기증받은 교복은 돈을 주고 구매해야 한다.

④ 기증받은 교복은 기증받은 그대로 판매된다.

※ **[29~30] 다음을 듣고 물음에 답하십시오. (각 2점)**

29. 남자는 누구인지 맞는 것을 고르십시오.

① 유치원에서 아이들을 돌보는 사람

② 유치원에서 아이들을 훈육하는 사람

③ 유치원에서 아이들과 함께 놀아 주는 사람

④ 유치원에서 아이들에게 이야기를 해 주는 사람

30. 들은 내용으로 맞는 것을 고르십시오.

① 아이들은 남자를 무서워한다.

② 남자는 아이들이 순수하다고 생각한다.

③ 아이들은 한 번도 말썽을 부리지 않았다.

④ 남자는 아이들과 일하는 것이 힘들게 느껴진다.

※ **[31~32] 다음을 듣고 물음에 답하십시오. (각 2점)**

31. 남자의 생각으로 맞는 것을 고르십시오.

① 임금피크제는 청년 일자리를 감소시킬 수 있다.

② 임금피크제는 전체 근로자의 임금을 감소시킨다.

③ 임금피크제는 많은 사람들에게 호응을 얻고 있다.

④ 임금피크제는 고용 시장에 긍정적인 영향을 미칠 것이다.

32. 남자의 태도로 맞는 것을 고르십시오.

① 임금피크제를 지지하고 있다.

② 임금피크제에 대해 설명하고 있다.

③ 근로자들의 입장을 대변하고 있다.

④ 상대방의 의견에 동의하지 않고 있다.

※ **[33~34] 다음을 듣고 물음에 답하십시오. (각 2점)**

33. 무엇에 대한 내용인지 맞는 것을 고르십시오.

① 치매 발병 시기

② 외국어 공부의 효과

③ 나이와 뇌 발달의 관계

④ 외국어 공부를 통한 문화 학습

34. 들은 내용으로 맞는 것을 고르십시오.

① 외국어 공부를 하면 뇌가 건강해진다.

② 치매에 걸린 사람들이 외국어를 더 잘한다.

③ 나이가 많은 사람들은 새로운 것을 공부하기 어렵다.

④ 다양한 문화를 접하는 것은 외국어 공부에 도움이 된다.

※ **[35~36] 다음을 듣고 물음에 답하십시오. (각 2점)**

35. 남자는 무엇을 하고 있는지 맞는 것을 고르십시오.

① 축구를 응원하고 있다.

② 잘못을 반성하고 있다.

③ 부모님을 걱정하고 있다.

④ 수상 소감을 밝히고 있다.

36. 들은 내용으로 맞는 것을 고르십시오.

① 남자는 남자 혼자 힘으로 축구를 해 왔다.

② 남자는 앞으로 더 잘해야 상을 받을 수 있다.

③ 남자의 부모는 매번 경기장에서 남자를 응원했다.

④ 남자는 우수 선수상을 받은 동료를 축하해 주었다.

※ **[37~38] 다음은 교양 프로그램입니다. 잘 듣고 물음에 답하십시오. (각 2점)**

37. 여자의 중심 생각으로 맞는 것을 고르십시오.
① 빠른 음악일수록 매출에 도움이 된다.
② 선곡은 매장 운영에 중요한 요소이다.
③ 소비자들이 매장의 음악을 선택해야 한다.
④ 음악 컨설팅은 아무나 할 수 있는 일이 아니다.

38. 들은 내용과 일치하는 것을 고르십시오.
① 소비자들은 경쾌한 음악을 선호한다.
② 선곡은 소비자 행동만을 분석하여 이루어진다.
③ 선곡에 따라 매장의 이미지와 매출이 달라질 수 있다.
④ 소비자들을 천천히 움직이게 하고 싶을 때는 빠른 음악을 틀면 된다.

※ **[39~40] 다음은 대담입니다. 잘 듣고 물음에 답하십시오. (각 2점)**

39. 이 대화 앞의 내용으로 알맞은 것을 고르십시오.
① 눈은 인체에서 중요한 역할을 한다.
② 사람들은 휴대폰이나 컴퓨터를 전보다 더 많이 사용한다.
③ 눈에 좋은 음식들을 자주 먹는 것이 눈의 피로 해소에 좋다.
④ 눈의 피로를 줄이기 위해서 눈을 감고 쉬는 것이 도움이 된다.

40. 들은 내용과 일치하는 것을 고르십시오.
① 눈동자를 움직이는 것은 눈을 피로하게 한다.
② 눈 주위를 가볍게 누르면 눈의 피로가 풀린다.
③ 더러운 손으로 눈을 만지면 반드시 눈병이 생긴다.
④ 예전보다 눈의 피로를 풀 수 있는 방법이 다양해졌다.

※ **[41~42] 다음은 강연입니다. 잘 듣고 물음에 답하십시오. (각 2점)**

41. 남자의 중심 생각으로 맞는 것을 고르십시오.

① 48개월에는 어른들과 의사소통이 되어야 한다.

② 아이들이 모르는 것은 바로 답을 알려 줘야 한다.

③ 아이의 창의성을 키워 주기 위해 학원에 보내야 한다.

④ 언어를 배우는 환경이 아이의 언어 발달에 중요하다.

42. 들은 내용과 일치하는 것을 고르십시오.

① 아이의 언어 능력은 저절로 발달된다.

② 모든 아이들의 언어 능력은 동일하다.

③ 생후 12개월에는 100개의 단어를 알 수 있다.

④ 부모가 아이와 많이 소통할수록 아이가 쉽게 지친다.

※ **[43~44] 다음은 다큐멘터리입니다. 잘 듣고 물음에 답하십시오. (각 2점)**

43. 이 이야기의 중심 내용으로 맞는 것을 고르십시오.

① 한옥의 문은 멋과 동시에 고유의 기능이 있다.

② 한옥의 문 중에서 들어열개문이 가장 중요하다.

③ 한옥의 문은 나무끼리 연결하여 만든다는 것이 특징이다.

④ 한옥의 문은 방의 경계에 위치하지 않는다는 점이 특이하다.

44. 한옥의 문에 대한 설명으로 맞는 것을 고르십시오.

① 한옥의 문은 계절마다 기능이 다르다.

② 한옥의 문은 하나의 무늬만을 나타낸다.

③ 한옥의 문은 못을 사용하여 서로 고정한다.

④ 한옥의 문은 종류가 많지 않은 것이 단점이다.

※ **[45~46] 다음은 강연입니다. 잘 듣고 물음에 답하십시오. (각 2점)**

45. 들은 내용과 일치하는 것을 고르십시오.

① 운동을 하지 않으면 면역력이 떨어진다.
② 준비 운동을 하다 부상을 당할 수 있다.
③ 모자나 장갑은 운동에 방해가 될 수 있다.
④ 겨울에도 누구나 실외에서 운동하는 것이 바람직하다.

46. 여자가 말하는 방식으로 가장 알맞은 것을 고르십시오.

① 스트레칭 방법을 소개하고 있다.
② 겨울철 운동의 중요성을 주장하고 있다.
③ 겨울철 심장마비의 원인을 규명하고 있다.
④ 겨울철 운동 시 주의할 점을 설명하고 있다.

※ **[47~48] 다음은 대담입니다. 잘 듣고 물음에 답하십시오. (각 2점)**

47. 들은 내용과 일치하는 것을 고르십시오.

① 남자는 어린 시절부터 사업가를 꿈꾸었다.
② 이정준 장학 재단은 만들어진 지 30년이 넘었다.
③ 이정준 장학 재단은 이정준 씨 혼자서 이끌고 있다.
④ 이정준 장학 재단은 아동들의 교육을 지원하고 있다.

48. 남자가 말하는 방식으로 가장 알맞은 것을 고르십시오.

① 장학 재단 운영에 어려움을 느끼고 있다.
② 많은 사람들이 장학 재단에 참여하기를 바라고 있다.
③ 자신과 같이 아동 지원 사업을 하는 이들을 고맙게 생각하고 있다.
④ 자신이 오랫동안 지원 사업을 해 왔다는 것을 뿌듯하게 생각하고 있다.

※ **[49~50] 다음은 강연입니다. 잘 듣고 물음에 답하십시오. (각 2점)**

49. 들은 내용과 일치하는 것을 고르십시오.

① 메니페스토 운동은 전 세계적으로 확산되는 추세이다.

② 메니페스토 운동은 후보자들의 공약을 중요하게 생각한다.

③ 메니페스토 운동의 단점은 지연과 학연을 강조한다는 것이다.

④ 선거 후보자가 자신의 주장을 너무 강하게 내세우면 좋지 않다.

50. 남자의 태도로 가장 알맞은 것을 고르십시오.

① 메니페스토 운동의 부작용에 대해 우려하고 있다.

② 메니페스토 운동이 활발히 일어나기를 희망하고 있다.

③ 메니페스토 운동의 결과에 대해 부정적으로 예상하고 있다.

④ 메니페스토 운동이 선거 기간에만 진행된다는 점에 실망하고 있다.

TOPIK Ⅱ 쓰기(51번~ 54번)

※ **[51~52] 다음을 읽고 ㉠과 ㉡에 들어갈 말을 한 문장씩 쓰십시오. (각 10점)**

51.

보내기 첨부 주소 서체 임시저장

받는 사람: 김영욱(Korteach@hk.ac.kr)

제목: 선생님, 앨리슨입니다.

보낸 사람: 앨리슨(happy@nmail.net)

김영욱 선생님께

안녕하세요, 선생님? 앨리슨입니다.
논문 주제와 관련하여 선생님과 (　　　　㉠　　　　).
선생님께서 가능한 시간을 말씀해 주시면 그때 (　　　　㉡　　　　).
답장 주시면 감사하겠습니다.
안녕히 계세요.

앨리슨 올림

㉠

㉡

52.

사람을 처음 만나면 약 5초에서 10초 사이의 짧은 시간 동안 인상을 파악하게 된다. 이렇게 파악된 첫인상은 일관성을 유지하려는 사람의 심리 때문에 (　　　㉠　　　). 그래서 첫인상은 이후의 관계에도 영향을 준다. 그러므로 새로운 사람을 만나는 자리라면 (　　　㉡　　　).

㉠

㉡

53. **다음을 참고하여 '반려동물 양육 현황'에 대한 글을 200~300자로 쓰시오. 단, 글의 제목을 쓰지 마시오. (30점)**

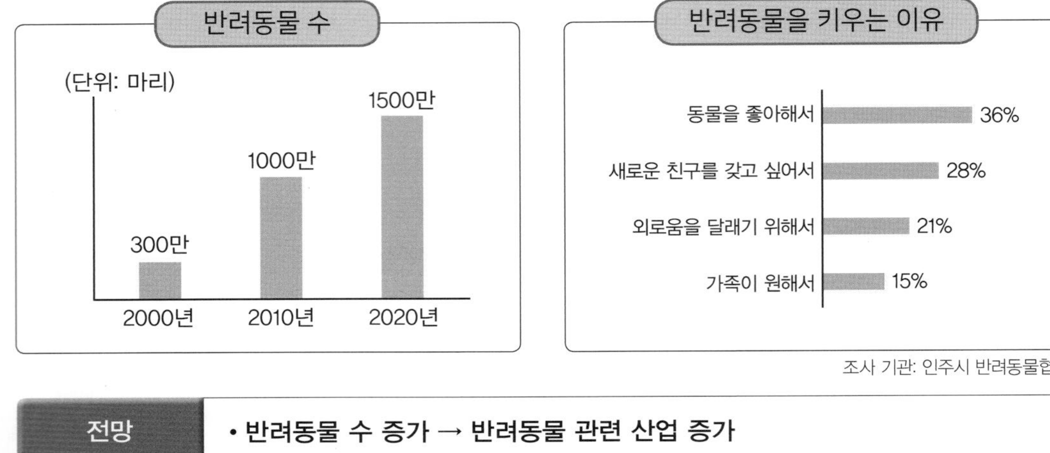

전망	• 반려동물 수 증가 → 반려동물 관련 산업 증가

54. **다음을 주제로 하여 자신의 생각을 600~700자로 글을 쓰시오. 단, 문제를 그대로 옮겨 쓰지 마시오. (50점)**

간접흡연의 피해를 줄이기 위해 길거리에서의 흡연을 규제하는 국가들이 늘고 있다. 한국도 일부 지역에서는 길거리 흡연을 규제하고 있다. 길거리 흡연을 규제하는 것에 대해 자신의 의견을 쓰라.

- 길거리 흡연을 규제하는 것에 찬성하는가, 반대하는가?
- 찬성 혹은 반대하는 이유는 무엇인가? 근거를 들어 자신의 의견을 쓰라.

* 원고지 쓰기의 예

	사	람	을		처	음		만	나	면		약		5	초	에	서		10
초		사	이	의		짧	은		시	간		동	안		인	상	을		파

TOPIK Ⅱ 읽기(1번~ 50번)

※ [1~2] (　　　)에 들어갈 가장 알맞은 것을 고르십시오. (각 2점)

1. 밥을 (　　　) 약을 먹을 수 있다.

① 먹도록　② 먹어야
③ 먹는지　④ 먹다니

2. 내일은 아침에 일찍 일어나서 운동을 (　　　) 한다.

① 가려고　② 가지만
③ 갔더니　④ 가느라고

※ [3~4] 다음 밑줄 친 부분과 의미가 비슷한 것을 고르십시오. (각 2점)

3. 밥을 두 공기나 <u>먹을 만큼</u> 배가 고팠다.

① 먹는 대신　② 먹을까 봐
③ 먹는 바람에　④ 먹을 정도로

4. 오랜만에 만난 조카의 키가 많이 <u>큰 것 같았다</u>.

① 크려 했다　② 큰 듯했다
③ 클 만했다　④ 클 수 있었다

※ **[5~8] 다음은 무엇에 대한 글인지 고르십시오. (각 2점)**

5.

오래 걸어도 편안하게
어느 옷이나 세련되게

① 모자 ② 시계
③ 신발 ④ 양산

6.

아프기 전에 미리미리
6개월마다 한 번씩 치아 건강을 확인하세요.

① 치과 ② 빵집
③ 안경점 ④ 도서관

7.

가뭄 극복을 위한 실천

1. 양치 컵을 사용하세요.

2. 설거지를 할 때 물을 받아서 사용해 주세요.

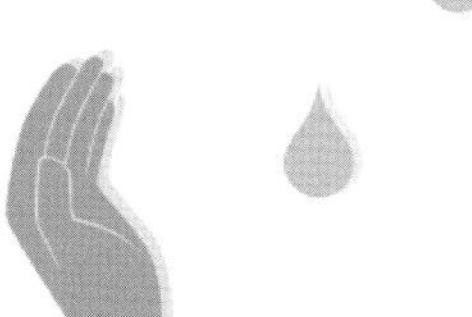

3. 빨래를 모아서 해 주세요.

① 물 절약 ② 불조심
③ 전기 절약 ④ 가스 조심

8.

- 상품을 받은 후 15일 이내에 가능합니다.
- 상품을 사용하신 경우, 상품이 분실되거나 파손된 경우 신청이 불가능합니다.

① 판매 장소 ② 구입 방법
③ 이용 방법 ④ 교환 안내

※ **[9~12] 다음 글 또는 도표의 내용과 같은 것을 고르십시오. (각 2점)**

9.

제25회 전주 한옥 박람회

구분	가격
일반	8,000원
단체(15인 이상)	5,000원
주차권	4,000원

* 단체 요금은 평일에만 가능합니다.
* 한복을 입고 오신 분은 2,000원 할인해 드립니다.
* 주차권은 입장권을 구매하신 분만 구매 가능합니다.

① 주차권만 별도로 구매 가능하다.
② 어린이는 무료 입장이 가능하다.
③ 일요일에는 단체 할인을 받을 수 있다.
④ 한복을 입고 가면 입장료가 할인된다.

10.

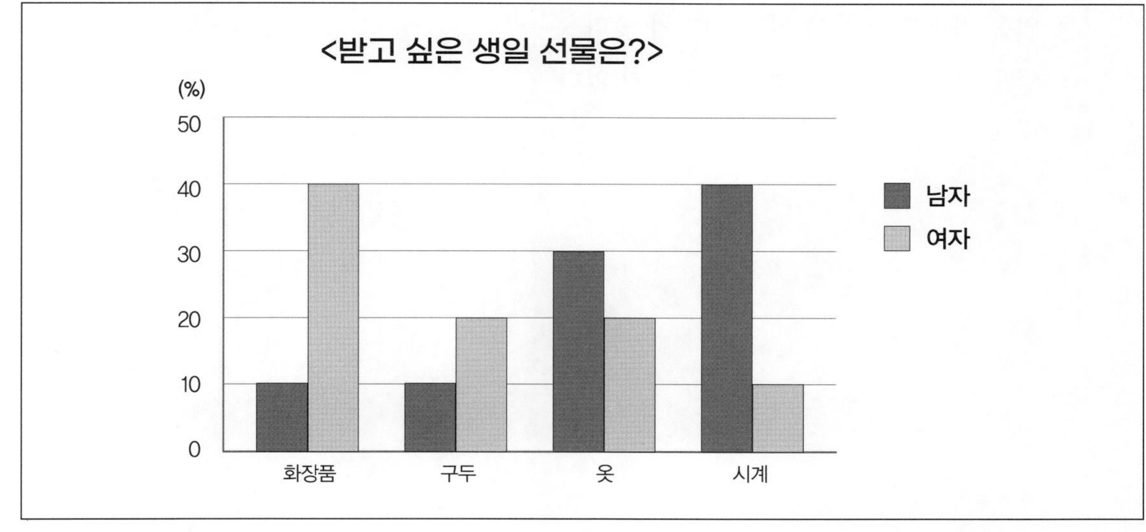

① 구두를 받고 싶어 하는 남자는 아무도 없다.
② 시계는 남자가 가장 받고 싶어 하는 선물이다.
③ 남녀 모두 화장품을 가장 많이 받고 싶어 한다.
④ 옷을 선물 받고 싶어 하는 사람은 남자보다 여자가 많다.

11.

뇌도 나이가 먹으면 늙게 된다. 스트레스는 뇌의 노화를 더 빨리 오게 한다. 그러나 지속적으로 운동을 하면 노인의 뇌도 젊어질 수 있다. 뇌를 자극하여 발달시키는 것이다. 운동은 스트레스도 감소시킨다. 따라서 뇌를 젊고 건강하게 유지하기 위해서는 매일 30분 이상 꾸준히 운동하는 것이 좋다.

① 운동을 하면 스트레스가 증가한다.

② 나이를 먹어도 뇌는 젊어질 수 있다.

③ 노인의 뇌는 더 이상 발달하지 않는다.

④ 스트레스와 뇌 건강은 서로 관계가 없다.

12.

한여름에도 겨울을 느낄 수 있는 얼음 카페가 인기를 끌고 있다. 얼음 카페는 의자와 식탁, 접시까지도 모두 얼음으로 만들어졌다. 손님들은 얼음 카페에서 간단한 식사와 음료를 마실 수 있으며, 얼음 미끄럼틀과 얼음 썰매 등의 놀이도 즐길 수 있다. 그래서 얼음 카페는 더위를 피해 이색 체험을 하고자 하는 사람들로 여름에 더욱 붐빈다.

① 얼음 카페에는 놀이 시설이 없다.

② 얼음 카페는 겨울에만 문을 연다.

③ 얼음 카페는 여름에 가장 인기가 좋다.

④ 얼음 카페에는 아직 손님들이 많지 않다.

※ **[13~15] 다음을 순서대로 맞게 배열한 것을 고르십시오. (각 2점)**

13.

(가) 대중 매체는 대중의 언어 생활에 많은 영향을 미친다.
(나) 그래서 대중 매체에서는 더욱 신중하게 언어를 사용해야 한다.
(다) 그러나 대중 매체에서 잘못된 언어를 사용하는 경우가 종종 있다.
(라) 부적절한 단어를 사용하거나 불필요한 외국어 사용 등이 그 예이다.

① (가)-(나)-(다)-(라)
② (가)-(다)-(나)-(라)
③ (라)-(다)-(가)-(나)
④ (라)-(가)-(다)-(나)

14.

(가) 정부도 흡연자를 줄이기 위한 정책을 내놓았다.
(나) 그러나 무엇보다도 흡연자 본인의 의지가 중요하다.
(다) 흡연이 건강에 해롭다는 사실은 누구나 다 알고 있다.
(라) 담배 가격을 인상하고, 담뱃갑에 경고 그림을 넣는 것이다.

① (가)-(다)-(나)-(라)
② (가)-(라)-(다)-(나)
③ (다)-(가)-(라)-(나)
④ (다)-(나)-(가)-(라)

15.

(가) 또, 목에 줄을 묶는 것과 같은 안전 조치를 해야 한다.
(나) 그렇지 않을 경우, 경고나 벌금 등의 처벌을 받을 수 있다.
(다) 애완동물로 인해 다른 사람들에게 피해를 주는 것을 방지하기 위해서다.
(라) 애완동물을 데리고 외출했을 때 애완동물의 배설물은 반드시 치워야 한다.

① (다)-(나)-(라)-(가)
② (다)-(라)-(나)-(가)
③ (라)-(가)-(다)-(나)
④ (라)-(나)-(다)-(가)

※ **[16~18] 다음을 읽고 (　　　)에 들어갈 내용으로 가장 알맞은 것을 고르십시오. (각 2점)**

16.

잎꾼개미는 나뭇잎을 먹이로 사용한다. (　　　　　　　) 모양새가 나무꾼의 모습을 닮아 잎꾼개미라는 이름이 붙었다. 그런데 잘라 온 잎을 그대로 먹는 것이 아니라 잘게 잘라 반죽을 만들고 발효를 시킨다. 잎꾼개미는 각자의 일을 나누어 분업을 하고, 또 서로 힘을 모아 협업을 하기도 한다. 그래서 잎꾼개미는 '농사짓는 개미'로 불리기도 한다. 개미의 이러한 모습은 사람들의 모습과 닮아 있다.

① 나뭇잎을 가꾸는
② 나뭇잎을 보호하는
③ 나뭇잎을 맛있게 먹는
④ 나뭇잎을 잘라 옮기는

17.

냉장고에 보관 중인 음식물과 수분 때문에 냉장고에서 냄새가 나는 경우가 종종 있다. 그러나 냉장고의 냄새를 없애는 방법은 생각보다 간단하다. 녹차 찌꺼기나 커피 찌꺼기를 넣어 두기만 해도 냉장고 냄새가 제거된다. 또 먹다 남은 맥주나 식초를 사용하여 냉장고를 닦아 주면 (　　　　　　　) 살균 및 소독 효과까지 얻을 수 있다.

① 청소를 안 해도 되는 것은 물론
② 냄새가 깨끗이 없어지는 것은 물론
③ 남은 맥주와 식초를 버릴 수 있는 것은 물론
④ 맥주나 식초 냄새가 냉장고에서 나는 것은 물론

18.

영화나 드라마 등을 보면서 외국어를 배우는 사람들이 늘어났다. 이 방법은 자신이 좋아하는 것을 통해 외국어를 배울 수 있기 때문에 (   ) 실제 그 나라 사람들이 사용하는 자연스러운 말을 배울 수 있다는 장점이 있다. 또, 학습하는 데 많은 비용이 들지 않는다.

① 재미있게 배울 수 있을 뿐만 아니라
② 공부를 꾸준히 할 수 없을 뿐만 아니라
③ 잘못된 언어를 배울 수 있을 뿐만 아니라
④ 모르는 것을 물어볼 수 있을 뿐만 아니라

※ [19~20] 다음 글을 읽고 물음에 답하십시오. (각 2점)

머리를 빗을 때나 옷을 벗을 때 몸에 순간적으로 전기가 흐르기도 한다. (   ) 정전기 때문이다. 정전기는 건조한 날 더욱 쉽게 발생한다. 정전기를 사소한 일로 여기기 쉽지만 잘못하면 화재 사고로 이어질 수 있기 때문에 주의해야 한다. 정전기 예방을 위해서는 실내 습도를 적정하게 유지하고, 물을 자주 마셔 몸속 수분량을 높이는 것이 좋다.

19. (   )에 들어갈 알맞은 것을 고르십시오.

① 바로   ② 무려   ③ 하필   ④ 특히

20. 이 글의 내용과 같은 것을 고르십시오.

① 정전기는 위험하지 않다.
② 습도와 정전기는 관계가 없다.
③ 정전기는 건조한 날에만 발생한다.
④ 머리를 빗을 때 정전기가 발생할 수 있다.

※ **[21~22] 다음 글을 읽고 물음에 답하십시오. (각 2점)**

> 길을 건너다 승용차와 부딪혀 차량 바퀴에 깔린 할머니를 시민들이 구해냈다. 사고 현장을 목격한 시민들이 (   ) 하나가 되어 승용차를 들어 올린 것이다. 시민들이 빠르게 구조한 덕분에 할머니는 큰 부상이 없는 것으로 확인되었다. 사람들은 자신이 돈이 많거나 대단한 사람이어야만 남을 도울 있다고 생각한다. 그러나 타인에 대한 작은 관심과 실천이 다른 사람에게는 큰 도움이 될 수 있다.

21. (   )에 들어갈 알맞은 것을 고르십시오.

① 발이 넓게　　② 얼굴을 내밀고

③ 입에 침이 마르게　　④ 너 나 할 것 없이

22. 이 글의 중심 생각을 고르십시오.

① 승용차를 혼자 들어 올리는 일은 쉬운 일이 아니다.

② 할머니가 큰 부상을 입지 않은 일은 다행스러운 일이다.

③ 남을 생각하는 마음만 있으면 다른 사람을 도울 수 있다.

④ 다른 사람을 도우려면 내가 먼저 대단한 사람이 되어야 한다.

※ **[23~24] 다음 글을 읽고 물음에 답하십시오. (각 2점)**

나는 산이 싫다. 아니 등산을 싫어한다고 해야 옳은 표현일 것이다. 언제나 산을 오를 때면 남보다 뒤에 처져 툴툴거렸다. '어차피 내려올 것을 뭐 하러 힘들게 올라가는지 모르겠어.' 그리고는 사람들이 내려오는 길목에 앉아 일행을 기다리기를 몇 번, 이제는 아예 산 입구에도 가지 않는다. <u>그런데 또 다시 산행이라니…….</u> 입구에서 마니산의 높이가 그다지 높지 않다는 사실을 알고는 안도의 한숨을 쉬었지만 산 중턱도 가지 못해 벌써 지치기 시작하였다. 그러나 가족과 함께 할 때처럼 선뜻 못 올라가겠다는 말도 할 수 없어 이를 악물고 산 정상까지 올라갈 수밖에 없었다.

23. 밑줄 친 부분에 나타난 나의 심정으로 알맞은 것을 고르십시오.

① 긴장되다 ② 여유롭다
③ 한가롭다 ④ 불만스럽다

24. 이 글의 내용과 같은 것을 고르십시오.

① 나는 등산을 즐겨한다.
② 마니산은 높이가 높은 산이다.
③ 나는 결국 마니산 정상에 올랐다.
④ 나는 마니산 입구에서 일행을 기다렸다.

※ **[25~27] 다음은 신문 기사의 제목입니다. 가장 잘 설명한 것을 고르십시오. (각 2점)**

25.

내일 오후부터 곳곳에 눈, 밤사이 전국으로 확대

① 내일 오후에는 전국에 눈이 내리고, 밤부터 점점 그치겠다.
② 내일 오후에는 일부 지역에 눈이 내리고, 밤부터 전국에 눈이 내리겠다.
③ 내일 오후부터 일부 지역에 눈이 내리고, 밤에는 전국에 비가 내리겠다.
④ 내일 오후부터 전국에 눈이 내리고, 밤에는 일부 지역에만 눈이 내리겠다.

26.

하나농구단, 새 감독 영입으로 기대감 쑥!

① 하나농구단에는 새로운 감독이 필요하다.
② 하나농구단에 새로운 감독이 들어올 것이다.
③ 하나농구단이 새로운 감독에게 많은 기대를 걸고 있다.
④ 하나농구단이 기존의 감독과 함께 경기를 준비할 것이다.

27.

추운 날씨 탓에 할인 행사에도 매장은 썰렁

① 날씨가 추워서 할인 행사를 하는 매장이 늘고 있다.
② 날씨가 추워서 할인 행사를 하는 매장도 손님이 없다.
③ 날씨가 추워서 할인 행사로 매장에 손님을 끌고 있다.
④ 날씨가 추워도 할인 행사를 하는 매장에는 손님이 많다.

※ **[28~31] 다음을 읽고 (　　　)에 들어갈 내용으로 가장 알맞은 것을 고르십시오. (각 2점)**

28.

커피에 대한 관심이 높아지면서 다양한 방식으로 추출한 커피가 주목 받고 있다. 요즘에 인기 있는 커피는 더치 커피이다. 더치 커피는 상온의 물을 한 방울씩 떨어뜨려 커피를 추출한다. (　　　　　　　　) 일반 커피에 비하여 쓴맛이 적고 와인처럼 숙성된 맛이 난다. 네덜란드 상인들이 커피를 오래 보관하기 위해 생각해 낸 방법이라 하여 더치 커피라고 한다.

① 인기가 높기 때문에
② 단시간 동안 교육하기 때문에
③ 오랜 시간에 걸쳐 추출하기 때문에
④ 다양한 방식으로 맛을 뽑아내기 때문에

29.

나이가 들면 뇌세포 수가 줄기 때문에 기억력이 떨어진다. 그러나 나이가 들수록 뇌의 여러 영역을 연결하는 신경망은 발달해 간다. 그래서 젊은이에 비해 다른 사람의 감정을 읽어 내거나 종합적인 판단을 하는 능력은 더 뛰어나다. (　　　　　　　　)는 말이 과학적으로 입증된 것이다. 하지만 당황하거나 위축된 경우 뇌의 연결망이 멈출 수도 있다.

① 젊을수록 뛰어나다
② 젊을수록 똑똑하다
③ 나이가 들면 활발해진다
④ 나이가 들면 지혜로워진다

30. 프랑스의 한 지방 도시에서는 자전거 스쿨버스를 도입하였다. 자전거 스쿨버스는 (   ) 커다란 자전거를 스쿨버스로 이용한 것이다. 자원봉사자인 어른 한 명과 학생들이 모두 페달을 밟아 움직인다. 자전거 스쿨버스는 등하굣길에 자연스레 운동을 할 수 있다는 장점이 있다. 또 환경을 오염시키지 않는다는 것도 큰 장점이다.

① 여러 명이 개별적으로 산
② 여러 명이 모두 찬성하는
③ 여러 명이 함께 탈 수 있는
④ 여러 명이 각자 타고 다니는

31. 점포를 공유하는 가게들이 생겨났다. 낮에는 국수를 파는 식당으로, 밤에는 실내 포장마차로 운영하는 식이다. 같은 장소를 사용하지만 두 가게의 사장은 다르다. 창업 비용과 운영 비용을 줄이기 위해 이와 같이 운영하는 것이다. (   ) 손님까지 공유할 수 있는 장점이 있다.

① 가게 운영 역시
② 장소와 상관없이
③ 가게 사장과 함께
④ 비용 절감은 물론

※ **[32~34] 다음을 읽고 내용이 같은 것을 고르십시오. (각 2점)**

32. 애완동물을 기르는 것은 사람이 동물을 돌보는 것이라고 생각하기 쉽지만, 동물도 사람을 돌봐 주고 위로하는 역할을 톡톡히 하는 것으로 알려졌다. 동물을 쓰다듬고 눈을 맞추는 단순한 행동만으로도 우울증이나 스트레스를 감소시킬 수 있는 것이다. 또 심장 질환의 위험도 낮춰 수명까지 연장시킬 수 있다. 이러한 효과가 확인되면서 애완동물을 기르는 것이 심리 치료의 한 방법으로 이용되기도 한다.

① 애완동물로 심리 치료가 가능하다.
② 애완동물이 질병의 위험을 증가시킨다.
③ 애완동물은 사람의 마음을 위로하기 어렵다.
④ 애완동물을 돌보는 일은 스트레스가 심하다.

33. 생물학에서는 인간이 가까이에서 관찰하기 어려운 동물들의 연구에 로봇을 사용하고 있다. 예를 들어 다람쥐는 사람만 보면 겁을 내고 피해 다니기 때문에 관찰 연구가 어렵다. 여기에 다람쥐와 비슷하게 생긴 로봇을 투입하여 원격으로 조정을 하면 이들의 건강 검진과 생태 탐사를 무사히 마칠 수 있는 것이다. 산업과 의료 분야에 이어 생물학 분야에까지 로봇이 활용되면서 더 많은 동식물의 생태를 파악할 수 있을 것으로 기대된다.

① 다람쥐는 인간과 친근한 동물이다.
② 모든 동물의 연구에 로봇을 사용한다.
③ 산업 분야에서는 이미 로봇이 활용되고 있다.
④ 다람쥐 연구에는 사람이 직접 나서서 관찰한다.

34.

아무런 생각 없이 멍하게 있는 '멍 때리기 대회'가 있다. 모두가 바쁘게 시간에 쫓기며 사는 시대에 '아무것도 하지 않는 것'에 대해 생각해 보는 시간을 갖기 위해서이다. 이 대회에서는 노래를 듣거나 휴대폰을 보거나 잠을 자면 모두 탈락이다. 실제로 사람의 뇌는 멍하게 있을 때에도 빠르게 돌아간다. 산책을 하거나 샤워를 할 때, 잠을 자기 전처럼 아무 생각도 하지 않을 때에는 창의성과 관련한 뇌의 부위가 활동하는 것이다.

① 멍하게 있으면 새로운 생각이 떠오르기 쉽다.

② '멍 때리기 대회'에서 노래를 듣는 것은 허락된다.

③ 아무런 생각을 하지 않을 때 우리의 뇌는 멈춰 있다.

④ 창의성과 관련한 뇌 부위는 바쁘게 움직여야 활동한다.

※ [35~38] 다음 글의 주제로 가장 알맞은 것을 고르십시오. (각 2점)

35.

적절한 긴장은 일이나 시험에 있어 더 좋은 결과를 가져올 수 있다. 긴장감과 같은 단기적인 스트레스는 기억력과 집중력, 문제 해결 능력을 최대한으로 끌어올리기 때문이다. 따라서 중요한 순간에 밀려오는 긴장감을 떨쳐 내려고 노력하는 것보다 이 긴장감이 자신에게 긍정적으로 작용할 수 있다고 생각한다면 긴장을 효과적으로 극복할 수 있을 것이다.

① 긴장은 집중력과 기억력을 감소시킨다.

② 긴장을 떨치는 것이 무엇보다 중요하다.

③ 긴장은 일이나 시험의 결과에 악영향을 끼친다.

④ 긴장을 있는 그대로 받아들이는 것이 효과적이다.

36.

식재료나 그릇을 닦고 남아 있는 세제는 음식물을 통해 우리 몸에 들어오기 쉽다. 세제를 다량으로 섭취할 경우, 건강에 문제를 일으킬 수 있기 때문에 재료나 식기에 남아도 안전한 제품을 찾는 소비자들이 늘고 있다. 특히, 베이킹파우더는 세척력과 살균력이 높으면서도 빵의 재료로 사용이 되는 만큼 안전한 제품으로 인식되어 소비자들에게 인기가 높다. 이에 힘입어 업계에서도 베이킹파우더를 활용한 다양한 제품 개발에 적극 노력하고 있다.

① 베이킹파우더는 인체에 해롭다.
② 베이킹파우더는 종류가 다양하다.
③ 베이킹파우더는 빵의 풍미를 좋게 한다.
④ 베이킹파우더가 세제 대용으로 주목받고 있다.

37.

비행기에서 마시는 토마토 주스가 더 진하게 느껴지는 이유는 무엇일까? 그것은 비행기의 소음 때문이다. 소음은 단맛을 전달하는 체계를 방해하여 단맛은 덜 느끼게 하고, 감칠맛은 더 강하게 느끼게 한다. 반대로 단맛을 더 강하게 느끼게 하기 위해서는 피아노로 연주된 음악을 들으면 된다. 또, 씁쓸한 맛을 더 느끼고 싶으면 금관 악기로 연주된 음악을 듣는 것이 좋다. 이처럼 맛은 단순히 혀로만 느끼는 것이 아니라 여러 감각이 뇌에 통합되어 느끼는 것이다.

① 피아노 연주는 씁쓸한 맛을 강하게 한다.
② 맛은 다양한 감각이 모여 느껴지는 것이다.
③ 시끄러운 소리는 단맛 전달 체계에 영향을 준다.
④ 소음이 있으면 토마토 주스의 맛은 더 진해진다.

38. 한 위인은 자신이 가장 존경하는 인물이 친구 집에서 일을 하는 하인이라고 이야기했습니다. 주인과 동료들이 아무도 없음에도 카펫 밑을 청소하는 것을 보았기 때문입니다. 카펫 밑은 일부러 보지 않는 이상 더러움이 잘 드러나지 않는 곳입니다. 이 위인은 자신이 존경하는 사람은 혼자 있을 때도 누군가 지켜볼 때와 같이 아무런 변화 없이 일을 하는 사람이라고 이야기하면서 친구 집의 하인을 존경하는 인물로 꼽은 것입니다.

① 자신의 삶에 변화가 없는 사람은 존경할 만하다.

② 혼자 있는 사람을 조용히 위로하는 사람은 존경할 만하다.

③ 가장 더러운 곳을 열심히 청소하는 사람은 존경할 만하다.

④ 남이 보지 않더라도 자신의 일을 하는 사람은 존경할 만하다.

※ **[39~41] 다음 글에서 〈보기〉의 문장이 들어가기에 가장 알맞은 곳을 고르십시오. (각 2점)**

39. 최고전자는 다음 달부터 '가족의 날' 제도를 도입한다. (㉠) 이 제도는 매월 둘째, 넷째 수요일마다 퇴근 후 야근이나 회식 등을 지양하여 가족과 함께 시간을 보내도록 하는 제도이다. (㉡) 내년부터는 시범 운영에서 나타난 단점을 보완하여 확대 운영할 계획도 가지고 있다. (㉢) 최고전자는 '가족의 날' 제도가 직원들의 업무 효율을 높이고, 가족친화적 기업이라는 회사의 이미지 제고에 도움이 될 것으로 기대하고 있다. (㉣)

〈 보기 〉

최고전자는 기획본부를 중심으로 시범 운영을 하며, 운영 과정에서의 장단점을 분석할 계획이다.

① ㉠ ② ㉡ ③ ㉢ ④ ㉣

40. ‘벽에 붙은 파리 효과’라는 것이 있다. (㉠) 심리학에서 이 용어는 ‘객관적인 관점’, ‘제3자의 관점’을 뜻한다. (㉡) 이 효과를 설명한 심리학자가 벽에 붙은 파리를 그 예로 들며 설명한 것에서 유래되었다. (㉢) 실패나 실수 등으로 괴로울 때 제3자의 관점인 벽에 붙은 파리의 시선에서 자신을 바라보면 위로를 얻고 새로운 힘을 얻는다는 것이다. (㉣)

〈 보기 〉

그래서 이러한 방법이 우울증 환자 치료에 사용되고 있다.

① ㉠ ② ㉡ ③ ㉢ ④ ㉣

41. 고상호 박사의 『가치 있는 침묵』이 5주 연속 베스트셀러 1위를 차지하며 서점가에서 돌풍을 일으키고 있다. (㉠) 비소설 도서가 이렇게 오래 판매 1위를 차지한 것은 이례적인 일이다. (㉡) 이 책은 소통이 강조되는 현대 사회에서 진정한 소통을 위한 침묵의 가치를 발견하게 한다. (㉢) 또 침묵이 상황과 의미에 따라 여러 의미로 해석될 수 있음을 생활 속의 예를 통해 독자들에게 보여 준다. (㉣)

〈 보기 〉

소통에 있어 가장 기본이 되는 것은 상대의 이야기를 잘 들어주는 것에 있다는 것이다.

① ㉠ ② ㉡ ③ ㉢ ④ ㉣

※ **[42~43] 다음 글을 읽고 물음에 답하십시오. (각 2점)**

> 아빠는 샘이 많다. 남들에게 지고는 못 산다. 특히 하찮은 일에는 예민하다. 큰돈을 번다든가 신대륙을 발견한다든가 하는 일은 꿈도 못 꾸면서 세계에서 가장 뛰어난 아파트 경비원이 되는 데는 열심이었다. 형이 자기 회사에 경비원 자리가 비었는데 요즘 사람이 없어서 고민이라고 지나는 말처럼 한 게 문제의 시작이었다. 아빠가 그 자리에 가겠노라고 소매를 걷고 나섰다.
>
> "나 아직 늙지 않았다. 도둑 지키면서 사흘 밤새는 것도 어렵지 않아."
>
> 형은 대번에 펄쩍 뛰었다.
>
> <u>"아버지. 직원들이 뭐라고 하겠습니까. 명색이 제가 사장인데 아버님에게 경비를 시키다뇨."</u>
>
> 아빠는 이유야 어떻든 남이 팔짝 뛸 때는 무조건 냉정, 침착해진다. 군대 시절 보안부대에 근무하면서 몸에 익은 특기다.
>
> "왜, 한 집안에서 다 해 먹는다고 할까 봐 무서우냐?"
>
> 그러면서 나를 살짝 흘겨보았다.

42. 밑줄 친 부분에 나타난 형의 심정으로 알맞은 것을 고르십시오.

① 안타깝다　　② 난처하다
③ 섭섭하다　　④ 자랑스럽다

43. 이 글의 내용과 같은 것을 고르십시오.

① 나는 아파트 경비원이다.
② 형은 회사를 경영하고 있다.
③ 아빠는 보안 부대에서 일한다.
④ 나는 남에게 지는 것을 참을 수 없다.

※ **[44~45] 다음을 읽고 물음에 답하십시오. (각 2점)**

저비용 항공사는 기내 서비스를 줄이거나 영업 방식을 단순화 하여 운영 비용 절감하는 대신 이용객에게 저렴한 가격에 항공권을 제공한다. 주로 국내선을 운행하지만 경우에 따라서는 가까운 거리의 국외선을 운행하기도 한다. 저비용 항공사는 대형 항공사 항공권의 70~80% 수준의 가격을 앞세워 국내선, 국외선 모두 양적으로 크게 성장하고 있다. 그러나 저비용 항공사를 이용할 때에는 몇 가지 알아 둬야 할 사항들이 있다. 먼저, 환불과 교환 가능 여부이다. 저비용 항공사는 대부분 환불이나 교환이 불가능한 경우가 많다. 또한 저비용 항공사는 비행 시 가장 기본적인 것만을 제공하기 때문에 수하물이나 기내식 등에 (   ) 수 있다. 따라서 예매 전에 제공받을 수 있는 서비스와 가격 등을 꼼꼼히 따져 보아야 한다.

44. 이 글의 주제로 알맞은 것을 고르십시오.

① 저비용 항공사 이용에는 불편이 뒤따른다.
② 저비용 항공사는 국내선, 국외선 모두 운영하고 있다.
③ 저비용 항공사 이용 시에는 반드시 살펴야 할 것이 있다.
④ 저비용 항공사는 운영 비용을 줄이기 위해 여러 노력을 한다.

45. (   )에 들어갈 내용으로 가장 알맞은 것을 고르십시오.

① 색다른 제안을 할
② 추가 비용을 요구할
③ 새로운 서비스를 제공할
④ 최고의 서비스를 추구할

※ **[46~47] 다음을 읽고 물음에 답하십시오. (각 2점)**

과학적인 관측 장비가 갖추어지지 못한 과거에는 어떻게 날씨를 예측하였을까? (㉠) 과거의 기상 예측 방법은 경험에 근거한 예측이 대부분이었지만 원시적인 방법이라고 여기기엔 상당히 과학적인 부분이 많다. (㉡) 예를 들어, '할머니의 무릎이 쑤시면 비가 온다'는 속설을 확인해 보자. (㉢) 비가 오기 전의 낮은 기압과 공기 중의 높은 습도는 신경통을 더욱 자극한다. 그러니 몸이 쑤시게 되는 것이다. (㉣) 실제로 습도가 높은 날 제비와 같은 새나 곤충들은 날개가 무거워져 낮게 날게 되고, 개미도 자신들의 식량과 알을 안전한 곳으로 옮기려 계속 움직인다는 것이다.

46. 다음 문장이 들어가기에 가장 알맞은 곳을 고르십시오.

〈 보기 〉

또 제비가 낮게 날거나 개미가 바삐 움직이는 것도 비가 올 징조로 보았다.

① ㉠ ② ㉡ ③ ㉢ ④ ㉣

47. 이 글의 내용과 같은 것을 고르십시오.

① 과거의 기상 예측은 잘못된 부분이 많다.
② 기압이 낮으면 신경통을 잘 느끼지 못한다.
③ 곤충들은 습도가 높으면 날개가 무거워진다.
④ 개미는 비가 오기 시작하면 알을 옮기기 시작한다.

※ **[48~50] 다음을 읽고 물음에 답하십시오. (각 2점)**

미세 먼지는 입자가 작아 코나 입 등에서 걸러지지 못하고 기관지와 폐에 쌓여 각종 질병을 일으킨다. 입자가 매우 작은 초미세 먼지의 일부는 뇌까지 염증을 일으켜 우울증이나 인지 기능에도 영향을 미친다. 미세 먼지는 산불이나 모래 바람의 먼지와 같은 자연적 원인과 자동차의 매연이나 석탄의 소비와 같은 인위적 원인으로 인해 발생한다. 정부에서는 이러한 미세 먼지로부터 국민의 건강을 (　　　　　) 미세 먼지 경보제를 전국적으로 시행하고 있다. 미세 먼지가 위험 수준으로 발생하면 지자체와 협의하여 도로 청소 등을 강화하며 미세 먼지에 대처하는 것이다. 또한 오래된 자동차의 배출 가스를 낮추기 위한 여러 방안과 수도권 대기 오염 총량제를 시행하고 있다. 그러나 한편에서는 미세 먼지의 문제 해결을 위해 보다 강력한 제도를 마련해야 한다는 목소리가 높다. 미세 먼지의 관리 기준이 세계보건기구 수준에 못 미친다는 것이다. <u>어느 쪽의 입장에 서든 한 가지 분명한 것은 미세 먼지는 국민의 건강에 유해하고, 이를 해결하기 위한 지속적인 노력이 필요하다는 것이다</u>.

48. 필자가 이 글을 쓴 목적을 고르십시오.

① 미세 먼지에 대한 문제 해결 방안을 설명하기 위해

② 미세 먼지에 대한 문제 해결의 중요성을 주장하기 위해

③ 미세 먼지에 대한 문제 해결 방안의 근거를 제시하기 위해

④ 미세 먼지에 대한 문제 해결을 둘러싼 사회적 갈등을 해소하기 위해

49. (　　　)에 들어갈 내용으로 알맞은 것을 고르십시오.

① 보호하기 위해　　　② 확인하기 위해

③ 치료하기 위해　　　④ 유지하기 위해

50. 밑줄 친 부분에 나타난 필자의 태도로 알맞은 것을 고르십시오.

① 정부의 정책에 대해 긍정적이다.

② 미세 먼저 해결 방안에 대해 회의적이다.

③ 미세 먼저 해결책의 필요성을 강조하고 있다.

④ 미세 먼저 해결을 위한 정부의 노력에 대해 불신하고 있다.

전체 듣기

제2회 실전모의고사

TOPIK Ⅱ

듣기, 쓰기, 읽기

수험번호(Registration No.)		
이름 (Name)	한국어(Korean)	
	영　어(English)	

TOPIK Ⅱ 듣기(1번~ 50번)

※ **[1~3] 다음을 듣고 알맞은 그림을 고르십시오. (각 2점)**

1. 

① 

② 

③ 

④ 

2.

① 

②  

③ 

④ 

3. ① 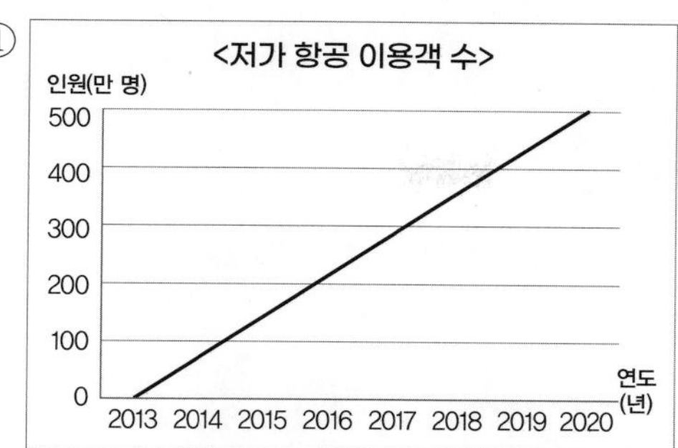

② 

③ 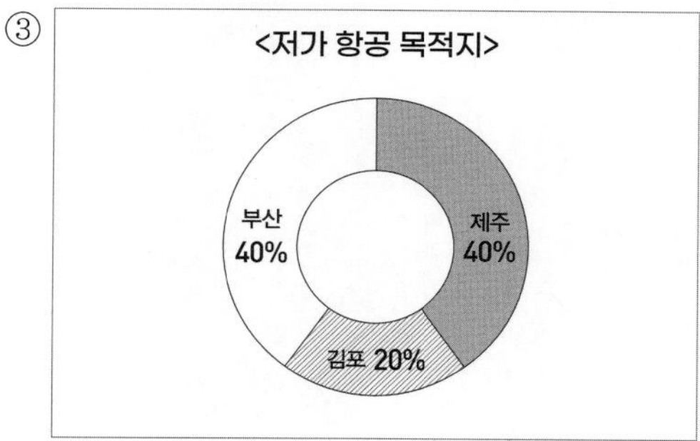

④ 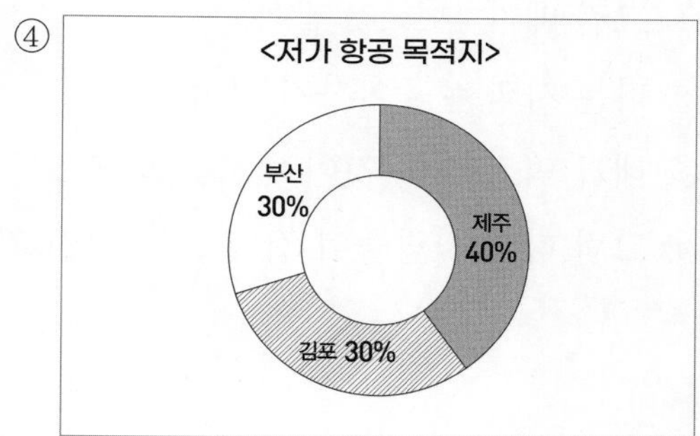

※ [4~8] 다음 대화를 잘 듣고 이어질 수 있는 말을 고르십시오. (각 2점)

4. ① 11시쯤 온댔어요.
② 내일도 늦을 것 같대요.
③ 몇 시까지 오라고 할까요?
④ 몸이 안 좋아서 병원에 다녀온대요.

5. ① 나도 어제 과제를 냈어.
② 이번 과제는 어렵지 않았니?
③ 내일이 마감이니 서둘러 끝내도록 해.
④ 나는 마감일이 언제인지 잘 모르겠어.

6. ① 커피 대신 다른 차를 마셔 봐요.
② 밤에 깊이 잠을 자서 잘 몰랐어요.
③ 저도 커피보다 콜라가 더 맛있어요.
④ 생각이 많으면 머리가 아플 거예요.

7. ① 공부를 더 많이 할 걸 그랬어.
② 다들 시험을 잘 못 봤나 보구나.
③ 어려운 문제를 풀다니 정말 훌륭해.
④ 다음번 시험에는 답을 많이 못 쓸 것 같아.

8. ① 그럼 배가 부를 것 같아.
② 나는 사과는 좋아하지 않아.
③ 네가 먹고 싶은 것이 있으면 더 사도 돼.
④ 그럼 다른 사람들이 집에 올 때까지 기다려 볼까?

※ [9~12] 다음 대화를 잘 듣고 여자가 이어서 할 행동으로 알맞은 것을 고르십시오. (각 2점)

9. ① 메모를 남긴다. ② 회의에 들어간다.
③ 한국전자를 방문한다. ④ 조금 후에 다시 전화를 건다.

10. ① 도서관에 간다. ② 책을 바로 반납한다.
③ 남자에게 책을 빌린다. ④ 화요일에 남자를 만난다.

11. ① 선풍기를 튼다. ② 우산을 말린다.
③ 겉옷을 준비한다. ④ 야외 수업에 결석한다.

12. ① 우편 번호를 확인한다. ② 신청서에 주소를 적는다.
③ 잃어버린 지갑을 찾는다. ④ 회원 카드를 찾으러 온다.

※ **[13~16] 다음을 듣고 내용과 일치하는 것을 고르십시오. (각 2점)**

13. ① 학생 할인은 학생증 없이도 가능하다.
② 여자는 콘서트 티켓을 할인받아 샀다.
③ 할인이 되어도 여자는 콘서트 가기를 망설인다.
④ 여자는 콘서트에 가려고 전부터 아르바이트를 했다.

14. ① 쓰레기장은 언제나 열려 있다.
② 월요일에는 쓰레기를 버릴 수 없다.
③ 쓰레기는 일주일에 한 번만 버릴 수 있다.
④ 쓰레기 배출에 어려움이 있으면 관리사무소에 연락하면 된다.

15. ① 폐식용유 비누 사용은 피부 질환에 좋다.
② 폐식용유 비누를 사용하면 환경에 도움이 된다.
③ 폐식용유 비누를 사용하는 사람들은 불편을 호소한다.
④ 폐식용유 비누를 만들기 위해서는 많은 재료가 필요하다.

16. ① 여자는 요리를 좋아해서 주방장이 되었다.
② 여자는 한국을 알리기 위해 친구를 사귀었다.
③ 여자는 오스트리아에 산 지 30년이 되지 않았다.
④ 여자는 현재 오스트리아에서 한국 식당을 운영하고 있다.

※ **[17~20] 다음을 듣고 남자의 중심 생각을 고르십시오. (각 2점)**

17. ① 스스로 공부하는 것이 중요하다.
② 혼자 공부하면 아이들이 어려워한다.
③ 학원에서 많은 것을 공부할 수 있다.
④ 아이가 다니고 싶어 하는 학원만 보내야 한다.

18. ① 굶으면 살을 뺄 수 있다.
② 여자는 살이 찌지 않았다.
③ 점심시간에는 밥을 먹어야 한다.
④ 살을 빼기 위해 굶는 것은 몸에 해롭다.

19. ① 구급차는 필요한 사람만이 이용해야 한다.
② 구급차는 부담 없이 이용할 수 있어야 한다.
③ 구급차를 이용하는 사람에게는 주의를 줘야 한다.
④ 돈을 내면 불필요한 사람도 구급차를 이용할 수 있다.

20. ① 강연에 귀를 기울이는 것이 중요하다.
② 인생에 대해 고민을 하지 않아야 한다.
③ 나를 값진 존재로 여기는 것이 중요하다.
④ 다른 사람을 의식하면 삶의 질이 좋아진다.

※ **[21~22] 다음을 듣고 물음에 답하십시오. (각 2점)**

21. 남자의 중심 생각으로 맞는 것을 고르십시오.

① 뇌 운동은 건강에 중요하다.

② 아침을 안 먹는 학생들이 많다.

③ 몸이 힘들어야 건강을 지킬 수 있다.

④ 아침밥은 학생들의 건강을 위해 필요하다.

22. 들은 내용으로 맞는 것을 고르십시오.

① 아침밥을 주는 학교가 많이 늘어났다.

② 밥을 먹어야 뇌가 활발히 운동을 한다.

③ 점심밥은 학생들이 각자 준비해야 한다.

④ 여자는 학생들의 아침밥을 준비하는 일이 즐겁다.

※ **[23~24] 다음을 듣고 물음에 답하십시오. (각 2점)**

23. 남자는 무엇을 하고 있는지 맞는 것을 고르십시오.

① 식사 장소를 점검하고 있다.

② 식사 장소를 추천하고 있다.

③ 식사 장소를 확인하고 있다.

④ 식사 장소를 예약하고 있다.

24. 들은 내용으로 맞는 것을 고르십시오.

① 모임은 이번 주 토요일이다.

② 총 20명이 함께 식사하게 된다.

③ 아이들도 어른과 같은 의자에 앉게 된다.

④ 남자는 식사를 미리 주문하고 싶어 한다.

※ **[25~26] 다음을 듣고 물음에 답하십시오. (각 2점)**

25. 남자의 중심 생각으로 맞는 것을 고르십시오.

① 후손들에게 많은 것을 베풀어야 한다.

② 자연과 사람이 어울려 살아가야 한다.

③ 자전거로 여행을 하면 자연이 훼손될 수도 있다.

④ 자연을 보존할 수 있는 방법을 계속 찾아야 한다.

26. 들은 내용으로 맞는 것을 고르십시오.

① 김동완 씨는 섬으로 휴가를 간 적이 있다.

② 김동완 씨는 이번에 자전거를 처음 배웠다.

③ 김동완 씨는 100일 넘게 전국 일주를 하였다.

④ 김동완 씨는 자전거 여행을 다시 가지 않을 것이다.

※ **[27~28] 다음을 듣고 물음에 답하십시오. (각 2점)**

27. 여자가 남자에게 말하는 의도를 고르십시오.

① 커피 기계를 홍보하기 위해

② 커피 가격 인하를 촉구하기 위해

③ 커피 기계 구매를 제안하기 위해

④ 커피 기계 관리 방법을 설명하기 위해

28. 들은 내용으로 맞는 것을 고르십시오.

① 여자는 커피값이 비싸다고 생각하지 않는다.

② 여자는 커피 기계를 싸게 사는 방법을 알고 있다.

③ 남자는 커피 기계 관리를 자신이 맡아 하려고 한다.

④ 남자는 커피값을 모두 똑같이 내는 것이 못마땅하다.

※ [29~30] 다음을 듣고 물음에 답하십시오. (각 2점)

29. 남자는 누구인지 맞는 것을 고르십시오.

① 문화재 관리원 ② 문화재 홍보원

③ 문화재 발굴자 ④ 문화재 해설사

30. 들은 내용으로 맞는 것을 고르십시오.

① 남자는 매일 같은 사람들을 만난다.

② 각 나라는 완전히 다른 문화를 가지고 있다.

③ 남자는 한국인에게 전통 문화를 알리는 일을 한다.

④ 남자는 일을 하면서 세계의 문화에 대해서도 배우게 된다.

※ [31~32] 다음을 듣고 물음에 답하십시오. (각 2점)

31. 남자의 생각으로 맞는 것을 고르십시오.

① 길에서 흡연하는 것을 규제해서는 안 된다.

② 담배는 커피나 차와 같은 기호 식품과는 다르다.

③ 시민의 건강이 흡연자의 행복추구권보다 우선한다.

④ 간접흡연 피해를 막을 수 있는 방안을 마련해야 한다.

32. 남자의 태도로 맞는 것을 고르십시오.

① 상대방의 의견에 반대하고 있다.

② 흡연자의 입장을 비판하고 있다.

③ 길거리 흡연 금지를 찬성하고 있다.

④ 흡연 규제 법규에 대해 설명하고 있다.

※ **[33~34] 다음을 듣고 물음에 답하십시오. (각 2점)**

33. 무엇에 대한 내용인지 맞는 것을 고르십시오.

① 인간관계

② 존중의 의미

③ 인사의 중요성

④ 올바른 인사 방법

34. 들은 내용으로 맞는 것을 고르십시오.

① 인사로 상대에게 존중을 나타낼 수 있다.

② 상대에게 인사를 받으면 경계심이 생긴다.

③ 야구 감독은 공 던지는 법을 먼저 가르쳤다.

④ 야구 감독은 텔레비전에 나와 이야기하였다.

※ **[35~36] 다음을 듣고 물음에 답하십시오. (각 2점)**

35. 남자는 무엇을 하고 있는지 맞는 것을 고르십시오.

① 신제품을 홍보하고 있다.

② 간담회의 목적을 설명하고 있다.

③ 소비자의 불만을 해결해 주고 있다.

④ '슈퍼 싹싹'의 장점을 강조하고 있다.

36. 들은 내용으로 맞는 것을 고르십시오.

① 현재 다음 제품 개발이 진행 중이다.

② '슈퍼 싹싹'은 개선점이 많은 제품이다.

③ '슈퍼 싹싹'은 진드기도 청소할 수 있다.

④ 간담회에서는 불만족 요소를 이야기하면 안 된다.

※ **[37~38] 다음은 교양 프로그램입니다. 잘 듣고 물음에 답하십시오. (각 2점)**

37. 여자의 중심 생각으로 맞는 것을 고르십시오.

① 김치는 후대에 전해져야 한다.

② 김치는 맛이 항상 일정해야 한다.

③ 김치의 종류가 더욱 다양해져야 한다.

④ 젊은 세대는 김치를 별로 좋아하지 않는다.

38. 들은 내용과 일치하는 것을 고르십시오.

① 지역마다 김치 맛이 동일하다.

② 사람들은 모든 김치의 종류를 알고 있다.

③ 김치연구소에서는 김치의 성분을 분석한다.

④ 김치연구소에서는 새로운 김치를 개발한다.

※ **[39~40] 다음은 대담입니다. 잘 듣고 물음에 답하십시오. (각 2점)**

39. 이 대화 앞의 내용으로 알맞은 것을 고르십시오.

① 요리 방송의 인기가 높다.

② 요리 방송의 제작이 어렵다.

③ 요리사가 방송에 많이 출연한다.

④ 냉장고 기능에 대한 관심이 높다.

40. 들은 내용과 일치하는 것을 고르십시오.

① 혼자 사는 사람들이 증가하였다.

② 요리 방송은 주로 아침에 방송된다.

③ 요리 방송을 보면 음식을 많이 먹게 된다.

④ 요리 방송에는 값비싼 음식들이 많이 나온다.

※ **[41~42] 다음은 강연입니다. 잘 듣고 물음에 답하십시오. (각 2점)**

41. 남자의 중심 생각으로 맞는 것을 고르십시오.

① 황제펭귄처럼 건강을 지켜야 한다.

② 황제펭귄처럼 자녀를 사랑해야 한다.

③ 황제펭귄으로부터 협동을 배워야 한다.

④ 황제펭귄을 지키기 위해 자연을 보호해야 한다.

42. 들은 내용과 일치하는 것을 고르십시오.

① 황제펭귄은 지능이 높다.

② 남극은 영하 5도를 유지한다.

③ 황제펭귄은 각자 추위를 이겨낸다.

④ 황제펭귄은 수컷이 알을 보호한다.

※ **[43~44] 다음은 다큐멘터리입니다. 잘 듣고 물음에 답하십시오. (각 2점)**

43. 이 이야기의 중심 내용으로 맞는 것을 고르십시오.

① 냉면은 북쪽에서 유래된 음식이다.

② 냉면의 이름은 육수에서 비롯되었다.

③ 냉면은 원래 주로 겨울에 먹는 음식이었다.

④ 평양냉면과 함흥냉면은 만드는 방법이 다르다.

44. 냉면에 대한 설명으로 맞는 것을 고르십시오.

① 함흥냉면은 시원하고 면발이 부드럽다.

② 전통 풍속에 관한 책에 냉면이 소개되었다.

③ 평양냉면은 쫄깃한 면과 매콤한 맛이 특징이다.

④ 요즘에는 날씨가 추운 겨울에만 냉면을 먹는다.

※ **[45~46] 다음은 강연입니다. 잘 듣고 물음에 답하십시오. (각 2점)**

45. 들은 내용과 일치하는 것을 고르십시오.

① 요리를 할 때 미세 먼지가 발생한다.

② 삶는 방식은 미세 먼지를 발생시키지 않는다.

③ 공장에서 나오는 먼지만을 미세 먼지라고 한다.

④ 몸을 깨끗이 씻으면 미세 먼지를 없앨 수 있다.

46. 남자가 말하는 방식으로 가장 알맞은 것을 고르십시오.

① 효율적인 조리 방법을 제시하고 있다.

② 미세 먼지 감소의 원인을 분석하고 있다.

③ 미세 먼지의 농도 측정 방식을 비판하고 있다.

④ 미세 먼지의 발생 원인과 대처 방법을 설명하고 있다.

※ **[47~48] 다음은 대담입니다. 잘 듣고 물음에 답하십시오. (각 2점)**

47. 들은 내용과 일치하는 것을 고르십시오.

① 창업자의 19%는 5년 안에 폐업한다.

② 돈만 있으면 창업에 성공할 수 있다.

③ 창업에 성공한 가게들은 비법을 쉽게 공개한다.

④ 창업 성공을 위해서는 가게의 특징이 분명해야 한다.

48. 여자가 말하는 방식으로 가장 알맞은 것을 고르십시오.

① 폐업한 사람들을 안타까워하고 있다.

② 성공적인 창업을 위한 방법을 제시하고 있다.

③ 성공한 음식점의 요리 비법을 분석하고 있다.

④ 창업에 성공한 가게와 실패한 가게를 비교하고 있다.

※ **[49~50] 다음은 강연입니다. 잘 듣고 물음에 답하십시오. (각 2점)**

49. 들은 내용과 일치하는 것을 고르십시오.

① 화장품은 부작용이 없다.

② 화장품은 소량만 바르는 것이 좋다.

③ 화장품은 깨끗한 손으로 만져야 한다.

④ 남성용 화장품 종류가 여성용보다 다양하다.

50. 여자의 태도로 가장 알맞은 것을 고르십시오.

① 화장품을 음식에 비유하고 있다.

② 화장품의 오염도를 측정하고 있다.

③ 다양한 화장품 종류를 제시하고 있다.

④ 올바른 화장품 사용법을 설명하고 있다.

TOPIK Ⅱ 쓰기(51번~ 54번)

※ **[51~52] 다음을 읽고 ㉠과 ㉡에 들어갈 말을 한 문장씩 쓰십시오. (각 10점)**

51.

회원 모집

라디오 방송 동아리 '라디오 친구'에서 (　　㉠　　).
평소 라디오 방송을 즐겨 듣는 분, 라디오 방송을 만들고 싶었던 분 모두 환영합니다.
'라디오 친구'와 함께 하고 싶으신 분은 지원서를 작성하여 3월 31일까지 학생회관 316호로 (　　㉡　　).
재미있고 편안한 라디오 방송을 '라디오 친구'와 함께 만들어 보아요!

㉠

㉡

52.

기분이 좋지 않을 때 쇼핑을 하며 기분을 푸는 경우가 있다. 그러나 우울하거나 슬플 때 쇼핑을 하면 더 비싼 가격으로 (　　㉠　　). 아니면 필요하지 않은 물건을 충동적으로 사기도 한다. 좋지 않은 감정이 이성적인 판단을 흐리기 때문이다. 따라서 기분이 좋지 않을 때에는 (　　㉡　　).

㉠

㉡

53. 다음을 참고하여 '채식주의자 수 변화'에 대한 글을 200~300자로 쓰시오. 단, 글의 제목을 쓰지 마시오. (30점)

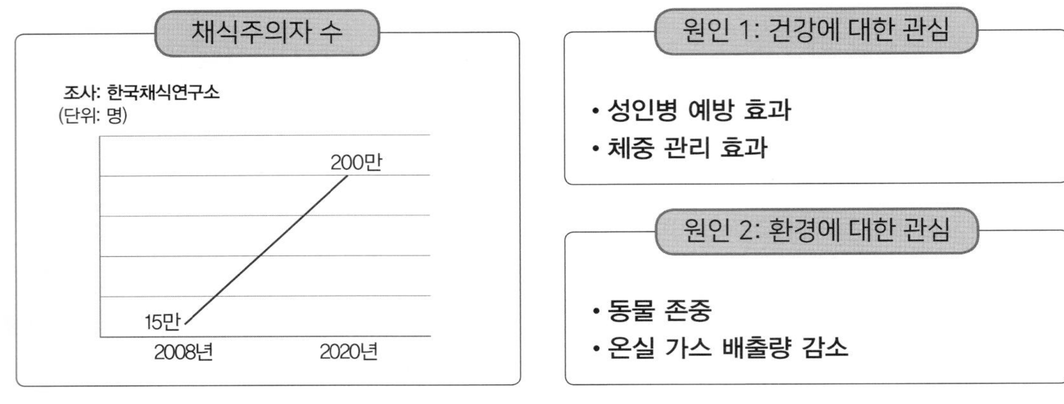

54. 다음을 주제로 하여 자신의 생각을 600~700자로 글을 쓰시오. 단, 문제를 그대로 옮겨 쓰지 마시오. (50점)

온라인에서는 자신을 드러내지 않아도 된다. 이러한 익명 활동은 좋은 점도 있지만 문제점도 있다. 그래서 온라인에서도 자신을 공개해야 한다는 '온라인 실명제'에 대한 논의가 이루어지고 있다. 아래의 내용을 중심으로 '온라인 실명제'에 대한 자신의 의견을 쓰라.

- 온라인 실명제에 찬성하는가, 반대하는가?
- 찬성 혹은 반대하는 이유는 무엇인가? 근거를 들어 자신의 의견을 쓰라.

＊ 원고지 쓰기의 예

	기	분	이		좋	지		않	을		때		쇼	핑	을		하	며	
기	분	을		푸	는		경	우	가		있	다	.	그	러	나		우	울

TOPIK Ⅱ 읽기(1번~ 50번)

※ [1~2] (　　　)에 들어갈 가장 알맞은 것을 고르십시오. (각 2점)

1. 내일도 이렇게 비가 많이 (　　　) 소풍은 가지 못할 것이다.

① 와야　　② 와도

③ 온다면　　④ 오더니

2. 점심에 친구들과 무엇을 (　　　) 생각해 봐야겠다.

① 먹든지　　② 먹을지

③ 먹다가　　④ 먹을수록

※ [3~4] 다음 밑줄 친 부분과 의미가 비슷한 것을 고르십시오. (각 2점)

3. 내가 집을 비운 <u>사이에</u> 택배가 도착했다.

① 김에　　② 대신에

③ 바람에　　④ 동안에

4. 형이 많이 <u>도와준 덕분에</u> 시험에 통과할 수 있었다.

① 도와주어야　　② 도와주어서

③ 도와준 탓에　　④ 도와준 김에

※ **[5~8] 다음은 무엇에 대한 글인지 고르십시오. (각 2점)**

5.

오래 앉아 있어도 방금 앉은 것처럼 편안하게
허리에 무리가 되지 않도록 편안하게

① 의자 ② 책상 ③ 책장 ④ 식탁

6.

다양하고 값 싼 물건으로 장바구니를 가득
이웃의 정으로 행복을 가득

① 서점 ② 시장 ③ 병원 ④ 식당

7.

- 휴대폰은 진동으로 바꿔 주세요.
- 앞 사람의 의자를 발로 차지 마세요.
- 공연 중에는 사진을 촬영하지 마세요.

① 식사 예절 ② 전화 예절 ③ 관람 예절 ④ 봉사 예절

8.

♤ 생생한 화질
♤ 작은 소리까지 들리는 또렷한 음질
♤ 최대 11시간 지속되는 강력한 배터리

① 여행 소개 ② 장소 안내 ③ 사원 모집 ④ 제품 설명

※ **[9~12] 다음 글 또는 도표의 내용과 같은 것을 고르십시오. (각 2점)**

9.

[동물 체험] 새끼 호랑이와의 하루!

◎ 일시 : 4월 6일(토) 14:00~16:00
◎ 장소 : 서울동물원 앞마당
◎ 참가비 : 가족당 10,000원
◎ 신청 방법 : 전화 접수(02-987-6543)

* 선착순 20가족 마감!

① 체험은 평일 오후에 진행된다.
② 20가족만 체험에 참여할 수 있다.
③ 체험에 참여하려면 참가비를 내면 된다.
④ 한 사람에 일만 원 씩 참가비를 내야 한다.

10.

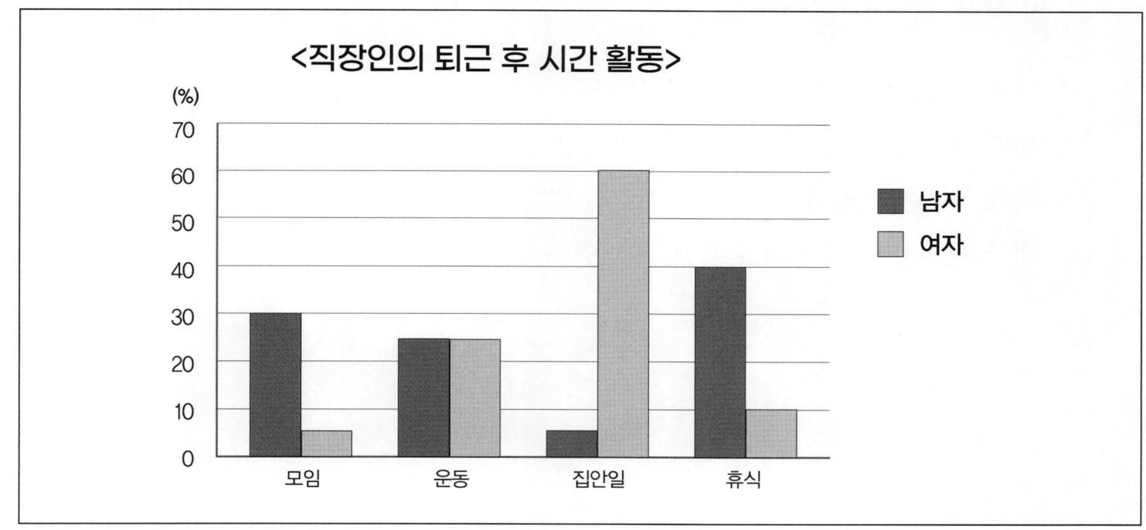

① 남자가 여자보다 운동을 하는 비율이 더 낮다.
② 남자는 퇴근 후 휴식을 하는 경우가 가장 많다.
③ 여자는 남자보다 모임에 나가는 비율이 더 높다.
④ 여자는 휴식을 하는 사람이 집안일을 하는 사람보다 많다.

11.

하늘방송국에서는 오는 3월 20일 한국 요리 만들기 대회를 개최한다. 이 대회는 한국에 거주하는 외국인이라면 누구나 참여할 수 있으며, '내가 가장 좋아하는 한국 음식'을 주제로 이뤄진다. 참가를 원하는 사람은 하늘방송국 홈페이지에서 신청할 수 있다. 지역 예선을 거쳐 본선에는 총 30명이 진출하며 본선은 하늘방송을 통해 전국에 방영된다.

① 신청을 하면 누구나 참여 가능하다.
② 대회 본선은 텔레비전을 통해 방송된다.
③ 해외에 살고 있는 사람도 참여가 가능하다.
④ 자신이 가장 잘 만들 수 있는 요리를 만들면 된다.

12.

최근 새싹 채소를 직접 길러 먹는 가정이 늘고 있다. 새싹 채소는 이제 막 싹이 돋아난 어린 채소를 말한다. 이 시기의 채소에는 다 자란 채소보다 더 많은 영양소가 포함되어 있다. 식물은 새싹이 돋아나는 시기에 가장 활발하게 성장하기 때문이다. 깨끗하고 간편하게 기를 수 있다는 점도 새싹 채소를 집에서 기르는 이유 중의 하나이다.

① 새싹 채소는 시장에서 구하기 어렵다.
② 새싹 채소를 사 먹는 사람들이 증가하고 있다.
③ 새싹 채소는 성장을 모두 마친 채소를 말한다.
④ 새싹 채소는 다 자란 채소에 비해 영양이 더 좋다.

※ **[13~15] 다음을 순서대로 맞게 배열한 것을 고르십시오. (각 2점)**

13.

(가) 야간 조명이 건강을 해친다는 연구 결과가 있다.
(나) 따라서 수면 시에는 가장 어두운 상태로 만드는 것이 중요하다.
(다) 밤에도 낮처럼 밝은 상태가 유지되면 생체리듬이 변화되기 때문이다.
(라) 또 잠자기 전 텔레비전 시청이나 휴대폰 사용을 하지 않는 것이 좋다.

① (가)-(다)-(나)-(라) ② (가)-(라)-(다)-(나)
③ (다)-(가)-(나)-(라) ④ (다)-(라)-(가)-(나)

14.

(가) 일교차가 큰 날씨에 잘 대처하기 위해서이다.
(나) 따라서 등산화와 안전 장비 착용도 필수적이다.
(다) 봄에 등산을 할 때에는 얇은 옷을 여러 겹 껴입는 것이 좋다.
(라) 또, 따뜻한 3, 4월에도 산 곳곳에는 아직 얼음이 남아 있을 수 있다.

① (가)-(다)-(라)-(나) ② (가)-(다)-(나)-(라)
③ (다)-(가)-(라)-(나) ④ (다)-(나)-(가)-(라)

15.

(가) 따라서 앞으로는 더 다양한 즉석 식품을 만날 수 있을 것이다.
(나) 앞으로 혼자 사는 사람의 비중이 더 늘 것으로 예상하기 때문이다.
(다) 식품 업체들은 이들을 위한 즉석 식품 개발에 박차를 가하고 있다.
(라) 1인 가구 수가 증가하면서 간단히 끼니를 해결하려는 사람들이 늘어났다.

① (다)-(가)-(나)-(라) ② (다)-(나)-(가)-(라)
③ (라)-(나)-(다)-(가) ④ (라)-(다)-(나)-(가)

※ **[16~18] 다음을 읽고 (　　　)에 들어갈 내용으로 가장 알맞은 것을 고르십시오. (각 2점)**

16.

마트 계산대 앞에는 껌이나 음료수처럼 가격이 부담스럽지 않은 제품이 진열되어 있다. 이는 고객들이 계산을 기다리면서 추가로 제품을 구매할 수 있도록 한 것이다. 하나를 사면 하나를 더 주는 행사 역시 고객의 추가 구매를 유도하기 위한 것이다. 이처럼 (　　　　　　) 마트에서는 다양한 마케팅 방법을 사용한다.

① 계산의 줄을 줄이기 위하여
② 행사를 다양하게 하기 위하여
③ 고객의 구매를 늘리기 위하여
④ 제품의 진열을 추가하기 위하여

17.

물기가 많은 진흙을 머드라고 한다. 머드는 피부를 탄력 있고, 부드럽게 만든다. 이러한 머드를 (　　　　　　)이 있다. 바로 머드 축제이다. 머드 축제에서는 머드를 이용하여 마사지는 물론 머드 미끄럼틀 타기, 외나무다리 건너기와 같은 각종 놀이를 즐길 수 있다.

① 싸게 구입할 수 있는 곳
② 손쉽게 즐길 수 있는 곳
③ 많이 판매할 수 있는 곳
④ 언제나 먹을 수 있는 곳

18.

한글은 만든 사람과 목적, 동기가 뚜렷하게 알려진 세계 유일의 문자이다. 한글이 만들어진 원리 역시 (　　　　　　). 한글의 자음은 사람의 발음 기관 모양을 따라 만들어졌기 때문에, 'ㄱ', 'ㅋ', 'ㄲ'처럼 같은 위치에서 발음되는 소리는 모두 공통 요소를 함께 가지고 있다. 또 모음은 하늘과 땅, 사람의 모양을 따라 만들어진 것으로 알려졌다.

① 확실하게 알기 어렵다
② 한국에만 알려져 있다
③ 명확하게 기록되어 있다
④ 전 세계의 주목을 받았다

※ **[19~20] 다음 글을 읽고 물음에 답하십시오. (각 2점)**

소변의 색깔로도 건강 상태를 쉽게 확인해 볼 수 있다. 이상적인 소변의 색깔은 옅은 노란색이다. 소변의 색깔이 물처럼 투명하다면 수분을 필요 이상으로 섭취하고 있다는 뜻이며, 밝은 노란색이라면 비타민 B가 많다는 뜻이다. 소변이 이와 같은 색깔이라면 걱정할 필요는 없다. 그러나 (   ) 소변의 색깔이 주황색이나 초록색이라면 반드시 의사와 상담을 해야 한다.

19. (   )에 들어갈 알맞은 것을 고르십시오.

① 만약 ② 역시 ③ 과연 ④ 아마

20. 이 글의 내용과 같은 것을 고르십시오.

① 몸의 상태에 따라 소변의 색깔이 달라진다.

② 소변이 밝은 노란색이라면 병원에 가야 한다.

③ 소변의 색깔이 주황색이라면 걱정할 필요가 없다.

④ 몸에 비타민 B가 많으면 소변의 색깔은 투명하다.

※ **[21~22] 다음 글을 읽고 물음에 답하십시오. (각 2점)**

성별에 따라 잔소리의 효과가 다른 것으로 나타났다. 한 연구 결과에 따르면 남성에게는 '살 빼라.'는 상대방의 잔소리나 비판이 효과적이었으며, 그 강도가 셀수록 더욱 효과적인 것으로 확인되었다. 그러나 여성들은 오히려 스트레스만 받을 뿐 그 효과가 적었다. 따라서 여성들에게는 (   ) 살 빼라고 이야기하는 것보다 함께 운동을 하는 등 실질적인 도움을 주는 것이 좋다.

21. (   )에 들어갈 알맞은 것을 고르십시오.

① 입이 무겁게
② 귀가 따갑도록
③ 코가 비뚤어지게
④ 쥐도 새도 모르게

22. 이 글의 중심 생각을 고르십시오.

① 남성들은 잔소리를 좋아한다.
② 여성들은 살 빼는 것을 싫어한다.
③ 여성과 남성 모두 살로 인해 스트레스를 받고 있다.
④ 잔소리의 효과는 여성과 남성에게 다르게 나타난다.

※ **[23~24] 다음 글을 읽고 물음에 답하십시오. (각 2점)**

나는 그런 표정을 생전 처음 보는 것처럼 느꼈다. 여지껏 그렇게 정직하게 고통스러운 얼굴을, 그렇게 정직하게 고독한 얼굴을 본 적이 없다. 가슴이 뭉클하더니 심하게 두근거렸다. 그는 20등, 30등을 초월해서 위대해 보였다. <u>지금 모든 환호와 영광은 우승자에게 있고 그는 환호 없이 달릴 수 있기에 위대해 보였다.</u>

나는 그를 위해 뭔가 하지 않으면 안 된다고 생각했다. 왜냐하면 내가 좀 전에 그의 20등, 30등을 우습고 불쌍하다고 생각했던 것처럼 그도 자기의 20등, 30등을 우습고 불쌍하다고 생각하면서 '옜다 모르겠다.'하고 그 자리에 주저앉아 버리면 어쩌나, 그래서 내가 그걸 보게 되면 어쩌나 싶어서였다. (중략) 그 전까지만 해도 나는 마라톤이란 매력 없는 우직한 스포츠라고 밖에 생각 안 했었다. 그러나 앞으론 그것을 좀 더 좋아하게 될 것 같다. 그것이 조금도 속임수가 용납 안 되는 정직한 운동이기 때문에.

또 끝까지 달려서 골인한 꼴찌 주자도 좋아하게 될 것 같다. 그 무서운 고통과 고독을 이긴 의지력 때문에.

23. 밑줄 친 부분에 나타난 나의 심정으로 알맞은 것을 고르십시오.

① 아쉽다　　② 불안하다

③ 감동적이다　　④ 염려스럽다

24. 이 글의 내용과 같은 것을 고르십시오.

① 나는 마라톤 경기를 좋아했다.

② 나는 마라톤 경기를 처음 보았다.

③ 나는 마라톤 경기를 보며 고통스러웠다.

④ 나는 꼴찌를 한 선수도 좋아하게 될 것 같다.

※ **[25~27] 다음은 신문 기사의 제목입니다. 가장 잘 설명한 것을 고르십시오. (각 2점)**

25.

낮에는 길거리 음식 천국, 밤에는 쓰레기 산

① 낮에는 길거리 음식을 팔고, 밤에는 쓰레기를 치워야 한다.
② 낮에는 길거리 음식이 많이 팔리지만, 밤에는 팔리지 않는다.
③ 낮에는 길거리 음식이 가득하지만, 밤에는 음식이 다 팔리고 없다.
④ 낮에는 길거리 음식으로 유명한 곳이 밤에는 쓰레기로 가득하다.

26.

독감 유행에 '조마조마', 면역력 높이는 음식을 챙기자

① 면역력 높이는 음식은 독감을 치료할 수 있다.
② 독감에 걸리면 면역력 높이는 음식이 먹고 싶어진다.
③ 면역력 높이는 음식으로 독감에 걸릴 위험을 없앤다.
④ 독감이 유행하면 면역력 높이는 음식의 소비가 늘어난다.

27.

경기 지방 함박눈 '펑펑', 곳곳에 교통사고 잇따라

① 교통사고가 일어나자 경기 지방에 내린 눈을 치웠다.
② 경기 지방에서 발생한 교통사고는 폭풍우로 인한 것이다.
③ 곳곳에서 발생한 교통사고는 경기 지방에 내린 눈과 상관없다.
④ 경기 지방에 내린 많은 눈으로 인해 교통사고가 연이어 일어났다.

※ **[28~31] 다음을 읽고 (　　　　)에 들어갈 내용으로 가장 알맞은 것을 고르십시오. (각 2점)**

28.

선택의 폭이 넓을수록 불행해지는 현상을 '선택의 역설'이라 한다. 선택의 폭이 다양할수록 (　　　　　　　)이 많아지기 때문이다. 즉, 선택하지 못한 것에 대해 아쉬움과 미련이 우울감을 가져온다는 것이다. 따라서 선택의 가짓수가 많아지면, 그만큼 어느 한 쪽을 고르지 못해 힘들어하는 '결정 장애' 역시 증가한다. 많은 정보와 상품에 노출되어 있는 현대인에게 '결정 장애'는 어쩌면 당연한 결과일지도 모른다.

① 포기해야 하는 것
② 구매해야 하는 것
③ 선택해야 하는 것
④ 결정해야 하는 것

29.

흔히들 고열량 음식과 설탕, 운동 부족을 비만의 원인이라 생각한다. 그러나 '짠맛' 역시 비만을 일으키는 주범이다. 짠 음식을 먹으면 갈증을 느끼게 되고, 이 (　　　　　　　) 당분이 많이 함유된 음료를 찾게 된다는 것이다. 실제로 소금 1그램을 더 먹으면 비만 위험이 25% 이상 증가한다는 연구 결과가 발표되기도 했다.

① 소금을 없애기 위해서
② 갈증을 없애기 위해서
③ 비만을 없애기 위해서
④ 짠맛을 없애기 위해서

30. 새해가 되면 많은 사람들이 한 해의 계획을 세우지만 실제로 그 계획은 며칠 지나지 않아 지켜지지 않는 경우가 많다. 미루는 습관은 건강에도 좋지 않다. (　　　　　　) 스트레스를 받기 때문이다. 이러한 스트레스는 위나 심장, 면역 등을 약하게 한다. 이런 습관을 고치기 위해서는 계획한 일을 주변 사람들에게 알리는 것이 좋은 방법이 될 수 있다.

① 해야 할 일이 많기 때문에
② 계획을 세우지 않았기 때문에
③ 할 일을 미뤘다는 생각으로 인해
④ 주변에 계획이 알려진 것으로 인해

31. 많은 예술가들은 기존의 틀을 깨려는 시도를 한다. (　　　　　　) 싫증을 느낀 한 화가는 잼을 바른 식빵이나 화장품, 또는 자신의 혀로 그림을 그리기 시작했다. 이 화가는 종종 주위에서 자신을 곱지 않은 시선으로 바라보는 사람들도 있지만 자신의 그림을 보면서 즐거워하는 사람이 있다면 그걸로 충분하다면서 자신의 독창적인 작품 세계를 만들어 가고 있다.

① 주위의 시선에
② 맛없는 식빵과 잼에
③ 새로운 시도와 도전에
④ 전통적인 연필과 물감에

※ **[32~34] 다음을 읽고 내용이 같은 것을 고르십시오. (각 2점)**

32.

음악을 들으면 마음이 편안해지는 기분을 느낀 적이 있을 것이다. 실제로 음악은 몸이 느끼는 고통을 잊게 해 주는 효과가 있다. 음악의 효과를 연구한 한 연구팀은 수술을 받은 환자에게 음악을 들려 주자 환자의 고통이 감소되는 것을 확인할 수 있었다. 또한 운동을 할 때 음악을 들으면, 뇌에서 통증을 감소시키는 물질과 쾌락과 관계된 물질이 많이 나와 운동을 더 쉽고 재미있게 할 수 있다고 한다.

① 음악을 들은 환자는 통증이 증가한다.
② 음악은 통증을 줄여 주는 데 도움을 준다.
③ 음악은 뇌에 아무런 영향을 주지 못한다.
④ 음악을 들으며 운동을 하면 운동이 더 힘들어진다.

33.

컴퓨터나 스마트폰의 사용이 활발해지면서 정보 보안이 중요한 문제로 떠올랐다. 이들 기기에는 사진이나 연락처, 은행 거래 정보 등 민감한 개인 정보가 다수 포함되어 있기 때문이다. 정보를 보호하는 여러 방법 중에서도 손가락의 지문이나 눈의 홍채처럼 인간의 몸을 활용하는 '생체 보안'이 주목받고 있다. 지문이나 홍채는 사람마다 모양이 다르고 평생 그 모양이 변하지 않는다. 또 복제가 불가능하다. 이 때문에 앞으로 '생체 보안'은 더욱더 주목받을 것으로 예상된다.

① 지문은 다른 사람이 똑같이 만들 수 있다.
② 생체 보안은 인간의 몸을 이용하는 보안 방법이다.
③ 앞으로 생체 보안은 개발에 어려움을 겪을 것이다.
④ 홍채의 모양이 바뀌면 홍채 모양을 다시 등록할 수 있다.

34. 컴퓨터와 같은 디지털 기기가 발달하면서 손으로 직접 글씨를 쓰는 일이 적어졌다. 일부 사람들은 손 글씨 쓰기 시간 대신 편집 기술을 익히는 시간을 늘려야 한다고 주장한다. 그러나 한 연구에서는 손 글씨 쓰기가 내용의 기억과 재구조에 더욱 효과적이라는 것을 밝혀냈다. 또 다른 연구에서는 펜으로 작문을 한 학생이 키보드로 작문을 한 학생보다 더 풍부한 어휘를 사용하고, 글의 완성도가 높은 것을 확인하였다. 사용이 빠르고 편리한 디지털 기기가 손 글씨보다 무조건 좋은 것만은 아닌 것이다.

① 디지털 기기의 사용은 장점만 있다.

② 편집 기술을 배우는 시간이 늘어나야 한다.

③ 키보드로 작문을 하면 더 많은 단어를 사용하기 쉽다.

④ 손 글씨 쓰기는 내용을 다시 구성하는 데에 도움을 준다.

※ [35~38] 다음 글의 주제로 가장 알맞은 것을 고르십시오. (각 2점)

35. 요즘 도심에 멧돼지가 출현하는 일이 빈번해지면서 이로 인한 피해가 발생하고 있다. 고구마나 감자를 키우는 밭이 파헤쳐지는 것은 물론, 음식물 쓰레기를 흩뿌려 놓거나 갑자기 도로에 뛰어들어 교통사고를 유발하기도 한다. 멧돼지의 도심 출몰이 증가한 주된 이유는 멧돼지의 서식 환경이 위협받기 때문이다. 서식지가 점점 줄어들고, 도토리와 같은 먹이가 줄어들어 먹이를 찾아 도심으로 내려오는 것이다. 따라서 멧돼지가 위협받지 않는 환경을 만들어 주는 것이 필요하다.

① 멧돼지의 출현은 도심 교통사고의 주요한 원인이 된다.

② 멧돼지의 위협을 피하기 위해 서식 환경을 보호해 주어야 한다.

③ 멧돼지 서식지 주변의 도토리 수와 먹이 거리가 점차 줄어들고 있다.

④ 도심에 나타나는 멧돼지가 증가하고 있으므로 길을 만들어 주어야 한다.

36.

유통 기한은 '유통 업자가 제품을 판매할 수 있는 법적 기한'으로 유통 기한이 조금 지난 제품은 아무런 문제없이 섭취나 사용이 가능하다. 그러나 약의 경우에는 유통 기한을 잘 따져볼 필요가 있다. 유통 기한이 지난 약은 효능이 없거나 오히려 부작용이 생길 수 있기 때문이다. 따라서 약의 유통 기한이 지났다면 잘 따져보고 사용하는 것이 좋다.

① 유통 기한이 지난 약은 섭취가 가능하다.

② 약의 유통 기한은 꼼꼼히 살펴보아야 한다.

③ 유통 기한이 지나면 모든 제품은 버려야 한다.

④ 유통 기한은 '제품을 사용할 수 있는 마지막 날'이다.

37.

피부를 제2의 두뇌라 부르기도 한다. 피부로 전해지는 느낌은 곧바로 뇌에 전달되기 때문이다. 그래서 아이들을 많이 안아 주거나 쓰다듬어 주면 피부의 촉감이 뇌로 전달되어 편안함과 안정감을 갖게 된다. 자신의 감정을 제대로 표현할 수 없는 아이들에게 이 안정감은 매우 중요한 역할을 하여, 부모와의 신체 접촉이 많은 아이일수록 자존감과 도전 의식은 높은 반면, 폭력성은 낮은 아이로 자라날 확률이 높다고 한다.

① 아이의 도전 의식은 자존감을 통해 형성된다.

② 피부의 느낌이 뇌에 즉시 전달되도록 해야 한다.

③ 신체적 접촉은 아이들의 정서적 안정에 중요하다.

④ 아이들이 감정 표현을 잘 할 수 있도록 도와야 한다.

38.

영양 불균형 문제를 해결하기 위하여 비타민 보충제를 섭취하는 사람들이 많다. 그러나 그 효과에 대하여 의료계에서도 논란이 많다. 비타민 보충제가 부족한 영양소를 보충할 수 있다고 보는 이들이 있는 반면, 현대인은 이미 음식을 통해 비타민을 충분히 섭취하고 있다고 보는 이들도 있는 것이다. 아직 비타민 보충제의 이로움이나 해로움에 대한 명확한 연구 결과는 없다. 결국 소비자가 신중히 선택할 문제이다.

① 비타민 보충제는 식사를 대신할 수 있다.

② 비타민은 우리 몸에 꼭 필요한 영양소이다.

③ 비타민은 보충제를 통해서만 섭취할 수 있다.

④ 비타민 보충제의 효과는 과학적으로 입증되지 않았다.

※ [39~41] 다음 글에서 〈보기〉의 문장이 들어가기에 가장 알맞은 곳을 고르십시오. (각 2점)

39.

중고 제품의 거래가 활성화되고 있다. (㉠) 이에 따라 소비자들이 직접 자신들이 쓰던 물품을 싼 값에 판매하는 온라인 커뮤니티의 인기가 높다. (㉡) 또 색상 차이나 흠집 등의 문제로 반품 처리된 제품만을 따로 판매하는 사이트도 생겨났다. 중고 제품 거래는 앞으로 더욱 그 규모가 커질 것으로 예상된다. (㉢) 다만, 규모가 커지는 만큼 이용 시 주의가 필요하다. 혹시 모를 피해를 방지하기 위해서 구입 전 제품 상태와 판매자 정보 등을 꼼꼼히 따져야만 한다. (㉣)

〈 보기 〉

경기 불황으로 합리적 구매를 원하는 소비자들이 늘었기 때문이다.

① ㉠　　② ㉡　　③ ㉢　　④ ㉣

40. 'ν›„κ΄‘ ν¨κ³Ό'λ” ν• κ°€μ§€μ μ£Όλ νΉμ§•μ— λ€ν• ν‰κ°€ λ•λ¬Έμ— λ‹¤λ¥Έ νΉμ§•μ— λ€ν• ν‰κ°€κ°€ κ°κ΄€μ„±μ„ μƒμ–΄λ²„λ¦¬λ” ν„μƒμ„ λ§ν•λ‹¤. (γ‰) μ΄λ¬ν• ν›„κ΄‘ ν¨κ³Όλ” μ‚¬λμ„ ν‰κ°€ν• λ• λ‘λ“λ¬μ§„λ‹¤. (γ‰΅) μ²«μΈμƒμ΄ μΆ‹μΌλ©΄ λ‹¨μ λ„ λ³„ λ¬Έμ κ°€ λμ§€ μ•μ§€λ§, μ²«μΈμƒμ΄ λ‚μλ©΄ μ¥μ λ„ λ‹¨μ μ²λΌ λ³΄μΌ μ μκΈ° λ•λ¬Έμ΄λ‹¤. (γ‰Ά) κ·Έλμ„ λ©΄μ ‘κ³Ό κ°™μ€ μ¤‘μ”ν• λ§λ‚¨μ—μ„ μ²«μΈμƒμ μ¤‘μ”μ„±μ„ κ°•μ΅°ν•λ” κ²ƒμ΄λ‹¤. (γ‰£)

γ€ λ³΄κΈ° γ€‰

νΉν, μ‚¬λμ— λ€ν• μ²«μΈμƒμ€ μ΄ν›„μ κ΄€κ³„μ— ν° μν–¥μ„ λ―ΈμΉλ‹¤.

β‘ γ‰ β‘΅ γ‰΅ β‘Ά γ‰Ά β‘£ γ‰£

41. κ°„κ²°ν• λ¬Έμ²΄λ΅ μΌμƒμ μ΄μ•ΌκΈ°λ¥Ό λ‹΄μ•„λ‚΄κ³ μλ” κ³ μ΄μ • μ‹μΈμ΄ μ„Έ λ²μ§Έ μ‹μ§‘μ„ μ¶κ°„ν–λ‹¤. (γ‰) μƒλ΅ μ¶κ°„λ μ‹μ§‘ γ€μ§‘γ€μ€ μ‚¶μ κ±°μ μΈ μ§‘μ„ μ¤‘μ‹¬μΌλ΅ μΌμƒμƒν™μ—μ„ μΌμ–΄λ‚λ” μΌλ“¤μ— λ€ν•΄ κ·Έλ§μ λ©μ†λ¦¬λ΅ μ΄μ•ΌκΈ°ν•κ³ μλ‹¤. (γ‰΅) μ΄μ „ μ‘ν’λ“¤μ—μ„ κ³ μ΄μ • μ‹μΈμ€ ν‰λ²”ν• λ‹¨μ–΄λ¥Ό ν†µν•΄ μ£Όμ λ¥Ό κ°„κ²°ν•κ³ κΈ°λ°ν•κ² κ·Έλ ¤ λ§μ€ λ…μλ“¤μ—κ² μΈκΈ°λ¥Ό μ–»μ—λ‹¤. (γ‰Ά) μ΄λ” κ·Έκ°€ λ…μλ“¤μ μ•„ν””μ„ μ„λ΅ν•κ³ μ‹¶λ‹¤λ” λ°”λμ—μ„ λΉ„λ΅―λ κ²ƒμ΄λ‹¤. (γ‰£)

γ€ λ³΄κΈ° γ€‰

κ·Έλ¬λ‚ μ΄λ² μ‹μ§‘μ€ μ΄μ „ μ‘ν’λ³΄λ‹¤ μ£Όμ λ¥Ό μΆ€ λ” μ§„μ§€ν•κ² λ°”λΌλ³΄κ³ μλ” λλ‚μ΄λ‹¤.

β‘ γ‰ β‘΅ γ‰΅ β‘Ά γ‰Ά β‘£ γ‰£

※ **[42~43] 다음 글을 읽고 물음에 답하십시오. (각 2점)**

그런데 다음날 점심시간에 우림이는 또 토끼장 앞에 서 있었다. 이번엔 나도 말을 걸지 않았다. 그러자 우림이 쪽에서 먼저 시비를 걸었다.

"너, 왜 자꾸 이 토끼장에 오는 거야? 너 때문에 내가 여기 오기 싫어지잖아!"

"나는 점심시간에는 늘 토끼장에 와. 넌 어째서 나 때문에 토끼장에 오기 싫어진다는 거야?"

"그건 너와 함께 있기 싫기 때문이야."

"내가 뭘 잘못했기에?"

"이유는 없어! 그냥 싫으니까."

"그런 억지가 어디 있어?"

"자, 네가 비켜주겠니, 아니면 내가 갈까?"

"함께 있으면 되잖아."

"난 싫어! 그래, 넌 여자를 위해 자리 하나 양보 못하겠단 말이지? 알겠어, 흥! 야만인!"

우림이는 또 샐쭉해서 가 버렸다. <u>하는 짓으로 보나, 쓰는 말씨로 보나 우림이는 정말 이해할 수 없는 아이였다.</u>

42. 밑줄 친 부분에 나타난 나의 심정으로 알맞은 것을 고르십시오.

① 곤란하다 ② 섭섭하다
③ 당황스럽다 ④ 걱정스럽다

43. 이 글의 내용과 같은 것을 고르십시오.

① 나는 우림이를 좋아한다.
② 나는 우림이에게 잘못을 했다.
③ 나는 점심시간에 항상 토끼장에 간다.
④ 나는 우림이를 위해 자리를 비켜 주었다.

※ **[44~45] 다음을 읽고 물음에 답하십시오. (각 2점)**

'딸바보'는 딸을 각별히 아끼는 아버지를 뜻하는 신조어이다. 딸과 돈독한 관계를 유지하며, 딸에 대한 사랑을 표현하는 딸바보 아버지들이 성공하는 딸을 만든다는 연구 결과가 속속 등장하고 있다. 한 연구 결과에 따르면, 가사 일에 적극적이고, 아내와 딸에게 다정다감한 아버지 밑에서 자란 딸은 자신의 일에 더욱 긍정적으로 임한다고 한다. 아버지에게 받은 (   ) 자신을 스스로 가치 있는 사람이라 여기고 남에게 인정받기 위하여 매사 적극적으로 행동한다는 것이다. 그런데 여기서 딸바보의 기준은 딸과 함께하는 시간과는 관계가 없다. 딸과 많은 시간을 함께 보내느냐, 그렇지 않느냐가 아니라 얼마만큼 두터운 신뢰 관계를 형성하고 있느냐가 그 기준이 되는 것이다.

44. 이 글의 주제로 알맞은 것을 고르십시오.

① 딸은 아버지에게 자신의 성공을 인정받고 싶어 한다.

② 딸과 많은 시간을 보낸 아버지가 훌륭한 딸을 만든다.

③ 딸바보 아버지 밑에서 자란 딸은 가사 일을 잘 해낸다.

④ 딸바보 아버지는 딸의 인생에 긍정적인 영향을 미친다.

45. (   )에 들어갈 내용으로 가장 알맞은 것을 고르십시오.

① 스트레스 때문에

② 타고난 재능을 통해

③ 긍정적 영향을 통해

④ 부정적 인식으로 인해

※ **[46~47] 다음을 읽고 물음에 답하십시오. (각 2점)**

제품의 디자인이나 품질뿐만 아니라 원재료나 제조 과정까지도 관심을 갖는 소비자들이 늘어나고 있다. (㉠) 친환경 제품이나 공정 무역 제품의 인기가 높아지는 것도 바로 이 때문이다. (㉡) 그러나 제품을 구매할 때마다 원재료와 제조 과정을 파악하기란 여간 까다로운 일이 아니다. 그래서 최근에는 이를 쉽게 확인할 수 있는 앱이 개발되기도 하였다. (㉢) 앱에서 제품을 선택하면 원재료와 제조 과정은 물론, 제조 과정에서 발생하는 오염물, 근로자의 근로 조건 등까지도 한눈에 볼 수 있다. (㉣) 이러한 앱은 소비자의 현명한 소비를 도울 뿐 아니라, 기업의 태도까지도 긍정적으로 변화시킨다는 점에서 그 효과를 거두고 있다.

46. 다음 문장이 들어가기에 가장 알맞은 곳을 고르십시오.

〈 보기 〉

삶이 풍요로워지면서 가격이 조금 더 비싸더라도 좋은 재료로 바르게 만든 제품을 선호하게 된 것이다.

① ㉠ ② ㉡ ③ ㉢ ④ ㉣

47. 이 글의 내용과 같은 것을 고르십시오.

① 기업은 기업의 이윤만을 추구하려고 한다.
② 최근의 소비자들은 제품의 품질만을 꼼꼼히 따진다.
③ 공정 무역 제품은 가격이 비싸서 구매자가 줄어들고 있다.
④ 앱을 사용하면 제품의 제조 과정까지도 쉽게 확인할 수 있다.

※ **[48~50] 다음을 읽고 물음에 답하십시오. (각 2점)**

낮은 출산율은 인구 감소를 불러오고, 지속적인 인구 감소는 경제 활동을 위축시킨다. 생산 활동을 하는 젊은이들은 줄어드는 반면, 의료 기술의 발달로 젊은이들이 (   ) 노인 인구는 증가하기 때문이다. 낮은 출산율을 단순한 사회적 현상으로 보아서는 안 되는 이유이다. 출산율을 증가시키기 위해 정부와 각 시도 지자체에서는 임신과 출산에 관련된 병원비 지원과 출산 장려금 지급, 산모와 신생아의 건강 관리 지원 사업 등을 펼치고 있다. 그러나 보다 실질적인 제도 마련과 의식 개선이 필요하다는 목소리가 높다. 맞벌이 가정에서도 자녀를 충분히 양육할 수 있는 여건을 마련해 주어야 한다는 것이다. 근무 시간은 물론 야근과 같은 변수에도 아이를 믿고 맡길 수 있는 보육 시설과 환경이 마련되어야 하며, 육아 휴직 후 복직 시에 받는 눈치와 차별이 사라져야 한다. 또, 아버지의 가사와 육아 참여를 이끌어 내기 위하여 남성의 육아 휴직도 적극 장려해야 할 것이다. 정부와 지자체는 단순히 지원 사업 확대와 지원금 인상 등에 만족하지 말고, 사업 시행 과정에서 나타나는 문제점을 지속적으로 보완해 나가도록 해야 한다.

48. 필자가 이 글을 쓴 목적을 고르십시오.

① 남성 육아 휴직의 전면 도입을 재고하기 위해

② 지속적인 인구 감소의 문제점을 설명하기 위해

③ 출산 장려금 지급 사업의 중요성을 지지하기 위해

④ 실질적인 출산 장려 정책의 필요성을 주장하기 위해

49. (   )에 들어갈 내용으로 알맞은 것을 고르십시오.

① 부양해야 하는   ② 존경해야 하는

③ 고마워해야 하는   ④ 두려워해야 하는

50. 밑줄 친 부분에 나타난 필자의 태도로 알맞은 것을 고르십시오.

① 저출산 현상을 가정하고 있다.

② 저출산 문제에 대해 우려하고 있다.

③ 출산 장려 정책에 대해 비판하고 있다.

④ 노인 인구 증가 현상에 대해 지적하고 있다.

전체 듣기

제3회
실전모의고사

TOPIK Ⅱ

듣기, 쓰기, 읽기

수험번호(Registration No.)		
이름 (Name)	한국어(Korean)	
	영 어(English)	

TOPIK Ⅱ 듣기(1번~ 50번)

※ **[1~3] 다음을 듣고 알맞은 그림을 고르십시오. (각 2점)**

1. ①

②

③

④

2. ①

②

③

④

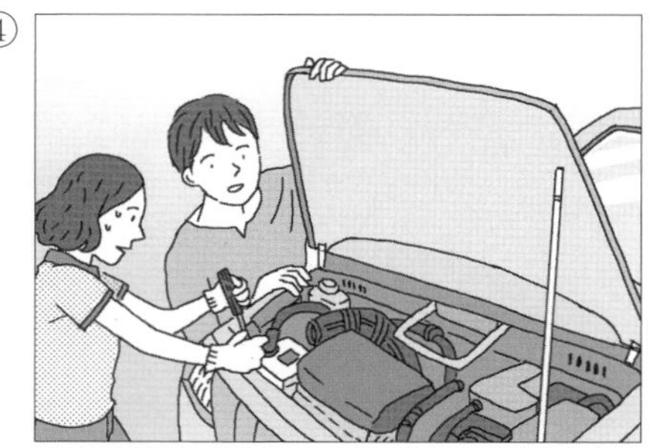

3. ①
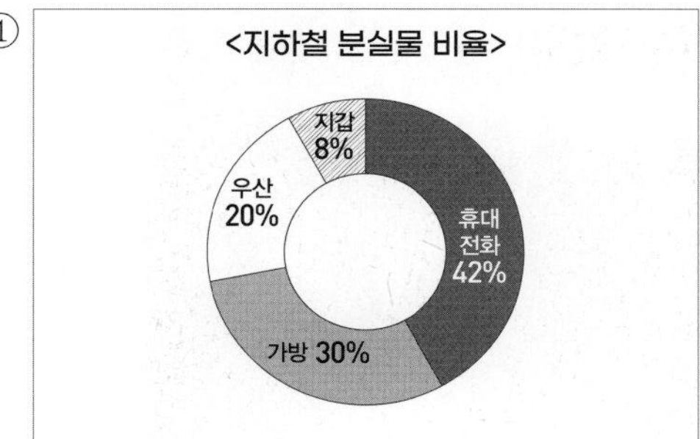

②
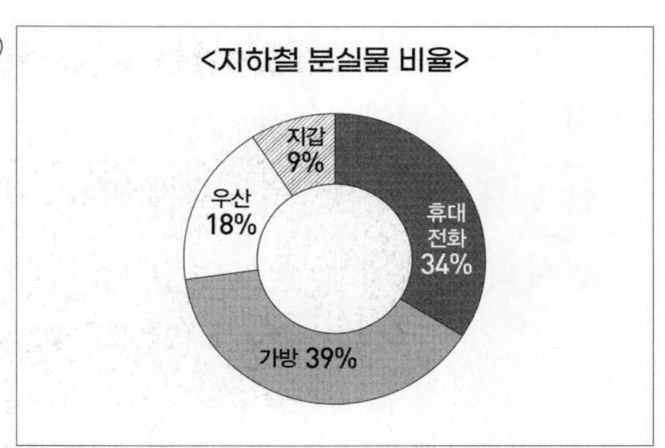

③
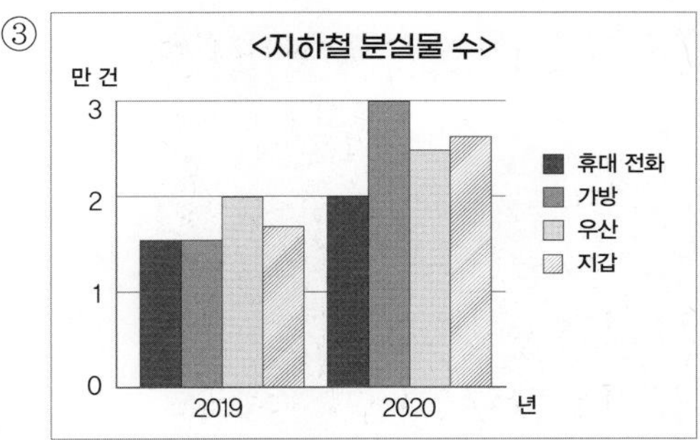

④
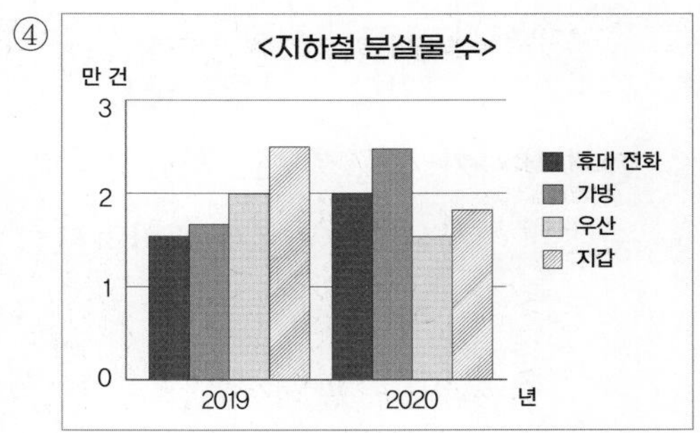

※ [4~8] 다음 대화를 잘 듣고 이어질 수 있는 말을 고르십시오. (각 2점)

4. ① 더 노력해야 붙을 수 있어.
② 시험을 잘 봐서 정말 좋겠다.
③ 너도 곧 좋은 결과 있을 거야.
④ 그래서 요새 기분이 정말 좋아.

5. ① 네, 고마워요. 주의할게요.
② 선풍기도 틀어야 할 것 같아요.
③ 저는 아이스크림이 제일 맛있어요.
④ 날씨가 더워서 아이스크림을 먹으나 마나예요.

6. ① 저는 요리를 잘해서 괜찮아요.
② 일하느라 제때 식사를 잘 못해요.
③ 저도 시간 여유가 있으면 좋겠어요.
④ 그럼 저도 이번 달에 배달시켜 봐야겠어요.

7. ① 초대해 주셔서 감사합니다.
② 저는 지난번에 못 가 봤어요.
③ 잘 됐네요. 그럼 저와 같이 가요.
④ 전시회 준비하느라 많이 바쁠 거예요.

8. ① 준비하느라 수고하셨습니다.
② 준비가 다 되었다니 다행이군요.
③ 판매 행사가 성공적으로 끝났습니다.
④ 중요한 행사니 늦지 않게 준비하도록 하세요.

※ [9~12] 다음 대화를 잘 듣고 여자가 이어서 할 행동으로 알맞은 것을 고르십시오.

9. ① 빈자리를 찾아 앉는다. ② 길을 건너 버스를 탄다.
③ 한국병원에 전화를 건다. ④ 한국병원까지 걸어서 간다.

10. ① 냉장고를 사러 간다. ② 서비스 센터에 전화를 건다.
③ 냉장고 부품을 구하러 간다. ④ 냉장고 수리 비용을 알아본다.

11. ① 거실을 찾아본다. ② 지갑을 찾아온다.
③ 남자에게 연락한다. ④ 슈퍼에 전화를 건다.

12. ① 기념식에 참석한다. ② 태국 회사에 전화한다.
③ 기념품을 더 판매한다. ④ 준비된 기념품 수를 확인한다.

※ [13~16] 다음을 듣고 내용과 일치하는 것을 고르십시오. (각 2점)

13. ① 남자는 수학을 잘한다.
② 여자는 내일 시험을 본다.
③ 남자는 수학 책을 학교에 두고 왔다.
④ 여자는 책을 가지러 학교에 갈 것이다.

14. ① 뮤지컬은 쉬지 않고 공연된다.
② 뮤지컬 노래는 녹음할 수 있다.
③ 공연하는 모습은 사진으로 찍을 수 없다.
④ 공연 중에는 조용한 목소리로 통화해야 한다.

15. ① 다행히 재산 피해는 없었다.
② 화재 원인을 조사하고 있다.
③ 아파트 주민이 부상을 당했다.
④ 방에서 불이 시작된 것으로 보인다.

16. ① 이 카페는 한의사가 운영한다.
② 한방차는 몸에 좋지만 매우 쓰다.
③ 이 카페에서는 다양한 한방차를 판매한다.
④ 이 카페에서는 무료 건강 검진을 받을 수 있다.

※ [17~20] 다음을 듣고 남자의 중심 생각을 고르십시오. (각 2점)

17. ① 자동차 정비는 재미있다.
② 직업에 성별은 문제되지 않는다.
③ 성공하려면 열심히 노력해야 한다.
④ 어려움을 극복해야만 성공할 수 있다.

18. ① 실내 온도를 알맞게 유지해야 한다.
② 에어컨을 세게 틀면 전기 요금이 많이 나온다.
③ 날씨가 더울 때에는 실내 온도를 많이 낮춰야 한다.
④ 에너지 절약을 위해서 에어컨을 사용하지 말아야 한다.

19. ① 새로운 영화가 개봉하면 방송 출연을 해야만 한다.
② 방송에 출연한다고 영화 관람객이 증가하는 것은 아니다.
③ 영화 홍보를 위해 방송에 나오는 것은 잘못된 것이 아니다.
④ 한 연예인이 여러 프로그램에 나오는 것은 바람직하지 않다.

20. ① 현대적인 편리성을 강조해야 한다.
② 전통적인 아름다움을 최대한 반영해야 한다.
③ 전통적인 것과 현대적인 것이 조화를 이루어야 한다.
④ 다른 사람에게 좋은 평을 듣는 건축물을 만들어야 한다.

※ [21~22] 다음을 듣고 물음에 답하십시오. (각 2점)

21. 남자의 중심 생각으로 맞는 것을 고르십시오.

① 신제품은 소비자들에게 반응이 좋다.
② 신제품 출시는 경쟁사보다 빨라야 한다.
③ 신제품은 예정일에 맞추어 출시되어야 한다.
④ 신제품 출시 준비는 여유롭게 진행해도 괜찮다.

22. 들은 내용으로 맞는 것을 고르십시오.

① 신제품 출시 준비는 거의 끝나간다.
② 신제품 출시 예정일은 이번 주말이다.
③ 신제품 출시 예정일을 당기려고 한다.
④ 신제품은 경쟁사보다 늦게 출시되었다.

※ [23~24] 다음을 듣고 물음에 답하십시오. (각 2점)

23. 남자는 무엇을 하고 있는지 맞는 것을 고르십시오.

① 공원 축구장을 빌리려고 문의하고 있다.
② 공원 축구장에서 하는 행사를 확인하고 있다.
③ 공원 축구장의 사용 시간에 대해 알아보고 있다.
④ 공원 축구장의 사용 금지를 구청에 요구하고 있다.

24. 들은 내용으로 맞는 것을 고르십시오.

① 남자는 구청에서 근무한다.
② 공원 축구장은 매주 예약해야 한다.
③ 공원 축구장은 무료로 이용할 수 있다.
④ 남자는 토요일마다 축구를 할 예정이다.

※ **[25~26] 다음을 듣고 물음에 답하십시오. (각 2점)**

25. 남자의 중심 생각으로 맞는 것을 고르십시오.

① 팔고 남은 빵은 모두 버려야 한다.

② 그날 만든 빵은 그날에만 먹어야 한다.

③ 나에게 필요 없는 것도 남에게는 필요할 수 있다.

④ 가게를 운영할 때에는 원칙을 지키는 것이 중요하다.

26. 들은 내용으로 맞는 것을 고르십시오.

① 팔고 남은 빵은 가족들이 먹는다.

② 모양이 잘못 만들어진 빵을 나눈다.

③ 남자의 빵집은 모든 빵이 공짜이다.

④ 남자가 빵을 나누어 준 지 10년이 되었다.

※ **[27~28] 다음을 듣고 물음에 답하십시오. (각 2점)**

27. 여자가 남자에게 말하는 의도를 고르십시오.

① 음악 봉사의 반응을 보고하기 위해

② 음악 봉사의 중요성을 강조하기 위해

③ 음악 봉사의 방법에 조언을 주기 위해

④ 음악 봉사에 함께 할 것을 권유하기 위해

28. 들은 내용으로 맞는 것을 고르십시오.

① 남자는 악기를 잘 연주한다.

② 남자는 음악 봉사에 대해 잘 알고 있다.

③ 여자는 주말에 음악 봉사를 갈 예정이다.

④ 음악 봉사는 악기를 잘 다루어야 참여 가능하다.

※ **[29~30] 다음을 듣고 물음에 답하십시오. (각 2점)**

29. 남자가 누구인지 맞는 것을 고르십시오.

① 여행지를 안내하는 사람

② 여행지에서 통역하는 사람

③ 여행 상품을 체험하는 사람

④ 여행 상품을 기획하는 사람

30. 들은 내용으로 맞는 것을 고르십시오.

① 남자는 출장 때문에 여행을 자주 한다.

② 남자는 소비자를 생각하며 상품을 개발한다.

③ 남자는 새로운 여행지를 찾는 일이 부담스럽다.

④ 체험 활동을 원하는 소비자들이 증가하고 있다.

※ **[31~32] 다음을 듣고 물음에 답하십시오. (각 2점)**

31. 남자의 생각으로 맞는 것을 고르십시오.

① 신규 채용이 확대되면 경제가 활성화된다.

② 인건비가 증가하면 근로자가 안정적인 삶을 살 수 있다.

③ 최저 임금 인상이 근로자 인권 보호를 위한 최선의 방안이다.

④ 최저 임금을 올리는 것은 경제에 안 좋은 영향을 줄 수 있다.

32. 남자의 태도로 맞는 것을 고르십시오.

① 근거를 들어 상대 의견을 반박하고 있다.

② 다양한 사례를 제시하며 주제를 설명하고 있다.

③ 자료를 분석하며 상대방의 의견을 지지하고 있다.

④ 직접적인 경험을 이야기하며 근로자의 입장을 대변하고 있다.

※ [33~34] 다음을 듣고 물음에 답하십시오. (각 2점)

33. 무엇에 대한 내용인지 맞는 것을 고르십시오.

① 고속도로의 장점

② 과정을 즐기며 사는 인생

③ 고속도로와 국도의 차이점

④ 빠르게 목적지에 도착하는 방법

34. 들은 내용으로 맞는 것을 고르십시오.

① 국도로 달리면 주변 풍경을 볼 수 있다.

② 고속도로로 빨리 달리는 것이 제일 좋다.

③ 빠른 길을 안내해 주는 기계도 틀릴 때가 있다.

④ 요즘에는 국도에서도 고속도로만큼 속도를 낼 수 있다.

※ [35~36] 다음을 듣고 물음에 답하십시오. (각 2점)

35. 남자는 무엇을 하고 있는지 맞는 것을 고르십시오.

① 도전의 가치를 논의하고 있다.

② 협동의 중요성을 강조하고 있다.

③ 발전의 필요성을 주장하고 있다.

④ 사원들의 능력을 평가하고 있다.

36. 들은 내용으로 맞는 것을 고르십시오.

① 한국기업에는 야구팀이 있다.

② 전 직원을 대상으로 한 연설이다.

③ 한국기업은 50년 전에 만들어졌다.

④ 회사는 우수한 개인이 이끌어 갈 수 있다.

※ **[37~38] 다음은 교양 프로그램입니다. 잘 듣고 물음에 답하십시오. (각 2점)**

37. 여자의 중심 생각으로 맞는 것을 고르십시오.
① 분자 요리는 조리 과정을 변화시킨 것이다.
② 소비자 요구를 분석하여 요리를 개발해야 한다.
③ 질소 아이스크림은 기존 아이스크림보다 맛이 뛰어나다.
④ 소비자의 만족을 위해 분자 요리 개발을 계속해야 한다.

38. 들은 내용과 일치하는 것을 고르십시오.
① 분자 요리의 개발 방법을 매우 간단하다.
② 질소 아이스크림은 질소의 맛을 느낄 수 있다.
③ 가루 형태의 크림소스도 분자 요리의 한 종류이다.
④ 분자 요리는 음식을 아주 작은 단위까지 변형시킨다는 뜻이다.

※ **[39~40] 다음은 대담입니다. 잘 듣고 물음에 답하십시오. (각 2점)**

39. 이 대화 앞의 내용으로 알맞은 것을 고르십시오.
① 선글라스와 어울리는 의상을 입어야 한다.
② 얼굴 모양에 어울리는 선글라스를 찾아야 한다.
③ 멋을 내고 싶다면 선글라스를 착용하는 것이 좋다.
④ 머리 모양과 어울리는 선글라스를 선택하는 것이 좋다.

40. 들은 내용과 일치하는 것을 고르십시오.
① 선글라스는 자외선을 차단해 눈을 보호해 준다.
② 각진 얼굴에는 화려한 색상의 선글라스가 좋다.
③ 야외에서는 항상 선글라스를 착용하는 것이 좋다.
④ 동그란 얼굴에는 안경테가 동그란 선글라스가 좋다.

※ [41~42] 다음은 강연입니다. 잘 듣고 물음에 답하십시오. (각 2점)

41. 남자의 중심 생각으로 맞는 것을 고르십시오.

① 인간의 능력은 무한하다.

② 지속적으로 체력 관리를 해야 한다.

③ 기계를 적극 활용할 줄 알아야 한다.

④ 기계에 지나치게 의존하는 것은 좋지 않다.

42. 들은 내용과 일치하는 것을 고르십시오.

① 운동 기기의 발달로 걷는 시간이 증가하였다.

② 체력이 약해지는 것은 디지털 치매의 증상이다.

③ 전자 기기에 의존하면 기억력이 감소할 수 있다.

④ 공부를 꾸준히 하는 것은 뇌에 무리를 줄 수 있다.

※ [43~44] 다음은 다큐멘터리입니다. 잘 듣고 물음에 답하십시오. (각 2점)

43. 이 이야기의 중심 내용으로 맞는 것을 고르십시오.

① 세종대왕은 음악에 관심이 많았다.

② 세종대왕은 백성들을 직접 도왔다.

③ 세종대왕은 다양한 분야에서 업적을 쌓았다.

④ 세종대왕은 농사 기술을 비약적으로 발전시켰다.

44. 세종대왕에 대한 설명으로 맞는 것을 고르십시오.

① 세종대왕은 전통 악기를 창조해 냈다.

② 세종대왕은 백성을 가장 먼저 생각하였다.

③ 세종대왕은 농민들을 만나 이야기를 들었다.

④ 세종대왕은 농사를 체험하며 과학 기구를 만들었다.

※ **[45~46] 다음은 강연입니다. 잘 듣고 물음에 답하십시오. (각 2점)**

45. 들은 내용과 일치하는 것을 고르십시오.

① 춘곤증은 스트레스의 원인이다.

② 춘곤증은 두세 달가량 지속된다.

③ 춘곤증은 겨울에 더 활발히 나타난다.

④ 춘곤증은 봄에 주로 느끼는 증상이다.

46. 여자가 말하는 방식으로 가장 알맞은 것을 고르십시오.

① 춘곤증의 원인을 설명하고 있다.

② 춘곤증의 증상을 나열하고 있다.

③ 춘곤증의 예방법을 소개하고 있다

④ 춘곤증의 치료법을 분석하고 있다.

※ **[47~48] 다음은 대담입니다. 잘 듣고 물음에 답하십시오. (각 2점)**

47. 들은 내용과 일치하는 것을 고르십시오.

① 매일 단어 10개를 외우는 것이 중요하다.

② 외국어를 접할 수 있는 매체는 한정적이다.

③ 예전보다 다른 나라 친구를 만날 기회가 많아졌다.

④ 외국 드라마를 보는 것은 외국어 공부에 큰 도움이 되지 않는다.

48. 남자의 태도로 가장 알맞은 것을 고르십시오.

① 외국어 학습 방법을 제시하고 있다.

② 외국어 학습의 목표를 설정하고 있다.

③ 외국어 학습의 필요성을 강조하고 있다.

④ 외국어 학습의 중요성에 반론을 제기하고 있다.

※ [49~50] 다음은 강연입니다. 잘 듣고 물음에 답하십시오. (각 2점)

49. 들은 내용과 일치하는 것을 고르십시오.

① 현대인 대부분은 햇빛을 충분히 받고 있다.

② 햇빛에 과도하게 노출되는 것은 건강과 상관없다.

③ 햇빛에 충분히 노출되지 못하면 건강에 여러 문제가 발생한다.

④ 햇빛을 피하기 위해서 외출 시에는 모자나 긴팔 옷으로 몸을 가려야만 한다.

50. 남자의 태도로 가장 알맞은 것을 고르십시오.

① 질병의 원인을 분석하고 있다.

② 현대인의 건강 상태를 진단하고 있다.

③ 자외선 노출의 위험성을 증명하고 있다.

④ 햇빛에 충분히 노출될 것을 제안하고 있다.

TOPIK Ⅱ 쓰기(51번~ 54번)

※ **[51~52] 다음을 읽고 ㉠과 ㉡에 들어갈 말을 한 문장씩 쓰십시오. (각 10점)**

51.

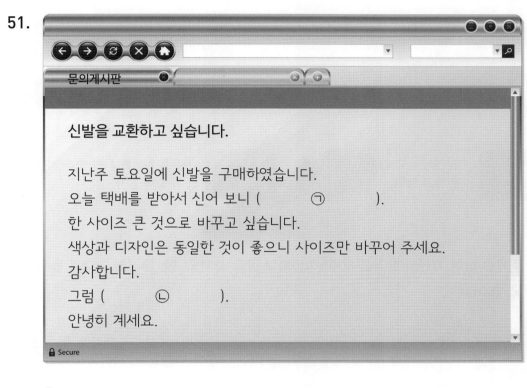

문의게시판

신발을 교환하고 싶습니다.

지난주 토요일에 신발을 구매하였습니다.
오늘 택배를 받아서 신어 보니 (　　　㉠　　　).
한 사이즈 큰 것으로 바꾸고 싶습니다.
색상과 디자인은 동일한 것이 좋으니 사이즈만 바꾸어 주세요.
감사합니다.
그럼 (　　　㉡　　　).
안녕히 계세요.

Secure

㉠

㉡

52.

기분이 나쁠 때 욕을 하면 시원한 감정이 들기도 한다. 그래서 습관처럼 욕을 하는 사람들이 있다. 그러나 욕은 우리의 행동과 언어에도 (　　　㉠　　　). 실제로 욕을 자주 하는 사람들은 그렇지 않은 사람들보다 충동적으로 행동을 하는 것으로 나타났다. 또한, 사용하는 어휘가 제한되어 어휘력이 약해진다. 따라서 욕은 (　　　㉡　　　).

㉠

㉡

53. 다음을 참고하여 '한국 라면 수출 현황'에 대한 글을 200~300자로 쓰시오. 단, 글의 제목을 쓰지 마시오. (30점)

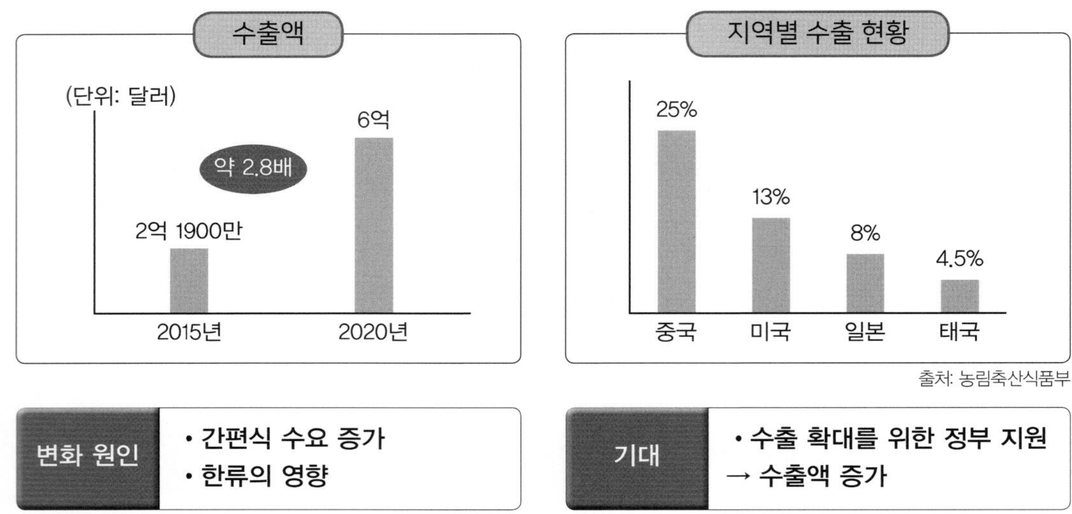

54. 다음을 주제로 하여 자신의 생각을 600~700자로 글을 쓰시오. 단, 문제를 그대로 옮겨 쓰지 마시오. (50점)

외국어를 공부하는 사람들이 늘고 있다. 외국어를 공부하면 해당 언어뿐만 아니라 그 나라의 문화와 사고를 배울 수 있기 때문일 것이다. 아래의 내용을 중심으로 '외국어 공부'에 대한 자신의 생각을 쓰라.

- 외국어 공부를 시작할 가장 좋은 시기는 언제인가?
- 그렇게 생각하는 이유는 무엇인가?

＊ 원고지 쓰기의 예

	충	분	한		양	의		물	을		섭	취	해	야		한	다	는	
것	은		잘		알	려	진		사	실	이	다	.	몸	에		수	분	이

TOPIK Ⅱ 읽기(1번~ 50번)

※ **[1~2] (　　　)에 들어갈 가장 알맞은 것을 고르십시오. (각 2점)**

1. 매일 늦게까지 일을 (　　　) 건강이 나빠질 수 있다.

① 하더라도　　② 하다가는
③ 하고 나서　　④ 하는 김에

2. 오늘 수업 시간에 학생들이 (　　　) 발표를 했다.

① 차례대로　　② 차례니까
③ 차례만큼　　④ 차례치고

※ **[3~4] 다음 밑줄 친 부분과 의미가 비슷한 것을 고르십시오. (각 2점)**

3. 우리 집은 버스 정류장과 <u>가까운 반면에</u> 지하철역과는 멀다.

① 가깝지만　　② 가깝고자
③ 가깝도록　　④ 가까울수록

4. 이 사과는 <u>신선할 뿐만 아니라</u> 가격도 싸다.

① 신선하지만　　② 신선한 데다가
③ 신선한 대신에　　④ 신선한 바람에

※ **[5~8] 다음은 무엇에 대한 글인지 고르십시오. (각 2점)**

5.

집 안에서 만나는 산들바람
상쾌하고 시원한 바람이 솔솔~!

① 수영복 ② 등산복 ③ 정수기 ④ 선풍기

6.

엄마의 손맛으로!
우리 가족이 먹는다는 생각으로 정성껏 만들겠습니다.

① 호텔 ② 식당 ③ 편의점 ④ 유치원

7.

"안녕하세요?"
따뜻한 인사 한 마디가 이웃 사랑의 시작입니다.

① 자원 절약 ② 교통 안전 ③ 환경 보호 ④ 인사 예절

8.

- 하루 한 번, 충분한 물과 함께 섭취하세요.
- 몸에 이상이 나타나면 의사와 상담하세요.

① 상품 안내 ② 주의 사항 ③ 재료 안내 ④ 문의 방법

※ **[9~12] 다음 글 또는 도표의 내용과 같은 것을 고르십시오. (각 2점)**

9.

제15회 서울 국제연극제

구분	관람료
일반	15,000원
단체 (10인 이상)	12,000원
특별권	20,000원

* 관람권은 구매한 당일에만 이용 가능합니다.
* 단체 요금은 평일에만 가능합니다.
* 특별권 구입 시 연극 두 편을 관람할 수 있습니다.

① 관람권은 다음 날 사용 가능하다.
② 토요일에는 단체 할인을 받을 수 있다.
③ 8명이 가면 단체 할인을 받을 수 없다.
④ 특별권을 사면 원하는 연극을 마음대로 볼 수 있다.

10.

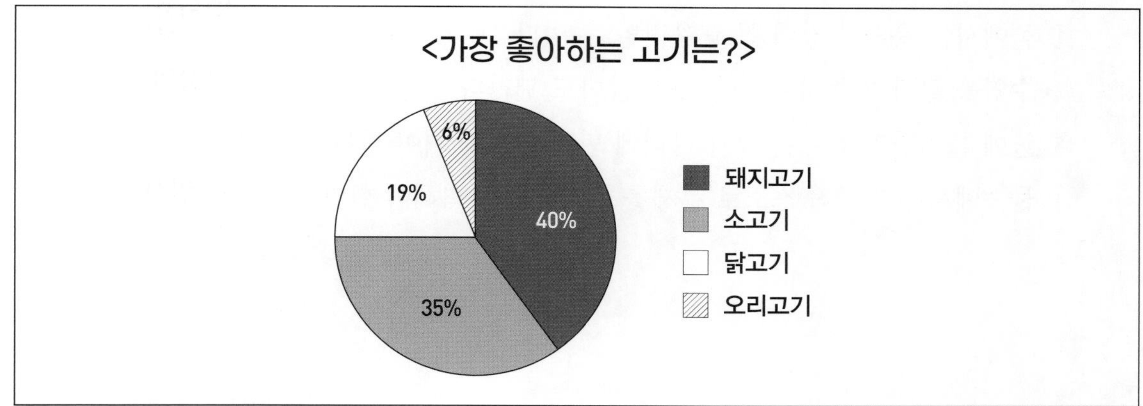

① 닭고기를 좋아하는 사람이 제일 적다.
② 돼지고기를 좋아하는 사람은 전체의 반이 넘는다.
③ 오리고기를 좋아하는 사람은 닭고기를 좋아하는 사람보다 많다.
④ 소고기를 좋아하는 사람은 오리고기를 좋아하는 사람보다 많다.

11.

최근 꽃 장식 대신 쌀로 축하의 마음을 전달하는 사람들이 늘고 있다. 결혼식장이나 공연장 앞의 꽃 장식은 몇 시간 지나 곧 버려지는데, 이를 쌀로 대신하는 것이다. 이렇게 모아진 쌀은 도움이 필요한 사람들에게 기부할 수 있다. 낭비를 줄이고, 이웃을 돕는 의미 있는 날을 만들 수 있어 점점 많은 이들이 동참하고 있다. 이에 쌀과 함께 축하 문구를 배송해 주는 업체도 늘고 있다.

① 꽃 장식은 오래도록 보관된다.
② 쌀 전문 업체가 생겨날 것이다.
③ 모인 쌀로 이웃을 도울 수 있다.
④ 사람들은 꽃 장식을 더 좋아한다.

12.

물에서는 자신의 뜻대로 신체를 움직이기 어렵다. 그래서 위급 상황이 일어났을 때에도 스스로 대처하기 어렵다. 따라서 물에 들어가기 전에는 반드시 준비 운동을 하고, 심장에서 먼 부분부터 물을 적셔 몸을 적응시켜야 한다. 또한 물속에서 피부가 당겨지는 느낌이 들 때는 몸을 따뜻하게 하고 휴식을 취해야 한다. 만약 위험한 상황에 처했을 때는 주변 사람들에게 적극적으로 도움을 요청해야 한다.

① 물에서는 육지와 같이 몸을 움직일 수 있다.
② 수영을 잘하면 준비 운동을 하지 않아도 괜찮다.
③ 물에 들어가기 전에는 팔과 다리에 먼저 물을 적셔야 한다.
④ 물속에서는 가급적 스스로 문제를 해결하려 노력해야 한다.

※ **[13~15] 다음을 순서대로 맞게 배열한 것을 고르십시오. (각 2점)**

13.

(가) 카페인 때문에 밤에 잠이 잘 오지 않을까 걱정하기 때문이다.
(나) 많은 사람들이 저녁에 커피 마시는 것을 피한다.
(다) 그래서 최근에는 디카페인 커피를 찾는 소비자가 증가하고 있다.
(라) 그러나 카페인을 90% 이상 제거한 디카페인 커피는 이러한 걱정은 줄여 준다.

① (가)-(나)-(다)-(라)
② (가)-(다)-(나)-(라)
③ (나)-(가)-(라)-(다)
④ (나)-(라)-(가)-(다)

14.

(가) 아이를 잘 키운다는 것은 어려운 일이다.
(나) 아이의 웃음을 보면 힘들고 어려운 일은 잊게 된다.
(다) 하지만 아이를 키우는 보람과 행복은 그 어느 것에 비할 수 없다.
(라) 한 생명이 건강하고 바르게 자랄 수 있도록 책임을 지는 일이기 때문이다.

① (가)-(라)-(나)-(다)
② (가)-(라)-(다)-(나)
③ (라)-(나)-(가)-(라)
④ (라)-(다)-(가)-(나)

15.

(가) 땀은 체온을 조절해 주는 역할을 한다.
(나) 흔히 알려진 것과 같이, 몸속의 노폐물을 몸 밖으로 내보내는 역할도 한다.
(다) 그러나 잘 알려지지 않은 땀의 기능이 더 있다.
(라) 바로 냄새를 통해 감정을 전달해 준다는 것이다.

① (가)-(나)-(다)-(라)
② (가)-(다)-(나)-(라)
③ (라)-(나)-(가)-(다)
④ (라)-(다)-(나)-(가)

※ **[16~18] 다음을 읽고 (   )에 들어갈 내용으로 가장 알맞은 것을 고르십시오. (각 2점)**

16.

주말에 늦잠을 자는 사람들이 많다. 부족한 잠을 보충해서 피로를 풀고 싶어 하기 때문이다. 실제로 주말에 잠을 많이 자면 피로나 스트레스가 감소한다는 연구 결과가 있다. 또, 비만의 위험도 (   ). 그러나 평소보다 2시간 넘게 더 많이 자면 오히려 신체의 리듬이 깨져 더 피곤할 수 있다. 따라서 피로를 풀기 위해서는 평소와 비슷한 시간에 잠들고, 2시간 이상 늦게 깨지 않는 것이 중요하다.

① 진단할 수 있다
② 확인할 수 있다
③ 높아질 수 있다
④ 낮아질 수 있다

17.

사람들은 자신이 본 것을 그대로 믿는 경향이 있다. 그러나 눈에 보이는 것이 사실이 아닐 수 있다. 그 대표적인 예가 바로 착시 현상이다. 착시 현상은 시각이 일으키는 착각으로 모양이나 길이, 색 등이 실제와 달라 보이는 것이다. 착시는 단순히 (   ) 과거의 경험 등이 인식에 영향을 미쳐 나타날 수도 있다.

① 시각의 문제가 아니라
② 모양의 문제가 아니라
③ 인식의 문제가 아니라
④ 경험의 문제가 아니라

18.

한여름 무더위에 옷차림만 잘 해도 일사병에 걸릴 위험을 막을 수 있다. 뜨겁고 강렬한 햇볕에 장시간 노출될 때 일사병에 걸리기 쉬운데 이는 땀을 많이 흘리고 나면 우리 몸속의 염분과 수분이 부족해지기 때문이다. (　　　　　　　) 가능한 챙이 넓은 모자를 써서 햇볕을 막고, 얇은 소재의 긴소매 옷을 입어 맨살이 그대로 햇볕에 노출되는 것을 피하는 것이 좋다.

① 일사병을 막기 위해서는

② 염분을 보충하기 위해서는

③ 여름 옷을 잘 입기 위해서는

④ 햇볕에 잘 노출시키기 위해서는

※ [19~20] 다음 글을 읽고 물음에 답하십시오. (각 2점)

과일이나 채소는 색에 따라 성분이 다르다. 토마토와 딸기와 같이 빨간색 과일이나 채소는 노화를 방지하고 피를 맑게 한다. 하얀색인 양파와 마늘은 호흡기 질환에 효과적이다. (　　) 녹차나 브로콜리처럼 초록색인 과일이나 채소의 경우에는 몸속 노폐물을 배출하여 혈관을 깨끗하게 한다. 이 때문에 건강한 삶을 위해서는 다양한 색상의 음식물을 골고루 섭취해야 한다.

19. (　　)에 들어갈 알맞은 것을 고르십시오.

① 역시　　② 또한　　③ 특히　　④ 일단

20. 이 글의 내용과 같은 것을 고르십시오.

① 양파는 노화를 방지한다.

② 녹차는 호흡기 질환에 좋다.

③ 딸기는 피를 깨끗하게 한다.

④ 브로콜리는 노폐물을 쌓아 둔다.

※ **[21~22] 다음 글을 읽고 물음에 답하십시오. (각 2점)**

우리 몸의 70%는 물로 구성되어 있다. 신체에 물이 부족하면 피부가 건조해지고, 피로를 쉽게 느끼는 등 건강에 안 좋은 영향을 미칠 수 있다. 그래서 하루에 2L 이상의 충분한 물을 마시는 것이 좋다고 한다. 그러나 다른 한편에서는 너무 많은 양의 물을 마시는 것도 건강에 해롭다고 주장한다. 물을 과다하게 섭취하면 체온이 내려가 몸의 기능이 떨어진다는 것이다. (   ) 사람들은 다른 사람들의 주장에 따라 물을 특별히 많이 마시려고 하거나 물을 마시지 않으려고 애쓴다. 그러나 남의 말을 쉽게 받아들이기보다는 자신의 건강 상태를 파악하여 알맞은 양의 물을 섭취하는 것이 중요하다.

21. (   )에 들어갈 알맞은 것을 고르십시오.

① 귀가 얇은　　② 눈이 높은

③ 발이 넓은　　④ 입이 무거운

22. 이 글의 중심 생각을 고르십시오.

① 2L 이상의 물을 매일 마셔야 한다.

② 우리 몸의 대부분은 물로 구성되어 있다.

③ 자신의 몸 상태에 맞게 물을 마셔야 한다.

④ 물을 너무 많이 섭취하면 건강에 좋지 않다.

※ **[23~24] 다음 글을 읽고 물음에 답하십시오. (각 2점)**

민수는 하모니카를 잘 불었다. 나도 그 시절 하모니카를 좋아했기 때문에 둘이는 같이 불었다. 제대로 악보 책을 놓고 부는 것이 아니었다. 만수도 나처럼 악보 책 놓고 배운 하모니카가 아닌 듯 둘이는 닥치는 대로 그야말로 닥치는 대로 학교에서 배운 노래건 거리에서 들은 유행가건 아는 노래면 마구 불어 넘겼다.

누가 먼저 어떤 노래의 첫머리를 시작할라치면 다음 하나가 거기 따라 붙었다. 숨이 차고 양 볼이 아픈 줄도 모르고 그냥 불어댔다. <u>좀 전에 분 곡을 몇 번이고 되풀이도 했다</u>. 이 아직 소년기를 완전히 벗어나지 못한, 한창의 두 소년은 마치 자기들의 정열이랄까, 정력을 이것으로나 소모시키려는 듯이 불고 또 불었다.

23. 밑줄 친 부분에 나타난 나의 심정으로 알맞은 것을 고르십시오.

① 반갑다 ② 긴장되다
③ 부끄럽다 ④ 신이 나다

24. 이 글의 내용과 같은 것을 고르십시오.

① 나는 항상 새로운 곡을 불었다.
② 민수는 하모니카를 학교에서 배웠다.
③ 나와 민수는 하모니카를 함께 불었다.
④ 나는 악보를 보며 하모니카를 불었다.

※ **[25~27] 다음은 신문 기사의 제목입니다. 가장 잘 설명한 것을 고르십시오. (각 2점)**

25.

운전 중 휴대 전화 사용, 음주 운전보다 위험

① 운전하면서 휴대 전화를 사용하는 것은 술을 마시고 운전하는 것과 같다.
② 운전하면서 휴대 전화를 사용하는 것이 술을 마시고 운전하는 것보다 낫다.
③ 운전하면서 휴대 전화를 사용하는 것은 술을 마시고 운전하는 것만큼 위험하다.
④ 운전하면서 휴대 전화를 사용하는 것은 술을 마시고 운전하는 것보다 위험하다.

26.

고정 관념을 깬 이색 상품들, 소비자의 주머니 열어

① 이색 상품들 간의 경쟁 때문에 소비자가 즐겁다.
② 소비자는 고정 관념을 깬 상품들을 많이 구매한다.
③ 소비자는 고정 관념을 깬 상품들을 좋아하지 않는다.
④ 이색 상품들의 가격이 올라 소비자가 구매하기 부담스럽다.

27.

세 달째 수출 감소, 경기에 악영향

① 수출이 4개월 동안 줄어들어 경기가 좋지 않다.
② 수출이 4개월 연속 변화가 없어 경기가 불안하다.
③ 수출이 3개월 동안 증가하여 경기가 좋아지고 있다.
④ 수출이 3개월 연속 줄어들어 경기가 나빠지고 있다.

※ **[28~31] 다음을 읽고 (　　　)에 들어갈 내용으로 가장 알맞은 것을 고르십시오. (각 2점)**

28.

몸이 피곤해도 침대에 누우면 잠이 깨는 사람들이 있다. 이런 사람들의 대부분은 피곤한 상태임에도 불구하고 침대에 누워 휴대 전화를 보거나 책을 읽는 등 다른 행동을 한다. 그러면 (　　　　　　　) 잠을 자지 않는 것이 몸에 익숙해져 잠이 오지 않는 것이다. 따라서 전문가들은 반드시 잠을 잘 때에만 침대에 누워야 한다고 조언한다.

① 졸음이 오는 상태에서도
② 침대에 누운 상태에서도
③ 몸이 피곤한 상태에서도
④ 잠을 많이 잔 상태에서도

29.

아리랑은 한국의 대표적인 민요로 여러 세대를 거쳐 왔다. 아리랑은 반복되는 후렴 부분과 지역에 따라 다른 내용으로 발전해 온 가사로 구성된다. (　　　　　　　)를 담고 있는 반면, 구조가 단순하기 때문에 누구나 쉽게 익힐 수 있고, 함께 부르기 좋으며, 다양한 음악 장르와 함께 연주될 수 있다는 장점이 있다.

① 다양한 주제
② 복잡한 후렴
③ 간단한 박자
④ 참신한 장르

30.

자석은 철을 끌어당기는 성질이 있다. 철과 같은 물질에는 자석과 같은 성질을 가진 원자가 있기 때문이다. 이러한 자석은 우리 생활에서도 유용하게 사용된다. 대표적인 것이 바로 냉장고이다. 냉장고는 문뿐만 아니라 몸체도 철로 만들어졌다. 또, 냉장고 문 안 쪽에는 자석이 들어 있다. 그래서 ( ) 몸체에 가까이 가져가면 냉장고 문이 저절로 닫히는 것이다.

① 자석을 끌어 당겨
② 자석을 철과 함께
③ 냉장고 문을 닫고
④ 냉장고 문을 잡고

31.

미술 작품은 움직이지 않는 재료로 무언가를 나타내는 것이라는 인식이 지배적이었다. 그러나 요즘은 디지털 이미지를 통해 ( ) 전시가 늘고 있다. 디지털 이미지는 소리나 동영상 등을 통해 기존의 작품에 새로운 재미를 더한다. 고흐나 모네와 같은 유명 화가의 작품도 디지털 이미지를 통하면 실제 작품보다 훨씬 크고 다양하게 표현할 수 있다. 이러한 디지털 이미지는 다른 나라 미술관에서 작품을 빌려 올 필요가 없고, 장소나 기간에 제한 없이 전시할 수 있다는 장점도 있다.

① 움직이지 않는
② 작품을 빌려 오는
③ 유명 화가를 표현하는
④ 미술 작품을 보여 주는

※ **[32~34] 다음을 읽고 내용이 같은 것을 고르십시오. (각 2점)**

32.

음식물 쓰레기는 처리하는 데 비용이 들 뿐만 아니라, 환경을 오염시킨다. 그러나 음식물 쓰레기에는 음식물의 영양분이 그대로 남아 있어 이를 유용하게 사용할 수도 있다. 대표적인 방법이 음식물 쓰레기를 식물이 잘 자라도록 도와주는 비료로 만드는 것이다. 음식물 쓰레기로 만든 비료는 화학 비료와 달리 환경을 오염시키지 않으며, 인체에도 해가 없기 때문에 안심하고 사용할 수 있다.

① 음식물 쓰레기는 화학 비료와 성분이 같다.
② 음식물 쓰레기로 만든 비료는 환경을 오염시킨다.
③ 음식물 쓰레기에는 식물의 성장을 돕는 영양분이 있다.
④ 음식물 쓰레기를 비료로 만드는 것은 많은 비용이 든다.

33.

안쪽에 조명이 설치된 상자 위에서 모래를 사용하여 그리는 그림을 샌드애니메이션이라 한다. 샌드애니메이션은 여러 장면을 연속적으로 그렸다 지우기를 반복하며 한 편의 이야기를 이끌어 나간다. 그림이 그려졌다 사라지는 과정은 모두 실시간으로 관객에게 전달되기 때문에 관객은 모래가 만들어 내는 새로운 장면뿐만 아니라 모래를 뿌리는 손동작까지도 흥미롭게 관람할 수 있다.

① 샌드애니메이션은 정지된 그림이다.
② 샌드애니메이션은 연속적인 장면을 나타낸다.
③ 샌드애니메이션은 작가가 미리 작업해 놓아야 한다.
④ 샌드애니메이션이 만들어지는 과정은 관객이 볼 수 없다.

34.

사람을 처음 만나게 되면 단 몇 초 만에 그 사람에 대한 느낌을 갖게 된다. 이 때문에 면접을 잘 보기 위해서는 짧은 시간 안에 면접관에게 좋은 느낌을 주어야 한다. 그렇다면 면접관에게 좋은 인상을 남기기 위해서는 무엇이 중요할까? 단정한 옷차림이나 화장, 말투 등 여러 요인이 있겠지만 가장 중요한 것은 얼굴 표정이다. 표정을 통해 성격이나 속마음 등이 나타날 수 있기 때문이다. 억지로 만든 표정은 상대에게 들키기 쉽다. 따라서 평소에 즐겁고 바른 생각을 습관화하여 자연스러운 표정이 얼굴에 나타날 수 있도록 해야 한다.

① 첫인상은 짧은 시간 안에 형성된다.
② 억지로 표정을 만들면 속마음을 감출 수 있다.
③ 좋은 인상을 남기기 위해서는 옷차림이 가장 중요하다.
④ 평소에 즐거운 생각을 하면 인상적인 표정을 만들기 쉽다.

※ **[35~38] 다음 글의 주제로 가장 알맞은 것을 고르십시오. (각 2점)**

35.

선글라스를 멋을 내기 위한 도구로 생각하는 사람들이 많지만, 사실 선글라스는 강한 자외선으로부터 눈을 보호하기 위한 도구이다. 자외선에 눈이 노출되면 눈에 화상을 입거나 염증이 생길 수 있는데, 선글라스는 이러한 위험을 줄여 준다. 자외선은 한여름에만 위험한 것이 아니다. 눈밭에서의 자외선은 한여름 해변에서의 자외선보다 더 강하다. 이 때문에 스키장이나 눈밭에서 활동을 할 때에도 반드시 선글라스를 착용해야 한다. 또한 선글라스를 구매할 때에는 디자인이나 스타일을 먼저 생각하기보다 자신의 눈 상태와 용도에 맞는 것을 구입하는 것이 좋다.

① 선글라스를 쓰면 더욱 멋이 난다.
② 겨울에도 선글라스를 착용해야 한다.
③ 선글라스는 눈 보호를 위한 도구이다.
④ 자외선에 노출되면 눈에 이상이 생길 수 있다.

36.

엘리베이터가 갑자기 멈추면 어떻게 해야 할까? 엘리베이터에 갇히게 되면 사람들은 문을 강제로 열려고 하거나 위아래로 뛰어 엘리베이터를 움직여 보려고 한다. 그러나 이러한 행동은 매우 위험하다. 엘리베이터에 충격을 줄 경우 엘리베이터가 제멋대로 움직일 수도 있기 때문이다. 또한 무리해서 빠져나오려다 잘못하여 더 큰 부상을 당하는 경우도 있다. 엘리베이터는 기본적으로 여러 단계의 안전장치가 되어 있기 때문에 고장 난 경우에도 안전하다. 따라서 엘리베이터가 멈췄을 경우에는 비상 버튼을 눌러 도움을 요청한 후, 구조대원이 올 때까지 기다리는 것이 가장 안전한 방법이다.

① 엘리베이터가 고장난 경우에 최대한 빨리 빠져나와야 한다.
② 엘리베이터가 멈췄을 경우에 문을 억지로 열어서는 안 된다.
③ 엘리베이터에 갇힌 경우 구조대원이 올 때까지 기다려야 한다.
④ 엘리베이터에 충격을 주면, 엘리베이터가 다시 움직일 수 있다.

37.

매미는 멀리 있는 암컷을 가까이 오도록 하거나 적을 위협할 때 울음소리를 낸다. 매미는 낮에 활동하는 곤충이기 때문에 주로 낮에 울지만 최근에는 밤늦게까지 시끄럽게 울어 매미 소음에 피해를 호소하는 사람들이 많아졌다. 매미가 밤에도 우는 이유는 밤에도 환한 불빛 때문이다. 매미는 이 불빛 때문에 밤을 낮으로 착각하는 것이다. 또한 밤에도 기온이 낮아지지 않아 매미가 울기에 좋은 환경이 제공되기 때문이다. 즉, 인간에 의한 환경의 변화가 매미를 밤낮없이 울게 만든 것이다.

① 매미는 원래 낮에만 활동하는 곤충이다.
② 매미는 위험한 상황에 처했을 때 크게 운다.
③ 매미는 불빛 때문에 밤을 낮이라고 생각한다.
④ 밤에도 매미가 우는 것은 환경의 변화 때문이다.

38.

그동안 낮잠은 게으른 사람들의 것으로 생각되었다. 그러나 하루 10분에서 20분 사이의 낮잠은 창의성과 집중력을 높여 준다는 연구 결과가 발표되었다. 짧은 시간 동안의 낮잠이 두뇌 기능을 향상시킨다는 것이다. 낮잠을 자기 20분 전에 커피를 마시면 낮잠의 효과를 더욱 높일 수 있다. 커피를 마신 후 낮잠을 잔 경우, 그렇지 않은 경우보다 암기력과 집중력에서 더 좋은 결과를 얻은 것이다. 따라서 낮잠은 이제 더 이상 게으름의 상징이 아니라 몸과 마음의 휴식을 통해 성과를 높이는 효과적인 방법의 하나로 인식되어야 할 것이다.

① 단시간의 낮잠은 업무의 효율을 높인다.
② 낮잠을 자는 것은 집중력을 떨어 뜨린다.
③ 낮잠을 잘 때에는 반드시 커피를 마셔야 한다.
④ 게으른 사람들이 낮잠을 많이 자는 것으로 알려졌다.

※ **[39~41] 다음 글에서 〈보기〉의 문장이 들어가기에 가장 알맞은 곳을 고르십시오. (각 2점)**

39.

다음 달 6일부터 '태령 빙어 축제'가 개최된다. (㉠) 빙어는 깨끗하고 차가운 물에서 살기 때문에 깨끗한 도시 '태령'에서 한겨울에만 만날 수 있다. (㉡) 두껍게 언 얼음 위에 구멍을 뚫고 빙어를 잡는 재미는 '태령 빙어 축제'가 아니면 즐길 수 없는 재미이다. (㉢) 올해로 10회째를 맞고 있는 '태령 빙어 축제'에서는 직접 잡은 빙어를 요리해서 먹을 수 있는 것은 물론, 얼음 썰매와 얼음 축구 등도 즐길 수 있다. (㉣) 올겨울을 제대로 즐기고 싶다면 '태령 빙어 축제'로 떠나는 것은 어떨까.

〈 보기 〉

또, 눈과 얼음에 둘러싸인 자연과 함께 하는 감동 역시 '태령 빙어 축제'에서만 느낄 수 있다.

① ㉠　② ㉡　③ ㉢　④ ㉣

40.

매일 입는 의류나 우리가 사용하는 모든 섬유 제품은 더러워지면 세탁을 해야 한다. (㉠) 우선, 옷깃, 소매 등 더러워진 부분이 표면에 나오도록 옷을 뒤집고 단추를 채워 둬야 더러운 부분의 세탁이 잘된다. (㉡) 또한, 찌든 때는 본세탁 전에 애벌빨래를 해야 빨래의 효과를 높일 수 있다. (㉢) 물 온도 역시 중요한데, 너무 높은 온도는 옷 모양의 변형이나 탈색 위험이 있으므로 미지근한 물이 좋다. (㉣) 그리고 세탁할 때 세제 푼 물에 오랫동안 담가 두면 때가 잘 빠지는 것으로 알고 있지만, 오히려 때가 깊숙이 스며들기 때문에 10분~20분 정도면 충분하다.

〈 보기 〉

세탁을 할 때 제대로 된 세탁 방법을 알고 있으면 더욱 깨끗하게 세탁할 수 있다.

① ㉠ ② ㉡ ③ ㉢ ④ ㉣

41.

박주원 교수의 『다시 보는 역사』는 역사가 현대를 사는 우리에게 주는 가르침을 전달하고 있다. (㉠) 역사학자인 작가가 현대인의 시각으로 역사를 들여다봄으로써 그 속에서 우리가 배워야 할 지혜와 교훈을 설명한다. (㉡) 이 책에서는 출신보다 능력을 존중한 세종대왕의 이야기나 처음에 먹은 마음을 끝까지 지킨 이순신의 이야기 등을 다루고 있다. (㉢) 이 책을 통해 역사를 보게 된다면 역사를 더 쉽게 이해할 수 있을 것이다. (㉣) 또한 우리의 삶의 모습을 돌아보는 기회도 갖게 될 것이다.

〈 보기 〉

이러한 이야기를 단순히 과거에 살았던 한 인물의 이야기로 끝내는 것이 아니라 오늘날을 사는 우리에게 살아갈 방향을 제시해 준다.

① ㉠ ② ㉡ ③ ㉢ ④ ㉣

※ **[42~43] 다음 글을 읽고 물음에 답하십시오. (각 2점)**

"자, 바로 여기가 우리 집이다."

아버지는 어깨에 짊어진 이불 보따리를 쿵 소리 나게 내려놓으며 우리를 돌아보았다. 그 얼굴엔 자긍심이 가득 배어 있었다. 어머니도 어린아이처럼 환하게 웃으며 살 집을 바라보았다. 검정 루핑으로 덮어 놓은 지붕 위에 햇살이 뜨겁게 내리 쬐고 있었다.

바로 여기가 우리 집이다. 아버지의 이 말은 묘한 감동을 주었다. '우리 집'은 나에게 그리 익숙한 낱말은 아니었다. 그동안 우리는 아버지의 친구 집에서 퍽 오랫동안 얹혀 살아야 했다. 그 집은 우리 집이 아니었다. 우리 집이란 더 이상 누구의 눈치도 보지 않아도 좋음을 의미한다. 나는 이 사실 때문에 퍽 흥분했던 것 같다. 나는 재빨리 달려가 우리 집을 구석구석 살피기 시작했다.

<u>그러나 우리 집은 내 흥분에 보답할 만큼 썩 훌륭한 편이 못 되었다</u>. 나는 집 담벽 블록 틈바구니에 시멘트가 엉성하게 채워져 있는 것에 무척 신경이 쓰였다. 어느 날 갑자기 와르르 무너질 것만 같았고, 무너지지는 않더라도 그 틈바구니로 바람이 숭숭 새어 들 것 같았다. 방문을 열어 보니 더욱 가관이었다. 방 안은 쾨쾨한 곰팡이 냄새에 절어 있었고, 벽지 삼아 발라 놓은 신문지는 군데군데 뜯어진 채 축 늘어져 있었다. 꼭 귀신이 나오는 흉가 꼴이었다.

42. 밑줄 친 부분에 나타난 나의 심정으로 알맞은 것을 고르십시오.

① 기쁘다　　② 황당하다

③ 번거롭다　　④ 실망스럽다

43. 이 글의 내용과 같은 것을 고르십시오.

① 우리 집은 새 집이었다.

② 아버지 친구는 우리 집에서 살았다.

③ 어머니는 이사를 와서 기분이 좋았다.

④ 아버지는 이사 온 집이 마음에 들지 않았다.

※ **[44~45] 다음을 읽고 물음에 답하십시오. (각 2점)**

최근 1인 가구가 증가하면서 직접 집을 고치고 꾸미는 사람들이 늘고 있다. 사람들이 혼자만의 공간을 갖게 되면서 자신에게 꼭 맞는 공간과 제품을 원하기 때문이다. 직접 집을 고치면 자신이 원하는 대로 바꿀 수 있고, 전문 업체에 맡길 때보다 비용을 훨씬 절약할 수 있는 장점이 있다. 또, 자신이 직접 고쳤기 때문에 더 큰 보람과 만족을 느낄 수 있다. 그러나 (　　　　　) 혼자 작업을 시작하게 되면 실패로 끝나기 쉽다. 작은 부분까지 꼼꼼히 살피지 않으면 작업이 끝난 후 여러 문제가 나타날 수 있기 때문이다. 그뿐만 아니라 집을 고치기 위해서는 어느 정도 작업에 능숙해야 하기 때문에 처음 집을 고쳐 보는 사람은 어려움을 겪을 수 있다. 또한 자기 집이 아닌 경우, 이사를 할 때 원래의 상태로 돌려놓아야 하는 경우가 있기 때문에 무작정 집 고치기에 나서서는 안 된다.

44. 이 글의 주제로 알맞은 것을 고르십시오.

① 혼자 집 고치기를 할 때는 여러 가지를 고려해야 한다.

② 혼자 집 고치기는 혼자 사는 사람들에게 제일 적합하다.

③ 전문 업체를 이용하여 집을 고치는 것이 가장 바람직하다.

④ 혼자 집 고치기의 장점은 혼자 집 고치기의 단점보다 더 많다.

45. (　　　)에 들어갈 내용으로 가장 알맞은 것을 고르십시오.

① 비용을 아끼면서

② 만족을 느낄 만큼

③ 구체적인 계획 없이

④ 자신이 바라는 대로

※ **[46~47] 다음을 읽고 물음에 답하십시오. (각 2점)**

눈을 깜박이는 이유는 눈물을 우리 눈에 고루 묻혀 눈을 건조하지 않게 하고, 눈에 들어간 먼지를 씻어내기 위함이다. (㉠) 그러나 무언가에 집중을 할 때에는 눈을 깜박이는 횟수가 줄어든다. (㉡) 눈물이 부족해서 눈이 피로해지거나 따가운 느낌이 들게 되면 이미 안구건조증을 앓고 있는 것이다. 안구건조증은 대부분의 현대인이 앓고 있는 흔한 질병이지만, 이를 그대로 둘 경우 다른 질병으로 이어질 수 있어 적절한 치료가 필요하다. (㉢) 평소에 안구건조증을 예방하기 위해서는 컴퓨터나 휴대 전화를 오래 사용할 경우 중간에 눈을 잠깐 감고 있거나 먼 곳을 바라보면서 눈을 쉬게 하는 것이 좋다. (㉣) 또 물을 자주 마시고, 의식적으로 눈을 깜박여 주는 것도 좋다.

46. 다음 문장이 들어가기에 가장 알맞은 곳을 고르십시오.

〈 보기 〉

우리가 컴퓨터나 휴대 전화를 오래 사용할 때 눈이 피곤한 이유다.

① ㉠ ② ㉡ ③ ㉢ ④ ㉣

47. 이 글의 내용과 같은 것을 고르십시오.

① 일부 사람들만 안구건조증을 앓고 있다.

② 눈을 자주 깜박이는 것은 질병의 하나이다.

③ 안구건조증은 가벼운 질병이라 그대로 두어도 괜찮다.

④ 물을 자주 마시는 것은 안구건조증 예방에 도움이 된다.

※ **[48~50] 다음을 읽고 물음에 답하십시오. (각 2점)**

최근 무인 자동차에 대한 관심이 커지고 있다. 무인 자동차는 운전자 없이 스스로 주행이 가능한 자동차를 말한다. 세계적으로 유명한 IT 기업들이 무인 자동차 개발에 열성적으로 참여하면서 조만간 무인 자동차 시대가 올 것이라는 (   ) 있는 것이다. 그러나 무인 자동차는 최근 한계점이 많이 드러나고 있는 상황이다. 아직 무인 자동차는 중요한 교통상황에서의 판단력이 많이 부족하다. 운전을 할 때에는 도로 위의 물리적인 상황뿐만 아니라 순간적으로 윤리적 판단을 내려야 하는 다양한 상황에 처하게 되는데, 무인 자동차는 아직 이에 대한 판단능력이 부족하다는 것이다. 예를 들어 무인 자동차는 차량에 탑승해 있는 소수의 안전과 수십 명의 보행자 안전이 대립되는 상황에서 어느 쪽의 생명을 우선시 할 것이냐 하는 윤리적 판단이 불가능하다. <u>이러한 상황에서 무인 자동차를 도로 위에서 사용하는 것은 아직 이르다고 할 수 있다</u>.

48. 필자가 이 글을 쓴 목적을 고르십시오.

① 무인 자동차의 문제점을 지적하기 위해
② 무인 자동차의 필요성을 주장하기 위해
③ 무인 자동차의 피해 사례를 제시하기 위해
④ 무인 자동차의 사용 방법을 제안하기 위해

49. (   )에 들어갈 내용으로 알맞은 것을 고르십시오.

① 거부감이 커지고　　② 기대감이 높아지고
③ 만족감이 증가하고　　④ 실망감이 쌓여 가고

50. 밑줄 친 부분에 나타난 필자의 태도로 알맞은 것을 고르십시오.

① 무인 자동차의 필요성을 공감하고 있다.
② 무인 자동차의 안전성에 대해 회의적이다.
③ 무인 자동차 개발자들에 대해 비판적이다.
④ 무인 자동차로 인한 교통체증을 우려하고 있다.

한글파크

한글파크는 한국어 교재 출판사이자 전문 서점입니다

한국어능력시험

COOL TOPIK II

종합서

실전 모의고사

Since1977

시사 Dream,
Education can make dreams come true.